Gottberg/Gottberg/Luch
Gesetz über das Halten von Hunden
Schleswig-Holstein

Gesetz über das Halten von Hunden Schleswig-Holstein

Kommentar

von

Luise Agnes Gottberg
Wissenschaftliche Mitarbeiterin
bei Mohr Rechtsanwälte Partnerschaftsgesellschaft mbB, Hamburg

und

Friedrich Gottberg
Rechtsanwalt, Hamburg

und

Dr. Anika Dorthe Luch
Leiterin Stabsstelle Koordinierung im Ministerium
für Inneres, ländliche Räume und Integration des Landes
Schleswig-Holstein, Kiel

2. Auflage

KOMMUNAL- UND SCHUL-VERLAG · WIESBADEN

Bibliografische Information der Deutschen Nationalbibliothek
Die Deutsche Nationalbibliothek verzeichnet diese Publikation in der Deutschen Nationalbibliografie; detaillierte bibliografische Daten sind im Internet über http://dnb.dnb.de abrufbar.

2. Auflage 2020

Satz: C.H.BeckMediaSolutions · Nördlingen
Druck: CPI books

ISBN 978-3-8293-1514-2

Inhaltsübersicht

Abkürzungsverzeichnis

a. A.	=	andere Ansicht
Abs.	=	Absatz
a. F.	=	alte Fassung
AG-PAuswG	=	Gesetz zur Ausführung des Gesetzes über Personalausweise
AllgGebT	=	Allgemeiner Gebührentarif der Landesverordnung über Verwaltungsgebühren, Anlage zur Landesverordnung über Verwaltungsgebühren vom 26.9.2018 (GVOBl. 2018 S. 476)
Anl.	=	Anlage
Anm.	=	Anmerkung
AO	=	Abgabenordnung
Art.	=	Artikel
Aufl.	=	Auflage
AVV	=	Allgemeine Verwaltungsvorschrift zur Durchführung des Tierschutzgesetzes
Az.	=	Aktenzeichen
BadegewVO	=	Badegewässerverordnung Schleswig-Holstein vom 9.4.2008
BayGefHVO	=	Verordnung über Hunde mit gesteigerter Aggressivität und Gefährlichkeit vom 10.7.1992 (GVBl. S. 268, BayRS 2011-2-7-I)
BayVBl	=	Bayerische Verwaltungsblätter (Zeitschrift)
BayVerfGH	=	Verfassungsgerichtshof des Landes Bayern
BayVGH	=	Bayerischer Verwaltungsgerichtshof
Bbg	=	Brandenburg
BE	=	Berlin
BekanntmachungsVO	=	Landesverordnung über die örtliche Bekanntmachung und Verkündung
ber.	=	berichtigt
BestattG	=	Gesetz über das Leichen-, Bestattungs- und Friedhofswesen des Landes Schleswig-Holstein vom 4.2.2005
BFH	=	Bundesfinanzhof
BGB	=	Bürgerliches Gesetzbuch
BGBl.	=	Bundesgesetzblatt
BGH	=	Bundesgerichtshof
BHV	=	Berufsverband der Hundeerzieher und Verhaltensberater
BJagdG	=	Bundesjagdgesetz
BPolBG	=	Bundespolizeibeamtengesetz
BR-Drs.	=	Bundesratsdrucksache
BTÄO	=	Bundes-Tierärzteordnung in der Fassung der Bekanntmachung vom 20.11.1981 (BGBl. I S. 1193)
BT-Drs.	=	Bundestagsdrucksache
BtMG	=	Betäubungsmittelgesetz
Buchholz	=	Sammel- und Nachschlagewerk der Entscheidungen des BVerwG
Buchst.	=	Buchstabe
BVerfG	=	Bundesverfassungsgericht
BVerfGE	=	Entscheidungssammlung des Bundesverfassungsgerichts
BVerwG	=	Bundesverwaltungsgericht

BW	=	Baden-Württemberg
BZRG	=	Bundeszentralregistergesetz
Ders.	=	Derselbe
Dies.	=	Dieselbe
DÖD	=	Die öffentliche Verwaltung (Zeitschrift)
DVBl	=	Deutsches Verwaltungsblatt (Zeitschrift)
DVO LHundG NRW	=	Ordnungsbehördliche Verordnung zur Durchführung des Landeshundegesetzes NRW vom 19.12.2003 (GV. NRW 2004 S. 85)
DVO SächsGefHundG	=	Verordnung des Sächsischen Staatsministeriums des Innern zur Durchführung des Gesetzes zum Schutze der Bevölkerung vor gefährlichen Hunden vom 1.11.2000 (SächsGVBl. S. 467), geändert durch Art. 33 der Verordnung vom 10.4.2003 (SächsGVBl. S. 94)
EU-Heimtier-VO	=	EU-Verordnung Nr. 576/2013 vom 12.6.2013 über die Verbringung von Heimtieren zu anderen als Handelszwecken und zur Aufhebung der Verordnung (EG) Nr. 998/2003
Erl.	=	Erläuterung
FAZ	=	Frankfurter Allgemeine Zeitung
FCI	=	Fédération Cynologique Internationale
Fn.	=	Fußnote
GDV	=	Gesamtverband der Deutschen Versicherungswirtschaft e. V.
GefHG	=	Gefahrhundegesetz Schleswig-Holstein
SächsGefHundG	=	Gesetz zum Schutze der Bevölkerung vor gefährlichen Hunden vom 24.8.2000 (SächsGVBl. S. 358), zuletzt geändert am 31.7.2008
GefHuVO NW	=	Ordnungsbehördliche Verordnung über die Zucht, die Ausbildung, das Abrichten und das Halten gefährlicher Hunde vom 21.9.1994 (GVBl. NW S. 1086)
GefHVO	=	Gefahrhundeverordnung vom 28.6.2000 (GVOBl. Schl.-H. S. 533, ber. 549), zuletzt geändert durch Art. 1 der Verordnung vom 9.5.2003 (GVOBl. Schl.-H. S. 241)
GefHVO a. F.	=	Gefahrhundeverordnung vom 28.6.2000 (GVOBl. Schl.-H. S. 533, ber. 549)
GewA	=	Gewerbearchiv (Zeitschrift)
GewO	=	Gewerbeordnung
GG	=	Grundgesetz
GVOBl.	=	Gesetz- und Verordnungsblatt
HeimtierÜbk	=	Europäisches Übereinkommen zum Schutz von Heimtieren vom 13.11.1987 (BGBl. 1991 II S. 204)
Hg.	=	Herausgeber
HmbHundeG	=	Hamburgisches Gesetz über das Halten und Führen von Hunden vom 26.1.2006
HS	=	Halbsatz
HuHG BE	=	Gesetz über das Halten und Führen von Hunden in Berlin vom 29.9.2004 (GVBl. S. 424)
HundeG LSA	=	Gesetz zur Vorsorge gegen die von Hunden ausgehenden Gefahren vom 23.1.2009, zuletzt geändert durch Art. 1 des Gesetzes vom 27.10.2015 (GVBl. LSA S. 560)
HundeHG BRE	=	(Bremer) Gesetz über das Halten von Hunden vom 2.10.2001 (Brem.GBl. 2001 S. 331)

HundehVO Bbg	=	(Brandenburgische) Ordnungsbehördliche Verordnung über das Halten und Führen von Hunden vom 16.6.2004 (GVBl. S. 458)
HundeVO Bay	=	(Bayrische) Verordnung über Hunde mit gesteigerter Aggressivität und Gefährlichkeit vom 10.7.1992 (GVBl. S. 268)
HundeVO He	=	(Hessische) Gefahrenabwehrverordnung über das Halten und Führen von Hunden vom 22.1.2003
HundehVO M-V	=	(Mecklenburg-Vorpommersche) Verordnung über das Führen und Halten von Hunden (Hundehalterverordnung) vom 4.7.2000 (GVOBl. M-V S. 295, 391, 2004 S. 488)
HundeVO SL	=	Polizeiverordnung über den Schutz der Bevölkerung vor gefährlichen Hunden im Saarland vom 26.7.2000 (Amtsbl. S. 1246)
HundVerbrEinfG	=	Hundeverbringungs- und -einfuhrbeschränkungsgesetz
HVO BW	=	(Baden-württembergische) Polizeiverordnung des Innenministeriums und des Ministeriums Ländlicher Raum über das Halten gefährlicher Hunde vom 3.8.2000 (GBl. S. 574)
i. d. F. d. B.	=	in der Fassung der Bekanntmachung
i. S.	=	im Sinne
i. V. m.	=	in Verbindung mit
JA	=	Juristische Arbeitsblätter (Zeitschrift)
JuS	=	Juristische Schulung (Zeitschrift)
KAG	=	Kommunalabgabengesetz des Landes Schleswig-Holstein in der Fassung der Bekanntmachung vom 10.1.2005
KHG	=	Krankenhausfinanzierungsgesetz in der Fassung der Bekanntmachung vom 10.4.1991, zuletzt geändert durch Gesetz vom 10.12.2015 (BGBl. I S. 2229)
KiTaG	=	Gesetz zur Förderung von Kindern in Tageseinrichtungen und Tagespflegestellen vom 12.12.1991
KrW/AbfG	=	Gesetz zur Förderung der Kreislaufwirtschaft und Sicherung der umweltverträglichen Beseitigung von Abfällen
KrWaffKontrG	=	Kriegswaffenkontrollgesetz
LBG	=	Landesbeamtengesetz Schleswig-Holstein in der Fassung vom 26.3.2009
LBO	=	Landesbauordnung vom 22. 1. 2009
LDSG	=	Landesdatenschutzgesetz Schleswig-Holstein vom 9.2.2000
LG	=	Landgericht
LHundG NRW	=	Hundegesetz für das Land Nordrhein-Westfalen vom 18.12.2002 (GVOBl. NRW S. 656)
LHundG RhPf	=	(Rheinland-pfälzisches) Landesgesetz über gefährliche Hunde (LHundG) vom 22.12.2004 (GVBl. Nr. 25 vom 31.12.2004 S. 576)
LJagdG	=	Landesjagdgesetz
LMG	=	Landesmeldegesetz
LMG a. F.	=	Landesmeldegesetz i. F. d. B. vom 30.9.1999 (GVOBl. Schl.-H. S. 271), zuletzt geändert durch Gesetz vom 15.11.2003 (GVOBl. Schl.-H. S. 557)
LNatSchG	=	Gesetz zum Schutz der Natur (Landesnaturschutzgesetz – LNatSchG) vom 24.2.2010
LPflegAnpG	=	Gesetz zur Anpassung des Landschaftspflegegesetzes und anderer Rechtsvorschriften (LPflegAnpG)vom 19.11.1982 (GVOBl. Schl.-H. 1982 S. 256)

LStVG	=	(Bayerisches) Gesetz über das Landesstrafrecht und das Verordnungsrecht auf dem Gebiet der öffentlichen Sicherheit und Ordnung in der Fassung der Bekanntmachung vom 13.12.1982
LT-Drs.	=	Landtagsdrucksache
LV	=	Verfassung des Landes Schleswig-Holstein in der Fassung vom 2.12.2014, GVOBl. S. 344
LVwG	=	Landesverwaltungsgesetz in der Fassung der Bekanntmachung vom 2.6.1992
LWaldG	=	Landeswaldgesetz vom 5.12.2004
LWG	=	Landeswassergesetz
m. w. N.	=	mit weiteren Nachweisen
MarktgewVwV	=	Allgemeine Verwaltungsvorschrift für den Vollzug des Titels IV der Gewerbeordnung
MBl.	=	Ministerialblatt
MRRG	=	Melderechtsrahmengesetz
NdsVBl.	=	Niedersächsische Verwaltungsblätter
NHundG	=	Niedersächsisches Gesetz über das Halten von Hunden vom 26.5.2011 (Nds. GVBl. Nr. 11/2011 S. 130), zuletzt geändert durch Gesetz vom 3.6.2015 (GVBl. Nr. 8/2015 S. 100)
NI	=	Niedersachsen
NJ	=	Neue Justiz (Zeitschrift)
NJW	=	Neue Juristische Wochenschrift (Zeitschrift)
NordÖR	=	Zeitschrift für öffentliches Recht in Norddeutschland
NStZ-RR	=	Neue Zeitschrift für Strafrecht. Rechtsprechungsreport
NuR	=	Natur und Recht (Zeitschrift)
NVwZ	=	Neue Zeitschrift für Verwaltungsrecht
NW oder NRW	=	Nordrhein-Westfalen
NWVBl.	=	Nordrhein-Westfälische Verwaltungsblätter (Zeitschrift)
OLG	=	Oberlandesgericht
OVG	=	Oberverwaltungsgericht
OWiG	=	Gesetz über Ordnungswidrigkeiten
PassVwV	=	Allgemeine Verwaltungsvorschrift zur Durchführung des Passgesetzes (Passverwaltungsvorschrift) vom 17.12.2009, GMBl. 2009 S. 1686.
RhPfVerfGH	=	Verfassungsgerichtshof des Landes Rheinland-Pfalz
Rn.	=	Randnummer
RP	=	Rheinland-Pfalz
SchulG	=	Schleswig-Holsteinisches Schulgesetz (Schulgesetz – SchulG) vom 24.1.2007
Sen.-Drs.	=	Senatsdrucksache
SGB	=	Sozialgesetzbuch
SH	=	Schleswig-Holstein
SprengG	=	Sprengstoffgesetz
StGB	=	Strafgesetzbuch
StPO	=	Strafprozessordnung
StrWG	=	Straßen- und Wegegesetz des Landes Schleswig-Holstein in der Fassung der Bekanntmachung vom 25.11.2003

StVG	=	Straßenverkehrsgesetz
StVO	=	Straßenverkehrsordnung
ThürTierGefG	=	Thüringer Gesetz zum Schutz der Bevölkerung vor Tiergefahren vom 22.6.2011
TierSchG	=	Tierschutzgesetz
TierSch-Hund-VO	=	Tierschutzhundeverordnung
TierSch-ZustVO	=	Landesverordnung über die zuständigen Behörden nach dem Tierschutzgesetz
Tz.	=	Textziffer
VDH	=	Verband für Deutsches Hundewesen
VG	=	Verwaltungsgericht
VGH	=	Verwaltungsgerichtshof
vgl.	=	vergleiche
VR	=	Verwaltungsrundschau
VStättVO	=	Versammlungsstättenverordnung
VVG	=	Versicherungsvertragsgesetz
VBlBW	=	Verwaltungsblätter für Baden-Württemberg (Zeitschrift)
VwGebVO	=	Landesverordnung über Verwaltungsgebühren Schleswig-Holstein vom 15.10.2008
VwGO	=	Verwaltungsgerichtsordnung
VwKG	=	Verwaltungskostengesetz
VwV BW	=	(Baden-Württembergische) Verwaltungsvorschrift des Innenministeriums und des Ministeriums für Ernährung und Ländlichen Raum zur Polizeiverordnung des Innenministeriums und des Ministeriums Ländlicher Raum über das Halten gefährlicher Hunde (VwVgH) vom 15.12.2003 – 3–1119.5/34–9142.25 –, GABl. 2004 S. 166
VwV-HundeG	=	Verwaltungsvorschrift zum Hundegesetz des Landes Schleswig-Holstein vom 21.4.2016 (Amtsbl. 2016 S. 390)
VwV NI	=	Durchführungshinweise zum Niedersächsischem Gesetz über das Halten von gefährlichen Hunden vom 12.12.2002 (nicht veröffentlicht)
VwV NRW	=	Verwaltungsvorschriften zum Landeshundegesetz NRW, Runderlass des Ministeriums für Umwelt und Naturschutz, Landwirtschaft und Verbraucherschutz vom 2.5.2003 (MBl. NRW, S. 580)
VwVfG	=	Verwaltungsverfahrensgesetz
VwV-StVO	=	Allgemeine Verwaltungsvorschrift zur Straßenverkehrs-Ordnung
WaffG	=	Waffengesetz
WaffVwV	=	Allgemeine Verwaltungsvorschrift zum Waffengesetz
Wesenstest NI	=	Niedersächsischer Wesenstest, Niedersächsisches Ministerium für den ländlichen Raum, Ernährung, Landwirtschaft und Verbraucherschutz [Hg.], 3. Auflage, März 2003
Wesenstest NI a. F.	=	(Vormaliger) Niedersächsischer Wesenstest, Niedersächsisches Ministerium für Ernährung, Landwirtschaft und Forsten [Hg.]
WHG	=	Wasserhaushaltsgesetz
Wollenteit	=	Auf den Hund gekommen. Gefahrenabwehr im Zeitalter des Medienspektakels, NuR 2001 S. 620– 628

zit. n.	=	zitiert nach
ZPO	=	Zivilprozessordnung
ZRP	=	Zeitschrift für Rechtspolitik

Literaturverzeichnis

Basikow Gutachten über einen „Das Beißen verhindernden Maulkorb", http://www.animal-health-online.de/drms/klein/maulk.htm

Battis/Krautzberger/Löhr Baugesetzbuch, 14. Aufl., München 2019

Becker/Brüning Öffentliches Recht in Schleswig-Holstein, München 2014

Bülow/Schliesky/Erps/von Allwörden Gemeindeordnung für Schleswig-Holstein, Stand Januar 2019

Burmann/Heß/Hühnermann/Jahnke Straßenverkehrsrecht, 25. Aufl., München 2018

Caspar Die neuen Regelungen des Bundes und der Länder zum Schutz vor gefährlichen Hunden, DVBl 2000 S. 1580 –1591

Coelln Keine Bundeskompetenz für § 143 StGB, NJW 2001 S. 2834– 2837

Dietel/Gintzel/Kniesel Versammlungsgesetze, 18. Aufl., Köln 2019

Ehlers Anm. zu BVerwG, Urt. vom 3.6.2002, DVBl 2003 S. 336– 338

Eichelberg Gutachten, „Kampfhunde"? Gefährliche Hunde, VDH [Hg.], 4. Aufl., Dortmund 1999

Eifert „Zuverlässigkeit" als persönliche Tätigkeitsvoraussetzung im Besonderen Verwaltungsrecht, JuS 2004 S. 565– 570

Ernst/Zinkahn/Bielenberg/Krautzberger Baugesetzbuch, 133. EL., Stand Mai 2019

Feddersen-Petersen 1991 Aggressive Hunde. Ein Tierschutzproblem. Schutz des Tieres vor Missbrauch durch den Menschen bedeutet Menschenschutz, Sonderdruck aus TU 1991

Feddersen-Petersen 1994a Vergleichende Aspekte der Verhaltensentwicklung von Wölfen (Canis lupus L.) und Haushunden (Canis lupus f. fam.). Neue Ergebnisse zur Domestikation und Züchtung im ethischen Argument, Sonderdruck aus TU 1994

Feddersen-Petersen 1994b Ethologische Untersuchungen zu Fragen des Normalverhaltens, zur Ermittlung sozialer Umweltansprüche und zur Präzisierung des Begriffes der „tiergerechten Haltung" von Haushunden, Sonderdruck aus KLEINTIERPRAXIS 1994

Feddersen-Petersen 1996a Verhaltensstörungen beim Hund und ihre Behandlung, Der praktische Tierarzt 1996, S. 1068 –1080

Feddersen-Petersen 1996b Verhaltensindikatoren zur graduellen Kennzeichnung von Leiden im Rahmen der Hundezucht, -aufzucht und -haltung, Sonderdruck aus TU 1996

Feddersen-Petersen 1999 Gutachten, „Kampfhunde"? Gefährliche Hunde, VDH [Hg.], 4. Aufl., Dortmund 1999

Feddersen-Petersen 2000 Schutzdienst unverzichtbar für Zuchtauswahl, Verein für Deutsche Schäferhunde, S. 4, August 2000, http://www.og-marienfelde.de/aktuelles/VO_00_08.PDF

Felix/Hofmann Zur Verfassungsmäßigkeit der Hamburgischen Hundeverordnung, NordÖR 2000 S. 341– 347

Foerster/Friedersen/Rohde Landesverwaltungsgesetz, 33. EL., November 2018

Gängel/Gansel Die rechtlichen Regelungen zum Schutz vor gefährlichen Hunden, NVwZ 2001 S. 1208–1218

Gebel Neue Hundeverordnung für Schleswig-Holstein, Die Gemeinde 1993 S. 311– 313

Göhler, Erich Ordnungswidrigkeitengesetz, 17. Aufl., München 2017

Götz/Geis Allgemeines Polizei- und Ordnungsrecht, 16. Aufl., München 2017

Habermann/Arndt Kommunalabgabengesetz, Stand Januar 2018

Hamann 1989 Ordnungsrechtliche Grundfragen der Hundehaltung, DÖV 1989 S. 209–217

Hamann 1992 Zur Haltung von „Kampfhunden". Ordnungs- und steuerrechtliche Probleme der Normsetzung, NVwZ 1992 S. 1067–1070

Hamann 1993 Rechtsgültigkeit einer Hundehaltungsverordnung, NVwZ 1993 S. 250– 251

Hamann 1994 Nochmals. Zur Problematik der „Kampfhunde"verordnungen, VR 1994 S. 176–177

Hamann 1996 Vollzugsprobleme der GefahrHundeVerordnung NW, in VDH [Hg.], GefahrHundeVerordnung Nordrhein-Westfalen, 5. Aufl.

Hamann 1997 Die GefahrHundeVerordnung NRW – eine Zwischenbilanz, Städte- und Gemeinderat 1997, S. 73–76

Hamann 1999 „Kampfhunde"verordnungen: Endlich ein Ende in Sicht?, NVwZ 1999 S. 964– 965

Hartwig 1997 Die Gefahr-Hunde-Verordnung NW greift, UNSER RASSEHUND 1997 S. 10 –13

Hartwig 1998 Gefährliche Hunde aus polizeilicher Sicht und Erfahrungen mit der GefahrHundeVerordnung NW, UNSER RASSEHUND 1998 S. 10 –13

Hase Bundeszentralregistergesetz, 2. Aufl., München 2014

Haurand Landeshundegesetz Nordrhein-Westfalen, 7. Aufl., Wiesbaden 2018

Hirt/Maisack/Moritz Tierschutzgesetz. Kommentar, 3. Aufl., Vahlen 2016

Hölscheidt Kampfhunde als Rechtsproblem, NdsVBl. 2000 S. 1– 8

Hohlbein/Bredenschey „Der will doch nur spielen!", VW 2010 S. 1238 –1241

Hwang Die Begründung der gesetzgeberischen Einschätzungsspielräume aus den Grenzen der verfassungsgerichtlichen Rechtsanwendung, KritV 2009 S. 31– 48

Jahn Kampfhunde als Problem der Gefahrenabwehr nach dem LStVG, BayVBl 1995 S. 746 –752

Kalkschmidt/Lütje Gefahrenabwehrrecht in Schleswig-Holstein, Kiel 2003

Kaltenborn Ministerielle Verordnungen auf dem Gebiet der Gefahrenabwehr: Das Beispiel der nordrhein-westfälischen Landeshundeverordnung, NWVBl. 2001 S. 249 – 253

Kingreen/Poscher Polizei- und Ordnungsrecht, 10. Aufl., München 2018

Klindt Aggressionen, Aggressionszucht und -ausbildung bei Hunden. Ländermodelle für ein bundesweites Problem, NuR 1996 S. 571– 576

Kopp/Ramsauer Kommentar zum Verwaltungsverfahrensgesetz, 20. Aufl., München 2019

Kopp/Schenke Kommentar zur Verwaltungsgerichtsordnung, 25. Aufl., München 2019

Körner/Patzak/Volkmer Betäubungsmittelgesetz, Arzneimittelgesetz, 9. Aufl., München 2019

Kunze Kampfhunde. Verfassungsrechtliche Aspekte der Gefahrenabwehr, NJW 2001 S. 1608 -1613

Kutsch Die isolierte Anforderung von Nachweisen zur Erlaubnis für die Haltung gefährlicher Hunde – zugleich Exkurs zur juristischen Methodik, VR 2005 S. 86 – 88

Lorz/Metzger Tierschutzgesetz, 7. Aufl., München 2019

Marx Zur Problematik der Kampfhundeverordnungen, VR 1993 S. 314 – 316

Maurer/Waldhoff Allgemeines Verwaltungsrecht, 19. Aufl., München 2017

Michaelis Cave Canem! Oder: Wie fange ich den bösen Wolf? Zum sog. „Kampfhunde"-Problem, JA 1999, S. 482 – 485

Palandt Bürgerliches Gesetzbuch, 78. Aufl., München 2019

Pestalozza Hund und Bund im Visier des Bundesverfassungsgerichts, NJW 2004 S. 1840 – 1844

Postel Novellierung des Hundegesetzes im Land Sachsen-Anhalt; LKV 2016 S. 97 – 103

Prölss/Martin Versicherungsvertragsgesetz, 30. Aufl., München 2018

Raabe Grundrechte und Erkenntnis. Der Einschätzungsspielraum des Gesetzgebers, Baden-Baden 1998

Rottmann Die Gefahrhunde-Judikatur als Impuls für eine einheitliche Landesgesetzgebung?, ZRP 2003 S. 439 – 441

Scheidler Anordnungen zur Abwehr von Gefahren durch Kampfhunde, BayVBl 2004 S. 715 – 719

Schnupp Tierschutz einerseits – Bekämpfung der von gefährlichen Hunden ausgehenden Gefahren andererseits – unter Berücksichtigung verfassungsrechtlicher und sonstiger Zuständigkeitsprobleme, DÖD 2001 S. 189 – 211

Schoch Grundfälle zum Polizei- und Ordnungsrecht, JuS 1994 S. 391– 397, S. 479 – 486, S. 570 – 575, S. 667– 670, S. 754 –759, S. 849 – 853, S. 932 – 937, S. 1026 –1031, JuS 1995 S. 30– 36, S. 215 – 221, S. 307– 313, S. 504 – 511

Schöning Warum beißt der Hund? ... eine Übersicht zum Aggressionsverhalten von Hunden, Deutsches Tierärzteblatt 2000, S. 904 – 914

Schröder „Leinenzwang" für Hunde zum Schutz von Wildtieren, DÖV 2012 S. 844 – 851

Schuster Bronco und Rex nur noch mit Führerschein?, MM 2003 S. 107 ff.

Seilmeier/Walz Jagdlexikon, 2. Aufl., München 1984

Stabno Hunderecht in Niedersachsen, Kiel 2005

Staudinger Kommentar zum Bürgerlichen Gesetzbuch, Buch 2: Recht der Schuldverhältnisse: §§ 830 – 833, Berlin 2017

Steindorf Waffenrecht, 10. Aufl., München 2015

Strassmann/Mosser Hundebeißstatistik: Die „vergessene" 1, WUFF – Das Hundemagazin 2002, S. 40 – 41

Unshelm/Rehm/Heidenberger Zum Problem der Gefährlichkeit von Hunden; eine Untersuchung von Vorfällen mit Hunden in einer Großstadt, Deutsche Tierärztliche Wochenschrift 1993 S. 383 - 389

Vahle Der beweisführende Hund - Anmerkungen zur sog. „GefHuVO", NVwZ 1996 S. 139 -140

Walter Kommentar zu VerfGH Berlin, Urt. vom 12.6.2001, NJ 2001 S. 588 - 589

Wassermann Gesetzgebungshektik. Der plötzliche Eifer des Normgebers beim Kampf gegen die „Kampfhunde", NJW 2000 S. 2560 - 2561

Wiggers Das Melderecht in Schleswig-Holstein, Stand November 2002

Einführung

Übersicht

1. Einführung

Die Welt des (Gefahr-)Hunderechts ist im Wandel begriffen. Es setzt sich mehr und mehr die Erkenntnis durch, dass es gilt, die individuelle Gefahr von Halter und Tier einzustufen und zu beherrschen anstatt auf abstrakt-generelle Rasselisten zu vertrauen.

Die Inbezugnahme von **Rasselisten** zur Gefährlichkeitseinstufung von Hunden bildete einen wesentlichen Punkt, der die Verfassungs- bzw. Rechtswidrigkeit der materiellen Gefahrhunderegelungen in der Vergangenheit begründete (siehe zur früheren schleswig-holsteinischen Gefahrhundeverordnung BVerwG, Urt. vom 18.12.2002 – 6 CN 1/02 –; BVerwG, Urt. vom 18.12.2002 – 6 CN 3/01 –; BVerwG, Beschl. vom 4.10.2005 – 6 B 0/05 –; bspw. aber auch BVerwG, Urt. vom 20.8.2003 – 6 CN 4/02 –, zit. nach Juris, dort Rn. 23 ff. zur Teilnichtigkeit der nordrhein-westfälischen Hundehalterverordnung; zur Nichtigkeit der niedersächsischen Gefahrtier-Verordnung BVerwG, Urt. vom 3.7.2002 – 6 CN 8/01 –; ferner HessVGH, Urt. vom 29.8.2001 – 11 N 2497/00 –; VGH Baden-Württemberg, Urt. vom 22.4.2002 – 1 S 1667/00 –. A. A. – also die Verfassungskonformität der unwiderleglichen Vermutung der Gefährlichkeit anknüpfend an einer Rassezugehörigkeit bejahend: VGH Rheinland-Pfalz, Beschl. vom 24.10.2001 – VGH B 8/01 –, 18/00, 12/00 –; Urt. vom 4.7.2001 – VGH B 12/00, 18/00, 8/01 –; VGH Berlin, Urt. vom 12.7.2001 – 152/00 –. Siehe auch OVG Mecklenburg-Vorpommern, Urt. vom 6.4.2001 – 4 K 32/00 –; *Wollenteit*, S. 620; *Gängel/Gansel*, S. 1212 f. mit einer Rechtsprechungsübersicht. Siehe auch *Rottmann*, S. 439). Zwar führte die Rspr. aus, der Gesetzgeber könne in verfassungskonformer Weise eine gesetzliche Vermutung schaffen; in der Folge entstanden in vielen Bundesländern – einschließlich Schleswig-Holstein (§ 3 Abs. 2 GefHG) – entsprechende gesetzliche Grundlagen. Es scheint sich aber vermehrt die Erkenntnis durchzusetzen, dass die Einstufung eines Hundes als gesteigert aggressiv oder gefährlich anknüpfend an die Zugehörigkeit zu einem bestimmten Hundetyp in Fachkreisen umstritten ist (vgl. Niedersächsischer Landtag, Drs. 16/3277 S. 11). Das OVG Schleswig hatte insofern bereits im Jahr 2001 festgestellt, dass es aus wissenschaftlicher Sichtweise lediglich gefährliche Hundeindividuen, nicht aber per se gefährliche Hunderassen gibt (OVG Schleswig, Urt. vom 29.5.2011 – 4 K 8/00 –, zit. nach Juris, dort Rn. 104 f.). Der Gesetzgeber ist in solchen Fällen gehalten, seine anfängliche Gefahrenprognose zu korrigieren. Die Regelung des § 7 HundeG legt daher nunmehr den Schwerpunkt auf die Feststellung der individuellen Gefährlichkeit eines Hundes im Einzelfall.

Der schleswig-holsteinische Gesetzgeber hat sich zum 1.1.2016 von dem seit Mai 2005 geltenden **Gefahrhundegesetz** (Gesetz zur Vorbeugung und Abwehr der von Hunden ausgehenden Gefahren vom 28.1.2005, GVOBl. S. 51) verabschiedet und nunmehr das Gesetz über das Halten von Hunden (**Hundegesetz**, HundeG vom 26.6.2015, GVOBl. S. 193) erlassen. Die signifikantesten gesetzlichen Neuerungen stellen die Erweiterung der allgemeinen, für alle Hundehalter geltenden Verpflichtungen dar. Parallel zur Abschaffung der seit jeher umstrittenen Rasselisten werden die Pflichten aller Hundehalter über das bisher geltende Maß hinaus konkretisiert und erhöht, um den von allen Hunden ausgehenden potenziellen Gefahren möglichst wirksam zu begegnen. Für alle Hundehalter neu ist insbesondere die Pflicht zur Kennzeichnung jedes Hundes mit einem Transponder (elektronisches Kennzeichen); außerdem wird in § 6 eine allgemeine Soll-Regelung zum Abschluss einer Tierhalterhaftpflichtversicherung festgeschrieben.

Die **Abkehr von der Konzentration auf gefährliche Hunde** ist augenfällig. Nicht nur die **amtliche Überschrift** wendet sich von der Schwerpunktsetzung auf gefährliche Hunde ab. War im GefHG a. F. lediglich § 2 an alle Hundehalterinnen und Hundehalter (im Nachfolgenden wird zur besseren Lesbarkeit auf die differenzierte Nennung verzichtet) adressiert, stellt das HundeG erst in den §§ 7 ff. auf das Halten gefährlicher Hunde ab. Die vorderen Regelungen widmen sich demgegenüber ausführlich den allgemeinen Pflichten für das Halten von Hunden und konkretisieren diese gegenüber der Vorgängerregelung. Zentrale Neuerung ist die ausdrückliche Normierung des Erfordernisses der **Sachkunde** für jeden Hundehalter, unabhängig von der Frage, ob ein gefährlicher Hund gehalten wird.

Mit der Abkehr von Rasselisten als besonderem Ausfluss der Typisierungsbefugnis des Gesetzgebers hat sich dieser von der rein präventiven Gefahrenvorbeugung aufgrund von Rassezugehörigkeit oder bestimmter Eigenschaften wie besonderer Angriffslust abgewandt. Fortan muss vielmehr **für jeden Hund nach § 7 individuell festgestellt werden, ob von diesem eine Gefahr für die öffentliche Sicherheit ausgeht**. Es werden lediglich typische Fallkonstellationen oder Vorfälle aufgeführt, bei deren Vorliegen der Verdacht der Gefährlichkeit zu überprüfen ist. Auch im Rahmen des in § 15 HundeG festgelegten **Zuchtverbots** ist die Inbezugnahme von **Rasselisten entfallen**. Nach Inkrafttreten des HundeG wurde schließlich auch das **Kommunalabgabengesetz** angepasst. Es soll ausdrücklich verhindert werden, dass Gemeinden und Kreise auf Basis der Rasseliste des HundVerbrEinfG die Haltung von Hunden der dort genannten Rassen höher besteuern (vgl. LT-Drs. 18/3945). Außerdem ist am 21.4.2016 eine neue Verwaltungsvorschrift erlassen worden, die ihre Vorgängerregelung zum alten GefHG ersetzt (vgl. Nr. 22 VwV-HundeG).

2. Verhältnismäßigkeitsanforderungen an das Gefahrenabwehrrecht

Das Recht jedes Einzelnen, einen Hund zu halten, sowie alle denkbaren Aktivitäten des Hundehalters mit und für den Hund sind vom Schutzbereich der **allgemeinen Handlungsfreiheit** aus Art. 2 Abs. 1 GG erfasst (dazu *Schröder*, S. 846). Eingriffe in den Gewährleistungsgehalt des Art. 2 Abs. 1 GG sind im Rahmen der Rechte Dritter, der verfassungsmäßigen Ordnung und des Sittengesetzes möglich. Bei den Vorschriften des HundeG handelt es sich um gesetzliche Regelungen, die zur verfassungsmäßigen Ordnung zählen und zudem dem Schutz von Rechten Dritter dienen, da von Hunden potenzielle Gefahren für Leib und Leben der Bevölkerung ausgehen. Entscheidend für die Verfassungskonformität der Regelungen ist im Einzelnen aber die Frage der **Verhältnismäßigkeit**. Als Regelungen, die den Umgang mit dem eigenen Hund beeinträchtigen, sind die Bestimmungen des Hundegesetzes (insbesondere solche wie der Leinenzwang, Zuchtverbot etc.) auch als Inhalts- und Schrankenbestimmungen zu verstehen, die das Recht auf Eigentum am Hund aus **Art. 14 Abs. 1 GG** reglementieren und daher auch insofern verhältnismäßig sein müssen (vgl. § 90a BGB; siehe auch OVG Schleswig, Urt. vom 29.5.2011 – 4 K 8/00 –, zit. nach Juris, dort Rn. 124; OVG Lüneburg, Urt. vom 30.5.2001 – 11 K 2877/00 –, zit. nach Juris, dort Rn. 67).

Der Gesetzgeber steht im Bereich des **Gefahrenabwehrrechts** vor der besonderen Herausforderung, die **abstrakt-generellen Regelungen in verhältnismäßiger Weise** zu schaffen. Das (Gefahr-)Hunderecht hat insofern schon länger ausreichend Anlass für Auseinandersetzungen in Rechtsprechung und Literatur geboten.

Der Streit um die Sinnhaftigkeit der Inbezugnahme von **Rasselisten** für die Einstufung von gefährlichen Hunden auf der einen Seite begegnet der Debatte um den **„Hundeführerschein für Jedermann"** unabhängig vom individuellen Gefahrenpotenzial des jeweils gehaltenen Hundes auf der anderen Seite. Das neue schleswig-holsteinische Hundegesetz geht einen von mehreren möglichen Mittelwegen. Es wird zwar jeder Halter in die Pflicht genommen, indem die allgemeinen Halterpflichten weiter ausdifferenziert werden und das Sachkundeerfordernis explizit für jeden Hundehalter normiert wird, einen Sachkunde**nachweis** hat jedoch lediglich der Halter eines gefährlichen Hundes zu erbringen, um eine Haltererlaubnis zu erlangen (§§ 8, 10 Abs. 1 Nr. 1 lit. c HundeG). Alle übrigen Halter **können** bei Vorlage eines Sachkundenachweises mit steuerlichen Vergünstigungen rechnen (siehe § 4 Abs. 4 HundeG: Möglichkeit zur Ermäßigung bei der Hundesteuer).

Zur Einordnung der unterschiedlichen Regelungen im schleswig-holsteinischen Hundegesetz sowie der differierenden Hundegesetze anderer Länder mit Blick auf deren Verfassungsmäßigkeit gelten die folgenden Erwägungen zur und Anforderungen an die viel beschworene **Einschätzungsprärogative** des Gesetzgebers und die **Verhältnismäßigkeit**. Insbesondere der Frage nach der Verhältnismäßigkeit eines **„Hundeführerscheins für jedermann"** als gegenüber der aktuell in § 4 HundeG gefundenen Regelungssystematik „schärferer" Vorsorge-/Gefahrenabwehrmaßnahmen gilt es dabei auf den Grund zu gehen:

2.1 Legitimes (Regelungs-)Ziel

Das in § 1 HundeG formulierte Ziel der **Gefahrenabwehr** ist in jedem Fall als legitimes Ziel im Sinne der Verfassung einzuordnen. Es steht aber die vorgelagerte Frage im Raum, ob überhaupt eine der gesetzgeberischen Annahme zugrunde zu legende hinreichende **Gefahrenlage** für die hochrangigen Schutzgüter auszumachen ist.

In der Rspr. heißt es einerseits, es sei wissenschaftlich nicht belegt, dass von allen Hunderassen generell eine abstrakte Gefahr für Menschen und andere Hunde ausgehe (OVG Lüneburg, Urt. vom 27.1.2005 –11 KN 38/04 –, zit. nach Juris, dort Rn. 44). Andernorts wird konstatiert, von unangeleinten Hunden könnten aufgrund der Unberechenbarkeit ihres Verhaltens Gefahren für Menschen an Leib und Leben sowie für andere Hunde ausgehen, die geeignet seien, eine allgemeine Anordnung eines Leinenzwangs zu rechtfertigen, ohne dass es für diese Annahme eines Nachweises einer entsprechenden Gefahrenlage durch statistische Zahlen oder gar verlässlich dokumentierter Vorfälle mit unangeleinten Hunden im Geltungsbereich der Norm bedürfe (OVG Berlin-Brandenburg, Urt. vom 25.5.2011 – OVG 5 A 1.10 –, zit. nach Juris, dort Rn. 26, 27.).

2.1.1 Einschätzungsprärogative des Gesetzgebers

Maßgeblich ist die Einschätzungsprärogative des Gesetzgebers (*Raabe*, S. 53: Dieser „Einschätzungsspielraum ist die Kompetenz des Gesetzgebers, beim Erlass eines Gesetzes einen unsicheren empirischen Satz als bei der Grundrechtsprüfung des Gesetzgebers zugrunde zu legende empirische Prämisse festzusetzen."). Speziell in seiner Entscheidung zum Bundesgesetz zur Bekämpfung gefährlicher Hunde führte das BVerfG zu diesem Einschätzungsspielraum aus:

„Dabei steht dem Gesetzgeber nicht nur bei der Festlegung der von ihm ins Auge gefassten **Regelungsziele**, sondern auch bei der Beurteilung dessen, was er zur Verwirklichung dieser Ziele für **geeignet** und **erforderlich** halten darf, ein **weiter Einschätzungs- und Prognosespielraum** zu (…), der vom Bundesverfassungsgericht je nach der Eigenart des in Rede stehenden Sachbereichs, den Möglichkeiten, sich ein hinreichend sicheres Urteil zu bilden, und der auf dem Spiel stehenden Rechtsgüter nur in begrenztem Umfang überprüft werden kann (…). Bei der Einschätzung von Gefahren, die der Allgemeinheit drohen, und bei der Beurteilung der Maßnahmen, die der Verhütung und Bewältigung dieser Gefahren dienen sollen, ist der Beurteilungsspielraum des Gesetzgebers erst überschritten, wenn die gesetzgeberischen Erwägungen so fehlsam sind, dass sie **vernünftigerweise** keine Grundlage für derartige Maßnahmen abgeben können" (BVerfGE 110, 141 (157 f.) m. w. N. – Hervorhebungen durch die Verfasser).

2.1.2 Absenkung der Gefahrenschwelle

Es handelt sich bei der Einschätzung, alle Hunde seien potenziell gefährlich, um einen abstrakten **Gefahrenverdacht**. Dieser berechtigt im Bereich des Gefahrenabwehrrechts grundsätzlich nur zu Maßnahmen zur weiteren Erforschung des Sachverhalts und nicht zu konkreten Eingriffen (vgl. dazu BVerwG, Urt. vom 20.8.2003 – 6 CN 4/02 –, zit. nach Juris, dort Rn. 24). **Allein der Gesetzgeber** ist **befugt**, unter Abwägung der widerstreitenden Interessen die Rechtsgrundlagen für Grundrechtseingriffe zu schaffen, mit denen Risiken vermindert werden sollen, für die – sei es aufgrund neuer Verdachtsmomente, sei es aufgrund eines gesellschaftlichen Wandels oder einer veränderten Wahrnehmung in der Bevölkerung – Regelungen gefordert werden. Das geschieht üblicherweise durch eine **Absenkung der Gefahrenschwelle** in dem ermächtigenden Gesetz von der „Gefahrenabwehr" zur „Vorsorge" gegen drohende Schäden (BVerwG, Urt. vom 3.7.2002 – 6 CN 8.01 –; OVG Lüneburg, Urt. vom 27.1.2005 – 11 KN 38/04 –, zit. nach Juris, dort Rn. 37). Es ist daher Sache des zuständigen Gesetzgebers, sachgebietsbezogen darüber zu entscheiden, ob, mit welchem Schutzniveau und auf welche Weise Schadensmöglichkeiten vorsorgend entgegengewirkt werden soll, die nicht durch ausreichende Kenntnis belegt, aber auch nicht auszuschließen sind (BVerwG, Urt. vom 3.7.2002 –. 6 CN 8.01 –; OVG Lüneburg, Urt. vom 27.1.2005 – 11 KN 38/04 –, zit. nach Juris, dort Rn. 37). Der für die Gefährlichkeitsannahme geforderte Grad der Wahrscheinlichkeit hängt von dem gefährdeten Rechtsgut und der Art der zu befürchtenden Schäden ab (BVerfGE 110, 141, zit. nach Juris, dort Rn. 79).

Grundsätzlich können Beißvorfälle oder Übergriffe von Hunden schwere bis hin zu tödlichen Verletzungen verursachen. Leben und Gesundheit des Menschen sind dabei als außerordentlich hohes Schutzgut innerhalb der verfassungsmäßigen Ordnung angesiedelt. Fraglich ist aber, ob diese Überlegung auf sämtliche Hunde, **unabhängig von Rasse, Größe, Gewicht oder individuellem Aggressionsverhalten** zutrifft.

Es findet sich mitunter die Einschätzung, auch kleine Hunde könnten für Kinder gefährlich sein bzw. generell zu gefährlichen Situationen insbesondere bei unsachgerechter Haltung beitragen – es wird dabei u. a. auch auf Schrecksituationen hingewiesen, die Unfälle verursachen (*Hohlbein/Bredenschey*, S. 1238). In der Rspr. heißt es dazu: „Da es sich bei der Hundehaltung um einen häufig vorkommenden Sachverhalt handelt, sind auch **typisierende Regelungen** erlaubt" (VGH Baden-Württemberg, Urt. vom 16.10.2001 – 1 S 2346/00, LS 3 –, zit. nach Juris – Hervorhebungen durch die Verfasser).

2.1.3 Typisierungsbefugnis

Das BVerwG stellte zur Kampfhundebesteuerung fest, dass es sich bei Kampfhunden um ein „sicherheitsrelevantes gesellschaftliches Phänomen" handele, das „in Deutschland erst etwa seit 1990 wahrgenommen worden" (BVerwG, Urt. vom 19.1.2000 – 11 C 8/99 –, zit. nach Juris, dort Rn. 51) sei. Jedenfalls aus der zeitlichen Sicht des Satzungserlasses der Beklagten von November 1994 handele es sich um einen komplexen und noch in mancher Hinsicht nicht endgültig geklärten Sachverhalt. In einer solchen Situation sei es vertretbar, dem Satzungsgeber angemessene Zeit zur Sammlung von Erfahrungen einzuräumen. Die mit einer gröberen Typisierung und Generalisierung verbundenen Unzuträglichkeiten gäben erst dann Anlass zur verfassungsrechtlichen Beanstandung, wenn der Normgeber eine spätere Überprüfung und fortschreitende Differenzierung trotz ausreichendem Erfahrungsmaterial für eine sachgerechtere Lösung unterlasse. Die Beklagte sei folglich befugt gewesen, eine in gewisser Weise **„experimentelle" Regelung** zu treffen, indem pauschal bestimmte Hunderassen als gefährlich eingestuft wurden. Diese Rasseliste sei gerichtlich nicht daraufhin zu kontrollieren, ob sie für den mit ihr verfolgten Zweck eine optimale Lösung finde (BVerwG, Urt. vom 19.1.2000 – 11 C 8/99 –, zit. nach Juris, dort Rn. 51 unter Verweis auf BVerfGE 33, 171 [189 f.]; 37, 104 [118]; 43, 291 [331]; 54, 173 [202]; 80, 1 [31,

32]; zum Gefahrhundegesetz BVerfGE 110, 141 (158) m. w. N.; siehe auch BVerfG, NVwZ 2005 S. 925; VG Aachen, Urt. vom 28.11.2005 – 6 K 2292/02 –; VGH Baden-Württemberg, Urt. vom 22.4.2002 – 1 S 1667/00 –: „Bei der Regelung von Massenerscheinungen wie der Hundehaltung setzt eine zulässige Typisierung unter Berücksichtigung des Verhältnismäßigkeitsgrundsatzes voraus, dass mit ihr verbundene Härten nur unter Schwierigkeiten vermeidbar wären."). Es sei deshalb notwendig, die **Gefährdungslage**, die durch das Halten von Hunden entstehen kann, und die Ursachen dafür weiter im Blick zu behalten und insbesondere das Beißverhalten der erfassten Hunde künftig mehr noch als bisher zu **überprüfen und** zu **bewerten** (BVerfGE 110, 141, zit. nach Juris, dort Rn. 88).

Die Beobachtung der **Gefahrenlage** durch die Haltung gefährlicher Hunde hat offensichtlich dazu geführt, dass die Gefahrensituation nicht rassespezifisch ausgeprägt ist, sondern bei Hunden aller Art entsteht. Es handelt sich bei der Hundehaltung um kein neues gesellschaftliches Phänomen. Es besteht eine Beobachtungs- und ggf. Anpassungspflicht. Mit § 16 NHundG versucht der niedersächsische Gesetzgeber durch die Schaffung eines zentralen Registers und entsprechender Meldepflichten Erkenntnisse über die Gefährlichkeit von Hunden in Abhängigkeit von Rasse, Geschlecht und Alter zu gewinnen (bereits eine Forderung von *Gängel/Gansel*, S. 1217). Der **Gesetzgeber** ist bei verschärfenden Gefahrvorsorgeregelungen gefordert, bspw. anhand von Statistiken **darzulegen**, dass ein signifikanter Anstieg an Schadensfällen oder Gefahrensituationen mit Hunden aller Art und Rasse oder zumindest eine weit verbreitete Gefahrenbesorgnis innerhalb der Bevölkerung zu verzeichnen ist.

Mit der Neufassung des **Niedersächsischen Hundegesetzes 2011** wurde erstmals in einem Bundesland der sog. **„Hundeführerschein" für alle Hundehalter** – unabhängig von dem Umstand der Feststellung der Gefährlichkeit des Hundes – eingeführt; auf Verlangen ist die Sachkunde des Halters der Gemeinde durch die erfolgreiche Ablegung einer theoretischen und praktischen Sachkundeprüfung nachzuweisen (§ 3 Abs. 1 Satz 2 NHundG).

Das VG Osnabrück stellte hierzu fest, mit dieser Regelung im NHundG habe der niedersächsische Gesetzgeber auf die Unruhe in der Bevölkerung im Zusammenhang mit den in den vergangenen Jahren in den Medien wiedergegebenen „Beißvorfällen" reagiert. Diese Vorfälle hätten in weiten Teilen der Bevölkerung zu einer geänderten Wahrnehmung der durch Hunde gegebenen Gefahren geführt. Es stünde dem Gesetzgeber frei, unter Abwägung der widerstreitenden Interessen der Bevölkerung einerseits und der Hundehalter andererseits die Rechtsgrundlagen für Grundrechtseingriffe zu schaffen, mit denen nicht erst einer auf Tatsachen begründeten Gefahr, sondern bereits einer möglichen Gefahr, einem Gefahrenverdacht oder einem **„Besorgnispotenzial" begegnet** werden solle. Der Gesetzgeber habe mithin Rechtsgrundlagen schaffen können, mit denen bereits bloße Risiken vermindert werden sollen, für die – sei es auch nur aufgrund eines gesellschaftlichen Wandels oder einer veränderten Wahrnehmung in der Bevölkerung – nunmehr (von der Bevölkerung) Regelungen gefordert würden. Dieses geschehe in der Regel durch eine Absenkung der Gefahrenschwelle von einer direkten „Gefahrenabwehr" zur „Vorsorge" gegen drohende Schäden (VG Osnabrück, Beschl. vom 12.12.2011 – 6 B 96/11 –, zit. nach Juris, dort Rn. 22 unter Verweis auf BVerwG, Urt. vom 3.7.2002 – 6 CN 8.01 –). Die Verfassungskonformität der streitentscheidenden Regelungen des NHundG wurde im Zusammenhang mit der Entscheidung nicht in Zweifel gezogen, sondern ein rechtfertigendes, ausreichend allgemeines Unsicherheitsgefühl der Bevölkerung festgestellt.

Das BVerfG führt insoweit allgemein zum Verfahren der verfassungsgerichtlichen Überprüfung der gesetzgeberischen Grundentscheidung aus: „Der Prognose müssen Sachverhaltsannahmen zu Grunde liegen, die sorgfältig ermittelt sind oder sich jedenfalls im Rahmen der gerichtlichen Prüfung bestätigen lassen (...). Die Prognose muss sich methodisch auf ein **angemessenes Prognoseverfahren** stützen lassen, und dieses muss konsequent verfolgt worden sein (...). Das Prognoseergebnis ist daraufhin zu kontrollieren, ob die die prognostische Einschätzung tragenden Gesichtspunkte mit hinreichender Deutlichkeit offen gelegt worden sind oder ihre Offenlegung jedenfalls im Normenkontrollverfahren möglich ist und ob in die Prognose **keine sachfremden Erwägungen** eingeflossen sind" (BVerfGE 106, 62 [152 f.]; 111, 226 [255]; siehe auch *Hwang*, S. 47).

2.2 Geeignetheit

Hat der Gesetzgeber mehrere Mittel zur Auswahl, mit denen er der Gefahr begegnen will, so kann er dasjenige auswählen, das ihm am geeignetsten erscheint; dabei kommt ihm grundsätzlich ebenfalls ein **weiter Gestaltungsspielraum** zu (zum Gestaltungsspielraum des Verordnungsgebers, der erst recht auch dem Gesetzgeber einzuräumen ist, OVG Schleswig, Urt. vom 29.5.2011 – 4 K 8/00 –, zit. nach Juris, dort Rn. 93). Die Rspr. weist darauf hin, Hunde seien nicht problemlos kontrollier- und beherrschbar; die Haltung von Hunden erfordere daher ein vergleichsweise stärkeres Verantwortungsbewusstsein und besondere Fähigkeiten des jeweiligen Hundehalters. Solche Anforderungen erfülle aber nicht jeder Halter, vielmehr würden Hunde häufig von Personen gehalten, die ein für andere Menschen oder Tiere gefahrenfreies Verhalten der Hunde nicht gewährleisten könnten (OVG Schleswig, Urt. vom 29.5.2011 – 4 K 8/00 –, zit. nach Juris, dort Rn. 92; ähnlich OVG Lüneburg, Urt. vom 30.5.2001 – 11 K 2877/00 –, zit. nach Juris, dort Rn. 63 m. w. N.). Das aggressive Verhalten eines individuellen Hundes hänge von mehreren Faktoren ab, wie seiner Veranlagung, seiner Aufzucht und den **Verhaltensweisen seines Halters** (BVerwG, Urt. vom 19.1.2000 – 11 C 8/99 –, zit. nach Juris, dort Rn. 47). Insofern erscheint es vom Einschätzungsspielraum des Gesetzgebers durchaus gedeckt, wenn dieser wie in Niedersachsen zur Verhütung von Gefahrensituationen, die insbesondere durch unsachgerechte Hundehaltung entstehen können, einen grundsätzlich alle Hundehalter in die Pflicht nehmenden Sachkundenachweis einführt. Ob dieser sich langfristig in seiner Durchführung in der beabsichtigten Weise bewährt, Hundehalter entsprechend zu schulen, dass weniger Gefahrensituationen mit Hunden entstehen und das Besorgnispotenzial in der Bevölkerung sinkt, muss **beobachtet** und in der Konsequenz **ggf. nachgesteuert** werden.

2.3 Erforderlichkeit

Der Grundsatz der Verhältnismäßigkeit verlangt vom Staat, dass er nur so weit in die Rechte der Bürger eingreift wie es zur Abwehr drohender Gefahren notwendig und sachdienlich ist. Von den möglichen und geeigneten Maßnahmen sind letztlich jene vorzusehen, die den Einzelnen und die Allgemeinheit am wenigsten beeinträchtigen („mildestes Mittel").

Problematisch ist bei dem allgemeinen Sachkundenachweis nach niedersächsischem Vorbild, dass sämtliche Hundehalter in die Pflicht genommen werden, obwohl nur eine Minderheit bzw. das (Fehl-)Verhalten Einzelner für die Gefahrenbesorgnis (mit-)ursächlich sind (krit. dazu *Schröder*, S. 849). Andererseits ist zu beachten, dass erst bei Eintritt eines Schadensfalles feststeht, wer zu dieser Minderheit gehört; in Niedersachsen soll daher eine umfassende Gefahrenprävention betrieben werden.

2.3.1 Als milderes Mittel wird vorgeschlagen, für die Notwendigkeit von Gefahrvorsorgemaßnahmen auf die **Größe** und das **Gewicht** der jeweils gehaltenen Hunde abzustellen – bspw. solle die Voraussetzung sein, dass der Hund „größer als 40 Zentimeter (Schulterhöhe)" und „schwerer als 17 Kilogramm" sei (*Schuster*, S. 111). Dem wird entgegengehalten, Größe oder Gewicht könnten unangemessene Kriterien sein, weil ein Hund auch alt und träge oder extrem übergewichtig sein könne (*Hohlbein/Bredenschey*, S. 1238.). Zudem korreliert der Verzicht auf solche einschränkenden Merkmale mit der Formulierung des Regelungszieles. Wenn es in diesem Zusammenhang nachvollziehbar gelingt, eine Gefahrenprognose auch hinsichtlich kleiner oder leichter Hunde bspw. gegenüber Kindern oder im Straßenverkehr zu belegen, wäre ein Abstellen auf Größe und Gewicht der Tiere kein (gleich) geeignetes Mittel zur Gefahrenvorsorge.

2.3.2 Eine andere Möglichkeit ist wiederum, an dem **individuellen Gefährdungspotenzial** der Hunde anzuknüpfen, das eine Vorstufe zur Feststellung der Gefährlichkeit eines Hundes i. S. d. § 7 HundeG sein könnte und daher zwar keine Erlaubniserteilung zur Haltung, aber einen (allgemeinen) Sachkundenachweis erfordern würde. Zu bedenken ist insofern jedoch, dass der Verwaltungsaufwand unverhältnismäßig hoch wäre. Außerdem erscheint es vor dem Hintergrund der Schwierigkeiten, konkrete Tatbestände zu formulieren, die zur Annahme oder Feststellung der Gefährlichkeit eines Hundes führen, schwer vorstellbar, Tatbestände zu normieren, die ein vorgelagertes individuelles Gefährdungspotenzial von Hunden hinreichend erfassen.

Umgekehrt könnte auch an etwaigen Gesetzesverstößen oder **Pflichtwidrigkeiten der Halter** angeknüpft werden, die die Besorgnis mangelnder Eignung als Hundehalter – nicht nur als Halter eines gefährlichen Hundes (vgl. §§ 11, 12 HundeG) – begründen.

2.3.3 Andererseits mag ein maßgeblicher Grund für eine Differenzierung zwischen als gefährlich eingestuften und den übrigen Hunden gerade darin liegen, dass, sobald die – merkmalsunabhängige – Tierhalterhaftung greift bzw. ein Versicherungsfall eintritt, auch ein Schadensfall vorliegt, für den das Tier tatsächlich ursächlich geworden ist, wohingegen es sich bei der Sachkunde um eine generell greifende Präventivmaßnahme handelt. Daher kann als milderes Mittel auch – wie in anderen Bundesländern – **ausschließlich** die alle Hundehalter treffende **Versicherungs- und Kennzeichnungspflicht** normiert werden (so in §§ 5, 6 HundeG; die Versicherungspflicht ist allerdings nur als Soll-Regelung ausgestaltet). Im Falle eines Verzichts auf den präventiv eingeforderten Sachkundenachweis werden so die Folgen eines eintretenden Schadensfalles zumindest im Nachhinein durch die gesetzlich sichergestellte Liquidität und Ermittlung des jeweils verantwortlichen Halters abgemildert.

Soweit der Gesetzgeber jedoch ausdrücklich ein anderes Ziel verfolgt, nämlich im besten Sinne der Gefahrenabwehr Vorsorge und nicht Nachsorge zu treffen, wird das insoweit legitime Ziel durch die Mittel der umfassenden Versicherungs- und Kennzeichnungspflicht nicht erreicht, so dass auch hierin kein gegenüber dem Sachkundenachweis für jeden Halter gleich geeignetes Mittel zu erkennen ist.

2.3.4 Wiederum eine andere – in Schleswig-Holstein ebenfalls aufgegriffene – Maßnahme ist der Vorschlag einer **Hundesteuerreform**, die eine Abgabe in gestaffelter Form mit einem Bonussystem kombiniert. Dieses **Bonussystem** kann jene Halter begünstigen, die ihre Sachkunde nachgewiesen haben (*Gängel/Gansel*, S. 1218). Ein solches freiwilliges Anreizsystem ist zwar ein gegenüber einer gesetzlich obligatorischen Maßnahme milderes Mittel. Gerade aber aufgrund der Freiwilligkeit kann nicht von einer gleichen Geeignetheit ausgegangen werden; vielmehr ist zu besorgen, dass wiederum nur die ohnehin engagierten und verantwortungsbewussten Hundehalter von dieser Regelung Gebrauch machen.

2.3.5 Schließlich wird als milderes Mittel gegenüber dem „Hundeführerschein für Jedermann" ein **verschärfter Leinen- oder Maulkorbzwang**, der für jeden Hund überall (außer auf dem haltereigenen Grundstück) gilt, diskutiert (vgl. *Hohlbein/Bredenschey*, S. 1238). Mittels Leinenzwang außerhalb befriedeten Besitztums wird ein unkontrolliertes Entfernen des Hundes von seinem Halter verhindert und damit auch die Gefahr von Zwischenfällen verringert. Gleichartige Erwägungen gelten auch für den Maulkorbzwang, da selbst ein angeleinter Hund Schäden verursachen kann, wenn sich ihm Menschen oder Tiere nähern.

Nachteilig ist jedoch, dass über lange Sicht der Leinen- und Maulkorbzwang das Verhalten des Hundes negativ beeinflussen und schlimmstenfalls zu Verhaltensstörungen führen kann, die wiederum eine Erhöhung der Gefahr nach sich ziehen (OVG Schleswig, Urt. vom 29.5.2011 – 4 K 8/00 –, zit. nach Juris, dort Rn. 130 m. w. N.; siehe dazu auch *Wollenteit*, S. 620; OVG Lüneburg, Urt. vom 30.5.2001 – 11 K 2877/00 –, zit. nach Juris, dort Rn. 83).

Die Rspr. sieht daher auch einen Leinen- und Maulkorbzwang ausschließlich bei individuell gefährlichen Hunden als verhältnismäßig an. Dabei ist auch § 2 TierSchG zu beachten, weil durch Leine und Maulkorb die Möglichkeit des Tieres zur artgemäßen Bewegung eingeschränkt wird (vgl. bspw. *Hohlbein/Bredenschey*, S. 1238). Dies ist nach dem OVG Schleswig (Urt. vom 29.5.2011 – 4 K 8/00 –, zit. nach Juris, dort Rn. 133 m. w. N.; siehe zur Verhältnismäßigkeit von Leinen- und Maulkorbzwang auch OLG Hamm, Urt. vom 8.4.2001 – 5 Ss.Owi 1125/00 –; OVG Lüneburg, NVwZ-RR 2001, 742. A. A. bspw. VGH Berlin, Urt. vom 12.7.2001 – 152/00 –: ausnahmsloser Anlein- und Maulkorbzwang verhältnismäßig und kein Verstoß gegen Tierschutz.) zum Zwecke der Gefahrenabwehr gegenüber individuell gefährlichen Hunden wegen der Hochwertigkeit der Rechtsgüter, die es zu schützen gelte, angemessen, andernfalls aber nicht (siehe BVerwG, Beschl. vom 24.1.2008 – 6 BN 2/07 –, zit. nach Juris, dort Rn. 10). Außerdem wird durch einen generellen Anleinzwang die allgemeine Handlungsfreiheit der Halter bezogen auf das gehaltene Tier umfassend beschränkt, denn mannigfache vom Hundehalter gewünschte Verhaltensweisen – wie sportliche Betätigung und Bewegung – werden dadurch dauerhaft unterbunden (OVG Schleswig, Urt. vom 29.5.2011 – 4 K 8/00 –, zit. nach Juris, dort Rn. 130). Beim Sachkundenachweis handelt es sich hingegen lediglich um eine zeitlich eng umgrenzte (zwei Prüfungsteile) Freiheitsbeeinträchtigung.

In Hamburg hat sich der Gesetzgeber für eine allgemeine, für **alle Hunde geltende Anleinpflicht** entschieden, von der wiederum bei erfolgreicher Ablegung der Gehorsamsprüfung eine Befreiung erteilt werden kann (siehe §§ 8, 9 HundeG HH). Hier werden also zwei geeignete Gefahrenvorsorgemaßnahmen alternativ miteinander kombiniert. Die Auswahl der individuell präferierten Maßnahme wird letztlich in die Hände der Halter gelegt, aus deren Sicht sich die Regelung daher auch als milderes Mittel darstellt. Da allerdings die gegenüber dem generellen Leinen- oder Maulkorbzwang aufgeführten Bedenken bestehen bleiben, handelt es sich aus tierschutzrechtlicher Perspektive nicht um ein milderes Mittel.

Maßgeblich bleibt somit der Umstand, dass mit dem Sachkundeerfordernis lediglich das Erfordernis einer einmaligen Prüfung (bestehend aus zwei Teilen) verbunden ist, während ein **Anleinzwang** oder auch eine **Maulkorbpflicht eine dauerhafte Beeinträchtigung** der **Freiheit des Hundehalters** und der **tierschutzrechtlichen Aspekte** bedeuten würde. Da das Halterverhalten als wichtiger Faktor der Vermeidung von Gefahrensituationen oder der Ausbildung eines individuellen Aggressionsverhaltens der Tiere gilt, kann der **Sachkundenachweis als halterspezifische Maßnahme**, die frühestmöglich der Entstehung von Gefahrensituationen oder eines Gefährdungspotenzials entgegenwirkt, gewertet werden. Die Wahl des allgemeinen Erfordernisses eines Sachkundenachweises für alle Hundehalter als für die Zielerreichung bestgeeignetes und mildestes Mittel kann demnach als von der Einschätzungsprärogative des Normgebers gedeckt verstanden werden (ähnlich *Rottmann*, S. 439).

Als praktikabler Weg bietet sich die in Niedersachsen gefundene Formulierung in § 3 Abs. 1 NHundG an, derzufolge die Sachkunde lediglich **„auf Verlangen"** nachzuweisen ist, so dass der Nachweis nicht als zwingende Voraussetzung für die Hundehaltung normiert wird. Andernfalls würde aus dem Fehlen eines Sachkundenachweises ein unmittelbares Verbot folgen, das nur durch die sofortige Aufgabe der Haltung oder Wegnahme des Hundes erfüllt werden könnte (vgl. Niedersächsischer Landtag, Drs. 16/3666 S. 2). Dennoch handelt es sich aber nach dem Wortlaut der Norm um eine obligatorische Prüfung, weil der theoretische Teil vor Aufnahme der Hundehaltung und der praktische Teil innerhalb des ersten Jahres zu erfolgen hat (§ 3 Abs. 1 Satz 2 NHundG).

2.4 Angemessenheit

Bei der Einordnung der Verhältnismäßigkeit im engeren Sinne ist der Umstand in die Abwägung einzustellen, dass es sich bei der von Hunden ausgehenden Gefahr lediglich um eine abstrakte Gefahr handelt, die sich nur in Einzelfällen realisiert. Demgegenüber fällt die Schwere der durch Hundeangriffe verursachten Gesundheitsschäden ins Gewicht. Die den Rechtsgütern des Lebens und der Gesundheit der Allgemeinheit, zu dessen Schutz der Staat vorrangig verpflichtet ist (OVG Schleswig, Urt. vom 29.5.2011 – 4 K 8/00 –, zit. nach Juris, dort Rn. 131), innerhalb der Werteordnung des Grundgesetzes zukommende Bedeutung betont das BVerfG in st. Rspr. (bezogen auf Gefahren durch Hunde: BVerfGE 110, 141 [163]; zum Lebensschutz als elementarer staatlicher Schutzaufgabe vgl. BVerfGE 88, 203 [257]; zum Gesundheitsschutz BVerfGE 85, 191 [212 f.]; 87, 363 [386]). Im Bereich der öffentlichen Sicherheit und Ordnung ist die Gestaltungsfreiheit des Normgebers daher umso größer, je höherwertiger die Rechtsgüter sind, deren Schutz die Regelung bezweckt, und je weniger empfindlich in grundrechtlich geschützte Freiheiten eingegriffen wird (VGH Baden-Württemberg, Urt. vom 16.10.2001 – 1 S 2346/00 –, LS 3, zit. nach Juris).

Auch im Rahmen der Angemessenheit bleibt daher tragende Erwägung, ob und in welcher Intensität Gefahren von Hunden aller Art ausgehen. Konkret wird gegen den Sachkundenachweis eingewandt, der damit verbundene Verwaltungsaufwand sei hoch und treffe die Falschen (vgl. Niedersächsischer Landtag, Plenarprotokoll vom 25.5.2011, S. 13535), nämlich die **verantwortungsvolle Mehrheit** der Hundehalter.

Bezogen auf die streitige pauschale Inbezugnahme von Rasselisten zur Feststellung der Gefährlichkeit von Hunden konstatierte die Rspr., die **Typisierungsfreiheit** des Verordnungsgebers finde dort ihre Grenze, wo nicht mehr nur eine verhältnismäßig kleine Zahl von Personen von Härten und Ungerechtigkeiten betroffen sei, die durch die Typisierung eintreten (OVG Schleswig, Urt. vom 29.5.2011 – 4 K 8/00 –, zit. nach Juris, dort Rn. 108 mit Verweis auf BVerfGE 84, 348 [360 f.]; 91, 93 [115]). Den maßgeblichen Prüfungsmaßstab bildet insofern der **Gleichheitssatz des Art. 3 Abs. 1 GG** (vgl. u. a. OVG Schleswig, Urt. vom 29.5.2011 –4 K 8/00 –, zit. nach Juris, dort Rn. 94 ff.). Dieser bedeutet für den Gesetzgeber die allgemeine Weisung, Gleiches gleich und Ungleiches seiner Eigenart entsprechend verschieden zu behandeln. Dies gilt nicht ausnahmslos, sondern nur, wenn die Gleichheit oder Ungleichheit der Sachverhalte so bedeutsam ist, dass ihre Beachtung unter Gerechtigkeitsgesichtspunkten geboten erscheint. Dabei ist dem Gesetzgeber wiederum weitgehende Gestaltungsfreiheit zuzugestehen. Durchbrechungen des Gleichheitssatzes durch Typisierungen und Pauschalierungen können – insbesondere bei der Regelung von Massenerscheinungen – durch Erwägungen der Verwaltungsvereinfachung und -praktikabilität gerechtfertigt sein, solange die durch jede typisierende Regelung entstehende Ungerechtigkeit noch in einem angemessenen Verhältnis zu den Vorteilen der Typisierung steht (BVerwG, Urt. vom 19.1.2000 – 11 C 8/99 –, zit. nach Juris, dort Rn. 40). Vorliegend geht es gerade um die weit gefasste **Gleichbehandlung aller Hundehalter** im Vorwege und zu Anfang einer Hundehaltung. Diese pauschalierende Gleichbehandlung ist insofern gegenüber der bislang vor den Gerichten gerügten **Un**gleichbehandlung durch Rasselisten eine umgekehrte Regelungskonstellation. Maßgeblich ist bei der **pauschalierenden Gleichbehandlung** eine **sachliche Vertretbarkeit** (siehe auch BVerwG, Urt. vom 19.1.2000 –11 C 8/99 –, zit. nach Juris, dort Rn. 41 unter Verweis auf BVerfGE 75, 108 [157]; 90, 145 [196]; 93, 319 [348 f.]) vor dem Hintergrund des Art. 3 Abs. 1 GG und die Verhältnismäßigkeit der mit der Gleichbehandlung verbundenen Belastungen.

Der in Niedersachsen geforderte **Sachkundenachweis** bedeutet zwar eine **Belastung** der Hundehalter sowohl in **finanzieller** als auch **zeitlicher Hinsicht**, es handelt sich aber lediglich um zwei Prüfungsteile (theoretisch und praktisch), die **einmalig** abzulegen sind. Der niedersächsische Gesetzgeber ging bei Erlass des NHundG von Kosten in Höhe von **ca. 200 Euro** aus, die im Vergleich zu den Kosten für die Versorgung und Pflege eines Hundes verhältnismäßig seien (Niedersächsischer Landtag, Drs. 16/3277 S. 12). Die Hundehaltung an sich bleibt weiterhin möglich und wird nicht (über das bislang bereits übliche Maß hinaus) eingeschränkt. Demgegenüber wiegt die nachvollziehbare Einschätzung, dass „nach den vorliegenden Erkenntnissen das Verhalten des Hundehalters maßgeblichen Einfluss auf Art, Häufigkeit und Schwere eines Zwischenfalls mit Hunden hat" (so zumindest die Begründung des Entwurfs des Niedersächsischen Gesetzes zur Neufassung des

NHundG, Niedersächsischer Landtag, Drs. 16/3277 S. 11) schwer. „Die Erziehung und Ausbildung eines Hundes, die Sachkunde und Eignung des Halters sowie situative Einflüsse sind für die Auslösung von aggressivem Verhalten von wesentlicher Bedeutung" (vgl. Niedersächsischer Landtag, Drs. 16/3277 S. 11). Der Sachkundenachweis soll insoweit die optimalen Voraussetzungen einer effektiven Gefahrenvermeidung schaffen.

Zum Teil wird gegen eine allgemeine Pflicht zur Erbringung eines Sachkundenachweises eingewendet, gerade **ältere Menschen** würden durch den entstehenden Prüfungsstress davon abgehalten, sich einen Hund zuzulegen (vgl. Niedersächsischer Landtag, Plenarprotokoll vom 25.5.2011 S. 13535). Wenn Hunde aber nach zulässiger Einschätzung des Gesetzgebers ein allgemeines Gefahrenpotenzial bergen, ist es zumutbar, allen, auch und gerade älteren Menschen zum Eigen- und Fremdschutz die Prüfungspflicht aufzuerlegen.

In der Abwägung treten sowohl das **Sicherheitsbedürfnis der Bevölkerung**, dem durch geeignete Präventivmaßnahmen Rechnung getragen werden soll, als auch **Belange des Tierschutzes** (Art. 20a GG, Art. 11 LV) hinzu. Artgerechte und verhaltensgerechte Haltung liegen im Interesse der Hunde. Da allerdings dem Landesgesetzgeber keine Kompetenz zur Normierung des Tierschutzrechts neben dem Bundestierschutzgesetz verbleibt, können solchen Erwägungen **allenfalls am Rande** Bedeutung zugemessen werden.

Der Sachkundenachweis soll auch der **Verhinderung von unüberlegten Hundeanschaffungen** (ggf. verbunden mit einem späteren Aussetzen des Tieres) dienen (Niedersächsischer Landtag, Plenarprotokoll vom 25.5.2011 S. 13530). Einerseits wird über die vor der Aufnahme der Hundehaltung erforderliche theoretische Sachkundeprüfung die Auswahl des richtigen Hundes für die jeweiligen persönlichen Umstände unterstützt – dies ist nicht nur im Sinne des Tierschutzes, sondern bspw. auch der **Gefahrenabwehr** für Familienangehörige und Dritte wichtig.

Aber auch aus der maßgeblichen Perspektive des **Regelungsziels der Gefahrenabwehr** ist es folgerichtig, am **subjektiven Halterverhalten anzuknüpfen**, dem insbesondere gegenüber der objektiven Rassezugehörigkeit herausgehobene Bedeutung für die Gefahrenverursachung beigemessen wird. Denn, so bspw. das OVG Schleswig, „das Verhalten eines Hundes [setzt sich] aus der angeborenen Verhaltensbereitschaft und erlernter Verhaltensweise zusammen, so dass ein Hund nie gefährlich geboren, sondern erst (…) durch den Menschen dazu manipuliert wird" (OVG Schleswig, Urt. vom 29.5.2011 – 4 K 8/00 –, zit. nach Juris, dort Rn. 104 m. w. N.).

Über die **gesetzlichen Sachkundevermutungen**, die in § 3 Abs. 6 NHundG (zum Teil ähnlich in § 4 Abs. 3 HundeG) enumerativ aufgezählt sind, sowie mögliche Erweiterungen dieses Personenkreises können unbillige Härten vermieden werden.

3. Unterschiedliche Maßnahmebündel mit Beobachtungs- und Anpassungspflicht

Letztlich ist stets zu berücksichtigen, dass im (Gefahr-)Hunderecht jede (abstrakt-generelle) Vorkehrung ein Teil eines ineinandergreifenden Regelungskonzeptes ist, das durch ein **Bündel an Risikomanagement-Maßnahmen**, die bei Hund und Halter ansetzen (so auch *Hohlbein/Bredenschey*, S. 1238), gekennzeichnet ist. Eine isolierte Betrachtung verbietet sich daher. Mit diesem Hintergrund lassen sich die immer noch höchst unterschiedlichen Regelungsansätze im föderal ausdifferenzierten (Gefahr-)Hunderecht erklären und auf ihre Verfassungsmäßigkeit hin überprüfen.

Die **gesetzgeberische Einschätzung der Gefahrensituation** durch Hundehaltung, die es gilt, zunächst durch legislative abstrakt-generelle Maßnahmen im Zaum zu halten, darf in den unterschiedlichen Bundesländern recht weit auseinander ragen. Von zentraler Bedeutung bleibt aber eine Beobachtung der (Gefahren-)Lage und stete Bereitschaft zur Nachbesserung. Die Schaffung eines zentralen Registers und entsprechender Meldepflichten nach niedersächsischem Vorbild (§ 16 NHundG), um Erkenntnisse über die Gefährlichkeit von Hunden in Abhängigkeit von Rasse, Geschlecht und Alter zu gewinnen, wäre unter Umständen ein zielführender praktischer Ansatz.

Gesetz über das Halten von Hunden (HundeG)[1)]

vom 26. Juni 2015 (GVOBl. Schl.-H. S. 193, ber. S. 369), geändert durch Verordnung vom 16. Januar 2019 (GVOBl. Schl.-H. S. 30)

– Text –

Inhaltsübersicht

§ 1
Zweck des Gesetzes

Zweck des Gesetzes ist es, Gefahren für die öffentliche Sicherheit vorzubeugen und abzuwehren, die mit dem Halten und Führen von Hunden verbunden sind.

§ 2
Zuständige Behörde

Die Aufgaben nach diesem Gesetz werden, soweit nichts anderes bestimmt ist, den amtsfreien Gemeinden und Ämtern zur Erfüllung nach Weisung übertragen. Zuständige Behörden im Sinne dieses Gesetzes sind die Bürgermeisterinnen und Bürgermeister der amtsfreien Gemeinden, die Amtsdirektorinnen und Amtsdirektoren und in ehrenamtlich verwalteten Ämtern die Amtsvorsteherinnen und Amtsvorsteher als örtliche Ordnungsbehörden, in deren Bezirk der Hund gehalten wird (Haltungsort).

---

1) Verkündet als Artikel 1 des Gesetzes zur Änderung des Gesetzes zur Vorbeugung und Abwehr der von Hunden ausgehenden Gefahren (Gefahrhundegesetz – GefHG) vom 26. Juni 2015 (GVOBl. S. 193), zuletzt geändert am 16.1.2019 (GVOBl. S. 30).

§ 3
Allgemeine Pflichten

(1) Hunde sind so zu halten und zu führen, dass von ihnen keine Gefahren für die öffentliche Sicherheit ausgehen. Eine Hundehalterin oder ein Hundehalter darf einen Hund nur solchen Personen überlassen, die die Gewähr dafür bieten, den Hund sicher im Sinne des Satzes 1 zu führen. Die Person, die den Hund führt, muss ihn jederzeit so beaufsichtigen und auf ihn einwirken können, dass durch den Hund weder Menschen, Tiere noch Sachen gefährdet werden.

(2) Hunde sind an einer Leine zu führen, die ständig ein sicheres Einwirken auf den Hund ermöglicht,

1. in Fußgängerzonen, Haupteinkaufsbereichen und anderen innerörtlichen Bereichen, Straßen und Plätzen mit vergleichbarem Publikumsverkehr,
2. bei öffentlichen Versammlungen, Aufzügen, Volksfesten und sonstigen Veranstaltungen mit Menschenansammlungen,
3. in der Allgemeinheit zugänglichen umfriedeten oder anderweitig begrenzten Park-, Garten- und Grünanlagen mit Ausnahme besonders ausgewiesener Hundeauslaufgebiete,
4. bei Mehrfamilienhäusern auf dem gesamten Grundstück und im Gebäude mit Ausnahme der nicht dem Gemeingebrauch unterliegenden selbstgenutzten Räume oder Flächen,
5. in öffentlichen Gebäuden und öffentlichen Verkehrsmitteln,
6. in Sportanlagen und auf Zelt- und Campingplätzen,
7. auf Friedhöfen,
8. auf Märkten und Messen.

Die zuständige Behörde kann auf Antrag Ausnahmen von Satz 1 zulassen, wenn im Einzelfall Menschen, Tiere oder Sachen nicht gefährdet werden.

(3) Es ist verboten, Hunde mitzunehmen in

1. Kirchen, Kindergärten, Schulen und Krankenhäuser,
2. Theater, Lichtspielhäuser, Konzert-, Vortrags- und Versammlungsräume und
3. Badeanstalten sowie auf Badestellen an Oberflächengewässern im Sinne der Badegewässerverordnung vom 9. April 2008 (GVOBl. Schl.-H., S. 169), Kinderspielplätze und Liegewiesen.

Ferner ist es verboten, Hunde dort laufen zu lassen. Die Inhaberin oder der Inhaber des Hausrechts der in Satz 1 Nummer 1 und 2 genannten Einrichtungen kann Ausnahmen zulassen, wenn im Einzelfall Menschen, Tiere oder Sachen nicht gefährdet werden.

(4) Durch andere Rechtsvorschriften begründete Anleinpflichten und Mitnahmeverbote, die von den Regelungen in den Absätzen 2 und 3 abweichen, bleiben unberührt.

(5) Wer einen Hund außerhalb eines ausbruchssicheren Grundstücks führt oder laufen lässt, hat diesem ein Halsband, eine Halskette oder eine vergleichbare Anleinvorrichtung mit einer Kennzeichnung anzulegen, aufgrund derer die Hundehalterin oder der Hundehalter ermittelt werden kann.

(6) Es ist verboten, Hunde mit dem Ziel einer gesteigerten Aggressivität und Gefährlichkeit auszubilden. Inhaberinnen und Inhaber einer Erlaubnis nach § 34a der Gewerbeordnung dürfen Hunde im Rahmen eines zugelassenen Bewachungsgewerbes einer ordnungsgemäßen Schutzdienstausbildung durch Stellen oder Personen, die eine Erlaubnis nach § 11 Absatz 1 Nummer 6 des Tierschutzgesetzes (TierSchG) in der Fassung der Bekanntmachung vom 4. Juli 2013 (BGBl. I, S. 2182) besitzen, unterziehen.

(7) Wer einen Hund auf öffentlichen Straßen oder Anlagen innerhalb einer geschlossenen Ortschaft ausführt, hat die durch das jeweilige Tier verursachten Verunreinigungen unverzüglich zu entfernen und ordnungsgemäß zu entsorgen. Den Vollzugskräften der zuständigen Ordnungsbehörde ist es gestattet, die Person, die den Hund führt, zur Feststellung der Personalien anzuhalten.

§ 4
Sachkunde

(1) Die erforderliche Sachkunde, um einen Hund zu halten, besitzt, wer aufgrund seiner Kenntnisse und Fähigkeiten den Hund so halten und führen kann, dass von diesem voraussichtlich keine Gefahr für die öffentliche Sicherheit ausgeht. Sie kann insbesondere durch die erfolgreiche Ablegung einer theoretischen und einer praktischen Sachkundeprüfung mit dem eigenen Hund erworben werden.

(2) Die Sachkundeprüfungen werden von Personen und Stellen abgenommen, die über eine Erlaubnis nach § 11 Absatz 1 Nummer 8 f TierSchG in der Fassung der Bekanntmachung vom 4. Juli 2013 (BGBl. I, S. 2182) bezogen auf Hunde verfügen oder deren Ausbildung durch die für den Tierschutz zuständige oberste Landesbehörde als gleichwertig anerkannt ist.

(3) Als sachkundig nach Absatz 1 Satz 1 gelten auch

1. Tierärztinnen und Tierärzte sowie Inhaber einer Berufserlaubnis nach § 11 der Bundes-Tierärzteordnung in der Fassung der Bekanntmachung vom 20. November 1981 (BGBl. I S. 1193), zuletzt geändert durch Artikel 1 der Verordnung vom 13. Februar 2014 (BGBl. I S. 109),
2. Personen, die eine Erlaubnis nach § 11 Absatz 1 Nummer 3 oder 6 TierSchG in der Fassung der Bekanntmachung vom 4. Juli 2013 (BGBl. I, S. 2182) zum Halten von Hunden in einem Tierheim oder einer ähnlichen Einrichtung für die dort gehaltenen Hunde oder zur Ausbildung von Hunden zu Schutzzwecken für Dritte zur Unterhaltung einer Einrichtung hierfür besitzen,
3. Personen, die zur Abnahme von Brauchbarkeitsprüfungen für Jagdhunde berechtigt sind,
4. Rettungshundeführerinnen und Rettungshundeführer,
5. Polizeihundeführerinnen und Polizeihundeführer.

(4) Die zuständige Behörde kann für Hundehalterinnen und Hundehalter, die einen entsprechenden Sachkundenachweis vorlegen, Ermäßigungen bei der Hundesteuer vorsehen. Das Nähere regelt die Satzung.

§ 5
Kennzeichnung

Ein Hund, der älter als drei Monate ist, ist durch ein elektronisches Kennzeichen (Transponder) mit einer Kennnummer zu kennzeichnen. Der Transponder muss in der Codestruktur und dem Informationsgehalt dem aktuellen Stand der Technik entsprechen.

§ 6
Haftpflichtversicherung

Für die durch einen Hund, der älter als drei Monate ist, verursachten Schäden soll die Halterin oder der Halter eine Haftpflichtversicherung mit einer Mindestversicherungssumme von 500 000 Euro für Personenschäden und von 250 000 Euro für Sachschäden abschließen und aufrechterhalten. Zuständige Stelle nach § 117 Abs. 2 Satz 1 des Versicherungsvertragsgesetzes vom 13. November 2007 (BGBl. I S. 1631), zuletzt geändert durch Gesetz vom 1. April 2015 (BGBl. I S. 434), ist die nach § 2 zuständige Behörde.

§ 7
Gefährliche Hunde

(1) Erhält die zuständige Behörde einen Hinweis darauf, dass

1. ein Hund einen Menschen gebissen hat, sofern dies nicht zur Verteidigung anlässlich einer strafbaren Handlung oder aus dem elementaren Selbsterhaltungstrieb des Hundes geschah,
2. außerhalb des befriedeten Besitztums der Hundehalterin oder des Hundehalters wiederholt in gefahrdrohender Weise Menschen angesprungen hat oder ein anderes aggressives Verhalten zeigt, das nicht dem elementaren Selbsterhaltungstrieb des Hundes entspringt,
3. ein anderes Tier durch Biss geschädigt hat, ohne selbst angegriffen worden zu sein, oder einen anderen Hund trotz dessen erkennbarer artüblicher Unterwerfungsgestik gebissen hat oder
4. durch sein Verhalten gezeigt hat, dass er unkontrolliert Tiere hetzt oder reißt,

so hat sie den Hinweis zu prüfen. Ergibt die Prüfung nach Satz 1 Tatsachen, die den Verdacht rechtfertigen, dass von dem Hund eine Gefahr für die öffentliche Sicherheit ausgeht, so stellt die zuständige Behörde fest, dass der Hund gefährlich ist. Widerspruch und Klage gegen die Feststellung nach Satz 2 haben keine aufschiebende Wirkung.

(2) Wer einen Hund hält, der außerhalb des Geltungsbereiches dieses Gesetzes durch Verwaltungsakt als gefährlich eingestuft worden ist, hat dies der zuständigen Behörde unverzüglich mitzuteilen. Die zuständige Behörde hat zu prüfen, ob der Hund gefährlich ist; Absatz 1 Satz 2 und 3 gelten entsprechend.

(3) Zur Prüfung, ob es sich um einen gefährlichen Hund nach Absatz 1 handelt, kann die zuständige Behörde eine Begutachtung des Hundes bei einer Tierärztin oder einem Tierarzt auf Kosten der Hundehalterin oder des Hundehalters anordnen.

(4) Auf Antrag kann die zuständige Behörde feststellen, dass die Voraussetzungen des Absatzes 1 nicht mehr vorliegen, wenn eine Tierärztin oder ein Tierarzt feststellt, dass bei dem Hund nach dem fachlichen Ermessen zukünftig keine weiteren Verhaltensweisen zu befürchten sind, wie sie bei der Annahme der Gefährlichkeit zugrunde gelegt wurden. Ein Antrag nach Satz 1 kann frühestens zwei Jahre nach Rechtskraft der Feststellung der Gefährlichkeit des Hundes und ein Jahr nach dem erfolgreichen Bestehen eines Wesenstests nach § 13 gestellt werden.

§ 8
Erlaubnisvorbehalt für das Halten gefährlicher Hunde

(1) Das Halten eines Hundes, dessen Gefährlichkeit nach § 7 festgestellt worden ist, bedarf der Erlaubnis der zuständigen Behörde.

(2) Einer Erlaubnis nach Absatz 1 bedürfen nicht

1. die Inhaberinnen und Inhaber einer Erlaubnis nach § 11 Absatz 1 Nummer 3 des Tierschutzgesetzes zum Halten von Hunden in einem Tierheim oder einer ähnlichen Einrichtung für die dort gehaltenen Hunde und
2. wer seine alleinige Wohnung oder Hauptwohnung außerhalb Schleswig-Holsteins hat und sich mit seinem gefährlichen Hund nicht länger als zwei Monate ununterbrochen in Schleswig-Holstein aufhält. Die Haltungserlaubnis ist mitzuführen und auf Verlangen zur Prüfung vorzuzeigen.

§ 9
Beantragung der Erlaubnis

(1) Die Hundehalterin oder der Hundehalter hat unverzüglich nach der Feststellung der Gefährlichkeit des Hundes eine Erlaubnis nach § 8 zu beantragen oder das Halten des Hundes aufzugeben. Wird die Erlaubnis beantragt, so gilt das Halten des gefährlichen Hundes bis zur Entscheidung über den Antrag als erlaubt. Die Person, die den Hund führt, hat eine von der zuständigen Behörde auszustellende Bescheinigung über die Antragstellung mitzuführen und auf Verlangen zur Prüfung vorzuzeigen. Wird die Haltung des Hundes aufgegeben, so sind der zuständigen Behörde Name und Anschrift der neuen Halterin oder des neuen Halters unverzüglich anzugeben; diese oder dieser ist darauf hinzuweisen, dass die Gefährlichkeit des Hundes festgestellt worden ist.

(2) Bei einem Wechsel des Haltungsortes eines gefährlichen Hundes unterrichtet die bisher zuständige Behörde die nunmehr zuständige Behörde über die Feststellung nach § 7 Absatz 1 sowie die Erteilung einer Erlaubnis nach § 8 Absatz 1 und eine Befreiung von der Maulkorbpflicht (§ 14 Absatz 4 Satz 3).

§ 10
Voraussetzungen und Inhalt der Erlaubnis

(1) Die Erlaubnis ist nur zu erteilen, wenn
1. die Hundehalterin oder der Hundehalter
   a) das 18. Lebensjahr vollendet hat,
   b) die zum Halten des gefährlichen Hundes erforderliche Zuverlässigkeit (§ 11) und persönliche Eignung (§ 12) besitzt und
   c) die Sachkundeprüfung gemäß § 4 mit dem eingestuften Hund bestanden hat,
2. die Kennzeichnung des Hundes gemäß § 5 nachgewiesen ist und
3. für ihn das Bestehen einer Haftpflichtversicherung nach § 6 nachgewiesen ist.

(2) Ist die Hundehalterin oder der Hundehalter eine juristische Person, sind die Anforderungen des Absatzes 1 Nummer 1 durch die für die Betreuung des Hundes verantwortliche Person zu erfüllen.

(3) Die Hundehalterin oder der Hundehalter hat der Behörde innerhalb von drei Monaten nach Antragstellung die Unterlagen vorzulegen, die erforderlich sind, um das Vorliegen der Erlaubnisvoraussetzungen zu prüfen. Die Frist kann auf Antrag um höchstens drei Monate verlängert werden. Werden die Unterlagen bis zum Ablauf der Frist nicht vorgelegt, ist die Erlaubnis zu versagen.

(4) Die Erlaubnis ist zu widerrufen, wenn die Voraussetzungen des Absatzes 1 nicht mehr vorliegen. Die Erlaubnis kann befristet sowie mit Bedingungen und Auflagen verbunden werden. Auflagen können auch nachträglich aufgenommen, geändert oder ergänzt werden.

(5) Widerspruch und Klage gegen die Versagung der Erlaubnis haben keine aufschiebende Wirkung.

§ 11
Zuverlässigkeit

(1) Die erforderliche Zuverlässigkeit besitzt in der Regel nicht, wer
1. wegen
   a) unerlaubten Umgangs mit gefährlichen Hunden,

b) einer Straftat nach dem Tierschutzgesetz, dem Waffengesetz vom 11. Oktober 2002 (BGBl. I S. 3970, ber. S. 4592), zuletzt geändert durch Artikel 4 des Gesetzes vom 7. August 2013 (BGBl. I S. 3154), dem Gesetz über die Kontrolle von Kriegswaffen in der Fassung der Bekanntmachung vom 22. November 1990 (BGBl. I S. 2506), zuletzt geändert durch Artikel 2 des Gesetzes vom 6. Juni 2013 (BGBl. I S. 1482), dem Sprengstoffgesetz in der Fassung der Bekanntmachung vom 10. September 2002 (BGBl. I S. 3518), zuletzt geändert durch Artikel 4 des Gesetzes vom 7. August 2013 (BGBl. I S. 3154), oder dem Bundesjagdgesetz in der Fassung der Bekanntmachung vom 29. September 1976 (BGBl. I S. 2849), zuletzt geändert durch Artikel 1 des Gesetzes vom 29. Mai 2013 (BGBl. I S. 1386),

c) einer anderen vorsätzlich begangenen Straftat zu einer Geldstrafe von mehr als 50 Tagessätzen oder zu einer Freiheitsstrafe rechtskräftig verurteilt worden ist, wenn seit der letzten Verurteilung fünf Jahre noch nicht verstrichen sind, oder

2. gegen die in Nummer 1 Buchstabe b genannten Gesetze, oder wiederholt oder gröblich gegen Vorschriften dieses Gesetzes verstoßen hat.

(2) Zur Prüfung der Zuverlässigkeit hat die Hundehalterin oder der Hundehalter ein Führungszeugnis zur Vorlage bei einer Behörde nach § 32 Absatz 2 Nummer 5 des Bundeszentralregistergesetzes in der Fassung der Bekanntmachung vom 21. September 1984 (BGBI. I S. 1229, 1985 I S. 195), zuletzt geändert durch Artikel 2 des Gesetzes vom 21. Januar 2015 (BGBl. I S. 10) zu beantragen. Die zuständige Behörde kann zur Prüfung der Zuverlässigkeit eine unbeschränkte Auskunft aus dem Bundeszentralregister (§ 41 Absatz 1 Nummer 9 Bundeszentralregistergesetz) einholen.

§ 12
Persönliche Eignung

(1) Die erforderliche persönliche Eignung besitzt eine Person nicht, wenn Tatsachen die Annahme rechtfertigen, dass sie

1. geschäftsunfähig ist,
2. aufgrund einer psychischen Krankheit oder einer geistigen oder seelischen Behinderung nach § 1896 des Bürgerlichen Gesetzbuches betreut wird,
3. von Alkohol oder Betäubungsmitteln abhängig ist oder
4. aufgrund der körperlichen Konstitution nicht in der Lage ist, den Hund sicher zu führen.

(2) Sind Tatsachen bekannt, die Bedenken gegen die persönliche Eignung begründen, kann die zuständige Behörde die Beibringung eines fachärztlichen oder fachpsychologischen Gutachtens auf Kosten der betreffenden Person anordnen.

§ 13
Wesenstest

(1) Die Fähigkeit eines gefährlichen Hundes zu sozialverträglichem Verhalten ist durch einen Wesenstest nachzuweisen, der von einer von der Tierärztekammer Schleswig-Holstein zugelassenen Person oder Stelle durchgeführt worden ist. Der Nachweis des sozialverträglichen Verhaltens kann auch durch einen in einem anderen Land durchgeführten Test erbracht werden, wenn dieser Test als dem Wesenstest nach Satz 1 gleichwertig anerkannt wird.

(2) Das Ministerium für Inneres, ländliche Räume und Integration wird ermächtigt, durch Verordnung die Zulassung von Personen und Stellen, die Anforderungen des Wesenstests sowie das Verfahren zur Durchführung und zur Anerkennung von Tests aus anderen Ländern zu regeln.

§ 14

Besondere Pflichten für das Halten und Führen gefährlicher Hunde

(1) Gefährliche Hunde sind so zu halten, dass sie ein ausbruchssicheres Grundstück gegen den Willen der Hundehalterin oder des Hundehalters nicht verlassen können.

(2) Die Hundehalterin oder der Hundehalter darf einen gefährlichen Hund außerhalb eines ausbruchssicheren Grundstücks nur persönlich führen oder eine Person damit beauftragen, die eine Bescheinigung nach Absatz 6 Satz 1 besitzt.

(3) Außerhalb eines ausbruchssicheren Grundstücks sind gefährliche Hunde an einer zur Vermeidung von Gefahren geeigneten Leine zu führen, die höchstens zwei Meter lang sein darf. Die Anleinpflicht gilt nicht in den als Hundeauslaufgebiet gekennzeichneten Gebieten, wenn das Hundeauslaufgebiet eingezäunt ist und der Hund einen das Beißen verhindernden Maulkorb trägt.

(4) Gefährlichen Hunden ist außerhalb eines ausbruchssicheren Grundstücks sowie bei Mehrfamilienhäusern auf dem gesamten Grundstück und im Gebäude mit Ausnahme der nicht dem Gemeingebrauch unterliegenden selbstgenutzten Räume oder Flächen ein das Beißen verhindernder Maulkorb anzulegen. Dies gilt nicht für Hunde bis zur Vollendung des sechsten Lebensmonats. Die zuständige Behörde erteilt für gefährliche Hunde mit Ausnahme gefährlicher Hunde nach § 7 Absatz 1 Nummer 1 eine Befreiung von der Maulkorbpflicht, wenn die Fähigkeit des Hundes zu sozialverträglichem Verhalten durch einen Wesenstest (§ 13) nachgewiesen ist. Für die Befreiung von der Maulkorbpflicht gilt § 10 Absatz 4 Satz 2 entsprechend.

(5) Die Hundehalterin oder der Hundehalter hat beim Führen eines gefährlichen Hundes die Erlaubnis nach § 8 Absatz 1 und eine nach Absatz 4 Satz 3 erteilte Befreiung mitzuführen und auf Verlangen zur Prüfung vorzuzeigen.

(6) Die zuständige Behörde hat einer anderen Person als der Hundehalterin oder dem Hundehalter auf Antrag eine Bescheinigung darüber auszustellen, dass sie einen gefährlichen Hund außerhalb eines befriedeten Besitztums führen darf, wenn die Person die Voraussetzungen des § 10 Absatz 1 Nummer 1 Buchstabe a bis c erfüllt. Die Person hat beim Führen des Hundes diese Bescheinigung, eine nach Absatz 4 Satz 3 erteilte Befreiung und die Erlaubnis nach § 8 Absatz 1 mitzuführen und auf Verlangen zur Prüfung vorzuzeigen.

§ 15

Zuchtverbot

(1) Es ist verboten, Hunde mit dem Ziel einer gesteigerten Aggressivität und Angriffsbereitschaft gegenüber Menschen und Tieren zu züchten. Dies gilt insbesondere, wenn damit gerechnet werden muss, dass bei den Nachkommen erblich bedingte Aggressionssteigerungen auftreten. Eine Aggressionssteigerung im Sinne des Satzes 2 liegt bei Hunden vor, die ein übersteigertes Angriffs- und Kampfverhalten aufweisen, das durch artgemäße Signale nicht hinreichend gesteuert wird.

(2) Die Hundehalterin oder der Hundehalter eines Hundes, der nach Absatz 1 nicht zur Zucht eingesetzt werden darf, hat sicherzustellen, dass eine Vermehrung mit diesem Hund nicht erfolgt.

§ 16

Mitwirkungspflichten, Betretungsrecht, Grundrechtseinschränkung

(1) Soweit es zur Durchführung dieses Gesetzes erforderlich ist, haben Hundehalterinnen und Hundehalter die ihren Hund betreffenden Feststellungen zu ermöglichen, Aus-

künfte zu erteilen und Unterlagen vorzulegen. Die zur Auskunft verpflichtete Person kann die Auskunft über solche Fragen verweigern, deren Beantwortung sie oder eine der in § 383 Absatz 1 Nummer 1 bis 3 der Zivilprozessordnung bezeichneten Personen der Gefahr strafrechtlicher Verfolgung oder eines Verfahrens nach dem Gesetz über Ordnungswidrigkeiten aussetzen würde.

(2) Bedienstete und sonstige Beauftragte der zuständigen Behörde dürfen, soweit dies zur Wahrnehmung ihrer Aufgaben nach diesem Gesetz erforderlich ist,

1. Grundstücke mit Ausnahme von Wohngebäuden jederzeit und
2. Betriebsräume während der Betriebszeiten

betreten. Das Grundrecht der Unverletzlichkeit der Wohnung (Artikel 13 Absatz 1 des Grundgesetzes) wird insoweit eingeschränkt.

§ 17
Anerkennung von Entscheidungen und Bescheinigungen anderer Länder

Erlaubnisse, Sachkundebescheinigungen und Befreiungen, die von zuständigen Stellen anderer Länder erteilt wurden, sollen von der zuständigen Behörde anerkannt werden, wenn sie den durch dieses Gesetz gestellten Anforderungen im Wesentlichen entsprechen.

§ 18
Ausnahmen vom Anwendungsbereich

Dieses Gesetz gilt mit Ausnahme von § 3 Absatz 1 und §§ 5 und 6 nicht für Diensthunde von Behörden, Hunde des Such- und Rettungsdienstes sowie des Katastrophenschutzes, Blindenführhunde, Behindertenbegleithunde, Assistenz- und Therapiehunde, Herdengebrauchshunde und Jagdhunde jeweils im Rahmen ihres bestimmungsgemäßen Einsatzes und ihrer Ausbildung.

§ 19
Sonstige Maßnahmen zur Gefahrenabwehr

(1) Unbeschadet der Vorschriften dieses Gesetzes können die zuständigen Behörden nach Maßgabe des Landesverwaltungsgesetzes die im Einzelfall notwendigen Maßnahmen treffen, um eine von einem Hund ausgehende Gefahr für die öffentliche Sicherheit abzuwehren.

(2) Die Befugnis der nach § 175 Absatz 1 des Landesverwaltungsgesetzes zuständigen Behörden, zur Abwehr abstrakter von Hunden ausgehender Gefahren weitergehende Regelungen in Verordnungen über die öffentliche Sicherheit zu erlassen, bleibt unberührt.

§ 20
Ordnungswidrigkeiten

(1) Ordnungswidrig handelt, wer vorsätzlich oder fahrlässig

1. entgegen § 3 Absatz 1 Satz 1 einen Hund nicht so hält oder führt, dass von diesem keine Gefahr für die öffentliche Sicherheit ausgeht,
2. entgegen § 3 Absatz 1 Satz 2 einer Person überlässt, die nicht die Gewähr dafür bietet, den Hund sicher im Sinne des § 3 Absatz 1 Satz 1 zu führen,
3. entgegen § 3 Absatz 2 einen Hund nicht an der Leine führt,

4. entgegen § 3 Absatz 3 einen Hund mitnimmt oder dort laufen lässt,
5. entgegen § 3 Absatz 5 einem Hund ein Halsband, eine Halskette oder eine vergleichbare Anleinvorrichtung mit der vorgeschriebenen Kennzeichnung nicht anlegt,
6. entgegen § 3 Absatz 6 Satz 1 einen Hund ausbildet,
7. entgegen § 3 Absatz 7 Satz 1 eine Verunreinigung nicht entsorgt,
8. gegen die Kennzeichnungspflicht nach § 5 verstößt,
9. entgegen § 8 Absatz 1 einen gefährlichen Hund ohne die erforderliche Erlaubnis hält,
10. entgegen § 9 Absatz 1 Satz 3 die Bescheinigung über die Antragstellung nicht mitführt oder vorzeigt,
11. entgegen § 9 Absatz 1 Satz 4 eine Mitteilungspflicht nicht erfüllt,
12. gegen die Versicherungspflicht nach § 10 Absatz 1 Nummer 3 verstößt,
13. gegen eine Auflage nach § 10 Absatz 4 verstößt,
14. entgegen § 14 Absatz 1 einen gefährlichen Hund nicht so hält, dass er ein ausbruchssicheres Grundstück nicht gegen den Willen der Hundehalterin oder des Hundehalters verlassen kann,
15. einen gefährlichen Hund entgegen § 14 Absatz 2 durch eine Person führen lässt, die keine Bescheinigung nach § 14 Absatz 6 Satz 1 besitzt,
16. entgegen § 14 Absatz 3 Satz 1 einen gefährlichen Hund nicht angeleint oder nicht an einer geeigneten Leine führt,
17. entgegen § 14 Absatz 3 Satz 2 oder Absatz 4 Satz 1 einem gefährlichen Hund keinen das Beißen verhindernden Maulkorb anlegt,
18. entgegen § 14 Absatz 5 die Erlaubnis oder die Befreiung nicht mitführt oder vorzeigt,
19. entgegen § 14 Absatz 6 Satz 2 eine Bescheinigung, Erlaubnis oder Befreiung nicht besitzt oder diese nicht mitführt oder vorzeigt,
20. entgegen § 15 Absatz 1 Hunde züchtet,
21. entgegen § 15 Absatz 2 nicht sicherstellt, dass eine Verpaarung eines Hundes, der nach § 15 Absatz 1 nicht zur Zucht eingesetzt werden darf, nicht erfolgt.

(2) Die Ordnungswidrigkeit kann mit einer Geldbuße bis zu 10 000 Euro geahndet werden.

(3) Verwaltungsbehörde im Sinne des § 6 Absatz 1 Nummer 1 des Gesetzes über Ordnungswidrigkeiten ist die zuständige Behörde nach § 2.

§ 21
Übergangsregelungen

(1) Ist ein Hund, der vor dem 1. Januar 2016 durch einen Transponder, der nicht den Anforderungen des § 5 Satz 2 entspricht, mit einer Kennnummer gekennzeichnet worden, so ist eine neuerliche Kennzeichnung nicht erforderlich.

(2) Erlaubnisse zum Halten eines gefährlichen Hundes nach § 3 Absatz 1 des Schleswig-Holsteinischen Gesetzes zur Vorbeugung und Abwehr der von Hunden ausgehenden Gefahren von 28. Januar 2005 (GVOBl. S. 51) gelten als Erlaubnisse nach § 8 fort.

(3) Eine Einstufung eines Hundes als gefährlich aufgrund von § 3 Absatz 2 des Schleswig-Holsteinischen Gesetzes zur Vorbeugung und Abwehr der von Hunden ausgehenden Gefahren vom 28. Januar 2005 (GVOBl. S. 51) ist durch die zuständige Behörde zu

widerrufen, wenn die Einstufung ausschließlich aufgrund der Rassezugehörigkeit des Hundes erfolgte.

(4) Zulassungen von Personen und Stellen für die Durchführung eines Wesenstests nach § 11 des Gesetzes zur Vorbeugung und Abwehr der von Hunden ausgehenden Gefahren vom 28. Januar 2005 (GOVBl. S. 51) gelten als Zulassungen nach § 13 fort.

Gesetz über das Halten von Hunden (HundeG)[1)]

vom 26. Juni 2015 (GVOBl. Schl.-H. S. 193, ber. S. 369), geändert durch Verordnung vom 16. Januar 2019 (GVOBl. Schl.-H. S. 30)

– Kommentar –

§ 1
Zweck des Gesetzes

Zweck des Gesetzes ist es, Gefahren für die öffentliche Sicherheit vorzubeugen und abzuwehren, die mit dem Halten und Führen von Hunden verbunden sind.

VwV-HundeG

Abschnitt 1

Zu § 1 – Zweck des Gesetzes

Das Hundegesetz dient wie die Vorgängerregelung der Vorsorge und Abwehr von Gefahren für die öffentliche Sicherheit, die von Hunden ausgehen. Andere Rechtsgebiete, insbesondere das Tierschutzrecht, bleiben unberührt. Da das Gesetz über den Ansatz des alten Gefahrenabwehrgesetzes hinausgeht, ist die Änderung des Titels im Hundegesetz gerechtfertigt.

Erläuterungen

Übersicht

1. Zweck des Gesetzes
2. Gefahrenabwehr
3. Gefahrenvorsorge
4. Adressaten des Gesetzes
   4.1 Hundehalter
   4.2 Betreuer
   4.3 Hundeführer

1. Zweck des Gesetzes

Das HundeG regelt die Gefahrenabwehr (vgl. Erl. 2) und Gefahrenvorsorge (vgl. Erl. 3) beim Halten und Führen von Hunden (vgl. Erl. 4). Es dient der Aufrechterhaltung der öffentlichen Sicherheit und verdrängt als Spezialregelung dazu die allgemeinen Vorschriften zur Gefahrenabwehr (vgl. § 173 Abs. 2 LVwG). Jene bleiben aber nachrangig anwendbar (vgl. Erl. 1 ff. zu § 19).

Das HundeG bezweckt nicht die Unterbindung jedweder **Belästigungen**, die von Hunden ausgehen können. Nicht erfasst sind solche Beeinträchtigungen, die bloße Unannehmlichkeiten oder Unbequemlichkeiten als typische Folge menschlichen Zusammenlebens darstellen, ohne dass hier eine exakte Grenzziehung möglich wäre (*Pils*, DÖV 2008 S. 941,

1) Verkündet als Artikel 1 des Gesetzes zur Änderung des Gesetzes zur Vorbeugung und Abwehr der von Hunden ausgehenden Gefahren (Gefahrhundegesetz – GefHG) vom 26. Juni 2015 (GVOBl. S. 193), letzte berücksichtigte Änderung: Ressortbezeichnungen ersetzt (Art. 18 LVO vom 16.1.2019, GVOBl. S. 30).

945). Dazu zählen typische und häufige Alltagsgeräusche, etwa vereinzeltes Hundegebell (vgl. *Foerster/Friedersen/Rohde*, Erl. 1 Buchst. b zu § 162 LVwG). Betroffene sind insoweit auf den Zivilrechtsweg zu verweisen, der für den Schutz privater Rechte ohnehin Vorrang hat (vgl. § 162 Abs. 2 LVwG; *Kingreen/Poscher,* § 3 Rn. 41; *Schoch*, S. 572 f.).

Andere Rechtsbereiche, die bei der Abwehr und Vorsorge der von Hunden ausgehenden Gefahr betroffen sein können, bleiben von dem HundeG unberührt (vgl. Erl. 7 zu § 3; Nr. 1 VwV-HundeG). Zu denken ist an das Tierschutzrecht (vgl. Art. 74 Abs. 1 Nr. 20 GG), das Straßenverkehrsrecht (vgl. Art. 74 Abs. 1 Nr. 22 GG), das Jagd- und Forstrecht (vgl. Art. 75 Abs. 1 Nr. 3 GG) sowie das Bauordnungsrecht (vgl. Erl. 1 f. zu § 14). Kollidieren die Regelungen des HundeG im Einzelfall mit denen eines anderen Fachrechts, z. B. mit dem Tierschutzrecht im Falle des Aggressionsausbildungs- und -zuchtverbots (§ 3 Abs. 6 HundeG, Erl. 9 zu § 3), ist die Maßnahme auf die Ermächtigungsgrundlage desjenigen Rechtsgebiets zu stützen, dessen Schutzzweck vorrangig betroffen ist (vgl. Erl. 2.1 zu § 19).

2. Gefahrenabwehr

Voraussetzung für die Gefahrenabwehr ist das Vorliegen einer Gefahr für die öffentliche Sicherheit (vgl. §§ 174 ff. LVwG). Die **öffentliche Sicherheit** umfasst als Schutzgüter

- die objektive Rechtsordnung, d. h. insbesondere die Normen des öffentlichen Rechts,
- die Unverletzlichkeit der subjektiven Rechte und Rechtsgüter des Einzelnen, wie Leben, Gesundheit und Vermögen (Individualrechtsgüter) sowie
- den Bestand des Staates und seiner Einrichtungen

(*Kingreen/Poscher*,§ 7 Rn. 2

Eine **Gefahr** für die öffentliche Sicherheit besteht dann, wenn eine Sachlage oder ein Verhalten bei ungehindertem Ablauf des zu erwartenden Geschehens mit hinreichender Wahrscheinlichkeit ein Schutzgut beeinträchtigen wird (*Kingreen/Poscher,* § 8 Rn. 2), ein Schaden also absehbar ist. Der Schadenseintritt muss lediglich wahrscheinlich, nicht aber sicher sein. So besteht eine Gefahr nicht erst dann, wenn ein Hund bereits durch das Beißen von Menschen oder Tieren oder durch sonstiges aggressives Verhalten, wie etwa dem „Stellen" von Passanten, auffällig geworden ist (*Scheidler*, S. 717 m. w. N.).

Hinsichtlich der **Wahrscheinlichkeit des Schadenseintritts** sind umso geringere Anforderungen zu stellen, je schwerer der zu befürchtende Schaden wiegt. Besonders schutzwürdig ist beispielsweise das Grundrecht auf Leben und Gesundheit (vgl. *Kingreen/Poscher,* § 8 Rn. 6 f.). Gleichwohl muss für den Schadenseintritt zumindest eine gewisse Wahrscheinlichkeit sprechen. Die bloße Möglichkeit des Schadenseintritts reicht nicht aus. In diesem Fall kann lediglich von einem Gefahrenverdacht oder einem Besorgnispotenzial die Rede sein (vgl. Erl. 3; BVerwG, Urt. vom 18.12.2002 = Buchholz, 402.41, Nr. 73, S. 41; Nr. 71, S. 26; auch *Klindt*, S. 573).

Vor diesem Hintergrund hat das BVerwG jene Bestimmungen der GefHVO aufgehoben, die bei der Einteilung eines Hundes als gefährlich an die Zugehörigkeit zu einer bestimmten **Rasse anknüpfen** (§ 3 Abs. 1 GefHVO). Es sah insoweit die für eine Gefahrenabwehr erforderliche Wahrscheinlichkeit des Schadenseintritts nicht als erwiesen an. Zwar bestünde der Verdacht, dass Hunde der betreffenden Rassen ein genetisch bedingt übersteigertes Aggressionsverhalten aufweisen, das auch Menschen gefährden kann. Es sei jedoch in der Wissenschaft umstritten, welche Bedeutung diesem Faktor neben zahlreichen anderen Ursachen – Erziehung und Ausbildung des Hundes, Sachkunde und Eignung des Halters sowie situative Einflüsse – für die Auslösung aggressiven Verhaltens zukommt (vgl. BVerwG, Urt. vom 18.12.2002 = Buchholz, 402.41, Nr. 73, S. 41; Nr. 71, S. 29; auch Erl. 1 ff. zu § 7; *Rottmann*, S. 439 f.; **a. A.** VGH Kassel, Urt. vom 29.8.2001 = NVwZ 2002 S. 650, 651 f. m. w. N.). Das BVerfG erlaubt hingegen eine grundsätzliche Anknüpfung an die Rassezugehörigkeit bei der Beurteilung der (genetischen) Gefährlichkeit des Tieres in

Bezug auf die Rechtmäßigkeit einer höheren Hundesteuer (BVerfG, Urt. vom 16.3.2004 = BVerfGE 110, 141; daran anknüpfend OVG SH, Urt. vom 4.9.2014 –. 4 LB 21/13 –).

Besteht eine Gefahr für die öffentliche Sicherheit, ist die Ordnungsbehörde befugt, Gefahrenabwehrmaßnahmen zu treffen. Hierbei ist zwischen konkreten und abstrakten Gefahren zu unterscheiden:

Bei einer **konkreten Gefahr** muss die Gefahr im einzelnen Fall bevorstehen (vgl. § 176 Abs. 1 Nr. 2 LVwG). Ihr kann durch eine Anordnung zur Gefahrenabwehr begegnet werden (vgl. Erl. 2 zu § 19).

Eine **abstrakte Gefahr** ist eine Sachlage, die mit hinreichender Wahrscheinlichkeit nach allgemeiner Lebenserfahrung oder den Erkenntnissen fachkundiger Stellen im Falle ihres Eintritts eine konkrete Gefahr darstellt. Es wird also nicht auf den Einzelfall, sondern auf den typischen Fall abgestellt (*Schoch*, S. 667 f.). Beim Vorliegen einer abstrakten Gefahr kann die Ordnungsbehörde eine Verordnung zur Gefahrenabwehr erlassen. Rechtsgrundlage hierfür ist § 175 LVwG.

3. Gefahrenvorsorge

Neben der Gefahrenabwehr bezweckt das HundeG auch die Gefahrenvorsorge. Die Gefahrenvorsorge umfasst gesetzgeberische Maßnahmen, die im Vorfeld zum Entstehen einer Gefahr getroffen werden. Sie setzt lediglich ein **Besorgnispotenzial**, d. h. ein Risiko, also die gesteigerte Möglichkeit eines Schadenseintritts voraus.

Solche Risiken können in Form latenter Gefahren vorliegen. Es handelt sich hierbei um eine Sachlage oder um ein Verhalten, das zunächst ungefährlich ist und erst später durch die Veränderung von Umwelt und Umständen gefährlich wird (vgl. *Kingreen/Poscher*, § 8 Rn. 26). Bei einer latenten Gefahr besteht zwar die Möglichkeit des Schadenseintritts, nicht aber dessen hinreichende Wahrscheinlichkeit. Diese ergibt sich erst dann, wenn ein weiteres Ereignis hinzutritt, das die Gefahr auslöst.

Eine **latente Gefahr** stellte das BVerfG in Bezug auf Hunde der Rassen Pitbull-Terrier, American Staffordshire-Terrier, Staffordshire-Bullterrier und Bullterrier sowie deren Kreuzungen untereinander und mit anderen Hunden fest: Für diese Hunde gebe es genügend Anhaltspunkte dafür, dass sie – und sei es auch erst im Zusammenwirken mit anderen Faktoren – für die Schutzgüter des menschlichen Lebens und der menschlichen Gesundheit in besonderer Weise gefährlich werden können. Als Gefahr auslösende Faktoren benennt das BVerfG neben bestimmten Zuchtmerkmalen, die Erziehung, Ausbildung und Haltung des Hundes, situative Einflüsse, aber vor allem die Zuverlässigkeit und Sachkunde des Halters (BVerfGE 110, 141, 159 f.; vgl. Erl. 3 zur Einleitung).

Die **Erlaubnispflicht** für das Halten gefährlicher Hunde soll sicherstellen, dass die potenziell gefährlichen Tiere nicht in die „falschen Hände" geraten. Im Erlaubnisverfahren wird daher die Eignung des Halters (Volljährigkeit, Zuverlässigkeit, persönliche Eignung, Sachkunde) überprüft (vgl. Erl. 1 zu § 8 und Erl. 1 zu § 10). Ergänzend dazu sieht das HundeG im Hinblick auf die situativen Einflüsse, die zu einer Gefahr führen können, besondere Pflichten im Umgang mit gefährlichen Hunden vor, z. B. die Anlein- und Maulkorbpflicht nach § 14 Abs. 3, 4 HundeG.

Bei der Gefahrenvorsorge muss der Gesetzgeber beachten, dass seine Maßnahmen in die Rechte der Betroffenen eingreifen, ohne dass in jedem Fall eine Gefahr vorliegt (vgl. *Haurand*, Erl. 3 zu § 1 LHundG NRW). Letztendlich handelt es sich bei der Gefahrenvorsorge um eine **politische Entscheidung**, die die gesellschaftliche Bewertung von Risiken unter Berücksichtigung der Bedeutung der bedrohten Rechtsgüter widerspiegelt (vgl. BVerwG, Urt. vom 18.12.2002 = Buchholz, 402.41, Nr. 73, S. 41; Nr. 71, S. 27 f.).

Anders als der Gesetzgeber sind die Ordnungsbehörden grundsätzlich nicht befugt, auf einen Gefahrenverdacht hin Rechtsnormen zur Gefahrenvorsorge zu erlassen. Sie können allerdings – im Vorfeld zur Gefahrenabwehr – Maßnahmen ergreifen, um einen Gefahrenverdacht aufzuklären (Gefahrerforschungseingriff, dazu *Götz/Geis*, § 6 Rn. 30 ff.).

Ein **Gefahrenverdacht** besteht dann, wenn der handelnde Beamte bei aller Sorgfalt, Klugheit und Besonnenheit über die Gegebenheiten einer Situation im Ungewissen ist und zwar nicht von einer Gefahr, aber der Möglichkeit einer Gefahr ausgeht (vgl. *Kingreen/ Poscher*, § 8 Rn. 51). Eine lediglich theoretische Möglichkeit des Schadenseintritts reicht hierfür allerdings nicht aus. So rechtfertigt z. B. das Wissen darum, dass aufgrund der allgemeinen Tiergefahr nicht ausgeschlossen werden kann, dass von einem Hund eine konkrete Gefahr ausgeht, nicht bereits Maßnahmen zur Erforschung oder Abwehr dieser potenziellen Gefahr. Es müssen vielmehr im Einzelfall Tatsachen vorliegen, die dafür sprechen, dass der Schadenseintritt mit hinreichender Wahrscheinlichkeit absehbar sein könnte. Zu denken ist hier z. B. daran, dass ein Hund regelmäßig Menschen verbellt oder sich in anderer Weise aggressiv verhält. Diese Verhaltensauffälligkeit kann einen Gefahrenverdacht begründen und ggf. Anlass für die Anordnung einer tierärztlichen Begutachtung des Hundes geben (vgl. Erl. 2.2 zu § 7).

Der **Gefahrerforschungseingriff** zielt grundsätzlich nicht bereits auf die Beseitigung der vermeintlichen Gefahr ab, sondern dient zunächst der Aufklärung des Sachverhaltes. Es soll ermittelt werden, ob eine Gefahr vorliegt oder nicht. Dem Verdachtsstörer kann dazu die Duldung behördlicher Aufklärungsmaßnahmen aufgegeben werden. Zu denken ist hier daran, dass die Ordnungsbehörde das Grundstück eines Hundehalters betritt, um vor Ort zu ermitteln, ob jener gegen das Aggressionszuchtverbot verstößt (§ 16 Abs. 2 HundeG). Soweit eine spezialgesetzliche Befugnis für den Gefahrerforschungseingriff nicht besteht, kann die gefahrenabwehrrechtliche Generalklausel herangezogen werden (vgl. §§ 174, 176 LVwG; *Schoch*, S. 669 f.; auch OVG Greifswald, Urt. vom 14.4.2004 = DÖV 2005 S. 121, 123).

Im Zuge der Gefahrerforschung können ferner Maßnahmen zur vorläufigen Abwehr der vermeintlichen Gefahr getroffen werden. In Betracht kommt z. B. die Anordnung einer Anlein- und Maulkorbpflicht für den Zeitraum, bis geklärt ist, ob es sich um ein gefährliches Tier handelt. Maßnahmen, die eine **endgültige Beseitigung der Gefahr** bezwecken, sind hingegen unzulässig (*Ehlers*, S. 337 f.).

4. Adressaten des Gesetzes

Das HundeG richtet sich an diejenigen, die Hunde halten (vgl. Erl. 4.1), betreuen (vgl. Erl. 4.2) oder führen (vgl. Erl. 4.3). Die betreffenden Personen sind wie folgt zu umschreiben:

4.1 Hundehalter

Hundehalter ist, wer nicht nur vorübergehend

- die tatsächliche Bestimmungsmacht (Besitz) über einen Hund hat, d. h. über dessen Pflege, Verwendung, Beaufsichtigung usw. entscheidet,
- aus eigenem Interesse für die Kosten des Tieres aufkommt, d. h. die Bestimmungsmacht über den Hund nicht nur nach den Weisungen eines anderen ausübt,
- den allgemeinen Wert und Nutzen des Tieres für sich in Anspruch nimmt und
- das Risiko seines Verlustes trägt.

Hundehalter können mehrere Personen (z. B. Eheleute) sein, auch juristische Personen (z. B. ein Bewachungsunternehmen, ein Verein oder eine Gemeinde). Sie müssen nicht Eigentümer des Tieres sein. Auch kommt es nicht auf die Geschäftsfähigkeit des Hundehalters (z. B. bei einem Minderjährigen) oder die Rechtmäßigkeit des Besitzes (z. B. bei einem Dieb) an (*Palandt*, § 833 BGB Rn. 10; BGH, Urt. vom 19.1.1988 = NJW-RR 1988 S. 655, 656; OVG Hamburg, Beschl. vom 16.5.2001 = NVwZ 2001 S. 1309, 1310; VG Oldenburg, Beschl. vom 17.10.2005 – 2 B 3417/05 –; *Jahn*, S. 750).

Als Indizien für die Bestimmungsmacht über einen Hund können der unmittelbare Besitz und das Eigentum an dem Tier gewertet werden. Der Hundehalter soll nunmehr eine Haftpflichtversicherung abschließen (vgl. § 6 HundeG). Derjenige, der dies für einen Hund tut, erkennt damit seine Haltereigenschaft an.

Der **Finder** eines zugelaufenen Hundes wird dann zu dessen Halter, wenn er ihn zu behalten beabsichtigt und somit ein eigenes Interesse an dem Tier hat. Dies ist nicht der Fall, wenn der Finder entschlossen ist, den Hund nach dessen Erholung zurückzugeben und ihn bis dahin, wenn auch für längere Zeit, pflegt und verwahrt. Dabei kann aber verlangt werden, dass der Finder alles daransetzt, den Hund schon nach wenigen Tagen oder Wochen beim Fundamt oder der Polizei zu melden (vgl. OLG Nürnberg, Urt. vom 9.2.1978 = MDR 1978 S. 757, 757, das OLG Nürnberg hatte über eine Frist nicht zu entscheiden und stellte im verhandelten Fall, bei dem der Finder einen Hund über sechs Monate behalten hatte, lediglich fest, dass dieser sich dann nicht mehr darauf berufen könne, dass er nicht Halter des Tieres sei). Als Faustformel sollte dem Finder dazu eine Frist von zwei Wochen eingeräumt werden (vgl. Tz. 4.1.1 VwV NRW). Für den Zeitraum, da der Hund entlaufen ist und die Haltereigenschaft noch nicht auf den Finder übergegangen ist (z. B. vor Fristablauf), bleibt der bisherige Halter als solcher verantwortlich (vgl. *Staudinger*, § 833 BGB Rn. 108; auch § 219 Abs. 3 LVwG, sofern der Halter Eigentümer des Hundes ist).

Ein **Tierheim** oder ein Tierschutzverein (vgl. Erl. 3 zu § 8), in dem herrenlos herumstreunenden Hunden Obdach und Pflege gewährt wird, und diese bei Nichtermittlung des Eigentümers von Fall zu Fall an Tierliebhaber weiterverkauft werden, hat regelmäßig kein eigenes Interesse an den Tieren und wird somit nicht zu deren Halter (vgl. *Staudinger*, § 833 BGB Rn. 108; **a. A.** LG Hanau, Urt. vom 16.1.2003 = NJW-RR 2003 S. 457, 457 f.; Tz. 4.1.1 VwV NRW). Gleiches gilt für die Ordnungsbehörden oder die Polizei, sofern sie Hunde lediglich aufgrund gesetzlicher Bestimmungen in Obhut nehmen (z. B. Fundtiere oder zur Gefahrenabwehr amtlich verwahrte Tiere).

Ein eigenes Interesse am Tier ist hingegen zu bejahen, wenn das Tierheim oder der Tierschutzverein einen Hund aufnimmt, um ihm ein **„Gnadenbrot"** zu gewähren. Da hier nicht mehr die Absicht der Vermittlung des Tieres im Vordergrund steht, der Hund also dauerhaft in der Einrichtung verbleibt, wird jene auch zu dessen Halter. Die altruistische Zielsetzung eines Vereins steht dem nicht entgegen (vgl. LG Hanau, Urt. vom 16.1.2003 = NJW-RR 2003 S. 457, 457 f.).

Wird ein Hund im Auftrag des Halters von einem Dritten in Verwahrung oder Pflege genommen, erfolgt die **Betreuung des Tieres** mit dem Willen des Halters. Jener beabsichtigt in diesem Fall regelmäßig nicht, sein Interesse am Hund aufzugeben. Auch ist nicht davon auszugehen, dass der Betreuer ein eigenes Interesse am Tier begründen will. Vor diesem Hintergrund kommt es selbst bei einem längeren Betreuungsverhältnis (z. B. im Urlaubs- bzw. Krankheitsfall oder wenn ein Hund eines Bewachungsunternehmens einem Mitarbeiter als Arbeitsmittel übergeben wird) nicht zu einem Übergang der Haltereigenschaft (OLG Saarbrücken, Urt. vom 17.2.1988 = NJW-RR 1988 S. 1492, 1492; **a. A.** Tz. 4.1.1 VwV NRW, Tz. 3.1.2 VwV BW). Hierbei ist es unerheblich, ob ein Verwahrungsvertrag (z. B. mit einer Tierpension) abgeschlossen wurde, oder ein Familienangehöriger bzw. Bediensteter als sog. Besitzdiener (vgl. § 855 BGB) für den Hund sorgt (vgl. *Staudinger*, § 833 BGB Rn. 103).

Anders verhält es sich, wenn eine Rückgabe des Tieres an den Halter nicht mehr in Aussicht steht. Dies ist dann anzunehmen, wenn der Hund auch nach Wegfall des Ereignisses, das ursächlich für die Betreuung gewesen ist (z. B. der Urlaubs- oder Krankheitsfall), weiterhin beim Betreuer verbleibt. In diesem Fall ist davon auszugehen, dass der Betreuer beabsichtigt, die tatsächliche Bestimmungsmacht über das Tier nicht mehr nur vorübergehend, sondern dauerhaft auszuüben und ein eigenes Interesse am Hund hat. Der Betreuer wird infolgedessen zum Halter des Tieres.

Der Hundehalterbegriff des HundeG entspricht dem **privatrechtlichen Tierhalterbegriff** i. S. des § 833 BGB. Der Hundehalter ist insoweit als Unterfall des Tierhalters anzusehen. § 833 BGB regelt die (privatrechtliche) Tierhalterhaftung. Jene gründet, wie die Gefahrenabwehr, auf der Gefährdung von Leben, Gesundheit und Eigentum, die sich aus der Unberechenbarkeit tierischen Verhaltens ergibt (allgemeine Tiergefahr; vgl. *Palandt*, § 833 BGB Rn. 1).

Angesichts der Ähnlichkeit des Regelungszwecks besteht kein Anlass, für das Gefahrhunderecht eine vom Privatrecht abweichende Definition für den Halterbegriff zu entwickeln, z. B. den Halterbegriff dahingehend zu erweitern, dass allein auf die dauerhafte Verfügungsgewalt über den Hund, nicht aber auf das Interesse am Tier bzw. an dessen Nutzen abzustellen wäre (vgl. VwV NRW, Tz. 4.1.1; auch *Haurand*, Erl. 2.1 zu § 4 LHundG NRW). Eine solche **Erweiterung des Halterbegriffs** ist nicht erforderlich, zumal das HundeG in verschiedenen Bestimmungen verlangt, dass die Anforderungen, die an den Halter gestellt werden, gleichermaßen von dem Betreuer bzw. Führer des Hundes zu erfüllen sind (vgl. § 3 Abs. 1 Satz 2, § 10 Abs. 2, § 14 Abs. 2 HundeG). Ein weiter gefasster Halterbegriff würde somit – auch unter Berücksichtigung der Störerauswahl (vgl. Erl. 2.2.2 zu § 19) – nicht zu einer effektiveren Gefahrenabwehr führen. Vielmehr sollte eine einheitliche Verwendung des Halterbegriffs in der Rechtsordnung angestrebt werden, zumal die privatrechtliche Definition auch im Tierschutzrecht (vgl. *Lorz/Metzger*, § 2 TierSchG Rn. 7 ff; *Hirt/Maisack/Moritz*, § 2 TierSchG Rn. 4) und im Kommunalabgabenrecht bei der Veranlagung der Hundesteuer zugrunde gelegt wird (vgl. *Habermann/Arndt*, Rn. 112 zu § 3 KAG).

4.2 Betreuer

Betreuer eines Hundes ist, wer es in einem rein tatsächlichen Sinn übernommen hat, für das Tier zu sorgen und es zu beaufsichtigen. Es handelt sich hierbei um einen Auffangtatbestand für den Fall, dass die Voraussetzungen für die Haltereigenschaft nicht erfüllt sind. Den Betreuer treffen zwar nicht die Rechtspflichten des Hundehalters (z. B. § 8 Abs. 1, § 14 HundeG), er muss aber regelmäßig entsprechende Anforderungen erfüllen (vgl. § 3 Abs. 1 Satz 2, § 10 Abs. 2 HundeG). Im Übrigen können gegen den Betreuer Maßnahmen zur Gefahrenabwehr angeordnet werden (vgl. Erl. 2.2.2 zu § 19). Der gefahrenhunderechtliche Betreuerbegriff entspricht dem des Tierschutzrechts (dazu *Hirt/Maisack/Moritz*, § 2 TierSchG Rn. 5).

4.3 Hundeführer

Hundeführer ist, wer einen Hund willentlich laufen lässt, ob angeleint oder nicht (vgl. *Haurand*, Erl. 5 zu § 5 LHundG NRW). In der Regel wird es sich hierbei um den Halter oder Betreuer des Tieres handeln. Hundeführer ist nicht, wer einen Hund trägt (z. B. bei kleineren Hunden), weil dieser Hund nicht „geführt" wird. Hier kann lediglich von einer Mitnahme die Rede sein. Nach § 3 Abs. 1 Satz 3 HundeG wird der Hund aber auch dann noch geführt, wenn der Hundeführer die Einwirkungsmöglichkeit auf den Hund verloren hat. Insofern geht die Norm davon aus, dass es nichts an der Führereigenschaft ändert, wenn der Hund bspw. im Park entwischt und andere Menschen angreift. Es handelt sich dann um einen geführten Hund, den der Hundeführer entgegen § 3 Abs. 1 Satz 3 HundeG nicht so beaufsichtigen und auf ihn einwirken kann, dass der Hund keinen anderen Menschen gefährdet. Verlöre der Hundeführer seine Führereigenschaft durch das Entwischen des Hundes, liefe die Verpflichtung aus § 3 Abs. 1 Satz 3 HundeG ins Leere.

§ 2
Zuständige Behörde

Die Aufgaben nach diesem Gesetz werden, soweit nichts anderes bestimmt ist, den amtsfreien Gemeinden und Ämtern zur Erfüllung nach Weisung übertragen. Zuständige Behörden im Sinne dieses Gesetzes sind die Bürgermeisterinnen und Bürgermeister der amtsfreien Gemeinden, die Amtsdirektorinnen und Amtsdirektoren und in ehrenamtlich verwalteten Ämtern die Amtsvorsteherinnen und Amtsvorsteher als örtliche Ordnungsbehörden, in deren Bezirk der Hund gehalten wird (Haltungsort).

VwV-HundeG

Abschnitt 2

Zu § 2 – Zuständige Behörde

Die Zuständigkeit war bisher in § 16 GefHG inhaltsgleich geregelt.

Haltungsort im Sinne dieser Regelung ist derjenige Ort, an dem sich der Hund regelmäßig befindet. Dies ist in aller Regel der Wohnort des Hundehalters. Der Haltungsort kann aber auch von dem Wohnort des Hundehalters abweichen, z. B. bei gewerblich eingesetzten Wachhunden. Zu unterscheiden ist zwischen dem Ort einer zeitlich befristeten Betreuung eines Hundes (z. B. bei werktäglicher Abwesenheit des Halters zur Arbeit) und der Haltung (z. B. Versorgung des Hundes, Schlafplatz, Hauptlast der Unkosten). Vergleiche hierzu auch Ziffer 4 zu § 833 BGB bei Palandt, Bürgerliches Gesetzbuch.

Erläuterungen

Die Durchführung des HundeG ist den amtsfreien Gemeinden und Ämtern als **Aufgabe zur Erfüllung nach Weisung** übertragen worden, soweit nichts anderes bestimmt ist. Sie unterliegen insoweit der Fachaufsicht, die sich nicht nur auf die rechtmäßige, sondern auch auf die zweckmäßige Aufgabenwahrnehmung erstreckt (vgl. § 15 Abs. 2 LVwG). Untere Fachaufsichtsbehörde über die Behörden der amtsfreien Gemeinden und Ämter ist die Landrätin oder der Landrat (vgl. § 17 Abs. 3 LVwG). Oberste Fachaufsichtsbehörde und Fachaufsichtsbehörde über die Behörden der kreisfreien Städte ist das Innenministerium (vgl. § 17 Abs. 2 LVwG). Das HundeG ist ein Spezialgesetz zur Gefahrenabwehr (vgl. Erl. 1 zu § 1). Es sieht im Wesentlichen **keine neuen Aufgaben** für die amtsfreien Gemeinden und Ämter vor. Ihnen ist lediglich eine gesetzliche Regelung an die Hand gegeben worden, um die bestehende Aufgabe der Gefahrenabwehr (vgl. §§ 162, 163 Abs. 1 LVwG) in Bezug auf die von Hunden ausgehenden Gefahren besser wahrnehmen zu können. Soweit nach dem HundeG dafür z. B. das Erlaubnisverfahren für Halter von gefährlichen Hunden oder die behördliche Befreiung von der Maulkorbpflicht vorgesehen ist (vgl. Erl. 5.10 zu § 3), können die amtsfreien Gemeinden und Ämter den dafür anfallenden Verwaltungsaufwand durch die **Erhebung von Verwaltungsgebühren** refinanzieren (vgl. Anlage 27.6 zur VwGebVO; ferner LT-Drs. 15/3471 S. 49).

§ 2 Satz 2 HundeG knüpft an § 165 Abs. 2 Satz 1 LVwG an, wonach die örtlichen Ordnungsbehörden für die Gefahrenabwehr **sachlich** zuständig sind. Zuständig für die Durchführung des HundeG sind also die Bürgermeister der amtsfreien Gemeinden und die Amtsvorsteher als örtliche Ordnungsbehörde, in deren Bezirk der Hund gehalten wird. **Etwas anderes bestimmt** § 2 Satz 1 HundeG z. B. in Bezug auf die Zuständigkeit der Abnahme einer Sachkundeprüfung (sog. „Hundeführerschein"). Sie werden nicht von den grundsätzlich zuständigen Ordnungsbehörden abgenommen, sondern nach § 4 Abs. 2 HundeG von Personen und Stellen, die über eine entsprechende Erlaubnis nach § 11 Abs. 1 Nr. 8 f TierSchG verfügen, z. B. Tierärzte (vgl. Erl. 4 zu § 4). Auch z. B. der Nachweis, dass ein gefährlicher Hund ein sozialverträgliches Verhalten aufweist (Wesenstest, § 13 HundeG) wird nicht von den Ordnungsbehörden, sondern von einer von der Tierärztekammer

Schleswig-Holstein zugelassenen Person oder Stelle durchgeführt (vgl. § 13 Abs. 1 Satz 1 HundeG; vgl. Erl. 3 zu § 13).

§ 2 Satz 2 HundeG verdrängt die Zuständigkeitsregelungen des allgemeinen Gefahrenabwehrrechts als Spezialgesetz (vgl. § 165 Abs. 2 Satz 1, § 166 Abs. 1 LVwG). Abweichend vom Grundsatz des § 166 Abs. 1 LVwG bestimmt § 2 Satz 2 HundeG, dass die **örtliche** Zuständigkeit für die Durchführung des HundeG dem Haltungsort folgt (vormals geregelt in § 16 Satz 2 GefHG, vgl. LT-Drs. 15/3471 S. 49 f.), sodass sich die Frage stellt, wie dieser im Einzelnen zu ermitteln ist. Grundsätzlich ist der **Haltungsort** derjenige Ort, an dem sich der Hund regelmäßig befindet. Dies ist in aller Regel der Wohnort des Hundehalters und der Ort, an dem der Hund versorgt wird, an dem sich dessen Schlafplatz befindet und an dem die Hauptlast der Unkosten getragen wird (vgl. Nr. 2 VwV-HundeG). Anders als nach dem Grundsatz des § 166 Abs. 1 LVwG kommt es bei der Bestimmung der örtlichen Zuständigkeit also nicht darauf an, in welchem Bezirk die im Wege der Gefahrenabwehr zu schützenden Interessen verletzt oder gefährdet werden (vgl. *Götz/Geis*, § 12 Rn. 14). Sofern sich der Hund für einen längeren Zeitraum regelmäßig an einem anderen Ort als dem Wohnsitz des Halters aufhält, sich z. B. in der Obhut eines Betreuers befindet (vgl. Erl. 4.2 zu § 1), ist der Ort, an dem der Hund betreut wird, als Haltungsort anzusehen. Daraus folgt aber auch, dass die Ordnungsbehörde des Haltungsortes auch dann für die Durchführung des HundeG zuständig bleibt, wenn sich der Hund lediglich ausnahmsweise in einem anderen Bezirk befindet. Das kann aber nicht dazu führen, dass der unzuständigen Ordnungsbehörde der Gemeinde, in deren Bezirk sich der Hund vorübergehend aufhält, die Hände gebunden wären, wenn der Hund dort Anlass für Gefahrenabwehrmaßnahmen gibt. Zwar kann die Ordnungsbehörde des vorübergehenden Aufenthaltsortes des Hundes dem Halter oder Betreuer des Tieres nicht die im HundeG vorgesehenen Zulassungen und Befreiungen erteilen. Geht aber von dem Hund eine akute Gefahr für die öffentliche Sicherheit aus, ist sie nach der gefahrenabwehrrechtlichen Generalklausel befugt und auch verpflichtet, einzuschreiten und die notwendigen Abwehrmaßnahmen zu treffen. Ihre Zuständigkeit ergibt sich dann aus § 165 Abs. 1 Satz 1 und § 166 Abs. 1 LVwG, die insoweit nicht von § 2 Satz 2 HundeG verdrängt werden.

> *Beispiel Hund im Urlaub:*
>
> *Angenommen Bewohner B wohnt in der Stadt S, verbringt seinen* ***dreiwöchigen Sommerurlaub*** *jedoch an der Ostsee in der Gemeinde D. Seinen Hund Anton (A) nimmt er mit. Dieser beißt (frei laufend am Hundestrand) eines Tages den verkleideten Unterhaltungskünstler O, der als „Ostseeclown" die Kinder belustigt. O trägt schwere Bissverletzungen davon. Das nach § 2 Satz 2 HundeG unzuständige Ordnungsamt der Gemeinde D ist in diesem Beispiel zwar nicht befugt, etwa die Gefährlichkeit des Tieres festzustellen (vgl. § 7 Abs. 1 HundeG), kann jedoch gegenüber B gem. §§ 174, 176 LVwG ordnungsrechtliche Maßnahmen zur Abwehr der im Einzelfall bestehenden Störung/Gefahr für die öffentliche Sicherheit anordnen (sofortige Verpflichtung zum Tragen eines Maulkorbes/sofortige, vorübergehende Wegsperrung des Hundes usw.), sodass dem Erfordernis zur Abwehr der akuten Gefahren Genüge getan wird. Das Ordnungsamt der Gemeinde D wird überdies die Stadt S über den Vorfall unterrichten. Dort ist dann zuständigkeitshalber über die Gefährlichkeit des Hundes zu entscheiden (§ 7 Abs. 1 HundeG) und ggf. eine Haltererlaubnis zu erteilen (§ 8 Abs. 1 HundeG) oder zu versagen.*

Ebenfalls fraglich kann der Haltungsort sein, wenn die Eigentümerin des Hundes eine **juristische Person** ist. Angenommen die Bewachungs-GmbH mit festem Sitz in der Stadt S hält verschiedene Hunde, die an verschiedenen Orten in ganz Schleswig-Holstein für den Objekt- und Werkschutz eingesetzt werden. Dabei werden die Hunde durchgehend von angestellten Hundeführern betreut. Wohnt der Angestellte A in der Gemeinde G, so ist hier auch der Haltungsort zu sehen. Die B-GmbH wird entsprechende behördliche Verfahren mit der dortigen örtlich zuständigen Ordnungsbehörde abwickeln müssen.

In weiteren Ausnahmefällen kann der Haltungsort schwer zu bestimmen sein, z. B. bei **Schaustellern**, die in verschiedenen Gemeinden gastieren, oder im Falle von **umherziehenden Obdachlosen**. Es ist dann darauf abzustellen, an welchem Ort sich der Hund im Vergleich zu den anderen Orten, die bereist werden, am „regelmäßigsten" aufhält. In Betracht kommt hier z. B. die Gemeinde, in der sich das Winterlager des Schaustellers befindet, oder die Stadt, in der sich der Obdachlose die meiste Zeit aufhält.

Ist ein fester Aufenthaltsort nach diesen Kriterien nicht zu bestimmen, fehlt es schlichtweg an einem Haltungsort. Folglich wäre das HundeG mangels zuständiger Behörde insoweit nicht vollstreckbar. Dieses Ergebnis kann vom Gesetzgeber aber schwerlich gewollt sein. Vielmehr ist von einer Regelungslücke auszugehen, zu deren Schließung auf das Personalausweisrecht zurückgegriffen werden kann. Eine dortige Regelung, nach der im Zweifelsfall am tatsächlichen Aufenthaltsort anzuknüpfen ist, ist hier sinnvollerweise analog heranzuziehen (vgl. Art. 4.1.9.5 PassVwV), auch wenn diese Analogie freilich nicht alle (praktischen) Probleme zu lösen vermag. Sollte etwa der Obdachlose aus dem Beispielsfall bei einem Aufenthaltsortswechsel von der Gemeinde X in die Gemeinde Y der dann zuständigen Ordnungsbehörde entgegen § 16 Abs. 1 Satz 1 HundeG seinen Aufenthaltsortswechsel nicht mitteilen, beginnt die Ermittlung von neuem. Dies erschwert es den ad hoc zuständigen Ordnungsbehörden ihre Maßnahmen abzustimmen. Die Ordnungsbehörde der Gemeinde Y ist insoweit darauf angewiesen, dass der obdachlose Hundehalter ihr seinen neuen Aufenthaltsort und ggf. die behördliche Gefährlichkeitseinstufung des Hundes mitteilt. Unterbleibt die Mitwirkung des Hundehalters, bietet es sich in einem solchen Fall für die wissende Ordnungsbehörde (im Beispiel die der Gemeinde X) an, den Weg über die Aufsichtsbehörden zu gehen. Sofern einer Person ohne festen Aufenthaltsort die Haltung eines Hundes zu untersagen ist, sollte dies der Fachaufsicht zur Kenntnis gegeben werden, damit von dort aus die anderen Ordnungsbehörden darüber informiert werden können. Die Untersagungsverfügung wäre dann ggf. von der nunmehr ad hoc zuständigen Ordnungsbehörde erneut anzuordnen und zu vollziehen.

Neben der Ordnungsbehörde ist die **Polizei** für die Gefahrenabwehr zuständig (vgl. § 163 Abs. 1 LVwG). Sie ermittelt Gefahren bzw. Störungen der öffentlichen Sicherheit, z. B. durch Streifengänge oder -fahrten und unterrichtet die Ordnungsbehörden über ihre Ermittlungsergebnisse. Sind Gefahrenabwehrmaßnahmen unaufschiebbar, ist die Polizei befugt, diese (gem. dem allgemeinen Gefahrenabwehrrecht aus §§ 174, 176 LVwG) selbstständig zu treffen. Die Polizei ist hingegen nicht befugt, das HundeG zu vollziehen, z. B. eine Haltererlaubnis zu erteilen, zumal es ohnehin an der für die Eilzuständigkeit erforderlichen Dringlichkeit der Maßnahme fehlen würde. Ferner leistet die Polizei der Ordnungsbehörde Vollzugs- und Ermittlungshilfe (vgl. § 168 LVwG).

§ 3
Allgemeine Pflichten

(1) Hunde sind so zu halten und zu führen, dass von ihnen keine Gefahren für die öffentliche Sicherheit ausgehen. Eine Hundehalterin oder ein Hundehalter darf einen Hund nur solchen Personen überlassen, die die Gewähr dafür bieten, den Hund sicher im Sinne des Satzes 1 zu führen. Die Person, die den Hund führt, muss ihn jederzeit so beaufsichtigen und auf ihn einwirken können, dass durch den Hund weder Menschen, Tiere noch Sachen gefährdet werden.

(2) Hunde sind an einer Leine zu führen, die ständig ein sicheres Einwirken auf den Hund ermöglicht

1. in Fußgängerzonen, Haupteinkaufsbereichen und anderen innerörtlichen Bereichen, Straßen und Plätzen mit vergleichbarem Publikumsverkehr,
2. bei öffentlichen Versammlungen, Aufzügen, Volksfesten und sonstigen Veranstaltungen mit Menschenansammlungen,
3. in der Allgemeinheit zugänglichen umfriedeten oder anderweitig begrenzten Park-, Garten- und Grünanlagen mit Ausnahme besonders ausgewiesener Hundeauslaufgebiete,
4. bei Mehrfamilienhäusern auf dem gesamten Grundstück und im Gebäude mit Ausnahme der nicht dem Gemeingebrauch unterliegenden selbstgenutzten Räume oder Flächen,
5. in öffentlichen Gebäuden und öffentlichen Verkehrsmitteln,
6. in Sportanlagen und auf Zelt- und Campingplätzen,
7. auf Friedhöfen,
8. auf Märkten und Messen.

Die zuständige Behörde kann auf Antrag Ausnahmen von Satz 1 zulassen, wenn im Einzelfall Menschen, Tiere oder Sachen nicht gefährdet werden.

(3) Es ist verboten, Hunde mitzunehmen in

1. Kirchen, Kindergärten, Schulen und Krankenhäuser,
2. Theater, Lichtspielhäuser, Konzert-, Vortrags- und Versammlungsräume und
3. Badeanstalten sowie auf Badestellen an Oberflächengewässern im Sinne der Badegewässerverordnung vom 9. April 2008 (GVOBl. Schl.-H., S. 169), Kinderspielplätze und Liegewiesen.

Ferner ist es verboten, Hunde dort laufen zu lassen. Die Inhaberin oder der Inhaber des Hausrechts der in Satz 1 Nummer 1 und 2 genannten Einrichtungen kann Ausnahmen zulassen, wenn im Einzelfall Menschen, Tiere oder Sachen nicht gefährdet werden.

(4) Durch andere Rechtsvorschriften begründete Anleinpflichten und Mitnahmeverbote, die von den Regelungen in den Absätzen 2 und 3 abweichen, bleiben unberührt.

(5) Wer einen Hund außerhalb eines ausbruchssicheren Grundstücks führt oder laufen lässt, hat diesem ein Halsband, eine Halskette oder eine vergleichbare Anleinvorrichtung mit einer Kennzeichnung anzulegen, aufgrund derer die Hundehalterin oder der Hundehalter ermittelt werden kann.

(6) Es ist verboten, Hunde mit dem Ziel einer gesteigerten Aggressivität und Gefährlichkeit auszubilden. Inhaberinnen und Inhaber einer Erlaubnis nach § 34a der Gewerbeordnung dürfen Hunde im Rahmen eines zugelassenen Bewachungsgewerbes einer ordnungsgemäßen Schutzdienstausbildung durch Stellen oder Personen, die eine Erlaubnis nach § 11 Absatz 1 Nummer 6 des Tierschutzgesetzes (TierSchG) in der Fassung der Bekanntmachung vom 4. Juli 2013 (BGBl. I, S. 2182) besitzen, unterziehen.

(7) Wer einen Hund auf öffentlichen Straßen oder Anlagen innerhalb einer geschlossenen Ortschaft ausführt, hat die durch das jeweilige Tier verursachten Verunreinigungen unverzüglich zu entfernen und ordnungsgemäß zu entsorgen. Den Vollzugskräften der zuständigen Ordnungsbehörde ist es gestattet, die Person, die den Hund führt, zur Feststellung der Personalien anzuhalten.

VwV-HundeG

Abschnitt 3

Zu § 3 – Allgemeine Pflichten

3.1 *Generelle Nichtstörungspflicht*

§ 3 Abs. 1 definiert die allgemeine Sorgfaltspflicht der Hundehalterin bzw. des Hundehalters. Ihr oder sein Verhalten muss darauf gerichtet sein, eine Gefahr für die öffentliche Sicherheit durch den Hund zu vermeiden.

Die besondere Beaufsichtigungs- und Einwirkungsverpflichtung in Satz 3 konkretisiert die allgemeinen Pflichten der Sätze 1 und 2.

Wird ein nicht als gefährlich eingestufter Hund ohne Einwilligung und Kenntnis der Halterin oder des Halters ausgeführt, trifft die Verantwortung die Person, die den Hund ausführt. Für das Ausführen eines als gefährlich eingestuften Hundes gelten die besonderen Regelungen zum Führen in § 14 Abs. 2.

Das unbeaufsichtigte Laufenlassen eines Hundes außerhalb des eigenen ausbruchssicheren Grundstücks stellt von sich aus keinen Verstoß gegen die Sorgfaltspflichten nach Satz 1 dar, sofern von dem Hund keine konkrete Gefahr für die öffentliche Sicherheit ausgeht.

3.2 *Allgemeine Anleinpflicht*

Satz 1 definiert den unbestimmten Rechtsbegriff der „geeigneten" Leine. Diese muss ständig, d. h. zu jedem Zeitpunkt, ein sicheres Einwirken auf den Hund ermöglichen.

Hunde sind in Bereichen mit typischerweise erhöhtem Publikumsverkehr an der Leine zu führen (§ 3 Abs. 2 Satz 1). Eine Ausnahme von der Anleinpflicht kann nur für den Einzelfall, d. h. für einen bestimmten Hundeführer und einen bestimmten Hund zugelassen werden. Hierzu hat der Hundeführer ein besonderes Interesse an der Befreiung glaubhaft zu machen, das das Interesse der Allgemeinheit an der Anleinpflicht im Einzelfall überwiegt (z. B. die Unzumutbarkeit der Anleinpflicht bei einem kranken Hund). Allgemeinverfügungen oder Verordnungen des Inhalts, dass die Anleinpflicht für einzelne der in § 3 Abs. 2 Satz 1 aufgeführten Bereiche bzw. Teile davon außer Kraft gesetzt wird, sind unzulässig. In der ordnungsbehördlichen Praxis sind Ausnahmen nach dem bisherigen Recht nur sehr selten ausgesprochen worden.

Bei gefährlichen Hunden ist die Anleinpflicht des § 14 Abs. 3 zu beachten. Ausnahmen hiervon sind nicht vorgesehen.

Die Regelungen zu Anleinpflichten in Mehrfamilienhäusern und den dort von der Allgemeinheit der Bewohner genutzten Bereichen in Ziffer 4 sind aufgrund praktischer Erfahrungen der Ordnungsbehörden konkretisiert worden. Die Neufassung beschreibt positiv die Bereiche, in denen eine Anleinpflicht besteht. Insbesondere ist auch das gesamte Grundstück der Anlage sowie dazugehörige Parkplätze, Garagenhöfe, Grünanlagen und Wäscheplätze einbezogen.

3.3 *Mitnahmeverbote*

Das Hundegesetz untersagt die Mitnahme von Hunden auf Badestellen an Oberflächengewässern im Sinne der Badegewässerverordnung vom 9. April 2008 (GVOBl. Schl.-

H. S. 169). Für Badeplätze an Meeresstränden besteht ein naturschutzrechtliches Mitnahmeverbot in der Zeit vom 1. April bis zum 30. September (§ 42 Abs. 2 LNatSchG). Das naturschutzrechtliche Mitnahmeverbot steht als Spezialregelung neben § 3 Abs. 3 Satz 1 Nr. 3. Dies gilt auch für die einschlägige Ausnahmeregelung. Danach kann die örtliche Ordnungsbehörde – mit Zustimmung der unteren Naturschutzbehörde – an Badestränden mit regem Badebetrieb eine Sondernutzung zur Mitnahme von Hunden zulassen (sogenannter Hundestrand – § 34 LNatSchG). An Stränden von Binnengewässern ist eine solche Ausnahme nicht möglich.

3.4 *Anleinpflichten und Mitnahmeverbote anderer Rechtsvorschriften*

Gemäß § 17 Abs. 2 Nr. 3 Landeswaldgesetz dürfen Hunde im Wald nur angeleint geführt werden.

3.5 *Ausbruchssicheres Grundstück*

Das Gesetz verwendet nunmehr den Begriff des „ausbruchssicheren Grundstücks" statt des „befriedeten Besitztums" im alten Recht. Dieser Begriff ist konkreter als der bisherige Begriff. Ein Grundstück ist dann als ausbruchssicher zu bezeichnen, wenn der Hund, der sich dort aufhält, nicht gegen den Willen der Halterin oder des Halters entweichen kann. Ein ausbruchssicheres Grundstück ist ein Bereich, der durch Zäune, Absperrungen, Wände, gesicherte Pforten und Tore usw. gegenüber öffentlichen Bereichen abgetrennt ist. Dazu zählen z. B. Privatgärten, Werksgelände, Hundezwinger, Wohnungen, Balkone und Terrassen.

Hält sich ein Hund vorübergehend auf einem Grundstück auf, auf dem er nicht üblicherweise gehalten ist, muss auch dieses entsprechend ausbruchssicher gestaltet sein, wenn die Halterin oder der Halter den Hund dort ohne Halsband, eine Halskette oder eine vergleichbare Anleinvorrichtung mit einer Kennzeichnung führen oder laufen lassen will.

3.6 *Verbot der Aggressionsausbildung*

Hunde dürfen nicht mit dem Ziel einer gesteigerten Aggressivität und Gefährlichkeit ausgebildet werden. Eine Aggressionsausbildung liegt dann vor, wenn mit dem Hund gezielt geübt wird, bei bestimmten Signalen des Ausbilders oder in einer spezifischen Situation Menschen oder Tiere anzugreifen.

Das zugelassene Bewachungsgewerbe (§ 34a GewO) ist von dem Aggressionsausbildungsverbot ausgenommen, sofern der Hund einer ordnungsgemäßen Schutzdienstausbildung unterzogen wird. Bei einer ordnungsgemäßen Schutzdienstausbildung werden Hunde darauf abgerichtet, Personen oder Sachen, insbesondere Gebäude, zu schützen. Eine Schutzhundeausbildung darf nur durch Stellen oder Personen, die die Erlaubnis nach § 11 Abs. 1 Nr. 6 TierSchG haben, erfolgen. Jene dürfen den Hund jedoch lediglich im Rahmen des Bewachungsgewerbes, d. h. in dessen Auftrag zur Deckung des dort unmittelbar bestehenden Bedarfs, ausbilden. Eine Schutzdienstausbildung „auf Vorrat" ist unzulässig.

3.7 *Entfernung von Hinterlassenschaften*

Die Regelung geht davon aus, dass Hinterlassenschaften beseitigt und entsorgt werden können. Die Stellungnahme der Arbeitsgemeinschaft der kommunalen Landesverbände im Rahmen der schriftlichen Anhörung im Umwelt- und Agrarausschuss des Schleswig-Holsteinischen Landtages (LT-Umdruck 18/1808) bezeichnet die Beseitigung und Entsorgung von Hundekot als Ziel dieser Regelung. Auch von Hunden Erbrochenes kann im Einzelfall unter diese Regelung fallen.

„Vollzugskräfte" meint in diesem Zusammenhang nicht die Vollzugsbeamtinnen und -beamten nach § 252 LVwG, sondern im untechnischen Sinne Mitarbeiterinnen und Mitarbeiter der zuständigen Ordnungsbehörde, die nach § 181 LVwG berechtigt sind, zur Abwehr einer Gefahr für die öffentliche Sicherheit eine Identitätsfeststellung durchzuführen.

Die Verpflichtung zur Entfernung und Entsorgung der Hinterlassenschaften des Hundes entspricht der Verpflichtung zur Beseitigung von Verunreinigungen nach § 46 Straßen- und Wegegesetz des Landes Schleswig-Holstein (StrWG) in der Fassung der Bekanntmachung vom 25. November 2003 (GVOBl. Schl.-H. S. 631).

Erläuterungen

Übersicht

7. Durch andere Rechtsvorschriften begründete Anleinpflichten und Mitnahmeverbote
8. Allgemeine Halsband- und Kennzeichnungspflicht
9. Aggressionsausbildungsverbot
10. Entfernung von Verunreinigungen

1. Allgemeine Pflichten

Die allgemeinen Pflichten des § 3 HundeG gelten für das Halten und Führen von allen Hunden, also nicht nur gefährlicher Hunde. Durch die im Zuge der Novellierung vorgenommene Umbenennung des Gefahrhundegesetzes in „Hundegesetz" kommt dies nunmehr auch deutlich in der amtlichen Gesetzesüberschrift zur Geltung. Die allgemeinen Pflichten umfassen den Grundsatz der generellen Nichtstörungspflicht des Hundehalters (vgl. Erl. 2; *Haurand*, Erl. 1 zu § 2 LHundG NRW) und zwar hinsichtlich des Überlassens (Erl. 3), Führens (Erl. 4) und der Mitnahme (Erl. 5) von Hunden. Ferner sehen die allgemeinen Pflichten vor, dass Hunde außerhalb eines ausbruchssicheren Grundstücks mit einem Halsband oder einer entsprechenden Anleinvorrichtung zu versehen und zu kennzeichnen sind (Erl. 8). Auch dürfen sie nicht einer Aggressionsausbildung unterzogen werden (Erl. 9). Bei Verstößen gegen die Verhaltenspflichten des § 3 HundeG kann die Ordnungsbehörde im Wege von Anordnungen zur Gefahrenabwehr einschreiten (vgl. Erl. 2 zu § 19), aber auch ein Bußgeld verhängen (vgl. Erl. 1 ff. zu § 20). Neu aufgenommen wurde in § 3 Abs. 7 HundeG eine Regelung zur Entfernung von Verunreinigungen (Erl. 10).

2. Generelle Nichtstörungspflicht

§ 3 Abs. 1 Satz 1 HundeG postuliert den gefahrenabwehrrechtlichen Grundsatz der generellen Nichtstörungspflicht: Hunde sind so zu halten und zu führen, dass von ihnen keine Gefahren für die öffentliche Sicherheit ausgehen. Die generelle Nichtstörungspflicht verlangt vom Halter, Gefahren für die öffentliche Sicherheit zu vermeiden. Voraussetzung dafür ist, dass überhaupt eine **Gefahr** vorliegt. Der Wortlaut des § 3 Abs. 1 Satz 1 HundeG präzisiert allerdings nicht, welcher Gefahrenbegriff der generellen Nichtstörungspflicht zugrunde liegt. Nach dem üblichen Sprachgebrauch des Gesetzgebers ist davon auszugehen, dass vom Halter oder Führer eines Hundes lediglich die Vermeidung konkreter, d. h. im Einzelfall bevorstehender Gefahren gefordert wird (vgl. § 176 Abs. 1 Nr. 2 LVwG). Gemeint sind damit in erster Linie Gefahren für das Leben und die Gesundheit von Menschen oder Tieren (vgl. LT-Drs. 15/3471 S. 27).

Die im Einzelfall zu treffenden Vorkehrungen richten sich danach, welche Anforderungen im Hinblick auf die konkreten Umstände nach der **Verkehrsauffassung** an einen verständigen und umsichtigen Halter zu stellen sind, um eine Schädigung Dritter abzuwenden. Von Bedeutung sind insoweit die Rasse des Hundes, sein Alter und insbesondere die bisherige Führung, ob er sich als gutartig erwiesen oder bereits durch erhöhte Aggressionsbereitschaft oder Bösartigkeit aufgefallen ist. Zu berücksichtigen ist dabei auch, ob der Hund folgsam ist, sich leiten lässt und wie er gewöhnlich reagiert, wenn er mit Menschen in Berührung kommt. Schließlich ist auch zu berücksichtigen, welche Eigenschaften die Begleitperson hat, wie ihre körperliche Konstitution ist und welche Erfahrung, Geschicklichkeit und Kraft sie im Umgang mit Hunden hat (vgl. OLG Hamm, Beschl. vom 5.1.1996 = NJW 1996 S. 1295, 1295 m. w. N.).

Auch kann zu berücksichtigen sein, wie ein Hund auf Menschen wirkt. Ist ein Hund aufgrund seines **äußeren Erscheinungsbildes** geeignet, durch sein freies Umherlaufen Angst oder gar Schrecken hervorzurufen, kann auch hierin eine konkrete Gefahr gesehen werden, zumal das ängstliche Verhalten von dem Hund wahrgenommen wird und bei jenem wiederum Reaktionen hervorrufen kann, die die Angst vergrößern (im zu entscheidenden Fall ging es um einen Bullterrier, vgl. OVG Berlin-Brandenburg, Urt. vom 27.5.2010 – 5 A 1.08 –, das von einem „Gefahr erhöhenden Kreislauf", der in Gang gesetzt werden könne, spricht; ferner BayVGH, Urt. vom 18.2.2004 = DÖV 2004 S. 579, 581; *Scheidler*, S. 718 m. w. N.).

Um die von einem Hund ausgehenden Gefahren zu vermeiden, sollte das Tier so beaufsichtigt werden, dass der Halter jederzeit auf seinen Hund einwirken kann (vgl. LT-Drs. 15/3471 S. 27). So darf z. B. ein Hund, der Passanten verbellt, innerhalb von bewohnten Ortslagen nicht unbeaufsichtigt laufen gelassen werden (vgl. VG Weimar, Beschl. vom 27.8.2003 – 3 E 1430/03 –). Gleiches gilt für einen Hund, der auf die Straße zu laufen droht. Das Tier gefährdet dort den **Straßenverkehr**. Hierin ist ein Verstoß gegen § 28 Abs. 1 Satz 1 StVO zu sehen. Danach sind Haustiere, die den Verkehr gefährden können, von der Straße fern zu halten.

Die generelle Nichtstörungspflicht ist **bußgeldbewehrt** (§ 20 Abs. 1 Nr. 1 HundeG). Voraussetzung für das Verhängen eines Bußgeldes ist, dass die eingeforderte Verhaltenspflicht vom Gesetzgeber hinreichend bestimmt worden ist. Für den Bürger muss deutlich sein, welches Tun oder Unterlassen mit einem Bußgeld geahndet werden kann (vgl. *Göhler*, § 3 OWiG Rn. 5).

Die generelle Nichtstörungspflicht verlangt aber nicht nur die Vermeidung von Gefahren für hochrangige Individualrechtsgüter. Vielmehr wird der Schutz der öffentlichen Sicherheit schlechthin gefordert. Davon umfasst ist auch die objektive Rechtsordnung, d. h. die Gesamtheit der öffentlich-rechtlichen Vorschriften. Daraus folgt, dass jeglicher Verstoß gegen eine Verhaltenspflicht im Umgang mit einem Hund gleichzeitig einen Verstoß gegen die generelle Nichtstörungspflicht darstellt. Sie ist sehr allgemein formuliert und könnte daher den Anforderungen des **rechtsstaatlichen Bestimmtheitsgebotes** zuwiderlaufen. Dies war bereits im Hinblick auf die vormalige generelle Nichtstörungspflicht des § 1 Abs. 1 Satz 2 GefHVO problematisch: Danach musste ein Hund außerhalb des ausbruchssicheren Grundstücks des Hundehalters jederzeit so beaufsichtigt werden, dass durch ihn Menschen, Tiere oder Sachen nicht gefährdet werden (vgl. *Haurand*, Erl. 1 zu § 2 LHundG NRW; auch OVG Saarlouis, Urt. vom 1.12.1993 – 3 N 3/93 –; zum Bestimmtheitsgebot *Götz/Geis*, § 22 Rn. 44). Die Regelung findet sich nun wieder in § 3 Abs. 1 Satz 3 HundeG, nachdem sie zwischenzeitlich im GefHG nicht enthalten war. Mit Blick auf die Rechtsprechung zur straßenverkehrsrechtlichen Generalklausel des § 1 Abs. 2 StVO (vgl. BVerfG, Beschl. vom 25.7.1968 = NJW 1969 S. 1164), wonach eine allgemeine Verhaltensregel als Auffangtatbestand fungieren darf, weil konkretere Regelungen aufgrund der Komplexität und Fülle der Lebenssachverhalte schlichtweg unmöglich wären, ist von einer Verfassungskonformität im Hinblick auf die Bestimmtheit des § 3 Abs. 1 HundeG auszugehen. Im Einzelfall sollte trotzdem grds. erwogen werden, dem Halter zunächst bewusst zu machen, dass von seinem Tun oder Unterlassen eine Gefahr für die öffentliche Sicherheit ausgeht. Dazu kann die generelle Nichtstörungspflicht durch eine Anordnung konkretisiert werden (vgl. VGH Mannheim, Beschl. vom 6.7.1989 = DVBl 1989 S. 1007, 1008). Verstößt der Halter oder Führer des Hundes dann gegen die im Anordnungswege **konkretisierte Nichtstörungspflicht**, ist für ihn die Ahndung mit einem Bußgeld absehbar. Mit der Konkretisierung entfallen dann auch etwaige Bedenken an der Bestimmtheit des Bußgeldtatbestandes des § 20 Abs. 1 Nr. 1 HundeG. Im Regelfall dürfte für den Hundehalter oder -führer klar sein, was er zur Vermeidung der von dem Tier ausgehenden Gefahren zu tun und zu unterlassen hat. Ferner kann er aus den weiteren konkreten Regelungen des § 3 HundeG erkennen, worin der Gesetzgeber eine Gefährdung sieht und worin folglich das grundsätzliche Verhaltensgebot liegt. Dies gilt insbesondere im Hinblick auf die Gefahren für das Leben und die Gesundheit von Menschen und Tieren. Bedenken an der Bestimmtheit der Verhaltensnorm und der Bußgeldbewehrung der generellen Nichtstörungspflicht bestehen insoweit nicht (vgl. OVG Greifswald, Urt. vom 6.4.2001 = NordÖR 2001 S. 317, 318; BVerfG, Beschl. vom 25.7.1962 = BVerfGE 27, 245, 253; **a. A.** OVG Saarlouis, Urt. vom 1.12.1993 – 3 N 3/93 –).

Bei der Auswahl der Rechtsgrundlage für die konkretisierende Anordnung ist dem Umstand Rechnung zu tragen, dass die generelle Nichtstörungspflicht im Tatbestand ähnlich weit gefasst ist wie die **gefahrenabwehrrechtliche Generalklausel**. Beide Vorschriften verfolgen das Ziel, Gefahren für die öffentliche Sicherheit zu vermeiden. Anders als die Generalklausel stellt die generelle Nichtstörungspflicht aber keine Befugnisnorm, sondern lediglich eine Verhaltenspflicht dar. Wird gegen eine Verhaltenspflicht verstoßen, ist hierin eine Störung der Rechtsordnung zu sehen. Zur Abwehr der damit verbundenen Gefahr für die öffentliche Sicherheit ist die Ordnungsbehörde befugt, die Verhaltenspflicht im Wege der gefahrenabwehrrechtlichen Generalklausel durchzusetzen. Rechtsgrundlage dafür sind die §§ 174, 176 Abs. 1 LVwG in Verbindung mit der verletzten Verhaltenspflicht (vgl. Erl. 1 zu § 19). Ferner droht bei einer Vollstreckungsmaßnahme bei einem Verstoß gegen die allgemeine Nichtstörungspflicht meist nur ein Eingriff geringer Intensität. Schließlich können viele Gefahren dadurch beseitigt werden, dass der Hund (vorübergehend) festgesetzt wird, ohne dass weitere Maßnahmen gegen den Halter eingeleitet werden müssten, sodass am Ende nur die vorübergehende Entziehung des Hundes als Eingriff in die Rechte des Halters bleibt.

Es sei erwähnt, dass eine allgemeine Regelung immer zu Lasten der **Vollziehbarkeit** der Vorschrift geht. Konkretere Vorgaben, wie sich der Bürger mit seinem Hund hinsichtlich der Vermeidung und Verursachung von Gefahren zu verhalten hat, sind daher wünschenswert. In der Praxis dürften viele praktische Gefahren mit der Anordnung zur Einhaltung der umfänglichen Anleinpflichten aus § 3 Abs. 2 HundeG und den Mitnahmeverboten von Hunden aus § 3 HundeG beseitigt werden. Der unbestimmte, allgemein gehaltene und damit von der Behörde im Einzelfall auszufüllende Tatbestand des § 3 Abs. 1 HundeG wird daher wohl weniger benötigt werden, als es im Hinblick auf etwaige Bedenken seiner Bestimmtheit zu befürchten wäre.

Beispiel: Der streunende Hund

Mitarbeiter der Ordnungsbehörde greifen einen streunenden Hund in der Nähe einer viel befahrenen Straße auf. Es besteht die gegenwärtige Gefahr, dass der Hund auf die Straße läuft und einen Verkehrsunfall verursacht. Anhand des Transponders kann der Halter des Tieres ermittelt werden, der allerdings nicht erreichbar ist. Der Hund wird daher im Wege des sofortigen Vollzugs in Gewahrsam genommen und vorläufig in ein Tierheim verbracht. Rechtsgrundlage hierfür ist § 230 Abs. 1 i. V. m. § 238 und § 246 LVwG (vgl. VGH Kassel, Urt. vom 22.11.1994 = NJW 1995 S. 2123, 2123; auch Foerster/Friedersen/Rohde, Erl. 2 lit. c zu § 230 LVwG).

Beispiel: Schulkinder in Gefahr

*H ist Halter eines Schäferhundes. Das Tier verbellt regelmäßig Kinder. Das Grundstück des H befindet sich in unmittelbarer Nähe einer Schule. Es ist somit absehbar, dass ein unbeaufsichtigtes Laufenlassen des Tieres mit hinreichender Wahrscheinlichkeit zu einem Schaden, z. B. zur Verletzung eines Schulkindes führen kann. Der Hundehalter oder -führer ist aus § 3 Abs. 1 HundeG auch dazu verpflichtet, **abstrakte Gefahren** zu vermeiden. Nach allgemeiner Erfahrung stellt ein unbeaufsichtigter Hund – auch wenn er als folgsam und gutartig anzusehen sein sollte – immer eine potenzielle Gefahrenquelle auf Wegen aller Art dar (vgl. BayObLG, Beschl. vom 12.12.1986 = NJW 1987 S. 1094, 1094; OVG Lüneburg, Urt. vom 8.2.1990 = NVwZ 1991 S. 693, 693). Zur Abwehr dieser abstrakten Gefahr sah § 1 Abs. 1 Satz 1 HVO 1993 vor, dass Hunde außerhalb eines befriedeten Besitztums nicht umherlaufen dürfen, ohne dass sie wirksam beaufsichtigt werden. Die Vorschrift ist zunächst nicht in das GefHG übernommen worden, findet nun aber in § 3 Abs. 1 Satz 3 HundeG in der dort konkretisierten Form seinen Platz. Dies hat zur Folge, dass von dem Hundehalter oder -führer nunmehr verlangt werden kann, dass er diese typische Gefahrenlage auch dann zu vermeiden hat, wenn im Einzelfall eine konkrete Gefahr tatsächlich nicht besteht. Hingegen kann nicht die Vermeidung **latenter Gefahren** (vgl. Erl. 3 zu § 1) verlangt werden, soweit damit das Halten oder zumindest das Führen von Hunden unmöglich gemacht würde. Fehlt es im Einzelfall an der erforderlichen*

Wahrscheinlichkeit des Schadenseintritts, ist lediglich von einer latenten Gefahr auszugehen. Es genügt also nicht, dass lediglich die Möglichkeit besteht, dass es zum Schaden kommt, etwa wenn weitere, zuvor nicht absehbare Umstände hinzutreten, z. B. dass eine Person ein friedliches Tier angreift und infolgedessen gebissen wird. Da Hunde aufgrund der allgemeinen Tiergefahr stets latent gefährlich sind, würde eine solche Verpflichtung deren rechtmäßige Haltung unmöglich machen (vgl. Haurand, Erl. 1 zu § 2 LHundG NRW).

3. Allgemeine Sorgfaltspflicht bei der Überlassung eines Hundes

Die allgemeine Sorgfaltspflicht bei der Überlassung eines Hundes (vgl. Erl. 3.1) sieht vor, dass der Halter sein Tier nur einer geeigneten Person übergeben darf. Jene muss die Gewähr dafür bieten, dass sie den Hund sicher führt (vgl. Erl. 3.2). Erforderlichenfalls kann die Ordnungsbehörde ein Überlassungsverbot anordnen (vgl. Erl. 3.3). Verstöße gegen die Sorgfaltspflicht bei der Überlassung eines Hundes können mit einem Bußgeld geahndet werden (§ 20 Abs. 1 Nr. 2).

Überlässt eine Person einer anderen einen gefährlichen Hund, ist auch die Spezialvorschrift des § 14 Abs. 2 und 6 HundeG zu beachten. Danach darf ein gefährlicher Hund nur von einer Person geführt werden, die dazu berechtigt ist. Dafür muss sie gleichermaßen geeignet sein wie der Halter: Sie muss volljährig, zuverlässig, persönlich geeignet und sachkundig sein (vgl. Erl. 3 zu § 14). Ein solcher Eignungsnachweis kann bei der Überlassung sonstiger Hunde vom Hundeführer oder -betreuer nicht gefordert werden.

3.1 Überlassung

Eine Überlassung des Hundes liegt dann vor, wenn der Hundehalter das Tier von einem Dritten betreuen oder ausführen lässt (vgl. Erl. 4.2 zu § 1). Der Hundehalter muss bei der Überlassung objektiv wollen, dass die tatsächliche Bestimmungsmacht über sein Tier vorübergehend auf die andere Person übergeht. Dies ist nicht der Fall, wenn z. B. der Finder eines entlaufenen Hundes jenen in Obhut nimmt oder wenn das Tier gestohlen wird.

Aus dem Umstand, dass die Anforderungen des § 3 Abs. 1 Satz 2 HundeG auf die Eignung zum *Führen* des Hundes abstellen, ist nicht zu schließen, dass die Sorgfaltspflicht nicht gleichermaßen im Hinblick auf die Auswahl des Betreuers zu beachten ist, zumal jener das Tier im Regelfall auch ausführen wird.

3.2 Auswahl einer geeigneten Person

Diejenige Person, welcher der Hund überlassen werden soll, muss die Gewähr dafür bieten, dass sie beim Führen des Tieres die öffentliche Sicherheit nicht gefährdet. Es handelt sich hierbei um eine **Prognoseentscheidung** des Hundehalters: Jener muss darüber befinden, ob – bei verständiger Würdigung aller Umstände – eine gewisse Wahrscheinlichkeit dafür besteht, dass die Person, der er seinen Hund überlassen will, über die zum Führen des Tieres erforderliche Eignung verfügt. Dazu kann der Halter die Person über die hunderechtlichen Regelungen belehren und sich deren Einhaltung zusagen lassen (vgl. OVG Greifswald, Urt. vom 6.4.2001 = NordÖR 2001 S. 317, 321). Dies allein wird jedoch nicht genügen. Vielmehr erfordert eine effektive Gefahrvermeidung, dass der Halter das von seinem Hund ausgehende Risiko zunächst bewertet (vgl. Erl. 3.2.1) und auf dieser Grundlage bestimmt, welche Anforderungen an die Eignung der Person zu stellen sind, welcher der Hund überlassen werden soll (vgl. Erl. 3.2.2).

Dem Hundehalter stehen bei Ermittlung der **Tatsachen**, auf die er seine Prognoseentscheidung stützt, zwar nicht die gleichen Mittel zur Verfügung wie der Ordnungsbehörde. Er kann von der Person weder ein Führungszeugnis fordern, noch ein ärztliches Gutachten verlangen. Daher kann von dem Halter nicht erwartet werden, dass er sich der Eignung der Person sicher ist, geschweige denn, dass er immer die richtige Entscheidung trifft. Diesen Unsicherheitsfaktor hat die Prognoseentscheidung des Hundehalters mit ordnungsbehördlichen Entscheidungen dieser Art gemein (vgl. Erl. 1 ff. zu § 11). Auch wenn der Halter sein Tier und dessen situationsspezifisches Verhalten in der Regel genau kennt und er weiß, in welchen Situationen der Hund potenziell eine Gefahr für andere Menschen, Tiere oder Sachen darstellt, kann vor diesem Hintergrund nicht in jedweder **Fehlentscheidung** ein Verstoß gegen die allgemeine Sorgfaltspflicht bei der Überlassung eines Hundes gesehen werden. Kommt es infolge der Überlassung zu einem Schaden, ist daraus nicht automatisch zu folgern, dass der Halter pflichtwidrig gehandelt hat. Vielmehr kommt es auf den Schadenseintritt überhaupt nicht an: Ein Verstoß gegen die allgemeine Sorgfaltspflicht liegt auch dann vor, wenn der Halter die Umstände, die er hätte kennen können, bei seiner Prognoseentscheidung nicht verständig gewürdigt hat. Dabei ist ein objektiver Maßstab anzulegen. Zu denken ist hier an Fälle, in denen bspw. ein großer Hund (vgl. Erl. 3.2.1.2) einem (geschäftsunfähigen) Kleinkind oder einem stadtbekannten Trinker überlassen wird (vgl. Erl. 3.2.2).

In diesem unzweifelhaften Bereich kann der Verstoß gegen die allgemeine Sorgfaltspflicht bei der Überlassung eines Hundes ohne Weiteres mit einem Bußgeld geahndet werden (vgl. Erl. 1 zu § 20). Bedenken an der Bestimmtheit der Vorschrift bestehen insoweit nicht. In Zweifelsfällen sollte die Verhaltenspflicht hingegen zunächst durch ein Überlassungsverbot (vgl. Erl. 3.3) konkretisiert werden. Für den Halter ist dann klar, welches Unterlassen von ihm verlangt wird, so dass im Falle eines Verstoßes auch ohne Weiteres ein Bußgeld festgesetzt werden kann.

3.2.1 Bewertung des von dem Hund ausgehenden Risikos

Die an die Eignung der Person zu stellenden Anforderungen richten sich nach dem Gefahrenpotenzial, das von dem zu überlassenden Hund ausgeht. Obgleich tierisches Verhalten schlechthin unberechenbar ist (vgl. BGH, Urt. vom 6.7.1976 = NJW 1976 S. 2130, 2131), sind Hunde nicht gleichermaßen geeignet, Schäden zu verursachen. Zwar geht von allen Hunden zumindest eine latente Gefahr für die öffentliche Sicherheit aus, jedoch bestehen im Einzelfall erhebliche Unterschiede hinsichtlich der Größe des Gefahreintrittsrisikos. Es kann dabei derart gesteigert sein, dass nicht mehr nur eine Möglichkeit, sondern bereits eine hinreichende Wahrscheinlichkeit für den Schadenseintritt besteht und somit eine konkrete Gefahr vorliegt (vgl. Erl. 2 zu § 1). Der Gesetzgeber trägt diesem Umstand Rechnung, indem er in § 7 HundeG Eigenschaften und Verhaltensweisen benennt, wonach ein Hund als gefährlich gilt. Dabei wird hinsichtlich der gefährlichen Eigenschaften zwischen der Psyche und der Physis des Hundes unterschieden (vgl. Erl. 2 zu § 7). Diese Differenzierung eignet sich auch zur Bewertung des Risikos, das von sonstigen Hunden ausgeht.

3.2.1.1 Psychologische Eigenschaften

Psychologische Eigenschaften, die für ein geringes Risiko sprechen, lassen sich mit den Adjektiven wesensfest, friedfertig, folgsam, friedlich, schusssicher (d. h. unempfindlich gegen Knallgeräusche) und verkehrssicher (i. S. d. Straßenverkehrs) umschreiben. Diese Eigenschaften werden sog. Familienhunden zugeschrieben. Sie zeichnen sich durch eine hohe Reizschwelle aus. Vom Vorliegen dieser Eigenschaften kann zumindest dann ausgegangen werden, wenn ein Hund die **Begleithundeprüfung** (vgl. Erl. 9) bestanden hat.

Ein gesteigertes Risiko besteht hingegen, wenn ein Hund die Anforderungen der Begleithundeprüfung nicht erfüllt und ansatzweise Verhaltensweisen zeigt, die gemäß § 7 Abs. 1 HundeG zur Gefährlichkeitseinstufung führen können. Zu denken ist hier daran, dass ein Hund – vom Halter unkontrolliert – Menschen oder andere Tiere anbellt bzw. anspringt oder gar angreift (vgl. Erl. 2 zu § 7). Auch kann das Geschlecht des Hundes von Bedeutung sein: Untersuchungen haben ergeben, dass (insb. unkastrierte) **Rüden** über ein größeres Aggressionspotenzial verfügen als Hündinnen. Dabei richtete sich die Aggression der Rüden vornehmlich gegen Artgenossen (vgl. *Hartwig*, 1997, S. 11; *ders.*, 1989, S. 13).

3.2.1.2 Physische Eigenschaften

Gefahrträchtige physische Eigenschaften sind die Größe, das Gewicht und die Muskulatur sowie die Sprungkraft und die Beißkraft des Hundes. Sie sind regelmäßig bei großrahmigen Tieren überdurchschnittlich ausgeprägt (vgl. 2 zu § 7). § 11 LHundG NRW fordert daher von Haltern großer Hunde sachkundig und zuverlässig zu sein, wobei die Zuverlässigkeit dort auch die persönliche Eignung umfasst (vgl. auch § 6 Abs. 1 HundehVO Bbg; *Jahn*, S. 751).

Große Hunde i. S. von § 11 LHundG NRW sind Tiere, die ausgewachsen eine Widerristhöhe (Schulterhöhe) von mindestens 40 cm oder ein Gewicht von mindestens 20 kg erreichen. Die Widerristhöhe eines Hundes bemisst sich dabei ab dem Abstand vom Boden zur vorderen höchsten Stelle des Rückens (vgl. Nr. 11.1 VwV LHundG NRW).

In der Gesetzesbegründung zu § 11 LHundG NRW heißt es, dass große Hunde objektiv allein wegen ihrer Größe oder ihres Gewichtes in Folge äußerer Überraschungsmomente erhöhte Gefahren für Menschen und Tiere hervorrufen und erhebliche Schäden zufügen könnten. Dies gelte in besonderem Maße beim Zusammentreffen von Größe und einzelnen spezifischen Eigenschaften wie Beißkraft oder Schutztrieben. Zur Kategorie „große Hunde" gehörten beispielsweise Hunde der Rassen Dobermann und Schäferhund, die in den Beißstatistiken vordere Ränge einnähmen (vgl. LT-Drs. NRW 13/2387 S. 30). Diese Überlegung ist plausibel. Jedoch ist eine solche Regelung im HundeG nicht vorgesehen. Es verbietet sich daher, § 11 LHundG NRW „über die Hintertür" der allgemeinen Sorgfaltspflicht bei der Überlassung von Hunden einzuführen. Gleichwohl lässt sich aus der Vorschrift folgende Faustformel ableiten: Mit der Größe und der Schwere des Hundes steigert sich das von ihm ausgehende Risiko.

3.2.2 Ermittlung der Anforderungen

Der Halter hat das Risiko, das von seinem Hund ausgeht, abzuwägen und demgemäß Anforderungen an die Eignung der Person zu stellen, der er das Tier überlassen will: Im Regelfall sollte die Person ein Mindestmaß an persönlicher Eignung besitzen. Dazu muss sie zumindest in der Lage sein, die Folgen ihres Tuns und Unterlassenes abschätzen zu können. Sie muss also **geschäftsfähig** sein (vgl. Erl. 1.1 zu § 12). Daraus folgt, dass Kindern, die ihr siebentes Lebensjahr noch nicht vollendet haben (§ 104 Nr. 1 BGB), Hunde nur im begründeten Ausnahmefall zu überlassen sind, z. B. dann, wenn es sich um kleine und nicht gefährliche Tiere handelt (vgl. *Gebel*, S. 312).

Besteht bei einem Hund wegen seiner psychologischen oder physischen Eigenschaften ein gesteigertes Risiko, sollten weitergehende Anforderungen an die persönliche Eignung der Person gestellt werden, welcher der Hund überlassen werden soll. Diese sollte zumindest nicht in ihrer Steuerungsfähigkeit beeinträchtigt sein. Gemäß § 14 Abs. 2, § 12 Abs. 1 Nr. 3 HundeG ist für das Führen und Halten von gefährlichen Hunden eine mangelnde persönliche Eignung immer anzunehmen, wenn eine **Alkohol- oder Drogenabhängigkeit** vorliegt (vgl. Erl. 1.3 zu § 12). Ferner muss die Person, der ein Hund überlassen werden soll, über ein Mindestmaß an **Körperkraft** verfügen (vgl. Erl. 1.4 zu § 12), wenngleich dies nur für das Führen gefährlicher Hunde nach § 14 Abs. 2, § 12 Abs. 1 Nr. 4 HundeG ausdrücklich vorgeschrieben ist. Ein Umkehrschluss dergestalt, dass ein Abstellen auf die physischen Eigenschaften des Hundeführers im Rahmen der Anforderungen, die § 3 Abs. 1 HundeG stellt, daher nicht erfolgen muss, kann jedoch nicht gezogen werden, da dies dem Zweck der Vorschrift, Gefahren zu vermeiden, widerspräche. Ein Abstellen auf die physischen Eigenschaften des Hundeführers ist also unausweichlich.

Bei Hunden, für die sowohl aufgrund ihrer psychologischen als auch physischen Eigenschaften ein gesteigertes Risiko anzunehmen ist, sollte zudem verlangt werden, dass die Person über ein **Mindestmaß an Sachkunde** im Umgang mit Hunden verfügt (vgl. Erl. 1 zu § 4). Sie sollte überdies zuverlässig sein, d. h. sich nicht mit der Rechtsordnung in einer für das Führen von Hunden relevanten Weise im Konflikt befinden (vgl. Erl. 1– 3 zu § 11). Da der Halter nicht befugt ist, ein Führungszeugnis einzuholen, dürfte sich letzteres jedoch regelmäßig der Kenntnis des Halters entziehen.

3.3 Überlassungsverbot

Verletzt der Halter die allgemeine Sorgfaltspflicht bei der Überlassung seines Hundes, stört er die Rechtsordnung. Hierin kann eine Gefahr für die öffentliche Sicherheit gesehen werden. Zur effektiven Gefahrbeseitigung ist die Ordnungsbehörde befugt, ein Überlassungsverbot anzuordnen. Rechtsgrundlage hierfür sind die §§ 174, 176 Abs. 1 LVwG i. V. m. § 3 Abs. 1 Satz 2 HundeG. Das Überlassungsverbot verdeutlicht dem Halter seine allgemeine Sorgfaltspflicht bei der Überlassung von Hunden (vgl. Erl. 3).

Anlass für ein ordnungsbehördliches Einschreiten können z. B. Beschwerden von Bürgern sein. Liegen der Ordnungsbehörde Tatsachen vor, die Zweifel an der erforderlichen Eignung des Hundeführers (zu ermitteln anhand der oben erläuterten Anforderungen an Hund und Hundeführer) hinreichend begründen, ist sie befugt, die Person zur **Aufklärung des Gefahrenverdachts** vorzuladen (§ 199 LVwG). Der Hundehalter ist verpflichtet, der Ordnungsbehörde die seinen Hund betreffenden Feststellungen zu ermöglichen (§ 16 HundeG). Sofern er die **Mitwirkung** bei der Aufklärung des Gefahrenverdachts verweigert, kann zu seinen Lasten von der fehlenden Eignung der Person ausgegangen und ihm die Überlassung des Hundes an die betreffende Person untersagt werden. Voraussetzung dafür ist, dass die Ordnungsbehörde den Hundehalter zuvor auf die Folgen der Verweigerung der Mitwirkung hingewiesen hat.

Sofern der Gefahrenverdacht durch die Vorladung nicht aufzuklären ist, kann die Ordnungsbehörde ein Führungszeugnis von Amts wegen einholen (vgl. Erl. 3.2 zu § 11) oder eine amtsärztliche Untersuchung anordnen. Letzteres stellt einen Gefahrerforschungseingriff dar, der auf die gefahrenabwehrrechtliche Generalklausel zu stützen ist (vgl. Erl. 3 zu § 1). Auf die Befugnisse der § 11 Abs. 2 und § 12 Abs. 2 HundeG kann nicht zurückgegriffen werden, da diese lediglich für das Erlaubnisverfahren für die Haltung gefährlicher Hunde vorgesehen sind.

Für die Person, der der Hund überlassen werden soll, sieht das HundeG keine Mitwirkungspflicht vor. Befolgt jene aber nicht etwaige Anordnungen zur Gefahrerforschung, kann die Ordnungsbehörde auch dies zum Anlass nehmen, von der fehlenden Eignung der Person auszugehen. Hierauf sollte die Ordnungsbehörde die Person ebenfalls im Voraus hinweisen.

Im Übrigen scheiden jene Personen für eine Überlassung aus, denen die Haltung oder die Betreuung eines Hundes aufgrund einer Anordnung nach § 16a Abs. 1 Satz 2 Nr. 3 TierSchG (z. B. wegen Tierquälerei) untersagt worden ist (dazu *Hirt/Maisack/Moritz*, § 16a TierSchG Rn. 44 ff.). Ein Verstoß gegen die Anordnung kann mit einem Bußgeld in Höhe von bis zu 25 000 Euro geahndet werden (§ 18 Abs. 4 TierSchG).

Die für die Überlassung eines Hundes anzulegenden Kriterien können auch auf den **Hundehalter** selbst angewendet werden. Bietet jener nicht die Gewähr dafür, seinen Hund sicher zu halten und zu führen, kann ihm als Maßnahme zur Gefahrenabwehr dessen Haltung untersagt und die Abgabe des Tieres aufgegeben werden (vgl. auch das Beispiel „Hundelärm im Krankenhaus" zu § 9).

> *Beispiel: Das regelmäßig alkoholisierte Herrchen*
>
> *A ist Halter eines ausgewachsenen Schäferhundes. Er ist ein stadtbekannter Trinker und pflegt seinen Rausch auf Parkbänken auszuschlafen. Nähern sich ihm in diesem Zustand fremde Personen, reagiert der Hund gereizt, so auch auf Polizisten oder Rettungskräfte. Obgleich der Hund noch nicht gebissen hat, steht zu befürchten, dass das Tier einen Menschen verletzen wird, insbesondere dann, wenn sein Herrchen alkoholisiert ist. Nach der Anhörung des A untersagt die Ordnungsbehörde*

ihm die Haltung seines Hundes und ordnet an, dass er das Tier an einen geeigneten Halter oder an ein Tierheim abzugeben hat (vgl. Hamann 1997, S. 75).

Die Ordnungsbehörde begründet die Untersagungs- und Abgabeverfügung damit, dass A infolge seines regelmäßigen Alkoholkonsums in seiner Steuerungsfähigkeit beeinträchtigt und daher nicht geeignet ist, einen ausgewachsenen Schäferhund sicher zu halten und zu führen, zumal das Tier – obgleich es nicht als gefährlich eingestuft ist – bereits aufgrund seiner Größe Menschen erheblich zu verletzen vermag.

4. Beherrschungspflicht des Hundeführers

Nach § 3 Abs. 1 Satz 3 HundeG muss der Hundeführer den Hund jederzeit so beaufsichtigen und auf ihn einwirken können, dass durch den Hund weder Menschen, Tiere noch Sachen gefährdet werden. Dieser Satz wurde, verglichen mit der Vorgängerregelung in § 2 Abs. 1 GefHG, neu eingeführt. Der Mehrgehalt zu § 3 Abs. 1 Satz 1 HundeG, wonach ein Hund so zu führen ist, dass von ihm keine Gefahren für die öffentliche Sicherheit ausgehen, wozu unzweifelhaft die körperliche Integrität anderer Menschen, Tiere und Sachen zählen (Erl. 2 zu § 1), erschließt sich nicht sofort. Auf den ersten Blick handelt es sich nicht um eine Ergänzung des an den Hundehalter- und -führer gestellten Pflichtenkatalogs. Dies unterstreicht auch der Umstand, dass ein Verstoß gegen § 3 Abs. 1 Satz 3 HundeG selbst nicht bußgeldbewährt ist. Lediglich die Missachtung der allgemeineren Vorschrift in § 3 Abs. 1 Satz 1 HundeG (§ 20 Abs. 1 Nr. 1 HundeG) oder das Überlassen an eine ungeeignete Person (§ 20 Abs. 1 Nr. 2 HundeG) können mit der Festsetzung eines Bußgeldes geahndet werden. Insofern handelt es sich bei Satz 3 um eine Konkretisierung des allgemeinen Sorgfaltsgrundsatzes. In ähnlicher Form war die Regelung des § 3 Abs. 1 Satz 3 HundeG in der Vorvorgängerregelung des § 1 Abs. 1 Satz 2 GefHVO enthalten: „Die Person muss den Hund jederzeit so beaufsichtigen, dass durch ihn Menschen, Tiere oder Sachen nicht gefährdet werden." Wichtige aktuelle Ergänzung ist aber die stets erforderliche Einwirkungsmöglichkeit; mit dieser ist in § 3 Abs. 1 Satz 3 HundeG ein neues Element hinzugetreten. Es bezieht sich auch auf das Führen unangeleinter Hunde, auf die mit Signalen (bspw. Rufen und Pfiffen) eingewirkt werden können muss. Es werden somit ausdrückliche Anforderungen an das Führen eines unangeleinten Hundes gestellt. Dieser muss so einwirkungszugänglich sein, dass eine drohende Rechtsgutverletzung sicher abgewendet werden kann. Das gilt z. B. in möglichen Konfliktsituationen mit anderen Hunden oder wenn der Hund im Begriff sein sollte, einen Menschen anzugreifen oder anderweitig eine Gefahr zu verursachen. Gegen diese Vorschrift wird bereits dann verstoßen, wenn ein Hund auf einer Hundewiese laufen gelassen wird, der im Konfliktfall nicht auf Befehle des Hundeführers hört und dazu neigt, andere Hunde, Menschen oder Sachen anzugreifen bzw. zu beschädigen. Ein Verstoß gegen § 3 Abs. 1 Satz 3 HundeG wird daher in aller Regel als Verstoß gegen die Generalklausel des Satzes 1 geahndet werden können.

5. Allgemeine Anleinpflicht

Die allgemeine Anleinpflicht sieht vor, dass Hunde in gefahrträchtigen Bereichen an der geeigneten Leine (vgl. Erl. 5.1) zu führen sind. Gefahrträchtig sind Bereiche, in denen aufgrund der dort anzunehmenden situativen Einflüsse typischerweise konkrete Gefahren von den Tieren ausgehen. In den übrigen Bereichen stellt das unangeleinte Laufenlassen eines Hundes, von dem keine Gefahr ausgeht, grundsätzlich keinen Verstoß gegen § 3 HundeG dar (vgl. Nr. 3.1 VwV-HundeG). Je nach Umständen kann dieses Verhalten jedoch den Verstoß gegen ein anderes Gesetz (bspw. § 17 Abs. 2 Nr. 3 WaldG, vgl. Erl. 7) begründen.

Diese umfangreiche Anleinpflicht wurde im Rahmen des Gesetzgebungsverfahrens zum HundeG kritisiert. In einer gemeinsamen Stellungnahme des Deutschen Tierschutzbundes e. V. und des Landesverbandes Schleswig-Holstein e. V. forderten diese weniger umfangreiche Anleinpflichten und mehr Freilaufgebiete, da dies für die artgerechte Haltung und damit für den Tierschutz erforderlich sei (LT-Umdruck 18/4311 S. 2). Dem kann entgegengehalten werden, dass es angesichts des hohen Wertes der bedrohten Rechtsgüter der Unversehrtheit von Leib und Leben nicht zu beanstanden ist, wenn sich der Gesetzgeber dafür entscheidet, das Gefahrenrisiko gerade durch die Kombination von Anlein- und Maulkorbpflichten möglichst klein zu halten. Ferner können die Hundehalter selbst innerhalb des ausbruchssicheren Grundstücks oder auf Hundesport- und Auslaufplätzen dafür sorgen, dass sich die Tiere ausreichend bewegen (vgl. VerfGH RP, Urt. vom 4.7.2001 – VGH B 12/00 –, 18/00, 8/01 = NVwZ 2001 S. 1273 ff., 1278). Auch sind Einschränkungen der artgemäßen Bewegung der Tiere nach der bundesgesetzgeberischen Wertung nicht ausgeschlossen, solange darin keine unvernünftige und grundlose Schmerzufügung zu sehen ist (vgl. §§ 1 f. TierSchG).

Für die Angemessenheit entsprechender Anleinpflichten bedarf es in der Regel keines Nachweises einer entsprechenden Gefahrenlage durch statistische Zahlen oder gar verlässlich dokumentierte Vorfälle mit unangeleinten Hunden seitens des Gesetzgebers (vgl. VGH BW, Urt. vom 15.11.2007, VBlBW 2008 S. 134 –137). Denn schon die allgemeine Lebenserfahrung belegt aufgrund der (potenziellen) Konfliktträchtigkeit einer Begegnung von Hunden mit Menschen oder anderen Hunden die erforderliche abstrakt-generelle Gefahrenlage (vgl. OVG Berlin-Brandenburg, Urt. vom 27.5.2010 – 5 A 1.08 –).

Eine solche abstrakte Gefahr (vgl. Erl. 2 zu § 1) besteht in Bereichen mit typischerweise **erhöhtem Publikumsverkehr**, welche § 3 Abs. 2 HundeG umfangreich erfasst. Hunde sind dort erfahrungsgemäß besonderes vielfältigen und starken Außenreizen ausgesetzt, wodurch gehäuft unvorhersehbare, Gefahr verursachende Reaktionen ausgelöst werden können (vgl. LT-Drs. 15/3471 S. 28; auch OVG Lüneburg, Urt. vom 8.2.1990 = NVwZ 1991 S. 693, 693). Zu dem Verhaltensrepertoire der Hunde gehört das Beißen, Hetzen, Reißen, Anspringen, Schnappen, Nachrennen, und Beschnüffeln, das sich bei freilaufenden Hunden spontan und unberechenbar äußert und zu einer Gefährdung unbeteiligter Dritter führen kann, welche die Schwelle der bloßen Lästigkeit überschreitet, wohingegen die Eingriffsintensität in die Freiheit der Hundeführer mit der Plicht zum bloßen Anleinen verhältnismäßig gering ist (vgl. OVG Rheinland-Pfalz, Urt. vom 21.9.2006 – 7 C 10539/06 –). Durch die Anleinpflicht wird das Gefahrenpotenzial aufgrund der raschen Einwirkungsmöglichkeit auf den Hund deutlich gesenkt sowie das subjektive Sicherheitsgefühl der Mitbürger gesteigert (vgl. OVG Berlin-Brandenburg, Urt. vom 27.5.2010 – 5 A 1.08 –).

Ein erhöhter Publikumsverkehr liegt jedenfalls dann vor, wenn sich Fußgänger unter Berücksichtigung der Größe der zur Verfügung stehenden Fläche gegenseitig zu behindern beginnen, ein ungehindertes Durchqueren also nicht mehr ohne Weiteres möglich ist. Daraus folgt, dass eine Gefahrenlage auch darin bestehen kann, dass die zur Verfügung stehende Fläche derart klein ist, dass bereits bei geringem Publikumsverkehr ein Ausweichen nicht oder nur schwer möglich ist, z. B. bei Mehrfamilienhäusern (vgl. Erl. 5.5) sowie in öffentlichen Gebäuden und Verkehrsmitteln (vgl. Erl. 5.6). Auch hier trägt die Anleinpflicht zur Gefahrvermeidung bei.

Typische Gefahrenlagen bestehen überdies auf Sportanlagen (vgl. Erl. 5.7) und auf Friedhöfen (vgl. Erl. 5.8). Auf Sportanlagen ist das Verhalten trainierender Sportler (z. B. mit Bällen) geeignet, Hunde zu irritieren. Insbesondere von laufenden Personen geht für die Tiere ein gesteigerter Außenreiz aus, der unangeleinte Hunde typischerweise dazu veranlassen kann, den Sportlern nachzustellen. Auf Friedhöfen besteht die abstrakte Gefahr, dass unangeleinte Hunde z. B. durch Scharren die strafrechtlich geschützte Totenruhe (vgl. § 168 StGB) und damit die öffentliche Sicherheit stören.

Im Übrigen trägt der Gesetzgeber mit der allgemeinen Anleinpflicht **besonderen Nutzungsinteressen** Rechnung, z. B. am Zugang zur eigenen Wohnung (vgl. Erl. 5.5) oder in Bereichen, die der Erholung dienen (vgl. Erl. 5.4; VwV NRW, Tz. 2.2). Gleiches gilt für öffentliche Gebäude und Verkehrsmittel (vgl. Erl. 5.6). Dort muss das Interesse der Hundehalter und -führer, das Tier unangeleint laufen zu lassen, hinter dem schutzwürdigeren Interesse an der widmungsgerechten Nutzung der betreffenden Bereiche zurückstehen.

Die vom Gesetzgeber vorgenommene Kodifizierung gefahrträchtiger Bereiche ist insoweit problematisch, als dass dort nicht in jedem Fall eine konkrete Gefahr vorliegt, z. B. bei Fußgängerzonen (vgl. Erl. 5.2.1), Grünanlagen (vgl. Erl. 5.4) o. Ä. zu Zeiten, in denen diese kaum frequentiert werden, oder bei Versammlungen mit nur wenigen Teilnehmern (vgl. Erl. 5.3.1). Gleichwohl ist die Typisierung des § 3 Abs. 2 Satz 1 HundeG auch in Bezug auf diese Ausnahmefälle zulässig. Die Rechtsprechung fordert lediglich, dass die **Typisierung** sachgerecht sein muss und nicht zu Härten oder Ungerechtigkeiten führen darf, die eine nicht nur verhältnismäßig kleine Anzahl von Personen betreffen. Hierfür reicht es aus, dass die gesetzliche Regelung nicht einen atypischen Fall als Leitbild nimmt, zumal der drohende Grundrechtseingriff mit der Pflicht zum Anleinen nicht stark ins Gewicht fällt (vgl. OVG Sachsen, Urt. vom 18.1.2011 – 3 C 15/09 –; OVG Schleswig, Urt. vom 29.5.2001 = NVwZ 2001 S. 1300, 1304 m. w. N.; RhPfVerfGH, Urt. vom 4.7.2001 = NVwZ 2001 S. 1273, 1275). Danach ist die allgemeine Anleinpflicht nicht zu beanstanden, zumal die Ordnungsbehörde nach § 3 Abs. 2 Satz 2 HundeG Ausnahmen zulassen kann, wenn im Einzelfall Menschen, Tiere oder Sachen nicht gefährdet werden (vgl. Erl. 5.10). Im Übrigen ist beim Vollzug der allgemeinen Anleinpflicht **Opportunitätsermessen** auszuüben. Dies gilt sowohl im Hinblick auf die Anordnung von Gefahrenabwehrmaßnahmen (vgl. Erl. 2.2.1 zu § 19) als auch beim Verhängen eines Bußgeldes (vgl. Erl. 5 zu § 20). So kann das unangeleinte Führen eines Hundes im Einzelfall zwar als Verstoß gegen § 3 Abs. 2 Satz 1 HundeG rechtswidrig sein, aber ohne Rechtsfolgen für den Hundeführer bleiben. Auch müssen sich infolgedessen keine Zweifel an der Zuverlässigkeit des Halters ergeben (vgl. Erl. 1 zu § 11).

Beispiel: Der unangeleinte Zwergpudel

An einem Sonntagmorgen um 2 Uhr früh führt eine ältere Dame ihren Zwergpudel unangeleint in einer fast menschenleeren Fußgängerzone aus. Sie wird dabei von einer Polizeistreife beobachtet, die hierin einen Verstoß gegen § 3 Abs. 2 Satz 1 Nr. 1 HundeG erkennt. Der Rechtsverstoß ist allerdings aufgrund der konkreten Umstände tolerabel, so dass die Polizisten zu Recht von einem Einschreiten absehen.

Verstöße gegen die allgemeine Anleinpflicht sind nach § 20 Abs. 1 Nr. 3 HundeG bußgeldbewehrt. Grundsätzliche Bedenken an der dafür erforderlichen Bestimmtheit der Vorschrift bestehen nicht (vgl. Erl. 2). § 3 Abs. 2 Satz 1 HundeG fordert nicht mehr, als bei einem vernünftigen Hundeführer ohnehin an Umsicht vorausgesetzt werden kann. Sofern im Ausnahmefall für den Hundeführer – in objektiv nachvollziehbarer Weise – unklar ist, welches Tun oder Unterlassen von ihm verlangt wird, sollte die Ordnungsbehörde die Anleinpflicht zunächst im Anordnungswege oder durch den Erlass einer Verordnung konkretisieren (vgl. Erl. 2 zu § 19). Zu denken ist hier insbesondere an eine Abgrenzung der anderen innerörtlichen Bereiche, Straßen und Plätze i. S. von § 3 Abs. 2 Satz 1 Nr. 1 HundeG (vgl. Erl. 5.2.3).

Für das Führen gefährlicher Hunde sieht das HundeG eine besondere Anleinpflicht in § 14 Abs. 3 HundeG vor. Danach sind diese – außerhalb eines ausbruchssicheren Grundstücks bzw. eines eingezäunten Hundeauslaufgebiets – stets an der Leine zu führen (vgl. Erl. 2 zu § 14).

5.1 Anforderungen an die Leine

Die Leine muss zur Vermeidung von Gefahren geeignet sein. Sie muss zu jeder Zeit ein sicheres Einwirken auf den Hund ermöglichen (vgl. Tz. 3.2 VwV-HundeG). Dazu muss sie wenigstens reißfest sein, wobei sich die Anforderung an die Reißfestigkeit nach dem Gewicht und der körperlichen Kraft des zu führenden Tieres richtet (vgl. *Haurand*, Erl. 2 zu § 2 LHundG NRW).

Neben der Reißfestigkeit wird vereinzelt auch die Beißfestigkeit der Leine vorgeschrieben (z. B. § 2 Abs. 2 HundeVO Stadt Röbel/Müritz), womit sichergestellt werden soll, dass die

Leine nicht oder zumindest nicht ohne Weiteres von dem Hund durchgebissen werden und dieser sich auf diese Art und Weise unkontrolliert frei machen kann.

Wie lang die Leine zu sein hat, bestimmt § 3 Abs. 2 Satz 1 HundeG nicht. Eine solche Begrenzung ist lediglich nach der besonderen Anleinpflicht (vgl. Erl. 4 zu § 14) für das Führen gefährlicher Hunde vorgesehen (vgl. § 14 Abs. 3 Satz 1 HundeG). Die dort vorgeschriebene Maximallänge von zwei Metern erscheint aber auch für das Führen sonstiger Hunde in gefahrträchtigen Bereichen angemessen, um die vom Gesetzgeber beabsichtigte rasche Eingriffsmöglichkeit zu gewährleisten (*Haurand*, Erl. 2 zu § 2 LHundG NRW; § 3 Abs. 1 Satz 2 HundehVO Bbg). Eine sehr lange Leine würde zum einen in den genannten Bereichen, wie etwa einer Fußgängerzone, selbst ein Gefahrenpotenzial bergen, weil Menschen darüber stolpern könnten. Zum anderen kann ab einer Leinenlänge von weit über zwei Metern, wie sie teils bei sog. Flexi-, Schlepp- und Schweißleinen üblich ist, nicht mehr von einem sicheren An-der-Leine-Führen des Hundes in gefahrträchtigen Bereichen ausgegangen werden, da die Einwirkungsmöglichkeiten des Hundeführers sich verringern, je länger die Leine ist. Wenn eine lange Schleppleine jedoch kurzgehalten wird, oder eine Flexileine ausreichend kurz eingestellt ist, ist davon auszugehen, dass die Anforderungen der Anleinpflicht erfüllt sind. Die Unbestimmtheit des Wortlautes der Norm ist bei der Ahndung eines Verstoßes gegen § 20 Abs. 1 Nr. 3 HundeG zu berücksichtigen: Erst eine tatsächlich zum Führen ungeeignete Leine kann einen Verstoß gegen die Leinenpflicht begründen (*Haurand*, Erl. 2 zu § 2 LHundG NRW).

5.2 Belebte Verkehrsflächen

Fußgängerzonen (vgl. Erl. 5.2.1) und Haupteinkaufsbereiche (vgl. Erl. 5.2.2) weisen nach allgemeiner Lebenserfahrung typischerweise einen erhöhten Publikumsverkehr auf. Daher sind Hunde dort an der Leine zu führen. Gleiches gilt für andere innerörtliche Bereiche, Straßen und Plätze, die in vergleichbarer Weise belebt sind (vgl. Erl. 5.2.3).

Die Bestimmung des § 3 Abs. 2 Satz 1 Nr. 1 HundeG gleicht dem vormaligen § 2 Abs. 1 Nr. 1 GefHG und ähnelt dem vormaligen § 4 Abs. 3 Nr. 3 GefHVO. Nach letzterer waren Hunde in Gaststättenbetrieben, Einkaufszentren, Fußgängerzonen und Haupteinkaufsbereichen anzuleinen.

5.2.1 Fußgängerzone

Eine Fußgängerzone ist eine Straße, die für Fahrzeuge grundsätzlich gesperrt ist und nur von Fußgängern benutzt werden darf. Zur Einrichtung der Fußgängerzone bedarf es einer straßenrechtlichen Widmung bzw. Teileinziehung (vgl. §§ 6, 8 StrWG). Die Fußgängerzone wird nach straßenverkehrsbehördlicher Anordnung (vgl. § 45 Abs. 1b Satz 1 Nr. 3 StVO) dem Verkehrsteilnehmer durch die Zeichen 242 und 243 der StVO kenntlich gemacht.

In einer Fußgängerzone liegt ein erhöhter Publikumsverkehr meist nur zu den Öffnungszeiten der anliegenden Geschäfte oder bei Veranstaltungen vor. Vor diesem Hintergrund werden bei der Einrichtung von Fußgängerzonen regelmäßig Lieferanten und Fahrradfahrer zu bestimmten Uhrzeiten von der Sperrung ausgenommen. Da in diesen Ausnahmezeiten aber die Widmung der Straße als Fußgängerzone an sich nicht entfällt, gilt auch dann die allgemeine Anleinpflicht. § 3 Abs. 2 Satz 1 Nr. 1 HundeG sieht insoweit keine Ausnahme vor. In der Vollzugspraxis kann allerdings bei tolerablen Verstößen gegen die allgemeine Anleinpflicht von einem Einschreiten abgesehen werden (vgl. Erl. 5).

5.2.2 Haupteinkaufsbereich

Der Begriff Haupteinkaufsbereich ist nicht legaldefiniert. In Anlehnung an die lexikalische Begriffsbestimmung für Einkaufszentren zeichnet sich ein Haupteinkaufsbereich durch eine Konzentration von Einzelhandelsbetrieben, Gaststätten, Dienstleistungsunternehmen und oft auch kulturellen Einrichtungen auf engem Raum aus. Sofern in einer kleineren

Gemeinde nur wenige Einzelhändler angesiedelt sind, kann darin nicht bereits deswegen ein Haupteinkaufsbereich gesehen werden, weil es der einzige Einkaufsbereich am Ort ist. Vielmehr kommt es darauf an, dass der Handel und das öffentliche Leben in dem Bereich derart konzentriert sind, dass dort ein typischerweise erhöhter Publikumsverkehr vorliegt.

In Ermangelung der trennscharfen Abgrenzung eines Haupteinkaufsbereichs, da dieser anders als eine Fußgängerzone nicht durch eine Beschilderung kenntlich gemacht ist, kann für den Halter ggf. unklar sein, wo er sein Tier an der Leine zu führen hat (*Haurand*, Erl. 2 zu § 2 LHundG NRW). Auch hier ist dies entsprechend bei der Ahndung eines Verstoßes gegen § 20 Abs. 1 Nr. 3 HundeG in die behördlichen Erwägungen einzustellen (vgl. Erl. 5.1). Letztlich geht es auch hier um solche Bereiche, die einen erhöhten Publikumsverkehr aufweisen. Das ist bei einem Einkaufsbereich regelmäßig eine Straße mit Ladenzeilen, auf der sich also ein Geschäft an ein anderes reiht, nicht aber die Nebenstraße, in der sich nur vereinzelt Geschäfte befinden und ein entsprechend „normaler" Publikumsverkehr vorliegt, oder die angrenzende Parkzone. Im Zweifelsfall kann die Anleinpflicht durch eine örtliche Verordnung zur Gefahrenabwehr für den fraglichen Bereich festgesetzt werden (vgl. Erl. 3 zu § 19).

Im Übrigen gilt die allgemeine Anleinpflicht auch dann, wenn für den Haupteinkaufsbereich ein **privatrechtliches Hausrecht** besteht. § 3 Abs. 2 Satz 1 Nr. 1 HundeG ist nicht auf öffentliche Straßen i. S. v. § 2 StrWG beschränkt.

5.2.3 Andere innerörtliche Bereiche, Straßen und Plätze mit vergleichbarem Publikumsverkehr

Andere innerörtliche Bereiche, Straßen und Plätze sind zunächst vom Außenbereich abzugrenzen. Der Außenbereich umfasst diejenigen Gebiete, die weder innerhalb eines Bebauungsplans noch innerhalb der im Zusammenhang bebauten Ortsteile liegen (vgl. *Battis/Krautzberger/Löhr*, Rn. 2 zu § 35 BauGB). Die innerörtlichen Bereiche unterfallen allerdings nur dann der allgemeinen Anleinpflicht, wenn sie einen vergleichbaren Publikumsverkehr wie Fußgängerzonen oder Haupteinkaufsbereiche aufweisen. Jener ist nicht mit einem stets erhöhten Publikumsverkehr gleichzusetzen. Fußgängerzonen und Haupteinkaufsbereiche sind verkehrstechnisch nicht zu jedem Zeitpunkt ausgelastet. Dies ist – angesichts des typisierenden Charakters der Vorschrift (vgl. Erl. 5) – auch nicht für die Vergleichsflächen (z. B. Kurpromenade oder Bahnhofsvorplatz) zu fordern.

Im Regelfall wird es für den Hundehalter oder -führer nur schwer nachzuvollziehen sein, welche anderen innerörtlichen Bereiche der allgemeinen Anleinpflicht unterfallen (vgl. OVG Münster, Urt. vom 26.1.1987 = NVwZ 1988 S. 659, 659 f.), wobei viele „andere Bereiche" bereits durch die restlichen Regelungen der § 3 Abs. 2 Satz 1 Nr. 2 – 8 HundeG genannt sein dürften. Zur Rechtsklarheit sollte der Geltungsbereich der Anleinpflicht im Verordnungswege abgegrenzt werden (vgl. Erl. 3 zu § 19).

5.3 Veranstaltungen

Veranstaltungen bezwecken die Zusammenkunft von Menschen, was den erhöhten Publikumsverkehr indiziert. Dies gilt insbesondere für Versammlungen und Aufzüge sowie für Volksfeste. Der allgemeinen Anleinpflicht des § 3 Abs. 2 Satz 1 Nr. 2 HundeG unterfallen überdies sonstige Veranstaltungen mit Menschenansammlungen. Die Vorschrift entspricht dem vormaligen § 2 Abs. 2 Satz 1 Nr. 2 GefHG.

5.3.1 Versammlungen und Aufzüge

Die Begriffe Versammlung und Aufzug entstammen dem Versammlungsrecht (vgl. § 1 VersG; *Haurand*, Erl. 2 zu § 2 LHundG NRW). Eine Legaldefinition erfolgt dort nicht. Um einen effektiven Grundrechtsschutz (Art. 8 GG) zu gewährleisten, werden die betreffenden Begriffe im Versammlungsrecht weit ausgelegt. Danach ist eine Versammlung eine Mehrheit natürlicher Personen, die für kürzere Dauer zu einem gemeinsamen Zweck zusammenkommt, wobei ein Aufzug eine sich fortbewegende Versammlung ist (vgl. *Dietel/Gintzel/Kniesel*, § 1 VersG Rn. 11). Für die Personenmehrheit sind zwei Personen ausreichend (vgl. *dies.*, § 1 VersG Rn. 19). Eine davon abweichende, (engere) gefahrenabwehrrechtliche Auslegung des Versammlungsbegriffs ist nicht angezeigt. Die Anleinpflicht besteht daher auch bei Kleinstversammlungen und -aufzügen, zumal diese sich zum einen schnell vergrößern und zum anderen typischerweise auf die Interaktion mit den Mitbürgern zielen und daher mitunter emotionale Reaktionen auslösen können, die wiederum den Hund zu unvorhersehbaren Aktionen reizen könnten, sodass eine Anleinpflicht auch bei kleinsten Versammlungen geboten erscheint.

5.3.2 Volksfeste

Der Begriff Volksfest ist im Gewerberecht legaldefiniert. Danach handelt es sich um eine im allgemeinen regelmäßig wiederkehrende, zeitlich begrenzte Veranstaltung, auf der eine Vielzahl von Anbietern unterhaltende Tätigkeiten eines Schaustellergewerbes (vgl. § 55 Abs. 1 Nr. 2 GewO) ausübt und Waren feilbietet, die üblicherweise auf Veranstaltungen dieser Art angeboten werden (vgl. § 60b Abs. 1 GewO; auch Tz. 2.6 MarktgewVwV).

5.3.3 Sonstige Veranstaltungen mit Menschenansammlungen

Eine Menschenansammlung liegt vor, wenn sich eine größere Anzahl von Personen zusammenfindet, bei der es nicht mehr darauf ankommt, ob ein Einzelner hinzukommt oder weggeht. Als Richtwert kann dabei von mindestens 15 – 20 Personen ausgegangen werden. Dies entspricht dem ordnungsrechtlichen Ansammlungsbegriff (vgl. *Göhler*, § 113 OWiG Rn. 4).

Die allgemeine Anleinpflicht besteht nicht bei jedweder Menschenansammlung. Vielmehr muss es sich um eine Veranstaltung handeln. Es muss also ein gewisser Organisationsgrad bestehen, der z. B. bei spontanen Ansammlungen nach einem Verkehrsunfall nicht gegeben ist. Zu denken ist vielmehr an Zuschauerveranstaltungen wie z. B. Spiele der Fußballligen (vgl. auch Erl. 5.7), Musikkonzerte (vgl. auch Erl. 6.2) oder kommerzielle Veranstaltungen wie Werbeaktionen, soweit es sich dabei nicht um Volksfeste handelt (vgl. Erl. 5.3.2).

5.4 Umfriedete Erholungsflächen

In umfriedeten oder anderweitig begrenzten Park-, Garten- und Grünanlagen, die der Allgemeinheit zugänglich sind (vgl. Erl. 5.4.1), müssen Hunde an der Leine geführt werden. Besonders ausgewiesene Hundeauslaufgebiete (vgl. Erl. 5.4.2) sind hiervon ausgenommen.

In den betreffenden Bereichen ist nicht nur ein typischerweise erhöhter Publikumsverkehr anzunehmen, es treffen dort auch verschiedene Nutzungen und Nutzungsinteressen (z. B. die Erholungssuche) auf begrenztem Raum aufeinander. Die Anleinpflicht soll dabei potenziellen Gefahren, die von Hunden ausgehen, vorbeugen. § 3 Abs. 2 Satz 1 Nr. 3 HundeG entspricht dem vormaligen § 2 Abs. 2 Satz 1 Nr. 3 GefHG.

5.4.1 Öffentliche Park-, Garten- und Grünanlagen

Ein **Garten** ist ein kleineres, mit Hecke, Zaun oder Mauer umgrenztes Landstück, das mit gärtnerischen Mitteln oder Bauten mit Hilfe von Gartengeräten bearbeitet wird, um einen direkten Ertrag zu ernten oder um einem wissenschaftlichen, künstlerischen, spirituellen, religiösen oder therapeutischen Zweck bzw. auch nur der Freizeitgestaltung zu dienen. Ein **Park** ist eine ebenfalls eingefriedete, großräumige gärtnerische Anlage, die durch offene Wiesenflächen oder Zierpflanzenanlagen im Wechsel mit formbestimmenden Gehölzpflanzungen und Wegen charakterisiert ist. Für Parks ist überdies typisch, dass Bänke und Müllbehälter vorhanden sind und die Anlage gepflegt, gesäubert und unterhalten wird (vgl. OLG Düsseldorf, Beschl. vom 28.2.2003 = NStZ-RR S. 281, 282).

Grünanlagen umfassen Gärten und Parks, aber auch Flächen, die – angesichts der Entwicklung des modernen Gartenbaus in Richtung naturnaher Anlagen – von den traditionellen Gestaltungsprinzipien abweichen. Um diese vom „Wildwuchs" abzugrenzen, stellt § 3 Abs. 2 Satz 1 Nr. 3 HundeG klar, dass auch eine (sonstige) Grünanlage eine Einfriedung voraussetzt.

Ein Rückgriff auf den Grünanlagenbegriff des Erschließungsbeitragsrechts (vgl. § 127 Abs. 2 Nr. 4 BauGB) ist angesichts der abgabenrechtlichen Zielsetzung der betreffenden Vorschrift nicht zweckmäßig (vgl. *Battis/Krautzberger/Löhr*, § 127 BauGB Rn. 33). Bei einer Grünanlage im Sinne des HundeG kommt es vielmehr darauf an, dass die betreffende Fläche der Erholungssuche dient. Dies ist z. B. bei kleineren Anpflanzungen an Straßen nicht der Fall (vgl. VGH Mannheim, Beschl. vom 6.7.1989 = DVBl 1989 S. 1007 1008). Einer Einordnung als Gehweg steht eine teilweise Bepflanzung durch Bäume oder Straßenbegleitgrün sowie Grünstreifen nicht entgegen (vgl. OVG Bbg, Urt. vom 7.10.2010 – 1 B 27.09). Der Grünanlagenbegriff des HundeG entspricht somit dem üblichen Sprachgebrauch, so dass Bedenken hinsichtlich der Bestimmtheit der Vorschrift nicht bestehen (vgl. OLG Düsseldorf, Beschl. vom 28.2.2003 = NStZ-RR S. 281, 282).

Der Allgemeinheit zugänglich sind Park-, Garten- und Grünanlagen, wenn grundsätzlich die Möglichkeit besteht, dass **jedermann** sich darin aufhalten kann. Dies ist auch dann der Fall, wenn die Nutzung der Anlagen durch bestimmte Öffnungszeiten oder die Erhebung eines Eintrittsentgelts beschränkt ist.

5.4.2 Hundeauslaufgebiete

Die Ausweisung von Hundeauslaufgebieten ist im HundeG nicht geregelt. In der Vergangenheit erfolgte sie durch die Kommunen (vgl. LT-Drs. 15/3471 S. 42). Sofern die betreffenden Flächen oder Anlagen als öffentliche Einrichtungen (vgl. § 17 f. GO) von einer Gemeinde unterhalten werden, kann sie deren Benutzung durch Satzung oder Allgemeinverfügung (Benutzungsordnung) regeln (vgl. *Bülow/Schliesky/Erps/von Allwörden*, § 18 GO Rn. 42 ff.). Auf diese Weise ist auch eine Ausweisung als Hundeauslaufgebiet möglich. Die Satzung oder Benutzungsordnung kann dabei Nutzungsbeschränkungen vorsehen. Sie müssen allerdings im Einklang mit dem Einrichtungszweck stehen und zu dessen Sicherung beitragen (vgl. *Bülow/Schliesky/Erps/von Allwörden*, § 18 GO Rn. 35 ff. und 46). Ist ein Hundeauslaufgebiet lediglich umfriedet (z. B. durch Hecken), aber nicht eingezäunt, dürfen dort nur sonstige, d. h. nicht gefährliche Hunde i. S. des HundeG laufen gelassen werden (vgl. Erl. 2 zu § 14).

Zur Rechtsklarheit sollte die Ausweisung einer Fläche oder Anlage als Hundeauslaufgebiet durch eine **Beschilderung** kenntlich gemacht werden. Dabei sollte auch auf etwaige Nutzungsbeschränkungen hingewiesen werden. Hinsichtlich der Rechtswirksamkeit der Satzung bzw. der Allgemeinverfügung sind die Bekanntgabevorschriften der §§ 68, 110 Abs. 3 Satz 2 LVwG sowie die BekanntmachungsVO zu beachten. Ein **Anspruch auf die Ausweisung** von Hundeauslaufgebieten besteht nicht. Der Einzelne hat kein Anrecht darauf, dass öffentliche Einrichtungen errichtet oder erweitert werden (vgl. *Bülow/Schliesky/Erps/von Allwörden*, § 17 GO Rn. 3; OVG Schleswig, NVwZ-RR 2000 S. 377).

5.5 Mehrfamilienhäuser

Bei Mehrfamilienhäusern auf dem gesamten Grundstück und im Gebäude mit Ausnahme der nicht dem Gemeingebrauch unterliegenden selbst genutzten Räumen oder Flächen sind Hunde gem. § 3 Abs. 2 Satz 1 Nr. 4 HundeG an der Leine zu führen. Die dort zur Verfügung stehende Fläche ist regelmäßig derart gering, dass Dritte unangeleinten Hunden nur schwer oder gar nicht ausweichen können und somit konkrete Gefahren absehbar sind. Im Übrigen ist es der Hausgemeinschaft angesichts des gesteigerten Nutzungsinteresses an der eigenen Wohnung nicht zumutbar, auf dem unvermeidlichen Heimweg einer solchen Gefahrenlage ausgesetzt zu sein.

Mehrfamilienhäuser sind Wohnungen und Grundstücke, die nicht in der alleinigen Nutzung durch den Hundehalter stehen, also z. B. auch Wohnungen mit Untermietverhältnis (vgl. *Haurand*, Erl. 2 zu § 5 LHundG NRW). Unter diese Definition fallen ferner Zweifamilienhäuser, obgleich jene nach dem **Steuerrecht** nicht als Mehrfamilienhäuser gelten (vgl. BFH, Urt. vom 20.10.1965 = DStR 1966 S. 181, 181). Die Bewohner von Zweifamilienhäusern und auch von Reihenhäusern sind aber ebenso vor den von Hunden ausgehenden Gefahren zu schützen wie diejenigen eines „klassischen" Mehrfamilienhauses. Denn ob neben dem Hundehalter „nur" eine weitere Partei gefährdet ist, oder mehrere, kann keinen Unterschied machen. Die engere steuerrechtliche Auslegung des Begriffs Mehrfamilienhaus wird somit den Erfordernissen der Gefahrenabwehr nicht gerecht und kann daher beim Vollzug des HundeG nicht herangezogen werden. Die allgemeine Anleinpflicht gilt somit auch für die außerhalb des Mehrfamilienhauses gelegenen Gemeinschaftsanlagen (vgl. § 9 Abs. 1 Nr. 22 BauGB), z. B. Mietergärten, Anlagen für feste Abfall- und Wertstoffe, Stellplätze und Garagen, Abstellanlagen für Fahrräder usw. Die Regelung ist nunmehr durch die Einbeziehung des gesamten Grundstücks weitreichender als der vormalige § 2 Abs. 2 Satz 1 Nr. 4 GefHG, welcher noch eine dezidierte Aufzählung einzelner Bereiche enthielt (Treppenhaus, Zuwege usw.). Damit wird sichergestellt, dass Hunde nur noch „in den eigenen vier Wänden" unangeleint sein dürfen und Hausmitbewohner auf dem Grundstück somit umfänglich vor unangeleinten Hunden geschützt sind.

5.6 Öffentliche Gebäude und Verkehrsmittel

§ 3 Abs. 2 Satz 1 Nr. 5 HundeG sieht vor, dass Hunde in öffentlichen Gebäuden und öffentlichen Verkehrsmitteln an der Leine zu führen sind. Die Anleinpflicht trägt der geringen Größe der dort zur Verfügung stehenden Fläche und dem gesteigerten Nutzungsbedürfnis an diesen Einrichtungen Rechnung.

Öffentliche Gebäude sind Bauten, die von einem Träger der öffentlichen Verwaltung (vgl. § 2 LVwG) genutzt werden, z. B. Rathäuser, öffentliche Bibliotheken usw., wobei gemäß § 3 Abs. 3 Satz 1 Nr. 1 HundeG die Mitnahme von Hunden in Kindergärten, Schulen und Krankenhäusern schlechthin verboten ist (vgl. Erl. 6.1). Öffentlich ist ein Verkehrsmittel, wenn es grundsätzlich jedermann zur Verfügung steht, z. B. Bus, Bahn, Schiff, aber auch Taxi.

5.7 Sportanlagen sowie Zelt- und Campingplätze

In Sportanlagen sowie auf Zelt- und Campingplätzen (vgl. § 3 Abs. 2 Nr. 6 HundeG) kommen verschiedene Gefahrenlagen zusammen, die die allgemeine Anleinpflicht begründen: ein typischerweise erhöhter Publikumsverkehr, Hygienegefahren sowie das Hunde irritierende Verhalten der Sportler. Es wird insoweit auf Erl. 5 verwiesen.

Sportanlagen sind nicht nur selbstständige Anlagen im Sinne des Bauplanungsrechtes, sondern können auch Bestandteil anderer Einrichtungen wie z. B. von Schulen oder Grünanlagen sein. **Zeltplätze** sind Flächen, auf denen vorübergehend Wohnwagen, Zelte o. Ä. ganzjährig oder in bestimmten Zeiten des Jahres für eine wiederkehrende Nutzung aufgestellt werden. **Campingplätze** sind Baugebiete, die durch bauliche Anlagen gekennzeichnet sind, z. B. durch Verwaltungsgebäude, Waschanlagen sowie andere Versorgungs- und Entsorgungseinrichtungen, Verkaufskioske und Läden, ggf. auch Schank- und Speisewirtschaften (vgl. *Ernst/Zinkahn/Bielenberg/Krautzberger*, § 5 BauGB Rn. 42).

5.8 Friedhöfe

Nach § 3 Abs. 2 Nr. 7 HundeG sind Hunde auf Friedhöfen an der Leine zu führen. Die Anleinpflicht dient dem Schutz der Totenruhe (vgl. § 168 StGB). Friedhöfe sind räumlich abgegrenzte Grundstücksbezirke, die der Beisetzung der irdischen Reste Verstorbener dienen oder diesem Zweck gedient haben. Es handelt sich um kulturelle Einrichtungen, welche der Bevölkerung die Ehrung ihrer Toten und die Pflege ihres Andenkens ermöglichen und die in kommunaler, kirchlicher oder privater Trägerschaft stehen können (vgl. § 2 Nr. 10 BestattG).

5.9 Märkte und Messen

§ 3 Abs. 2 Satz 1 Nr. 8 HundeG sieht vor, dass Hunde auf Märkten und Messen anzuleinen sind. Aufgrund des dortigen Warenangebots ist von einem erhöhten Publikumsverkehr in diesen Bereichen auszugehen. Im Falle von Märkten, auf denen Lebensmittel feilgeboten werden, können überdies Hygienegefahren bestehen, denen durch die allgemeine Anleinpflicht begegnet wird (vgl. Erl. 8).

Märkte sind Großmärkte, Wochenmärkte sowie Spezial- und Jahrmärkte. Die Begriffe sind in der GewO definiert (vgl. §§ 66 bis 68 GewO, auch MarktgewVwV, Tz. 2). Gleiches gilt für Messen (vgl. § 64 GewO). Die Anleinpflicht gilt nur für die Dauer der betreffenden Veranstaltungen, nicht aber für die Orte schlechthin, auf denen die Märkte und Messen üblicherweise durchgeführt werden, sofern es sich hierbei nicht um Fußgängerzonen oder Haupteinkaufsbereiche (vgl. Erl. 5.2) handelt.

5.10 Ausnahmen von der allgemeinen Anleinpflicht

Eine Ausnahme von der Anleinpflicht kann nur für den **Einzelfall** erteilt werden, d. h. für einen bestimmten Hundeführer in Bezug auf einen bestimmten Hund. Eine Allgemeinverfügung (vgl. § 106 Abs. 2 LVwG) des Inhaltes, dass die Anleinpflicht für bestimmte Bereiche generell entfällt oder auf bestimmte Hunderassen beschränkt wird, ist unzulässig, da es sich hierbei nicht mehr um eine Regelung für den Einzelfall handelt. Eine solche Regelung kann auch nicht durch eine Verordnung getroffen werden. Hierfür fehlt es an einer Ermächtigungsgrundlage. Aufgrund des Gesetzesvorrangs (vgl. § 72 Satz 1 LVwG) können in Verordnungen nur weitergehende Maßnahmen zur Gefahrenabwehr getroffen (vgl. Erl. 2.1 zu § 19), nicht aber Regelungen des HundeG außer Kraft gesetzt werden (vgl. § 57 Abs. 1 LVwG).

Die Ordnungsbehörde kann Ausnahmen von der allgemeinen Anleinpflicht zulassen, wenn im Einzelfall Menschen, Tiere oder Sachen nicht gefährdet werden (vgl. § 3 Abs. 2 Satz 2 HundeG). Mit der Feststellung, dass im Einzelfall eine konkrete Gefahr nicht zu befürchten ist, wird die der Anleinpflicht zugrunde liegende Gefahrenprognose für den typischen Fall (abstrakte Gefahr) insoweit widerlegt (vgl. Erl. 2 zu § 1). Dies bedeutet aber nicht, dass dann in jedem Fall eine Ausnahme von der Anleinpflicht zu erteilen ist. Aufgrund der Typisierungsfreiheit des Gesetzgebers ist bei einer Regelung zur Abwehr abstrakter Gefahren ein Festhalten an der Verhaltenspflicht auch dann zulässig, wenn eine konkrete Gefahr ausnahmsweise nicht besteht (vgl. Erl. 5). Die Erteilung der Ausnahme ergeht daher nicht als gebundene Entscheidung, sondern steht im pflichtgemäßen **Ermessen** der Ordnungsbehörde. Es muss im Einzelfall das Interesse des Hundeführers an der Befreiung von der allgemeinen Anleinpflicht das Interesse der Allgemeinheit an deren Vollzug überwiegen. Da auch der Tierschutz im Interesse der Allgemeinheit steht, kommt eine Befreiung von der allgemeinen Anleinpflicht insbesondere dann in Betracht, wenn der Hund wegen einer Krankheit oder einer Behinderung unter der allgemeinen Anleinpflicht in erheblicher Weise leidet.

Ob der Tatbestand der Ausnahmeregelung erfüllt ist, also ob von einem Hund in der Obhut eines bestimmten Hundeführers keine Gefahren für Menschen, Tiere oder Sachen ausgehen, wird von der Ordnungsbehörde in der Regel nur schwer zu beurteilen sein. Die pauschale Annahme, wonach Hunde einer bestimmten Rasse oder Größe stets ungefährlich sind, ist jedenfalls unberechtigt (vgl. Erl. 3.2.1). Vielmehr müssen die Gefahren im Einzelfall mit hinreichender Wahrscheinlichkeit zu verneinen sein.

In Zweifelsfällen kann ein **tierärztliches Gutachten** die erforderliche Sicherheit erbringen. Die Begutachtung kann allerdings nicht nach § 7 Abs. 3 HundeG gegenüber dem Hundeführer angeordnet werden (vgl. Erl. 5 zu § 7). Gleichwohl ist auch die Ordnungsbehörde nicht verpflichtet, ein solches Gutachten in Auftrag zu geben. Der Untersuchungsgrundsatz des § 83 LVwG gilt nicht unbeschränkt. Die Ordnungsbehörde kann unter Verweis auf die Mitwirkungspflicht des Halters (vgl. Erl. 1 f. zu § 16) auf eigene Ermittlungen verzichten (vgl. *Foerster/Friedersen/Rohde*, Erl. 2 zu § 83 LVwG). Es ist dann an dem Hundehalter, den Nachweis über die Ungefährlichkeit seines Tieres zu erbringen. Dabei sollte ihm deutlich gemacht werden, dass eine Verweigerung der Mitwirkung dazu führen kann, dass die Gefahrenprognose mangels Gutachten im Zweifelsfall positiv ausfällt und die Ausnahme von der allgemeinen Anleinpflicht daher nicht erteilt wird (vgl. *dies.*, Erl. 3 zu § 83 LVwG). Um der Behörde, aber auch dem Bürger unnötigen Ermittlungsaufwand zu ersparen, sollte die Ermessensausübung vorgezogen werden. D. h. die Vornahme der Gefahrenprognose sollte davon abhängig gemacht werden, ob überhaupt ein überwiegendes Interesse des Hundeführers an der Befreiung von der Anleinpflicht besteht.

Bei der Ausnahme von der allgemeinen Anleinpflicht handelt es sich um einen begünstigenden Verwaltungsakt, der die Anforderungen der §§ 106 ff. LVwG erfüllen muss. Ein Anspruch auf die Erteilung der Ausnahme besteht nicht. Der Hundeführer hat lediglich einen Anspruch darauf, dass die Ordnungsbehörde die Entscheidung im pflichtgemäßen Ermessen trifft. Dabei kann die Ausnahme auch mit Nebenbestimmungen versehen werden. Denkbar ist hier z. B. eine saisonale Befristung der Ausnahme in Fremdenverkehrsgemeinden (vgl. § 107 Abs. 2 Nr. 1 LVwG). Die Ausnahme sollte schriftlich erteilt werden, um dem Hundeführer im Falle einer behördlichen oder polizeilichen Kontrolle seine Mitwirkungspflicht zu erleichtern. Für die Erteilung der Ausnahme ist keine Tarifstelle im AllgGebT vorgesehen. Daraus folgt, dass der Verwaltungsakt kostenfrei ergeht.

6. Mitnahmeverbote

Die Mitnahmeverbote stellen sicher, dass in sensiblen Bereichen von Hunden ausgehende Gefahren schlechthin vermieden werden. Die Mitnahme von Hunden meint nicht nur deren Führen, sondern auch deren Tragen (z. B. in einer Handtasche oder einer speziellen Hundetragetasche). Auch ist das unbeaufsichtigte Laufenlassen ausdrücklich nach § 3 Abs. 3 Satz 2 HundeG untersagt.

Die in § 3 Abs. 3 Satz 1 HundeG genannten Bereiche zeichnen sich dadurch aus, dass dort (jeweils oder kumulativ)

- der Publikumsverkehr typischerweise erhöht,
- die zur Verfügung stehende Fläche verhältnismäßig gering ist,
- besondere Anforderungen an die Einhaltung der Hygiene zu stellen sind und
- das Nutzungsinteresse in besonderem Maße ausgeprägt ist.

Es treffen somit die wesentlichen Gründe zusammen, die die allgemeine Anleinpflicht in den gefahrträchtigen Bereichen des § 3 Abs. 2 Satz 1 HundeG rechtfertigen. Hinsichtlich der Typisierungsbefugnis des Gesetzgebers wird auf die dortigen Ausführungen verwiesen (vgl. Erl. 5). Im Übrigen ist die Ausnahmeregelung des § 3 Abs. 3 Satz 3 HundeG zu beachten (vgl. Erl. 6.4). Die Mitnahmeverbote sind bußgeldbewehrt (vgl. § 20 Abs. 1 Nr. 4 HundeG). Gleichwohl kann Zurückhaltung bei der Verhängung eines Bußgeldes geboten sein und es sollte im Einzelfall zunächst über eine Verwarnung nachgedacht werden.

6.1 Kirchen, Kindergärten, Schulen und Krankenhäuser

Es handelt sich um Einrichtungen, bei denen ein erheblich gesteigertes Nutzungsinteresse, z. T. eine Nutzungspflicht besteht (Schulpflicht gem. §§ 20 ff. SchulG). Das Mitnahmeverbot soll sicherstellen, dass die zweckgerechte Nutzung der Einrichtungen ohne jegliche Beeinträchtigung durch die von Hunden ausgehenden Gefahren und möglichen Störungen erfolgen kann, zumal in den betreffenden Einrichtungen aufgrund der geringen zur Verfügung stehenden Fläche von einem typischerweise erhöhten Publikumsverkehr auszugehen ist (vgl. Erl. 5).

Kirchen sind zur Gottesverehrung geweihte Gebäude. Obgleich der Begriff der Kirche dem christlichen Glauben zugeordnet ist, ergibt sich aus dem Gleichbehandlungsgebot (vgl. Art. 3 Abs. 1 GG), dass auch vergleichbare Gebäude anderer Religionen (z. B. Moscheen, Synagogen, Tempel usw.) vom Kirchenbegriff umfasst sind. **Kindergärten** sind Kindertagesstätten i. S. d. § 1 Abs. 2 Nr. 2 KiTaG, d. h. Einrichtungen zur Förderung von Kindern vom vollendeten dritten Lebensjahr bis zum Schuleintritt. **Schulen** umfassen öffentliche Schulen und solche in freier Trägerschaft (vgl. § 2 Abs. 1 bis 4 SchulG; *Haurand*, Erl. 2 zu § 2 LHundG NRW). Der Begriff des **Krankenhauses** ist in § 2 Nr. 1 KHG legaldefiniert (vgl. auch § 107 Abs. 1 SGB V). Die Hygienegefahren liegen insb. bei Krankenhäusern auf der Hand.

6.2 Theater, Lichtspielhäuser, Konzert-, Vortrags- und Versammlungsräume

Bei den in § 3 Abs. 3 Satz 1 Nr. 2 HundeG genannten Bereichen der (Meinungs-)Bildung und Unterhaltung ist die Intensität des Nutzungsinteresses zwar geringer als bei den in § 3 Abs. 3 Satz 1 Nr. 1 HundeG aufgeführten Einrichtungen, dafür ist an diesen Orten aber im Falle einer Veranstaltung typischerweise ein derart erhöhter Publikumsverkehr anzunehmen, dass eine Anleinpflicht keinen ausreichenden Schutz vor den von Hunden ausgehenden Gefahren bietet (z. B. im Gedränge zu Beginn und zum Abschluss von Unterhaltungsveranstaltungen). In diesen Fällen stellt bereits die bloße Anwesenheit von Hunden eine abstrakte Gefahr dar. Der Gesetzgeber hat das Mitnahmeverbot allerdings nicht von der tatsächlichen Nutzung der Bereiche abhängig gemacht. Es gilt somit auch für den Zeitraum, in dem dort keine Veranstaltungen stattfinden, was auch der Blick auf § 3 Abs. 3 Satz 2, 3 deutlich macht.

6.3 Badeanstalten, Badeplätze, Kinderspielplätze und Liegewiesen

In Badeanstalten sowie auf Badeplätzen, Kinderspielplätzen und Liegewiesen ist die Anwesenheit von Hunden geeignet, erhebliche Hygienegefahren hervorzurufen. Die Krankheitserreger im Hundekot gefährden insbesondere Kinder (vgl. Erl. 10), wobei sich die Erreger im Falle der Badeanstalten und der Badeplätze auch über das Wasser verbreiten können. Im Übrigen ist in diesen der Erholung dienenden Bereichen von einem typischerweise erhöhten Publikumsverkehr auszugehen.

Eine **Badeanstalt** ist ein öffentliches Schwimmbad (z. B. eine Schwimmhalle oder ein Freibad). Es muss sich nicht um eine öffentlich-rechtliche Anstalt (vgl. § 41 ff. LVwG) oder eine öffentliche Einrichtung i. S. v. § 17 Abs. 1 GO handeln. Vielmehr reicht es aus, dass die Badeanstalt grundsätzlich jedermann zugänglich ist (vgl. Erl. 5.4.1). Dies gilt auch für ein privatrechtlich betriebenes „Spaßbad" (vgl. Erl. 5.2.2).

Für **Badestellen an Oberflächengewässern** i. S. der Badegewässerverordnung gilt ein Mitnahmeverbot nach § 3 Abs. 3 Satz 1 Nr. 3 HundeG. Bei der Auslegung des Begriffs Badestelle kann auf die Legaldefinition in der BadegewVO zurückgegriffen werden, zumal die dortigen Regelungen ebenfalls der Abwehr von Hygienegefahren dienen. Badestelle ist gem. § 2 Abs. 2 Nr. 10 BadegewVO das Badegewässer einschließlich der angrenzende Landfläche mit den dazugehörigen Einrichtungen. Badegewässer ist jeder Abschnitt eines Küstengewässers oder (wie in diesem Fall ausschließlich erfasst) eines Oberflächengewässers, bei dem mit einer großen Zahl von Badenden gerechnet wird und für den kein dauerhaftes Badeverbot erlassen wurde (§ 1 Abs. 3 BadegewVO).

Dies ist insbesondere dann der Fall, wenn

- das Baden ausdrücklich gestattet ist oder
- das Baden nicht verboten ist und reger Badebetrieb herrscht. Dies ist vor allem dann anzunehmen, wenn sich in der Badesaison (1. Juni bis 15. September; vgl. § 2 Abs. 2 Nr. 3 BadegewVO) an einigen Tagen mindestens 30 Badegäste an einer Badestelle aufhalten, auf eine Bademöglichkeit aufmerksam gemacht wird, Maßnahmen zur Sicherung von Badenden getroffen wurden oder infrastrukturelle, auf die Bedürfnisse

von Badenden ausgerichtete Gegebenheiten, wie zum Beispiel sanitäre Einrichtungen, Kioske, Parkplätze oder Badestege, vorhanden sind.

Badeplätze an Meeresstränden unterfallen dem spezielleren **naturschutzrechtlichen Mitnahmeverbot** des § 32 Abs. 2 LNatSchG (vgl. Erl. 7).

Die Begriffsbestimmung sieht keinerlei zeitliche Einschränkung vor. Die Eigenschaft eines Bereiches als Badeplatz entfällt z. B. in den Wintermonaten nicht deswegen, weil dort dann kein reger Badebetrieb mehr herrscht (vgl. Erl. 5.2.1) oder dieser Zeitraum außerhalb der von der BadegewVO gesetzlich definierten Badesaison liegt. Aus der dortigen Beschränkung der Geltungsdauer ist vielmehr zu schließen, dass die Eigenschaft des Bereiches als Badestelle ganzjährig besteht und daher eine ausdrückliche Befristung erforderlich ist. Das Mitnahmeverbot des § 3 Abs. 3 Satz 1 Nr. 3 Alt. 2 HundeG sieht eine solche Befristung nicht vor. Das Verbot gilt folglich **ganzjährig**. Zur Typisierungsbefugnis des Gesetzgebers vgl. Erl. 5.

Kinderspielplätze können sowohl öffentliche als auch private Anlagen (vgl. § 1 LBO) sein. **Liegewiesen** sind Grünflächen, die Erholungssuchende üblicherweise aufsuchen, um dort zu sitzen oder zu liegen.

6.4 Ausnahmen von den Mitnahmeverboten

Ausnahmen von den Mitnahmeverboten sind nur für die unter § 3 Abs. 3 Satz 1 Nr. 1 und 2 HundeG genannten Bereiche vorgesehen, nicht aber soweit das Mitnahmeverbot vornehmlich der Abwehr von **Hygienegefahren** dient, d. h. es sich auf Badeanstalten, Badeplätze, Kinderspielplätze und Liegewiesen bezieht (§ 3 Abs. 3 Satz 1 Nr. 3 HundeG; vgl. Erl. 6.3). Voraussetzung für die Ausnahme ist, dass im Einzelfall Menschen, Tiere oder Sachen nicht gefährdet werden. Als **Einzelfallregelung** ist die Ausnahme für einen bestimmten Hundeführer in Bezug auf einen bestimmten Hund zu erteilen. Sie kann nicht pauschaliert als generelle Ausnahmeregelung oder in Form einer Zulassung von Hunden einer bestimmten Größe oder Rasse (vgl. Erl. 5.10) formuliert werden. Im Unterschied zu der ähnlich lautenden Öffnungsklausel zur allgemeinen Anleinpflicht (§ 3 Abs. 2 Satz 3 HundeG) obliegt die Entscheidung über die Ausnahme vom Mitnahmeverbot nicht der Ordnungsbehörde, sondern dem Inhaber des jeweiligen Hausrechtes. Das **Hausrecht** besitzt, wer über die Benutzung des geschützten Raumes verfügen darf. Im Falle einer Schule ist dies bspw. der Schulleiter (§ 33 Abs. 4 Satz 3 SchulG).

Soweit das Hausrecht nicht zur Aufrechterhaltung des Betriebes einer Behörde (z. B. des Schulbetriebes; vgl. Erl. 6.1) ausgeübt wird, ist es privatrechtlicher Natur (vgl. *Maurer/Waldhoff*, § 3 Rn. 35). Für private Bereiche, die dem Verkehr eröffnet sind, trifft den Inhaber des (privatrechtlichen) Hausrechtes (vgl. §§ 859 f., 903, 1004 BGB) die **Verkehrssicherungspflicht**. Die Gefahrenabwehr fällt somit in seinen Pflichtenkreis. Macht der Inhaber des Hausrechtes von der Ausnahmeregelung Gebrauch, kann eine ggf. daraus resultierende Verletzung der Verkehrssicherungspflicht im Schadensfall privatrechtliche Ersatzforderungen nach sich ziehen (vgl. § 823 BGB).

Wird das Hausrecht öffentlich-rechtlich ausgeübt, sollte entsprechend der Ausnahmeerteilung von der allgemeinen Anleinpflicht (Erl. 5.10) verfahren werden. Eine Ausnahme kommt hier insbesondere bei Hunden in Betracht, die dem Einrichtungszweck dienen, z. B. sog. Therapie- und Blindenhunde.

7. Durch andere Rechtsvorschriften begründete Anleinpflichten und Mitnahmeverbote

Durch andere Vorschriften begründete Anleinpflichten oder Mitnahmeverbote, die über die Regelung des § 3 Abs. 2 und 3 HundeG hinausgehen, bleiben vom HundeG unberührt. Hierzu gehören z. B. §§ 32 Abs. 2, 60 Nr. 7 LNatSchG und § 17 Abs. 2 Nr. 3 LWaldG, aber auch § 70 Abs. 1 Satz 2 Nr. 8 LWG und §§ 25 Abs. 2, 29 Abs. 5 Nr. 4 LJagdG sowie örtliche Regelungen in Naturschutzgebietsverordnungen und in kommunalen Verordnungen zur Gefahrenabwehr (vgl. Erl. 3 zu § 19). Es handelt sich dabei um **Anleinpflichten** aus dem

Wald-, Wasser- und Jagdrecht. Gemäß § 17 Abs. 2 Nr. 3 LWaldG besteht eine Anleinpflicht in Wäldern, wobei die Hunde nur auf den Waldwegen geführt werden dürfen. Nach § 70 Abs. 1 Satz 2 Nr. 8 LWG sind Hunde auf Deichen anzuleinen. Jagdhunde dürfen nach § 29 Abs. 5 Nr. 4 LJagdG nicht außerhalb der ordnungsgemäßen Jagdausübung unbeaufsichtigt in einem Jagdbezirk laufen gelassen werden. Ferner ist es regelmäßig **in Naturschutzgebieten** verboten, Hunde frei laufen zu lassen.

§ 32 Abs. 2 LNatSchG verbietet das Mitführen von Hunden auf Abschnitten an Meeresstränden mit regem Badebetrieb. Ein reger Badebetrieb ist insbesondere in der Badesaison (1. Juni bis 15. September; vgl. § 2 Abs. 4 BadegewVO) anzunehmen. Um zu gewährleisten, dass dann für die Badenden etwa von Hundekot keine Hygienegefahren mehr ausgehen, die Fäkalien also bereits verwittert sind, wird der Begriff des regen Badebetriebes in der naturschutzrechtlichen Vollzugspraxis weit ausgelegt. Ein reger Badebetrieb besteht danach in der Zeit vom 1. April bis zum 30. September.

Das **naturschutzrechtliche Mitnahmeverbot** verdrängt § 3 Abs. 3 Satz 1 Nr. 3 Alt. 2 HundeG (vgl. Erl. 6.3) als Spezialregelung. Die Spezialität ergibt sich aus der Zielsetzung und dem Geltungsbereich der Vorschrift. § 32 Abs. 2 LNatSchG dient ungeachtet des Regelungsortes ebenso wie das gefahrhunderechtliche Mitnahmeverbot der Abwehr von Hygienegefahren. Belange des Naturschutzes sind nicht ersichtlich. Die Regelung ist insoweit spezieller, als dass ihr nur die Badestellen an Meeresstränden und nicht auch jene an Binnengewässern unterfallen.

Im Unterschied zum gefahrhunderechtlichen Mitnahmeverbot können Hunde auf Badestellen an Meeresstränden während der Herbst- und Wintermonate frei laufen gelassen werden. Überdies kann von dem saisonalen Mitnahmeverbot des § 32 Abs. 2 LNatSchG eine Ausnahme erteilt werden: Die Gemeinde kann mit Zustimmung der unteren Naturschutzbehörde eine Sondernutzung zulassen (vgl. § 34 LNatSchG). In Betracht kommt dabei auch die Einrichtung eines sog. **Hundestrandes**. Auf einem Hundestrand können die Tiere ganzjährig laufen gelassen werden. Die Sondernutzung kann allerdings auch Einschränkungen, wie z. B. eine Anleinpflicht vorsehen. Die Ausweisung von Hundeständen ist für Badeplätze an Binnengewässern nicht möglich (vgl. Nr. 3.3 VwV-HundeG). Hier gilt das Mitnahmeverbot des § 3 Abs. 3 Satz 1 Nr. 3 Alt. 2 HundeG uneingeschränkt (vgl. Erl. 6.3).

Der Umstand, dass das Mitnahmeverbot auf Badeplätzen sowohl im HundeG als auch im LNatSchG geregelt ist, trägt nicht zur Rechtsklarheit bei. Vielmehr sind die Vorschriften geeignet, die Hundehalter zu verwirren. Eine einheitliche Regelung im HundeG wäre daher wünschenswert. Im Übrigen kann auch der sachliche Grund für die unterschiedliche Behandlung von Badestellen an Meeresständen und an Binnengewässern nicht nachvollzogen werden.

8. Allgemeine Halsband- und Kennzeichnungspflicht

Die allgemeine **Halsbandpflicht** in § 3 Abs. 5 HundeG verlangt, dass einem Hund außerhalb des ausbruchssicheren Grundstückes ein Halsband, eine Halskette oder eine vergleichbare Anleinvorrichtung, z. B. ein Haltegeschirr anzulegen ist. Dadurch soll sichergestellt werden, dass das Tier jederzeit an die Leine genommen werden kann, wenn es die Situation erfordert (vgl. LT-Drs. 15/3471 S. 29). Dazu muss die Anleinvorrichtung zur Vermeidung von Gefahren geeignet, d. h. zumindest reißfest sein. Hierbei sind die gleichen Anforderungen zu stellen, wie an die Leine (vgl. Erl. 5.1).

In einer gemeinsamen Stellungnahme des Deutschen Tierschutzbundes e. V. und des Landesverbandes Schleswig-Holstein e. V. fordern diese, den Begriff „Halskette“ aus der Norm zu streichen, da Halsketten in jeglicher Form als nicht tiergerecht anzusehen seien. Die Nennung von „Halsband/Brustgeschirr oder vergleichbare Anleinvorrichtung“ wäre demnach ausreichend (LT-Umdruck 18/4311 S. 2).

Die Anleinvorrichtung ist so zu kennzeichnen, dass der Hundehalter ermittelt werden kann. Die allgemeine **Kennzeichnungspflicht** dient der Erleichterung der Zuordnung des Hundes, falls er entläuft oder anderweitig abhandenkommt. Kommt es dabei zum Schaden, wird durch die Kennzeichnung die Geltendmachung von Ersatzansprüchen ermöglicht (vgl. LT-Drs. 15/3471 S. 29). Da nunmehr alle Hunde mittels Transponder gekennzeichnet werden müssen (vgl. § 5 HundeG) und dieser Methode generell der Vorzug bei der Halterermittlung eingeräumt werden sollte, weil sie fälschungssicher ist, verliert die Kennzeichnung am Halsband an Bedeutung. Zumindest im Alltag und in Bezug auf Mitbürger, die kein Lesegerät zur Hand haben, steht jedoch durch die Kennzeichnungspflicht des § 3 Abs. 5 HundeG eine einfache, erste Möglichkeit zur weiteren Identifizierung der Hundehalter zur Verfügung, die sich auch dadurch indirekt veranlasst sehen werden, die gebotene Aufsicht über die Tiere auszuüben und auf diese Weise den von ihren Hunden ausgehenden abstrakten Gefahren vorzubeugen (vgl. OVG Greifswald, Urt. vom 6.4.2001 = NordÖR 2001 S. 317, 319).

Zur Kennzeichnung ist die Anleinvorrichtung mit dem Namen und der Adresse des Halters zu versehen. Eine lediglich mittelbare Kennzeichnung, z. B. durch eine Hundesteuermarke, Telefonnummer oder Haustierregisternummer genügt nicht. Zwar mag die Ermittlung des Halters aufgrund einer mittelbaren Kennzeichnung faktisch möglich sein, im Einzelfall können ihr jedoch datenschutzrechtliche Hindernisse entgegenstehen.

In diesem Zusammenhang ist anzumerken, dass Daten, die zur Veranlagung der Hundesteuer erhoben worden sind, grundsätzlich dem **Steuergeheimnis** unterfallen (vgl. § 11 Abs. 1 KAG). Eine vorsätzliche Verletzung des Steuergeheimnisses wird mit Freiheitsstrafe von bis zu zwei Jahren oder mit Geldstrafe bestraft (vgl. § 355 StGB; *Habermann/Arndt*, Erl. 3 und 5 zu § 11 KAG). Allerdings können die bei der Erhebung der Hundesteuer erfassten und gespeicherten Namen sowie die Anschriften von Hundehaltern im Einzelfall anderen Behörden mitgeteilt werden, wenn diese die Auskunft zur Verfolgung von Ordnungswidrigkeiten benötigen. Entsprechendes gilt für die Weitergabe der genannten Daten an Dritte, wenn diese zur Durchsetzung von Schadensersatzforderungen benötigt werden. Der Auskunftsanspruch ist glaubhaft zu machen (vgl. § 11 Abs. 2 Satz 3 KAG). Es wird damit der datenschutzrechtliche Grundsatz der Zweckbindung durchbrochen, wonach personenbezogene Daten nur für den Zweck weiterverarbeitet werden dürfen, für den sie rechtmäßig erhoben worden sind (vgl. § 13 Abs. 2 LDSG). Bei der Übermittlung der Hundesteuerdaten sind die Bestimmungen des allgemeinen Datenschutzrechtes (insb. §§ 13 ff. LDSG) zu beachten.

Die allgemeine Halsband- und Anleinpflicht besteht lediglich außerhalb eines **ausbruchssicheren Grundstücks**. Vormals galt sie außerhalb des befriedeten Besitztums des Hundehalters (§ 2 Abs. 5 GefHG a. F.). Da es sich nunmehr nicht um das Grundstück bzw. Besitztum des Hundehalters handeln muss, kann es sich auch z. B. um das Grundstück eines Freundes, zu dem der Hund mitgebracht wird, oder das nicht dem Gemeingebrauch unterliegende Grundstück eines Mehrfamilienhauses handeln. Es wird insoweit nur noch auf die Ausbruchssicherheit abgestellt.

Die **Ausbruchssicherheit** des Grundstücks i. S. d. § 3 Abs. 5 HundeG liegt vor, wenn der Hund nicht gegen den Willen des Halters bzw. der mit der Betreuung beauftragen Person entweichen kann (vgl. Tz. 3.6 VwV-HundeG). In der Regel handelt es sich um eingezäunte Grundstücke und Gärten, aber auch Werksgelände, Hundezwinger, Wohnungen, Balkone und Terrassen können darunterfallen (vgl. Tz. 3.5 VwV-HundeG). Das Merkmal der Ausbruchssicherheit ist auf den jeweiligen Hund zu beziehen. Kann ein kleiner Chihuahua durch die Maschen des Zaunes das Grundstück verlassen, der Schäferhund aber nicht, gilt die Halsband- und Kennzeichnungspflicht entsprechend nur für den kleinen Hund.

Im Umkehrschluss bedeutet dies, dass die Halsband- und Kennzeichnungspflicht auch innerhalb eines nicht ausbruchssicheren Grundstücks gilt. Das meint bspw. den Fall, dass ein Hund im nicht eingezäunten, zum Privatgrundstück gehörenden Garten umherläuft. Eine Zuwiderhandlung ist bußgeldbewährt (§ 20 Abs. 1 Nr. 5 HundeG).

Der Hundehalter hat für die Ausbruchssicherheit des Grundstücks zu sorgen. Die im Einzelfall zu treffenden Vorkehrungen richten sich danach, welche Anforderungen im Hinblick auf die konkreten Umstände nach der **Verkehrsauffassung** an einen verständigen und umsichtigen Halter zu stellen sind, um eine Schädigung Dritter abzuwenden (vgl. Erl. 2).

Ein Grundstück ist bspw. nicht deshalb ungesichert, weil es einem Hund möglich sein könnte, in wochenlanger Arbeit einen schweren, metertief in der Erde verankerten Zaun zu untergraben. Gleichwohl ist nach der allgemeinen Lebenserfahrung zu berücksichtigen, dass ein Hund eine gewisse Zaunhöhe überspringen kann oder regelmäßig an einer versteckten Stelle des Zaunes (etwa im Gebüsch) an einem Loch „arbeiten" kann, sodass hier eine unregelmäßige und/oder fahrlässige Überprüfung seitens des Hundehalters zu seinen Lasten gehen kann.

Konnte in Bezug auf die vorige Formulierung in § 2 Abs. 5 GefHG, in der sich die Pflicht noch auf das befriedete Besitztum erstreckte, noch vertreten werden, den eigenen **PKW** des Halters darunter zu fassen (vgl. *Stabno*, Erl. zu § 11 Abs. 2 NHundG), ist dies mit der Wahl des Wortes „Grundstück" nicht mehr möglich. Die allgemeine Halsband- und Kennzeichnungspflicht gilt daher auch für den im PKW mitgeführten Hund. Zwar kann ein Hund in der Regel nicht allein aus einem PKW fliehen, soweit es sich nicht um ein offenes Cabriolet handelt oder der Hund gezielt oder aus Versehen elektrische Fensterheber betätigt und so einen Weg nach draußen findet. Jedoch kann ein Hund in jedem Fall schnell beim Öffnen der (Kofferraum-)Tür entweichen und sollte daher schon vorher ein Halsband und eine Kennzeichnung angelegt bekommen haben.

Alle Hunde müssen gem. § 3 Abs. 2 Nr. 4 HundeG auch auf ausbruchssicheren Grundstücken von Mehrfamilienhäusern an der Leine geführt werden, sofern die Flächen nicht ausschließlich durch den Hundehalter/-betreuer selbst genutzt werden (vgl. Erl. 5.5). Auch wenn das dem Gemeingebrauch unterliegende Mehrfamilienhausgrundstück das Kriterium der Ausbruchssicherheit erfüllt, muss der Hund dort also eine Anleinvorrichtung tragen, um die Anleinpflicht zu erfüllen. Die Pflicht des § 3 Abs. 2 Nr. 4 HundeG ist insoweit spezieller. Für gefährliche Hunde besteht überdies eine Maulkorbpflicht auf den dem Gemeingebrauch unterliegenden Grundstücken von Mehrfamilienhäusern (§ 14 Abs. 4 HundeG; vgl. Erl. 2 zu § 14).

9. Aggressionsausbildungsverbot

§ 3 Abs. 6 Satz 1 HundeG verbietet grundsätzlich die Ausbildung von Hunden mit dem Ziel einer gesteigerten Aggressivität und Gefährlichkeit (Aggressionsausbildung). Das Verbot dient der Abwehr von Gefahren insbesondere für das Leben und die Gesundheit von Menschen, aber auch von Tieren. Es soll verhindert werden, dass das Gefahrenpotenzial, das aufgrund der allgemeinen Tiergefahr ohnehin von Hunden ausgeht (vgl. Erl. 3.2.1), durch eine unkontrollierte Ausbildung gesteigert wird.

Eine gesteigerte Aggressivität und Gefährlichkeit liegt dann vor, wenn sich der Hund undifferenziert aggressiv verhält und angreift, ohne bedroht zu sein oder sich bedroht zu fühlen (vgl. Erl. 3.1 zu § 7). Bei einer **Aggressionsausbildung** wird mit dem Hund gezielt geübt, auf bestimmte Signale des Ausbilders hin oder in einer spezifischen Situation Menschen oder Tiere anzugreifen (vgl. Tz. 3.6 VwV-HundeG). Zu denken ist hier beispielsweise an eine Abrichtung zu Hundekämpfen.

Von der Aggressionsausbildung zu unterscheiden ist die **Schutzdienstausbildung**. Dort wird lediglich der Beutetrieb des Hundes gereizt und seine bereits erlernte Unterordnung (Gehorsam) auch und gerade in Trieb- und unter Stresssituationen überprüft. Der Schutzdienstausbildung muss in jedem Fall eine Begleithundeausbildung vorausgehen, in der der Hund lernt, den Hör- und Sichtzeichen seines Führers umfassend zu folgen und auf Umweltreize sicher und ruhig zu reagieren. Die Schutzdienstausbildung fällt somit nicht unter das Aggressionsausbildungsverbot, sofern diese ordnungsgemäß erfolgt (vgl. Tz. 3.6

VwV-HundeG). Missbräuchliche Abweichungen von einer ordnungsgemäßen Schutzdienstausbildung, die eine Konditionierung des Tieres zum Nachteil des Menschen zur Folge haben können, sind hingegen untersagt (vgl. *Haurand*, Erl. 3.2 zu § 3 LHundG NRW; *Hamann*, 1996, S. 67; *Feddersen-Petersen 2000*).

Vom Aggressionsausbildungsverbot ausgenommen ist daher nach § 3 Abs. 6 Satz 2 HundeG das **Bewachungsgewerbe**, sofern der Hund einer ordnungsgemäßen Schutzdienstausbildung unterzogen wird. Die Ausnahmeregelung berücksichtigt das berechtigte Interesse des Bewachungsgewerbes, Hunde zu Schutzzwecken auszubilden.

Eine Ausbildung von Hunden zu Schutzzwecken ist dann gegeben, wenn Hunde darauf abgerichtet werden, Personen oder Sachen, insbesondere Gebäude, zu schützen (vgl. Tz. 3.6 VwV-HundeG). Hierfür kann es erforderlich sein, den Hund auf Zivilschärfe abzurichten, d. h. das Tier mannscharf zu machen. Diese Aggressionsausbildung darf nur an Hunden vorgenommen werden, deren Gehorsam bereits im Wege einer **ordnungsgemäßen Schutzdienstausbildung** geschult worden ist. Bei der Beurteilung, ob eine Schutzdienstausbildung ordnungsgemäß erfolgt, kann auf die Schutzhund-Prüfungsordnung des VDH bzw. des international FCI zurückgegriffen werden (http://www.vdh.de/fileadmin/media/ueber/downloads/hundesport/55–2011-annex-de.pdf, zuletzt abgerufen am 25.9.2019). Ferner darf die Ausbildung nur von Personen und Stellen vorgenommen werden, die eine Erlaubnis nach § 11 Abs. 1 Nr. 6 TierSchG, nämlich für Dritte Hunde zu Schutzzwecken auszubilden, innehaben. Nicht darunter fällt die Ausbildung von Blinden-, Führ- oder Suchhunden (*Hirt/Maisack/Moritz*, § 11 TierSchG Rn. 9).

Ein **Bewachungsgewerbe** betreibt, wer gewerbsmäßig Leben oder Eigentum fremder Personen bewachen will (vgl. § 34a Abs. 1 Satz 1 GewO). Die Ausübung des Bewachungsgewerbes ist erlaubnispflichtig. Voraussetzung für die Erteilung der Erlaubnis ist, dass die für das Bewachungsgewerbe erforderliche Zuverlässigkeit und Sachkunde nachgewiesen wird. Einer gesonderten gefahrhunderechtlichen Überprüfung des zugelassenen Bewachungsgewerbes bedarf es somit nicht.

§ 3 Abs. 6 HundeG ergänzt das tierschutzrechtliche Aggressionsausbildungsverbot des § 3 Nr. 8a TierSchG. Als Regelung zum Tierschutz setzt es voraus, dass das aggressive Verhalten zu Schmerzen oder Leiden bei dem Tier oder bei Artgenossen führt. Das gefahrhunderechtliche Aggressionsausbildungsverbot bezweckt hingegen vornehmlich den Schutz der Menschen (vgl. schon LT-Drs. 15/3471 S. 29 f.). Auf ein Tierleiden kommt es hier nicht an. Im Falle einer Kollision der Regelungen ist mit Blick auf die Rechtsfolge (insbesondere Bußgeldhöhe nach § 20 Abs. 2 HundeG oder § 18 Abs. 4 TierSchG) darauf abzustellen, welches Schutzgut vorrangig betroffen ist (vgl. Erl. 1 zu § 1).

Schutzhunde der Behörden, z. B. der Polizei sind kraft § 18 HundeG vom Aggressionsausbildungsverbot ausgenommen. Gleiches gilt für **Jagdhunde**, die zu der für die Nachsuche von Wild (vgl. § 23 Abs. 3 LJagdG) erforderlichen Wildschärfe abgerichtet werden (vgl. Erl. zu § 18).

10. Entfernung von Verunreinigungen

Die Vorschrift richtet sich an den Hundeführer. Da er den Hund in der Öffentlichkeit führt, kann und muss nur er und nicht etwa der u. U. nicht anwesende Halter des Hundes, dafür Sorge tragen, dass die Verunreinigungen entfernt werden.

Der Geltungsbereich des § 3 Abs. 7 HundeG umfasst öffentliche Straßen oder Anlagen innerhalb einer geschlossenen Ortschaft. **Öffentliche Straßen** sind alle für die Allgemeinheit zugänglichen Straßen. **Öffentliche Anlagen** meint Parks, Plätze, Spielplätze und andere im Hinblick auf den Publikumsverkehr angelegte Flächen. Unter dem Begriff der „Verunreinigungen" ist zuvörderst Hundekot zu verstehen, unter Umständen kann jedoch auch Erbrochenes von Hunden unter diese Regelung fallen (vgl. Tz. 3.7 VwV-HundeG).

Die **ordnungsgemäße Entsorgung** bedeutet in der Regel das Verbringen des Hundekotes in den nächsten (öffentlichen) Mülleimer. Meist werden hierfür Kotbeutel von der Stadt oder Gemeinde an Orten mit viel Publikumsverkehr frei zugänglich bereitgehalten, worauf sich der Hundeführer aber nicht verlassen kann und darf. Er hat selbst für die Möglichkeit zur Beseitigung der Verunreinigungen Sorge zu tragen. Da der Hund in der Regel auf öffentlichen Straßen mit erhöhtem Publikumsaufkommen oder in öffentlichen Anlagen angeleint sein muss (vgl. Erl. 5.2.1; 5.2.3) und angeleinte Hunde ihren Kot in der Regel vom Halter kontrolliert absetzen, gibt dies dem Hundehalter oder Hundeführer Gelegenheit, sofort für Reinigung zu sorgen (vgl. OVG Lüneburg, Urt. vom 8.2.1990 = NVwZ 1991 S. 693, 693). Geeignete Tüten können günstig in Drogerien erworben werden. Die Eintütung ist jedoch nicht durch die Wendung „ordnungsgemäß zu entsorgen" explizit vorgeschrieben.

Von Hundekot gehen latente **Hygienegefahren** aus, die in bestimmten Situationen typischerweise konkrete Gefahren hervorrufen können. Hundekot steht hinsichtlich der Infektionsgefahr für Menschen grundsätzlich menschlichen Fäkalien gleich. Während die Koli- und Proteusbakterien für Menschen nur fakultativ pathogen sind, führen Infektionen mit Gasbrand- und Wundstarrkrampf, aber auch mit Eitererregern – zumal wenn sie in Verletzungen gelangen – zu schweren, meist lebensbedrohlichen Erkrankungen. Bei oralen Kontakten mit Hundekot – was insbesondere bei spielenden Kindern leicht vorkommen und schlechthin nicht ausgeschlossen werden kann – können schwere Brechdurchfälle mit einem typhusähnlichen Krankheitsbild die Folge sein. Ferner ist die Möglichkeit der Infektion mit Parasiten, z. B. dem Hundebandwurm, gegeben. In Ausnahmefällen kann auch eine Toxoplasmose durch Hundekot übertragen werden (vgl. OLG Düsseldorf, Beschl. vom 1.3.1991 = NVwZ RR 1991 S. 340, 341).

In der Regel kommt niemand mit Hundekot in Abfalleimern in Kontakt. Ein Hygieneproblem besteht dann, wenn bspw. Pfandflaschensammler im Mülleimer entsprechendes Leergut heraussammeln oder danach suchen. Dass dieses Phänomen sich seit Einführung des Pfandbetrages von 25 Cent auf Dosen und Einwegflaschen (vgl. § 9 VerpackVO) verstärkt hat, sollten die Städte und Gemeinden bedenken und daher vermehrt die Bereitstellung von Kotbeuteln oder die Anbringung von Pfandflaschenkörben an den Mülleimern (s. auch www.pfand-gehoert-daneben.de) im öffentlichen Raum in Erwägung ziehen, um diese Hygienegefahren des direkten Kontakts zu unterbinden.

Neben den Hygienegefahren werden saubere Straßen und Anlagen meist auch im Sinne eines attraktiven Stadtbildes im Rahmen der politisch gewollten Stadtentwicklung gefordert. Insbesondere öffentliche Straßen und Anlagen, die viel Publikumsverkehr aufweisen, weil sich dort gut frequentierte Geschäfte angesiedelt haben oder weil sie beliebte Ausflugsziele darstellen, wären weniger attraktiv, wenn dort viele Verunreinigungen auftreten würden. Schließlich gilt Hundekot allgemein als ekelerregend und belästigend (BayVGH, Urt. vom 4.4.2007, BayVBl 2007 S. 558, 563).

Die Vorschrift erlaubt es den Vollzugskräften der zuständigen Ordnungsbehörde die Person, die den Hund führt, zur **Feststellung der Personalien** anzuhalten (vgl. Tz. 3.7 VwV-HundeG). Es handelt sich damit um eine Spezialregelung zu § 181 LVwG. Auch wenn es aus dem Wortlaut nicht hervorgeht, gilt die Erlaubnis zur Aufnahme der Personalien nur für Fälle, in denen der Hundeführer Verunreinigungen nicht entfernt und von den Vollzugskräften „in flagranti" erwischt wird. Bei ordnungsgemäßer Entfernung der Verunreinigungen gibt es keinerlei Sachgrund zur Feststellung der Personalien (wenn nicht andere Anhaltspunkte, etwa ein Überschreiten der vorgeschriebenen Leinenlänge oder das Fehlen eines Maulkorbes usw. bei einem gefährlichen Hund hinzukommen, vgl. § 14 Abs. 3 HundeG).

§ 4
Sachkunde

(1) Die erforderliche Sachkunde, um einen Hund zu halten, besitzt, wer aufgrund seiner Kenntnisse und Fähigkeiten den Hund so halten und führen kann, dass von diesem voraussichtlich keine Gefahr für die öffentliche Sicherheit ausgeht. Sie kann insbesondere durch die erfolgreiche Ablegung einer theoretischen und einer praktischen Sachkundeprüfung mit dem eigenen Hund erworben werden.

(2) Die Sachkundeprüfungen werden von Personen und Stellen abgenommen, die über eine Erlaubnis nach § 11 Absatz 1 Nummer 8 f TierSchG in der Fassung der Bekanntmachung vom 4. Juli 2013 (BGBl. I, S. 2182) bezogen auf Hunde verfügen oder deren Ausbildung durch die für den Tierschutz zuständige oberste Landesbehörde als gleichwertig anerkannt ist.

(3) Als sachkundig nach Absatz 1 Satz 1 gelten auch

1. **Tierärztinnen und Tierärzte sowie Inhaber einer Berufserlaubnis nach § 11 der Bundes-Tierärzteordnung in der Fassung der Bekanntmachung vom 20. November 1981 (BGBl. I S. 1193), zuletzt geändert durch Artikel 1 der Verordnung vom 13. Februar 2014 (BGBl. I S. 109),**
2. **Personen, die eine Erlaubnis nach § 11 Absatz 1 Nummer 3 oder 6 TierSchG in der Fassung der Bekanntmachung vom 4. Juli 2013 (BGBl. I, S. 2182) zum Halten von Hunden in einem Tierheim oder einer ähnlichen Einrichtung für die dort gehaltenen Hunde oder zur Ausbildung von Hunden zu Schutzzwecken für Dritte zur Unterhaltung einer Einrichtung hierfür besitzen,**
3. **Personen, die zur Abnahme von Brauchbarkeitsprüfungen für Jagdhunde berechtigt sind,**
4. **Rettungshundeführerinnen und Rettungshundeführer,**
5. **Polizeihundeführerinnen und Polizeihundeführer.**

(4) Die zuständige Behörde kann für Hundehalterinnen und Hundehalter, die einen entsprechenden Sachkundenachweis vorlegen, Ermäßigungen bei der Hundesteuer vorsehen. Das Nähere regelt die Satzung.

VwV-HundeG

Abschnitt 4

Zu § 4 – Sachkunde

4.1 ***Theoretische und praktische Sachkundeprüfung***

Die Regelungen zur Sachkunde sind anders als im GefHG in den Teil des Gesetzes, der die allgemeinen Anforderungen an die Hundehaltung beschreibt, überführt worden. Damit wird deutlich, dass der Gesetzgeber davon ausgeht, dass Sachkunde integraler Bestandteil der Hundehaltung ist. Dennoch hat der Gesetzgeber darauf verzichtet, einen obligatorischen Sachkundenachweis zur Voraussetzung für die Hundehaltung zu machen. Eine gesetzliche Regelung zum Sachkundenachweis wird nicht für erforderlich gehalten. Der Gesetzgeber stellt vielmehr auf Freiwilligkeit ab und regt an, Anreize für den Erwerb der Sachkunde auf kommunaler Ebene zu schaffen.

Sachkundig ist, wer ausreichende theoretische Kenntnisse über

a) das Sozialverhalten und die Ausdrucksformen des Hundes, rassespezifische Eigenschaften (insbesondere Abstammung, Körperbau und Körpersprache),

b) das Erkennen und Beurteilen typischer Gefahrensituationen mit Hunden,

c) die Erziehung und Ausbildung des Hundes sowie

d) Rechtsvorschriften zum Umgang mit Hunden

hat sowie die praktische Fähigkeit besitzt, diese beim Halten und Führen des Hundes zur Abwehr von Gefahren anzuwenden. Die Formulierung im Gesetz sieht ausdrücklich eine theoretische und eine praktische Ausbildung und Prüfung mit dem eigenen Hund vor. Sofern der Hundehalter nicht offensichtlich sachkundig ist, sollte die Vorlage einer Sachkundebescheinigung verlangt werden.

Die Haltung gefährlicher Hunde ist wie im GefHG nur zulässig, wenn die Halterin oder der Halter seine Sachkunde nachweist.

Anhaltspunkte für die Sachkunde der Halterin oder des Halters können sich aus dessen nachgewiesener Erfahrung im Umgang mit Hunden ergeben. Dies kommt z. B. bei Hundezüchtern oder bei Betreibern von Hundeschulen in Betracht, wenn entsprechende tierschutz- oder gewerberechtliche Zulassungen vorgelegt werden. Langjährige verantwortliche Tätigkeiten im Hundevereinswesen können dem gleichstehen, sofern ein Nachweis darüber erbracht wird. Die schlichte Mitgliedschaft in einem Hundeverein genügt hingegen nicht. Gleiches gilt für den Umstand, dass der Halter seinen Hund über einen längeren Zeitraum gehalten hat, ohne dass dieser sich im Einzelfall als gefährlich erwiesen hat. Bei dem gefahr- und schadlosen Halten eines Hundes handelt sich um eine Selbstverständlichkeit, die im Rahmen der Prognoseentscheidung des § 4 Absatz 1 HundeG nicht ausschlaggebend sein kann.

4.2 *Abnahme der Sachkundeprüfungen*

Anforderungen an die Personen und Stellen, die Sachkundeschulungen durchführen und Sachkundeprüfung abnehmen dürfen, sind nicht nur aus ordnungsrechtlicher Sicht zu betrachten, sondern auch aus tierschutzrechtlicher Betrachtungsweise. Daher ist der Bezug zu den Anforderungen an die Erlaubnis nach § 11 Abs. 1 Nr. 8 f TierSchG zur gewerblichen Ausbildung von Hunden für Dritte vorgesehen.

Bis auf weiteres werden durch die oberste Fachaufsichtsbehörde für Tierschutz keine Gleichwertigkeitsanerkennungen durchgeführt.

4.3 *Ermäßigungen bei der Hundesteuer*

Die Regelung geht auf Anregungen aus der Anhörung zurück und fügt den Gedanken des Anreizsystems für das freiwillige Ablegen eines Sachkundenachweises in den Gesetzestext ein. Eine entsprechende Regelung kann nur durch örtliches Satzungsrecht erfolgen. Darauf wird in Satz 2 ausdrücklich hingewiesen.

Bei Amtsverwaltungen fallen die Zuständigkeiten für die Gefahrenabwehr und die Hundesteuerfestsetzung örtlich auseinander, da in kommunalen Selbstverwaltungsaufgaben die Gemeinden direkt zuständig sind.

Erläuterungen

Übersicht

1. Sachkunde
2. Sachkundeprüfung und -bescheinigung
   - 2.1 Halter von nicht als gefährlich eingestuften Hunden
   - 2.2 Halter von gefährlichen Hunden
3. Anerkannte Personen und Stellen
4. Als sachkundig geltende Personen
   - 4.1 Tierärzte und Inhaber einer Berufserlaubnis nach § 11 BTÄO.
   - 4.2 Inhaber einer Erlaubnis nach § 11 Abs. 1 Nr. 3 oder Nr. 6 TierSchG

4.3 Personen, die zur Abnahme von Brauchbarkeitsprüfungen für Jagdhunde berechtigt sind

4.4 Rettungshundeführer

4.5 Polizeihundeführer

5. Steuerliche Ermäßigung

1. Sachkunde

§ 16a Nr. 3 TierSchG fordert ebenfalls einen Sachkundenachweis für das Halten von Tieren. Dieser ist allerdings erst nach der Feststellung wiederholter Verstöße gegen das Tierschutzrecht zu erbringen. Wenn der Landesgesetzgeber darüber hinaus einen speziellen Sachkundenachweis für den Bereich der Hundehaltung normiert, ist damit aber weder ein Verstoß gegen höherrangiges Bundesrecht verbunden, noch kann aus der Existenz des § 16a Nr. 3 TierSchG gefolgert werden, dem Land stünde darüber hinaus keine **Regelungskompetenz** zu. Die Bundesregelung verfolgt den Zweck des Tierschutzes; die Gesetzgebungskompetenz erwächst folglich aus Art. 74 Abs. 1 Nr. 20 GG. Demgegenüber verfolgt das Hundegesetz (weiterhin) den Zweck der Gefahrenabwehr (§ 1), für den dem Landesgesetzgeber die ausschließliche Regelungsbefugnis zusteht (Art. 70 GG).

Der Sachkunde kommt im Umgang mit Hunden eine entscheidende Bedeutung zu. Bei der Ursachenforschung zu Vorfällen mit Hunden hat sich in der überwiegenden Zahl der ausgewerteten Problemfälle herausgestellt, dass oft durch das Verhalten der Halter Tiergefahren provoziert werden. Häufig fehlt es ihnen an elementaren Kenntnissen über die Verhaltensgrundlagen und die Verhaltensweisen des Hundes (vgl. *Hartwig 1997*, S. 10).

Im Unterschied zur Vorgängerregelung des § 8 GefHG ist die nach **§ 4 HundeG erforderliche Sachkunde des Halters nunmehr auf alle Hunde**, ob gefährlich im Rechtssinne (§ 7 HundeG) oder nicht, erstreckt worden. Die zum Halten und Führen eines Hundes erforderliche Sachkunde ist in § 4 Abs. 1 HundeG definiert, welcher inhaltlich dem vormaligen § 8 GefHG a. F. ähnelt.

Nach § 4 Abs. 1 HundeG ist sachkundig, wer aufgrund seiner Kenntnisse und Fähigkeiten den Hund so halten und führen kann, dass von *diesem* voraussichtlich keine Gefahr für die öffentliche Sicherheit ausgeht. Wie die Formulierung „*den* Hund" sowie „mit dem *eigenen* Hund" in § 4 Abs. 1 HundeG nahe legen, bezieht sich der **Sachkundenachweis auf einen bestimmten Hund**, nämlich den jeweils in der eigenen Tierhaltung befindlichen Hund. Dies ist mit Blick auf das Schutzziel der Gefahrenabwehr auch geboten bzw. ausreichend. Größe, Stärke, individuelle Veranlagungen etc. der Hunde sind äußerst unterschiedlich und erfordern zur effektiven Gefahrenabwehr eine entsprechend unterschiedliche Sachkunde des Halters. Insbesondere bei gefährlichen Hunden muss die Sachkundeprüfung ausdrücklich „mit dem eingestuften Hund" bestanden worden sein, § 10 Abs. 1 Nr. 1 lit. c HundeG. Hält eine Person mehrere gefährliche Hunde, sind mehrere Prüfungen zwingend. Gleiches gilt, wenn sich der Halter nach dem Ableben eines gefährlichen Hundes einen neuen gefährlichen Hund anschafft (und die Sachkunde erneut im Rahmen des Haltererlaubnisverfahrens nachweisen muss, § 10 Abs. 1 Nr. 1 lit. c HundeG). Fraglich ist, ob ein Hundehalter, der mehrere ungefährliche Hunde hält, auch mehrere Sachkundenachweise zu erbringen hat, um in den Genuss der steuerlichen Vorteile (§ 4 Abs. 4 HundeG) zu gelangen. Aus gefahrenabwehrrechtlicher Sicht macht dies durchaus Sinn. Für (unbillige) Fälle, in denen bspw. zwei Hunde des gleichen Wurfs gehalten werden, mag die Wortlautgrenze aber auch noch nicht überschritten sein, hier den Sachkundenachweis mit einem der beiden Hunde für beide Tiere als ausreichend anzuerkennen. Ausdrückliche Regelungen für diesen Problemkreis sind jedoch nicht ersichtlich und sollten erwogen werden, um Rechtsklarheit herzustellen. Dass sich die Sachkunde grundsätzlich auch auf den generellen Umgang mit Hunden erstrecken kann, verdeutlicht der Gesetzgeber durch die in § 4 Abs. 3 HundeG gefundene Regelung. Der Gesetzgeber erwähnt hier ausdrücklich eine Form der „generellen Sachkunde“, die für den genannten Personenkreis (für jeden Hund) angenommen wird.

Der Halter muss im Umgang mit Hunden nicht nur kundig sein, er muss seine **Kenntnisse** auch praktisch anwenden können **(Fähigkeiten)**. Nur zu wissen, dass ein großer Hund sich plötzlich mit viel Kraft losreißen könnte, um z. B. einen Angriff auf eine vorbeilaufende Katze zu starten, genügt freilich dann nicht, wenn die physische Fähigkeit des Halters, den Hund in dieser Situation festzuhalten, nicht gegeben ist.

Die Befähigung i. S. von § 4 Abs. 1 HundeG umfasst aber auch nur diese konkrete Fähigkeit, den Hund zu beherrschen, nicht das allgemeine körperliche oder geistige Leistungsvermögen des Halters. Jenes ist vielmehr Gegenstand der Prüfung der persönlichen Eignung (vgl. Erl. 1 zu § 12; *Haurand*, Erl. 1 zu § 6 LHundG NRW).

Der **Umfang der zu fordernden Sachkunde** ergibt sich aus den Anforderungen an die Vermeidung und Abwehr der vom eigenen Hund ausgehenden Gefahren. Die öffentliche Sicherheit, insbesondere die körperliche Integrität oder das Eigentum der Mitmenschen (vgl. § 3 Abs. 1 Satz 3 HundeG), sind typischerweise dann gefährdet, wenn ein Hund infolge des unsachgemäßen Umgangs des Halters verhaltensgestört, sozial unverträglich und unkontrollierbar wird (vgl. schon LT-Drs. 15/3471 S. 39 zum GefHG). Um dem vorzubeugen, ist vom Halter zu verlangen, dass er zumindest über **Grundkenntnisse der Hundewissenschaft** (auch *„Kynologie“*, oder engl. *„Canine Science“*) verfügt. Die Verwaltungsvorschrift zum HundeG enthält unter Tz. 4.1 einen Katalog an Anforderungen an die Sachkundeprüfung, der einen Eindruck von der zu fordernden inhaltlichen Ausrichtung und Tiefe des Prüfungsumfanges vermitteln kann.

Als sachkundig gilt demnach, wer ausreichende theoretische Kenntnisse über

a) das Sozialverhalten und die Ausdrucksformen des Hundes, rassespezifische Eigenschaften (insbesondere Abstammung, Körperbau und Körpersprache),
b) das Erkennen und Beurteilen typischer Gefahrensituationen mit Hunden,
c) die Erziehung und Ausbildung des Hundes sowie
d) Rechtsvorschriften zum Umgang mit Hunden

hatte sowie die Fähigkeit besitzt, diese beim Halten und Führen des Hundes zur Abwehr von Gefahren anzuwenden. Die aktuelle Verwaltungsvorschrift entspricht ihrer Vorgängerregelung zu dem alten GefHG, wenngleich der Besitz der erforderlichen Sachkunde dort nur Voraussetzung für das Halten gefährlicher Hunde war. § 4 Abs. 1 Satz 2 HundeG normiert nunmehr auch ausdrücklich zwei Prüfungsteile – einen **theoretischen** und einen **praktischen**.

Auch wenn sich die Sachkundeprüfung nicht mehr zwingend nur auf den Halter eines gefährlichen Hundes bezieht, sind die Anforderungen weiterhin sinnvoll und geben keinen Anlass abgesenkt zu werden, zumal die Sachkundeprüfung mehrheitlich auch zukünftig von Haltern gefährlicher Hunde abgelegt werden wird, da der Sachkundenachweis zwingend im Rahmen der Beantragung der Erlaubnis zum Halten eines gefährlichen Hundes zu erbringen ist (§ 10 Abs. 1 Nr. 1 lit. c HundeG).

Die Sachkunde i. S. von § 4 Abs. 1 HundeG erstreckt sich hingegen nicht auch auf Kenntnisse und Fähigkeiten zur artgerechten Haltung des Tieres, z. B. zur Ernährung sowie allgemeinen Pflege und Hygiene des Hundes (derlei Kenntnisse bezieht hingegen grundsätzlich § 1 Abs. 1 Nr. 2 DVO LHundG NRW mit ein). Soweit es sich hierbei um **Belange des Tierschutzes** handelt (vgl. § 2 TierSchG) werden diese vom HundeG (das ausweislich § 1 HundeG der Gefahrenabwehr/-vorbeugung dient) nicht erfasst (vgl. Erl. 1 zu § 1; auch OVG Greifswald, Urt. vom 6.4.2001 = NordÖR 2001 S. 317, 321 f.; **a. A.** OVG Münster, Beschl. vom 16.5.2014 – 5 B 185/14 –).

Auch wenn dem Landesgesetzgeber nicht die Kompetenz für die Belange des Tierschutzes obliegt, wäre die Aufzählung der Kenntnisse „über die Anforderungen an die Hundehaltung unter Berücksichtigung des Tierschutzrechts" (vgl. § 3 Abs. 2 Nr. 1 NHundG; siehe dazu auch Niedersächsischer Landtag, Drs. 16/3666 S. 2) verfassungsrechtlich als unproblematisch einzuordnen, da es sich hierbei lediglich um einen untergeordneten Teilaspekt handeln würde, der kraft Sachzusammenhang im Kontext einer theoretischen Tierhalterprüfung mit abgeprüft werden kann oder sogar sollte. Hauptaugenmerk läge bei der Normierung der Notwendigkeit einer solchen Prüfung weiterhin auf dem Aspekt der Gefahrenabwehr.

2. Sachkundeprüfung und -bescheinigung

Um die behördliche Erlaubnis zum Halten eines *gefährlichen* Hundes erhalten zu können, *muss* der Halter gem. § 10 Abs. 1 Nr. 1 lit. c HundeG die in § 4 beschriebene Prüfung bestanden haben oder zu einer der in § 4 Abs. 3 HundeG genannten Personengruppen zählen (vgl. Erl. 1 zu § 10). Dass die Sachkunde „insbesondere" durch die erfolgreiche Ablegung der Prüfung erworben werden kann (§ 4 Abs. 1 Satz 2 HundeG), bedeutet im Umkehrschluss, dass Hundehalter nicht gefährlicher Hunde auch ohne Prüfung sachkundig i. S. d. Norm sein können. Der Nachweis im behördlichen Verfahren setzt jedoch eine bestandene Prüfung voraus.

2.1 Halter von nicht als gefährlich eingestuften Hunden

Auch wenn die Regelungen zur Sachkunde nunmehr in den Teil überführt worden sind, der die allgemeinen Anforderungen an die Haltung von Hunden betrifft, ist ein Sachkunde**nachweis** keine obligatorische Voraussetzung für die Haltung eines nicht als gefährlich eingestuften Hundes i. S. e. „Hundeführerscheins" (vgl. Tz. 4.1 VwV-HundeG). Sachkunde ist aber ausweislich des Wortlautes von § 4 Abs. 1 Satz 1 HundeG integraler Bestandteil jedweder Hundehaltung. Die Sachkunde**prüfung** kann daher auch für Halter nicht gefährlicher Hunde unter bestimmten Umständen erforderlich sein. Dies gilt, soweit aufgrund bestimmter Anhaltspunkte bzw. konkreter Vorfälle, die zwar nicht die Einstufung des Hundes als gefährlich rechtfertigen, aber geeignet sind, dem Halter die erforderliche Sachkunde abzusprechen, Anlass besteht, die vorhandene Sachkunde gegenüber der zuständigen Behörde unter Beweis zu stellen. Soweit bspw. eine Wegnahme eines Hundes oder die gefahrenabwehrrechtlich begründete Untersagung zur Haltung eines Hundes auf mangelnde Sachkunde des Halters gestützt wird, kann der Betroffene durch Ablegung der Sachkundeprüfung eine Aufhebung der Maßnahme erwirken. Die Behörde wird zum Zwecke der Prüfung in der Regel das zeitweise Führen des Hundes erlauben müssen, es sei denn, gewichtige gefahrenabwehrrechtliche Gründe sprechen dagegen. Die Formulierung „insbesondere" in § 4 Abs. 1 Satz 2 HundeG macht deutlich, dass die Sachkundeprüfung lediglich ein Regelbeispiel darstellt und die für die Haltung eines nicht gefährlichen Hundes erforderliche Sachkunde auch auf andere Weise nachgewiesen werden kann. Anhaltspunkte für die Sachkunde können sich aus der nachgewiesenen Erfahrung des Halters im Umgang mit Hunden ergeben, bspw. im Falle des Betriebs einer Hundezucht- oder Hundeschule unter Vorlage der tierschutzrechtlichen Zulassung (vgl. Tz. 4.1 VwV-HundeG). Nicht ausreichend ist indes die bloße Mitgliedschaft in einem Hundeverein oder der Hinweis auf (auch langjährige) gefahr- und schadlose Hundehaltung (vgl. Tz. 4.1 VwV-HundeG).

Bei anderweitigen Nachweisen von Sachkunde wird es sich um Ausnahmekonstellationen handeln; in aller Regel stellt die Absolvierung der Sachkundeprüfung den rechtssichersten Weg dar.

Darüber hinaus schafft § 4 Abs. 4 HundeG einen monetären Anreiz für Hundehalter nicht gefährlicher Hunde, eine Sachkundeprüfung abzulegen, sofern die Behörde bei Vorlage eines entsprechenden Sachkundenachweises Ermäßigungen bei der Hundesteuer vorsieht (vgl. Erl. 5). Hierin ist eine dem Verhältnismäßigkeitsgrundsatz geschuldete Kompromissregelung zu sehen (vgl. Tz. 4.3 VwV-HundeG). Während rechtspolitisch aus gefahrenabwehrrechtlicher Perspektive mitunter eine Sachkundeprüfung ausnahmslos für jeden

Hundehalter gefordert wird („Hundeführerschein"; siehe auch Einleitung), ist vor dem Hintergrund unverhältnismäßiger Grundrechtseingriffe durch zu hohe Anforderungen an das von Art. 2 Abs. 1 GG geschützte Halten von – bspw. alten, kleinen, kranken und damit zum Teil sehr wenig bis absolut ungefährlichen – Hunden einer anreizstiftenden Regelung der Vorzug eingeräumt worden.

2.2 Halter von gefährlichen Hunden

Gehört ein Halter nicht der in § 4 Abs. 3 HundeG genannten Personengruppen an, ist die **Sachkundeprüfung** nunmehr **unerlässlich für das Halten eines gefährlichen Hundes**. Während der vormalige § 8 Abs. 2 GefHG a. F. der zuständigen Behörde im Fall der Haltung eines gefährlichen Hundes ein Ermessen einräumte, eine Sachkundebescheinigung einzufordern, ist mit § 10 Abs. 1 Nr. 1 lit. c HundeG eine etwaige Prognoseentscheidung über die Sachkunde des Halters seitens der Behörde aufgegeben worden. Die Sachkundeprüfung an sich ist damit „outgesourct". Weiterhin besteht aber ein Entscheidungsspielraum hinsichtlich der Zuverlässigkeit (vgl. Erl. 1 zu § 11) und der persönlichen Eignung des Halters (vgl. Erl. 1 zu § 12).

Im Gegensatz zum vormaligen § 8 Abs. 1 GefHG a. F. ist zwar nicht mehr ausdrücklich von einer **Sachkunde*bescheinigung*** die Rede, allerdings spricht § 4 Abs. 1 Satz 2 HundeG davon, dass die Sachkunde insbesondere durch das Ablegen einer theoretischen und einer praktischen Sachkundeprüfung mit dem eigenen Hund erworben werden kann. Da diese Prüfung nicht von der für die Erlaubnis zuständigen Ordnungsbehörde (vgl. § 8 Abs. 1 i. V. m. § 2 HundeG) abgenommen wird, wird es von den Prüfern ausgestellte Bescheinigungen zur Vorlage bei der Behörde geben (müssen). Auch für etwaige Ermäßigungen bei der Hundesteuer durch Vorlage des Sachkundenachweises gemäß § 4 Abs. 4 HundeG ist eine schriftliche Bescheinigung zwingend.

Konnte die zuständige Behörde nach § 8 GefHG a. F. vormals die Sachkundeprüfung von einer sachverständigen Person oder Einrichtung verlangen, die sie für geeignet hielt, wird in § 4 Abs. 2 HundeG nun auf § 11 Abs. 1 Nr. 8 lit. f TierSchG verwiesen. Die Sachkundeprüfung wird demnach von Personen und Stellen abgenommen, die über eine **Erlaubnis nach § 11 Abs. 1 Nr. 8 lit. f TierSchG** verfügen oder deren Ausbildung durch die für den Tierschutz zuständige oberste Landesbehörde (in diesem Fall das Landesumweltministerium) als gleichwertig anerkannt ist. Die erste Gruppe bilden solche Personen und Stellen, die gewerbsmäßig für Dritte Hunde ausbilden oder die Ausbildung der Hunde durch den Tierhalter anleiten dürfen (*Hirt/Maisack/Moritz*, § 11 TierSchG Rn. 9).

3. Anerkannte Personen und Stellen

Durch das Landesumweltministerium als **gleichwertig anerkannte Personen und Stellen** liegen aufgrund der erst jungen Neuregelung noch nicht vor. Denkbar ist, dass bestimmte, auf Hunde spezialisierte Tierärzte (oder deren Trägerorganisationen) sowie andere Fachverbände als gleichwertig anerkannt werden, wenn die entsprechenden Kenntnisse über den Umgang mit sowie das Verhalten von Hunden als ausreichend erachtet werden. Sie können über das entsprechende Wissen verfügen, ohne dass sie Hunde gewerbsmäßig ausbilden wollen (und daher nicht über die Erlaubnis nach § 11 Abs. 1 Nr. 8 lit. f TierSchG verfügen).

Entscheidend ist die Sicherstellung der Vermittlung von theoretischen Kenntnissen, z. B. zum Verhalten eines Hundes gegenüber anderen Hunden oder zu den Grundlagen der konsequenten Hundeerziehung und Ausbildung, sowie das Trainieren praktischer Fähigkeiten zum Führen eines Hundes, z. B. zur Erteilung von eindeutigen Befehlen, Gehorsamsübungen, Erkennen von Gefahrenmomenten usw. (vgl. LT-Drs. 15/3471 S. 39). Freilich sollten Kriterien der Prüfung, was den Inhalt und den Umgang angeht, einheitlich vorgegeben werden.

Um ein reibungsloses Verfahren zu ermöglichen, scheint es geboten, dass die Ordnungsbehörde eine Liste darüber führt, welche anerkannten Personen und Stellen i. S. von § 4 Abs. 2 HundeG in ihrem Bezirk für die Abnahme der Prüfung und die Erteilung von Sachkundebescheinigungen legitimiert ist. In der Anordnung der Vorlage einer Sachkundebescheinigung kann dann auf diese Aufstellung verwiesen werden. Im Übrigen wird auf diese Weise sichergestellt, dass die vorgelegten Bescheinigungen auch von der Ordnungsbehörde als Sachkundenachweise akzeptiert werden können und dem Halter somit keine unnötigen Kosten für nicht anerkennungsfähige Zeugnisse entstehen.

Des Weiteren sollen gemäß § 17 HundeG Sachkundebescheinigungen anerkannt werden, die von den **zuständigen Behörden anderer Länder** erteilt worden sind, sofern sie den durch das HundeG gestellten Anforderungen im Wesentlichen entsprechen. Die Anerkennung kann formlos im Rahmen der Sachkundeprüfung des § 10 Abs. 1 Nr. 1 lit. c i. V. m. § 4 Abs. 1 HundeG erfolgen (vgl. Erl. zu § 17).

4. Als sachkundig geltende Personen

Den in **§ 4 Abs. 3 HundeG genannten Personenkreis** hat der Gesetzgeber von der Pflicht zur Ablegung der Sachkundeprüfung befreit: Tierärzte, Rettungshundeführer und Polizeihundeführer sowie Personen, die zur Abnahme von Brauchbarkeitsprüfungen für Jagdhunde befugt sind und solche, die eine Erlaubnis nach § 11 Abs. 1 Nr. 3 oder 6 TierSchG zum Halten von Hunden in einem Tierheim oder einer ähnlichen Einrichtung besitzen. Sie gelten bereits aufgrund ihres Berufes oder anderer behördlich anerkannter Spezialkenntnisse als sachkundig (vgl. schon zur Vorgängerregelung im GefHG LT-Drs. 15/3471 S. 39 f.; zu der Sachkunde von Jagdhundeprüfern vgl. LT.-Drs. 16/3277 S. 14; VGH Kassel, Urt. vom 29.8.2001 = NVwZ-RR 2002 S. 650, 655; **a. A.** OVG Greifswald, Urt. vom 6.4.2001 = NordÖR 2001 S. 317, 318).

Gemäß **§ 18 HundeG** werden Diensthunde von Behörden, Hunde des Such- und Rettungsdienstes sowie des Katastrophenschutzes, Blindenführhunde, Behindertenbegleithunde, Assistenz- und Therapiehunde, Herdengebrauchshunde und Jagdhunde jeweils im Rahmen ihres bestimmungsgemäßen Einsatzes und ihrer Ausbildung vom **Anwendungsbereich** des Gesetzes (bis auf die allgemeinen Halterpflichten) ausgenommen. Intention des § 4 Abs. 3 HundeG ist es demgegenüber lediglich, die genannten Personen vom Erfordernis der Sachkundeprüfung für den Fall des Haltens eines gefährlichen Dienst- oder privaten Hundes auszunehmen, weil sie allgemein als sachkundig gelten.

4.1 Tierärzte und Inhaber einer Berufserlaubnis nach § 11 BTÄO

Die Bezeichnung „Tierarzt" ist gesetzlich geschützt. Sie darf nach § 3 BTÄO nur führen, wer als Tierarzt approbiert oder nach § 2 Abs. 2, 3 und 4 BTÄO zur Ausübung des tierärztlichen Berufes befugt ist. Die Befugnis kann auch in Form einer Erlaubnis zur vorübergehenden Berufsausübung (vgl. § 2 Abs. 2, § 11 BTÄO) bestehen. Die Gesamtausbildungszeit für einen approbierten Tierarzt beträgt mindestens fünf Jahre, von denen sechs Monate auf die praktische Ausbildung entfallen müssen (vgl. § 4 Abs. 1 Nr. 4 BTÄO). Vor diesem Hintergrund ist anzunehmen, dass Tierärzte die für den Umgang mit – insbesondere auch als gefährlich eingestuften – Hunden erforderliche Sachkunde besitzen; auch dann, wenn sie sich nicht auf die Verhaltenskunde von Hunden spezialisiert haben.

4.2 Inhaber einer Erlaubnis nach § 11 Abs. 1 Nr. 3 oder Nr. 6 TierSchG

Bei den in § 4 Abs. 3 Nr. 2 HundeG genannten Personen handelt es sich um solche, die eine Erlaubnis zum Halten von Tieren in einem Tierheim oder einer ähnlichen Einrichtung (§ 11 Abs. 1 Nr. 3 TierSchG) oder eine Erlaubnis, **Hunde für Dritte zu Schutzwecken** auszubilden (vgl. Erl. 2.2; *Hirt/Maisack/Moritz*, § 11 TierSchG Rn. 9) oder hierfür eine Einrichtung zu unterhalten (§ 11 Abs. 1 Nr. 6 TierSchG), besitzen.

Ein **Tierheim** ist eine nicht auf Gewinnerzielung gerichtete Einrichtung, in der Heimtiere in größerer Anzahl gehalten werden können, wobei ein Heimtier ein Tier ist, das der Mensch insbesondere in seinem Haushalt zu seiner eigenen Freude und als Gefährten hält oder das für diesen Zweck bestimmt ist (Art. 1 Abs. 1 HeimtierÜbk; *Hirt/Maisack/Moritz*, § 11 TierSchG Rn. 6). Wesentliches Merkmal ist ferner jenes, dass dort viele Tiere (unterschiedlicher Arten) konzentriert an einem Ort gehalten werden (OVG Lüneburg, Beschl. vom 21.6.2011 – 11 ME 549/10 –).

Eine dem **Tierheim ähnliche Einrichtung** ist eine solche, bei der die wesentlichen Merkmale eines Tierheims vorliegen (VG Darmstadt NuR 2011 S. 529, 530; *Hirt/Maisack/Moritz*, § 11 TierSchG Rn. 6), die Zweckrichtung jedoch eine andere ist („Gnadenhof" für Hunde, vgl. VG Stuttgart, Urt. vom 9.1.2003, – 4 K 1696/02 = NuR 2003 S. 710). Das HundeG bezieht sich ausdrücklich auf Einrichtungen, in welchen Hunde gehalten werden. So greift die gesetzliche Vermutung des § 4 Abs. 3 Nr. 2 HundeG bspw. nicht für den Erlaubnisinhaber und Betreiber einer Ferienpension für Hauskatzen.

4.3 Personen, die zur Abnahme von Brauchbarkeitsprüfungen für Jagdhunde berechtigt sind

Zur Abnahme von Brauchbarkeitsprüfungen für Jagdhunde wird bei der Jagdbehörde ein Prüfungsausschuss gebildet (vgl. § 31 LJagdG). Dieser besteht aus dem Kreisjägermeister (vgl. § 34 LJagdG) als Vorsitzendem und zwei anerkannten Richtern des Jagdgebrauchshundeverbandes e. V., die von der Jagdbehörde bestellt werden (vgl. § 27 Abs. 1 Satz 3, 4 LJagdG sowie die Ordnung zur Durchführung der Brauchbarkeitsprüfung für Jagdhunde SH vom 26.7.2011). Aufgrund ihrer Tätigkeit als Berater der Jagdbehörde bzw. Prüfer im Jagdverbandswesen ist davon auszugehen, dass die Mitglieder des Prüfungsausschusses über die erforderlichen Kenntnisse im Umgang mit (gefährlichen) Hunden verfügen, zumal kynologisches Grundwissen bereits bei der Jägerprüfung zum Erwerb eines Jagdscheins verlangt wird (vgl. § 15 Abs. 5 BJagdG, § 15 LJagdG).

4.4 Rettungshundeführer

Ein Rettungshundeführer bildet mit einem bestimmten (ausgebildeten) Rettungshund ein Rettungshundeteam. Dessen Aufgabe besteht darin, vermisste oder verschüttete Menschen zu suchen und zu orten. In der Ausbildung zum Rettungshundeführer werden u. a. kynologische Grundkenntnisse vermittelt. Rettungshunde sind gemäß § 18 HundeG im Rahmen ihres bestimmungsgemäßen Einsatzes und ihrer Ausbildung weitgehend von den Bestimmungen des HundeG ausgenommen (vgl. Erl. zu § 18).

4.5 Polizeihundeführer

Polizeihundeführer sind Polizeivollzugsbeamte (vgl. § 1 Abs. 1 Satz 2 BPolBG), die einen als Schutz- oder Spürhund ausgebildeten Hund (meist Deutscher Schäferhund oder Malinois) im Dienst führen (Diensthundeführer). Polizeihundeführer werden im Umgang mit dem Diensthund geschult. Ferner erfahren sie in der allgemeinen Polizeiausbildung Kenntnisse in Gefahrabwehrmaßnahmen und bekommen Deeskalationsstrategien vermittelt. Daher wird bei ihnen zu Recht die erforderliche Sachkunde im Umgang mit Hunden vorausgesetzt.

5. Steuerliche Begünstigung

Die Regelung in § 4 Abs. 4 HundeG erlaubt es der zuständigen Behörde, **Ermäßigungen bei der Hundesteuer** vorzusehen (vgl. § 1 Abs. 1, § 3 KAG). Unter einer Steuer versteht man Geldleistungen, die zur Deckung des allgemeinen Finanzbedarfs dienen und für die es keine direkte Gegenleistung gibt (s. dazu *Becker/Brüning*, Rn. 342 ff.). Dazu zählt typischerweise eine Hundesteuer als örtliche Verbrauch- und Aufwandsteuer (*dies.*, Rn. 344). Die Ermäßigung muss zunächst in einer gemeindlichen Satzung beschlossen werden (§ 2 Abs. 1 i. V. m. § 1 Abs. 1 KAG, § 4 Abs. 4 Satz 2 HundeG; vgl. Tz. 4.3 VwV-HundeG), aufgrund derer die Ordnungsbehörde sie ausführen kann. Erkennbar soll mit einer in Aussicht gestellten Ermäßigung ein Anreiz für Hundehalter geschaffen werden, die Sachkundeprüfung auch dann abzulegen, wenn der Hund nicht als gefährlich eingestuft wurde. Schließlich können Hunde nunmehr erst von der Behörde als gefährlich eingestuft werden, nachdem sie (z. B. durch einen Beißvorfall) auffällig geworden sind (§ 7 Abs. 1 HundeG). Allein eine u. U. statistisch erhöhte Gefährlichkeit des Hundes aufgrund einer bestimmten Rassenzugehörigkeit genügt nicht. Darum können tatsächlich gefährliche Hunde solange durch das Erlaubnisraster fallen, bis sie zum ersten Mal auffällig geworden sind, die Behörde davon erfährt und eine Einstufung als gefährlich vornimmt. Bis dahin ist der Halter u. U. nicht sachkundig im Umgang mit dem eigenen (potenziell gefährlichen) Hund. Daher ist es umso sinnvoller, solche Anreize dafür zu schaffen, dass die Hundehalter eine Sachkundeprüfung antizipiert absolvieren. Das ist bei durchschnittlichen jährlichen Haltungskosten für einen Hund von – vorsichtig geschätzt – 1000 € jährlich sicherlich ein Anreiz (vgl. BVerwG, Urt. vom 15.10.2014 – 9 C 8/13 –).

§ 5
Kennzeichnung

Ein Hund, der älter als drei Monate ist, ist durch ein elektronisches Kennzeichen (Transponder) mit einer Kennnummer zu kennzeichnen. Der Transponder muss in der Codestruktur und dem Informationsgehalt dem aktuellen Stand der Technik entsprechen.

VwV-HundeG

Abschnitt 5

Zu § 5 – Kennzeichnung

Die Pflicht zur Kennzeichnung eines Hundes obliegt der Halterin oder dem Halter.

Diese führt nicht automatisch zu einer Registrierung der gechippten Tiere in einem Register. Tierärztinnen und Tierärzte wie auch die zuständige Behörde sollten Hundehalterinnen und Hundehaltern empfehlen, die Registrierung des Hundes z. B. im Register der TASSO e. V. oder im Deutschen Haustierregister e. V. kostenfrei vorzunehmen bzw. dies in Verbindung mit der Kennzeichnung durch die Tierärztin oder den Tierarzt durchführen zu lassen. Die Kennzeichnung von Hunden, für die ein Heimtierausweis erstellt wird oder im Rahmen von Impfungen beabsichtigt ist, diesen auszustellen, muss gemäß der VO (EU) Nummer 576/2013 durch eine Tierärztin oder einen Tierarzt erfolgen. Auch darüber hinaus sollte die Kennzeichnung für Hunde, für die kein Heimtierausweis ausgestellt werden soll, nur von einem Tierarzt oder einer Tierärztin durchgeführt werden, da es sich bei der Kennzeichnung um einen invasiven Eingriff handelt. Wird beabsichtigt, dass dieser Eingriff bei Hunden, für die kein Heimtierausweis ausgestellt werden soll, durch eine andere Person vorgenommen wird, hat diese die notwendigen Kenntnisse und Fähigkeiten vorzuweisen.

Fundhunde aus Tierheimen sind durch die neue Halterin oder den neuen Halter zu kennzeichnen und zu registrieren.

Die zu implantierenden Transponder müssen dem ISO-Standard 11784 entsprechen und mit einem der ISO-Norm 11785 entsprechenden Lesegerät abgelesen werden können.

Die Überprüfungsmöglichkeiten der örtlichen Ordnungsbehörden, ob die Kennzeichnungspflicht oder das Versicherungsgebot eingehalten werden, sind begrenzt, da die Hunde bei der Hundesteuerbehörde angemeldet werden, und dort die gefahrenabwehrrechtlichen Verpflichtungen nicht überprüft werden. Die Ordnungsbehörden sollten Einvernehmen mit den Hundesteuerbehörden dahingehend zu erreichen suchen, dass in die Antragsformulare für die Hundesteuer die Chipnummer eingetragen wird.

Erläuterungen

Übersicht

1. Kennzeichnungspflicht für alle Hunde

Die Kennzeichnungspflicht mittels Transponder gilt **für alle Hunde**. Vormals waren nur gefährliche Hunde gesetzlich zu chippen (§ 5 Abs. 1 Nr. 2; § 3 Abs. 1 GefHG a. F.). Branchentypisch ist und war ohnehin das Chippen von Hundewelpen durch (gewerbliche)

Hundezüchter (vgl. Beschl. FG Münster vom 8.9.2015 – 4 K 2856/14 –). Die allgemeine Chippflicht ist aber nicht das Resultat eines schleswig-holsteinischen landesgesetzgeberischen Alleinganges. Auch z. B. Hamburg und Niedersachsen verpflichten alle Hundehalter zum Chippen (§ 11 Abs. 1 Satz 1 HmbHundeG; § 4 NHundG). In anderen Ländern gelten hingegen liberalere Vorschriften. Sie sehen bspw. nur die Kennzeichnung gefährlicher und großer Hunde vor (§ 11 Abs. 1, 2 LHundG NRW). Die generelle Transponderpflicht wurde vormals in fachwissenschaftlichen Stellungnahmen empfohlen (vgl. RhPfVerfGH, Beschl. vom 20.11.2000 = NVwZ 2001 S. 193, 194 und Urt. vom 4.7.2001 = NVwZ 2001 S. 1273, 1278 m. w. N.; kritisch: VGH Kassel, Beschl. vom 8.9.2000 = NVwZ 2000 S. 1438, 1440).

Der Hundehalter eines nicht gefährlichen Hundes ist aber nicht verpflichtet, aktiv den Nachweis der Kennzeichnung bei der zuständigen Behörde zu erbringen. Die Überprüfungsmöglichkeiten der örtlichen Ordnungsbehörde sind hier begrenzt, da die Hunde bei der Hundesteuerbehörde angemeldet werden, die wiederum die Einhaltung gefahrenabwehrrechtlicher Pflichten nicht prüft (vgl. Nr. 5 VwV-HundeG).

Zur Beantragung der Haltererlaubnis für einen gefährlichen Hund ist hingegen gem. §§ 10 Abs. 1 Nr. 2, 9 Abs. 1 Satz 1 HundeG eine tierärztliche Bescheinigung über die elektronische Kennzeichnung vorzulegen (vgl. Erl. 2 zu § 10). Dies kann durch Vorlage des **Impfpasses oder Heimtierausweises,** in welchen eine Eintragung der Kennzeichnung erfolgen kann, geschehen. Da alle Hundehalter in dem mit einem Hundeverhalten zusammenhängenden Schadensfall die sichere Zuordnung ihres Hundes befürchten müssen, entfaltet die Kennzeichnungspflicht eine nicht unerhebliche **verhaltenssteuernde Wirkung** (vgl. RhPfVerfGH, Urt. vom 4.7.2001 = NVwZ 2001 S. 1273, 1278; *Haurand*, Erl. 10 zu § 4 LHundG NRW). Dem Halter droht bei einem Verstoß gegen die Kennzeichnungspflicht durch den Ordnungswidrigkeitstatbestand in § 20 Abs. 1 Nr. 8, Abs. 2 HundeG eine Geldbuße von bis zu 10 000 €. In praktischer Hinsicht bedeutet die generelle Chippflicht bei der Gefahrenabwehr, dass die Mitführung eines Lesegerätes (bei Polizei- und Ordnungskräften) mehr Erfolg im Hinblick auf die Sachverhaltsaufklärung verspricht, da nunmehr alle Hunde nach straf- oder ordnungsrechtlich relevanten Vorfällen mittels Lesegerät **eindeutig identifiziert** und ihrem Halter zugeordnet werden können. Das kann bspw. auch den Nachweis erleichtern, dass ein ganz bestimmter Hund erforderliche Impfungen erhalten hat (vgl. VG Hannover, Urt. vom 26.5.2010 – 11 A 5040/09 –). Sofern die Ordnungsbehörde oder die Polizei nicht über das dafür erforderliche Lesegerät verfügt, kann ein Dritter (z. B. ein Tierarzt) mit dem Auslesen des Mikrochips beauftragt werden. Bei der ermittelnden Behörde kann der gespeicherte Zifferncode anhand der betreffenden Unterlagen abgeglichen und auf diese Weise der Halter ermittelt werden. Liegen Unterlagen zu dem Hund dort nicht vor, sollte bei der Ordnungsbehörde am Wohnort des Halters nachgefragt werden, sofern dieser Ort ermittelt werden konnte.

Insofern handelt es sich bei der Kennzeichnungspflicht um ein geeignetes Mittel zur Gefahrenabwehr. Die Verpflichtung zur allgemeinen Kennzeichnung könnte aber nicht erforderlich sein. Führt man sich vor Augen, dass sich der Wohnort regelmäßig auch aus der **konventionellen Kennzeichnung am Halsband** des Tieres ergibt (§ 3 Abs. 5 HundeG; vgl. Erl. 8 zu § 3), könnte man darin ein milderes (weil nicht in die körperliche Integrität des Tieres eingreifendes und dazu für den Halter kostengünstigeres), und evtl. gleich geeignetes Mittel erblicken. Schließlich kann der Hund in der Regel so auch seinem Halter zugeordnet werden, ohne dass ein Chiplesegerät gebraucht würde. Diese Art der Kennzeichnung ist allerdings anfälliger für Fälschungen und Manipulationen (z. B. durch ein Vertauschen von Halsbändern, so auch: OVG Brandenburg, Urt. vom 20.6.2002 – 4 D 89/00. NE –). Außerdem kann die äußere Kennzeichnung im Einzelfall vergessen werden oder kommt bei entlaufenen Hunden ggf. nicht zum Tragen. Insofern handelt es sich bei der Kennzeichnungspflicht durch Halsbänder nicht um ein gleich geeignetes milderes Mittel. Die Verhältnismäßigkeit der Regelung ist daher nicht in Zweifel zu ziehen.

2. Ermitteln der Halterdaten

Mit der bloßen Kennzeichnungspflicht liegt auch kein rechtfertigungsbedürftiger Eingriff in das Recht auf **informationelle Selbstbestimmung** des Halters vor, soweit dieser nicht persönliche Daten bei der Behörde hinterlegen muss (vgl. OVG Brandenburg, Urt. vom 20.6.2002 – 4 D 89/00. NE –; ferner Erl. 2 zu § 16, Mitwirkungspflicht).

In der Praxis sollte die ermittelnde Behörde grds. immer versuchen, das Tier anhand der Kennung des Mikrochips zu identifizieren, wenn ein Sachverhalt gerichtsfest aufzunehmen ist (z. B. ein Beißvorfall). Die dem Chip- und ggf. dem Halsband entnommenen Daten können dann im Wege der **Amtshilfe** (vgl. § 32 ff. LVwG) von der betreffenden Ordnungsbehörde bezogen und einem Halter zugeordnet werden. Dieses Verfahren kommt auch bei Haltern aus anderen Bundesländern in Betracht, wobei dort in der Regel nur die Kennzeichnung gefährlicher Hunde vorgesehen ist (vgl. Erl. zu § 17). Erforderlichenfalls sollten die Aufsichtsbehörden hinzugezogen werden. Führt auch das Amtshilfeersuchen nicht zum Erfolg, kann die Ordnungsbehörde bei einem **Tierregister** (etwa bei den internationalen Registern auf www.tasso.net, www.europetnet.com sowie www.petmaxx.com) die Halterdaten erfragen. Diese Tierregister handeln im Auftrag der Hundehalter. Wird ein entlaufener Hund aufgegriffen, stellen die Tierregister den Kontakt zu dessen Halter her. Es werden dort also auch Daten zu Hunden gespeichert, deren Haltung nicht erlaubnispflichtig ist und zu denen der Ordnungsbehörde infolgedessen keine Unterlagen vorliegen. Allerdings sind die Tierregister als private Dritte grundsätzlich nicht zur Auskunft gegenüber der Ordnungsbehörde verpflichtet. Ein **zentrales behördliches Halterregister** besteht – anders als z. B. in NRW und Hamburg (vgl. § 4 Abs. 7 Satz 3 LHundG NRW, § 5 DVO LHundG NRW; § 24 HmbHundeG) – in Schleswig-Holstein nicht. Konnte vormals angeführt werden, dass dies angesichts der geringen Anzahl der durch die Behörden als gefährlich eingestufter (und damit gechipter) Hunde und dem damit verbundenen Verwaltungsaufwand nicht zweckmäßig erschien, sollte die Einrichtung eines Zentralregisters in Zeiten der generellen Chippflicht nunmehr erneut in Erwägung gezogen werden. So könnten die Vorteile bei der Gefahrenabwehr und Sachverhaltsaufklärung, die durch die Zuordnungssicherheit der Transpondertechnologie gewährleistet werden, voll ausgeschöpft werden. Ferner könnte die Akzeptanz bei den Bürgern, den kostenaufwendigen Chipvorgang durchzuführen, gesteigert werden, wenn sie wüssten, dass die Daten das Wiederfinden eines entlaufenen Hundes erleichtern und effizient zur Gefahrenabwehr bzw. Sachverhaltsaufklärung genutzt werden können.

Der Hessische Verfassungsgerichtshof hat zur Kennzeichnungspflicht mit Mikrochips festgestellt, dass das **Recht auf informationelle Selbstbestimmung** (Einzelausprägung des allgemeinen Persönlichkeitsrechts aus Art. 2 Abs. 1 GG) der Tierhalter nicht verletzt werde, weil der Chip lediglich eine 15-stellige Nummer und keine Halterdaten enthalte (HessVGH, Urt. vom 29.8.2001 – 11 N 2497/00 –, zit. nach Juris, dort Rn. 300). Eine solche Nummer dient der Anonymisierung der dahinterstehenden Daten. Es handelt sich bei dieser gespeicherten Information allerdings auch um ein relatives personenbezogenes Datum. Der Personenbezug ist nämlich für denjenigen herstellbar, der auf das Datenregister mit den zu der Zahlenreihe hinterlegten Halterdaten Zugriff erhält. Die Datenabfrage hat daher im Einzelfall aufgrund einer Ermächtigungsgrundlage zu erfolgen (bspw. § 16 Abs. 3 NHundG). Ungerechtfertigte Beeinträchtigungen des Rechts auf informationelle Selbstbestimmung sind ohne nicht legitimierte Zugriffe auf das Datenregister zur Reanonymisierung der im Chip gespeicherten Daten nicht zu befürchten, so dass den Anforderungen des Datenschutzes Genüge getan ist, soweit das Register sachgerecht geführt wird.

3. Transpondertechnologie

Der Begriff „Transponder" ist ein Kofferwort aus den englischen Begriffen *Transmitter* und *Responder* (wörtl. *Sender* und *Antwortender*). Die **Transpondertechnologie** arbeitet mit einem Mikrochip, der in einer reiskorngroßen Kapsel aus sterilem, biokompatiblem Medizinalglas (Biokapsel) Platz findet. Sie wird dem Hund mittels Spritze in der Regel **in der**

Mitte der linken Halsseite im Nacken- bzw. Schulterbereich injiziert und verwächst dort mit dem Gewebe. Der Transponder gibt keinerlei Strahlung ab und wird erst durch das elektromagnetische Feld des Lesegerätes aktiviert. Dabei „antwortet" er mit dem Senden eines Zahlencodes: der gespeicherten, unveränderlich programmierten und nur einmal vom Hersteller vergebenen **15-stelligen Identifikationsnummer**, anhand derer der Hund eindeutig identifiziert und dessen Halter ermittelt werden kann. Die Reichweite des Transponders beträgt bis zu 15 cm. Er kann beliebig oft ausgelesen werden. Die Funktionsweise ist in den ISO-Normen 11784 und 11785 festgelegt (vgl. Nr. 5 VwV-HundeG). Diese Standardisierung stellt sicher, dass der Mikro-Transponder von den gängigen Lesegeräten erfasst werden kann (vgl. LT-Drs. 15/3471 S. 35; s. auch Art. 17 Abs. 1 EU-HeimtierVO). Sie gibt gleichermaßen den **aktuellen Stand der Technik** wieder. Eine weitergehende Regelung (z. B. eine Verordnung oder eine behördliche Richtlinie) existiert nicht. Beispielsweise § 4 Sätze 2 und 3 NHundG verweisen auf den Standard der ISO-Normen 11784 sowie 11785, um sicherzugehen, dass die Kennzeichnung im Sinne der Einheitlichkeit der Rechtsordnung den Vorgaben der Verordnung (EG) Nr. 988/2003 entspricht. Über den allgemeinen Hinweis auf den „aktuellen Stand der Technik" dürfte jedoch ebenfalls zu gewährleisten sein, dass es sich um eine einheitliche Kennzeichnung handelt, für die den zuständigen Behörden auch die passenden Lesegeräte zur Verfügung stehen.

Die Kennzeichnung mit einem Mikrochip ist das derzeit modernste Verfahren. Es gewährleistet eine hohe Sicherheit gegen Manipulationen und ermöglicht eine eindeutige Lesbarkeit des Zifferncodes (vgl. LT-Drs. 15/3471 S. 35). Der Transponder bleibt das ganze Tierleben lang funktionsfähig und ist beliebig oft ablesbar. Dies wird von den vormals üblichen **Tätowierungen** nicht in gleicher Weise geleistet, da sie einem Alterungsprozess unterworfen sind, der die Lesbarkeit einer individuellen Kennung schon nach einigen Jahren beeinträchtigen kann. § 3 Abs. 2 Satz 3 der vormaligen GefHVO sah vor, dass die Ordnungsbehörde bei gefährlichen Hunden die unveränderliche Kennzeichnung durch eine Tätowierung mit dem Großbuchstaben „G" im linken Ohr oder im linken Hinterschenkel anordnen konnte. Da diese Kennzeichnung weder aus der Ferne erkennbar ist noch Rückschlüsse auf den Halter zulässt, wurde deren Eignung zur Gefahrenabwehr bezweifelt (vgl. auch OVG Greifswald, Urt. vom 6.4.2001 = NordÖR 2001 S. 317, 318). Sie fand daher zu Recht bereits in das GefHG keinen Eingang und wurde auch im neuen HundeG nicht aufgenommen.

4. Implantierung

Die elektronische Kennzeichnung eines Hundes stellt für den Halter neben dem einmaligen Aufwand keine wesentliche Belastung dar (*Haurand*, Erl. 10 zu § 4 LHundG NRW). Auch hinsichtlich der finanziellen Auswirkungen ist die Regelung als verhältnismäßig anzusehen. Die Kennzeichnung verursacht zwar Kosten, diese fallen aber nur einmalig an und halten sich in einem Kostenrahmen von ca. 50 Euro (so die Schätzungen der Niedersächsischen Landesregierung, Niedersächsischer Landtag, Drs. 16/3277 S. 12.). Auch ist sie mit dem **Tierschutzrecht** vereinbar. Der etwa reiskorngroße Transponder wird dem Hund mittels einer Spritze unter die Haut, meist im Nacken- bzw. Schulterbereich, injiziert. Diese Injektion verstößt insbes. nicht gegen das sog. Gewebestörungsverbot des § 6 Abs. 1 Satz 1 TierSchG (vgl. RhPfVerfGH, Urt. vom 4.7.2001 = NVwZ 2001 S. 1273, 1278 m. w. N.; VGH Kassel, Urt. vom 29.8.2001 = NVwZ-RR 2002 S. 650, 657; *Haurand*, Erl. 10 zu § 4 LHundG NRW). Voraussetzung dafür ist allerdings, dass die Injektion fachkundig vorgenommen wird. Schon der Gesetzgeber des GefHG ging daher davon aus, dass der Chip von einem Tierarzt eingesetzt wird (vgl. LT-Drs. 15/3471 S. 35; EU-HeimtierVO, Erwägungsgrund 13). Sie ist für den Hund in etwa so schmerzhaft wie eine Impfspritze und muss im Gegensatz zur Tätowierung daher auch nicht unter Narkose stattfinden. Dass der Gesetzgeber des neuen HundeG davon abrücken wollte, ist nicht ersichtlich. Wird der Chip dem Hund nicht durch einen Tierarzt eingesetzt, hat der Halter das Einsetzen nachträglich durch einen Tierarzt bescheinigen zu lassen. Eine nochmalige Kennzeichnung des Hundes durch einen Tierarzt ist nicht erforderlich und unzweckmäßig. Hunde, die bereits vor dem 1.1.2016 gekennzeichnet wurden, müssen diese Prozedur nicht nochmals erdulden, auch wenn der Transponder nicht dem aktuellen Stand der Technik entsprechen sollte (§ 21 Abs. 1, § 5 Satz 2 HundeG).

5. Gesetzgebungskompetenz des Landesgesetzgebers

Fraglich ist, inwiefern die **Gefahrenabwehr** tragender Hintergrund der Norm ist (das Rückführen eines entlaufenen oder herrenlosen Hundes dient in jedem Fall insbesondere dem Tierschutz; zur Gefahrenabwehr ist zunächst die Ingewahrsamnahme ausreichend) und damit eine **Gesetzgebungskompetenz** für den Landesgesetzgeber hinsichtlich der Kennzeichnung von Hunden zu begründen ist. Eine Kennzeichnungspflicht für alle Hunde sehen auch die Hundegesetze anderer Länder vor. Der Hessische Verfassungsgerichtshof hat im Rahmen der Beurteilung der Rechtmäßigkeit der Gefahrenhundeverordnung die Vereinbarkeit der Kennzeichnungspflicht mit einer elektronisch auslesbaren Marke (Chip) bestätigt. Die Anordnung sei – ohne nähere Begründung – von der allgemeinen Verordnungsermächtigungsgrundlage des Hessischen Polizeirechts gedeckt (HessVGH, Urt. vom 29.8.2001 – 11 N 2497/00 –, zit. nach Juris, dort Rn. 300). Insoweit können wohl die in der gesetzlichen Begründung angeführten Aspekte zur allgemeinen Kennzeichnungspflicht von Hunden an einer Anleinvorrichtung herangezogen werden: Die Kennzeichnungspflicht dient demnach der Erleichterung der Zuordnung des Hundes, falls er trotz der allgemeinen Anleinpflicht entläuft oder anderweitig abhandenkommt. Komme es dabei zu Schadensfällen, werde durch die Kennzeichnung die Geltendmachung von Schadensersatzansprüchen ermöglicht. Indirekt werde damit das Sicherheitsgefühl der Bevölkerung verbessert (Drs. 15/3471 S. 29). Die Überlegung der besseren Durchsetzbarkeit von Schadensersatzansprüchen hilft nur insoweit die Gesetzgebungskompetenz des Landesgesetzgebers zu stützen, als Hundehalter aus Furcht vor Entdeckung und Konsequenzen ein etwaiges rechtswidriges Fehlverhalten unterlassen (Generalprävention). Die Identifizierung des Halters ist insofern auch der erfolgreichen Sanktionierung etwaiger Ordnungswidrigkeiten sowie der Veranlassung weiterer Gefahrenabwehrmaßnahmen dienlich. Von der Regelungskompetenz des Landesgesetzgebers kann daher ausgegangen werden.

Die bundesrechtlich normierten Kennzeichnungspflichten dienen in erster Linie dem Tier- und Seuchenschutz (siehe § 2a Abs. 1 lit. b, § 6 Abs. 4, § 11a Abs. 3 TierSchG) und liegen daher in der Kompetenz des Bundesgesetzgebers, ohne aber landesgesetzliche Anordnungen auszuschließen, deren Hauptzweck die Abwehr von Gefahren ist.

§ 6
Haftpflichtversicherung

Für die durch einen Hund, der älter als drei Monate ist, verursachten Schäden soll die Halterin oder der Halter eine Haftpflichtversicherung mit einer Mindestversicherungssumme von 500 000 Euro für Personenschäden und von 250 000 Euro für Sachschäden abschließen und aufrechterhalten. Zuständige Stelle nach § 117 Abs. 2 Satz 1 des Versicherungsvertragsgesetzes vom 13. November 2007 (BGBl. I S. 1631), zuletzt geändert durch Gesetz vom 1. April 2015 (BGBl. I S. 434), ist die nach § 2 zuständige Behörde.

VwV-HundeG

Abschnitt 6

Zu § 6 – Haftpflichtversicherung

Durch die Neuregelung wird eine grundsätzliche Versicherungspflicht für alle Hunde eingeführt. Die Ordnungsbehörden sind im Regelfall nicht verpflichtet, den Abschluss einer Haftpflichtversicherung zu überprüfen. Sie sollten Einvernehmen mit den Hundesteuerbehörden dahingehend zu erreichen suchen, dass in die Antragsformulare für die Hundesteuer ein Hinweis über den Abschluss einer Haftpflichtversicherung aufgenommen wird bzw. die Hundesteuerbehörde Halterinnen und Halter bei der Anmeldung auf die Versicherungspflicht hinweist.

Eine Erlaubnis für die Haltung eines gefährlichen Hundes darf nur erteilt werden, wenn eine Haftpflichtversicherung über das Tier abgeschlossen und gegenüber der zuständigen Ordnungsbehörde nachgewiesen worden ist (§ 10 Abs. 1 Nr. 3). Aus dem Versicherungsnachweis muss die Versicherungssumme hervorgehen.

Im Hinblick auf die Mindestdeckungssumme ist zu beachten, dass in Haftpflichtversicherungsverträgen üblicherweise die sogenannte zweifache Jahresmaximierung vereinbart wird. Danach wird für den Fall, dass in einem Jahr mehrere Schäden durch den Versicherungsnehmer verursacht werden, die vereinbarte Versicherungssumme höchstens zweimal zur Verfügung gestellt wird. Die zweifache Jahresmaximierung der Mindestversicherungssumme ist als ausreichender Versicherungsschutz im Sinne von § 6 anzusehen.

Erläuterungen

Übersicht

1. Haftpflichtversicherung

Alle Hundehalter eines Hundes, der älter als drei Monate ist, *sollen* eine Haftpflichtversicherung abschließen. Eine Versicherungspflicht für die Halter nicht gefährlicher Hunde besteht also auch entgegen der Formulierung in der VwV-HundeG unter Nr. 6 Abs. 1 nicht. Die Soll-Formulierung verdeutlicht das gesetzgeberische Leitbild. Nachteile im behördlichen Verfahren dürfen dem nicht versicherten Halter daher nicht entstehen. Sie äußern sich lediglich im Schadensfall, in dem der haftende Halter ohne Versicherungsschutz hohen Ersatzforderungen ausgesetzt sein kann. Die Versicherung stellt sicher, dass etwaige Schäden, die durch den gefährlichen Hund entstehen, ausgeglichen werden, insbesondere dann, wenn der Hundehalter mittellos ist.

Die fakultative Versicherung bezieht sich auf die **verschuldensunabhängige Haftpflicht** des Versicherungsnehmers als Hundehalter (vgl. § 833 BGB), wobei üblicherweise auch der sog. gelegentliche Tierhalter (z. B. der Nachbar, der den Hund ausführt; vgl. Erl. 4.3 zu § 1) mitversichert ist. Die in § 6 HundeG genannten Deckungssummen (vgl. Erl. 3) sind so bemessen, dass auch die Folgen schwerster Bissverletzungen (z. B. bleibende Schäden oder Tod) abgedeckt werden (vgl. LT-Drs. 15/3471 S. 35 f., 40; auch *Haurand*, Erl. 6 zu § 5 LHundG NRW). Praktische Voraussetzung für die Haftung ist, dass die Person des Hundehalters dem Geschädigten bekannt ist. Dem trägt die allgemeine Kennzeichnungspflicht aller Hunde Rechnung, die die Ermittlung des Hundehalters erleichtert (vgl. Erl. zu § 5).

Der Halter eines **gefährlichen Hundes** ist nach § 10 Abs. 1 Nr. 3 HundeG hingegen verpflichtet, eine Haftpflichtversicherung über sein Tier abzuschließen und aufrechtzuerhalten, um eine Haltererlaubnis erteilt zu bekommen (vgl. Erl. 2). Das begründet sich in der erhöhten Wahrscheinlichkeit, dass ein gefährlicher Hund einen Schaden verursacht und dient damit der Prävention. Sie soll dem Hundehalter die von dem Halten des gefährlichen Hundes möglicherweise ausgehenden Gefahren verdeutlichen und ihn dadurch dazu anhalten, das Tier sicher zu führen und zu halten. Aus diesem gefahrenabwehrrechtlichen Aspekt leitet der Landesgesetzgeber seine Rechtssetzungskompetenz ab (vgl. Art. 70, 72 GG; LT-Drs. 15/3471 S. 40; kritisch: VGH Kassel, Urt. vom 29.8.2001 = NVwZ-RR 2002 S. 650, 653 f.).

Die Versicherungsdichte im Jahr 2015 unter den in deutschen Haushalten lebenden ca. 7 Mio. Hunden ist mit ca. 70 % recht hoch, bedenkt man, dass eine allgemeine Pflicht nicht besteht (http://www.gdv.de/2015/06/hunde-verursachen-100-000-haftpflichtschaeden-im-jahr/, zuletzt abgerufen am 19.2.2016). Dies lässt darauf schließen, dass die Haftungsrisiken der Hundehaltung gemeinhin bekannt sind.

Faktisch dürfte die Haftpflichtversicherung in erster Linie dem nachsorgenden Opferschutz dienen. Dies wirft die Frage auf, warum die Haftpflichtversicherungspflicht nicht durch ein Bundesgesetz geregelt worden ist, unterfällt doch das Recht der Wirtschaft einschließlich des privatrechtlichen Versicherungswesens der konkurrierenden **Gesetzgebungszuständigkeit des Bundes** (vgl. Art. 74 Abs. 1 Nr. 11 GG). Da das Gefahrhunderecht der einzelnen Länder unterschiedliche Anforderungen an die Haftpflichtversicherungen stellt – worauf sich die Versicherer nur schwer einstellen können (vgl. Erl. 3) – wäre eine bundesrechtliche Regelung zur Wahrung der Rechts- oder Wirtschaftseinheit im gesamtstaatlichen Interesse nicht nur wünschenswert, sondern auch erforderlich (vgl. Art. 72 Abs. 2 GG). Gleichwohl sah der Bund selbst seine Zuständigkeit nicht gegeben. Er verwies vielmehr auf die polizeirechtliche Kompetenz der Länder (vgl. *Schnupp*, S. 206 f.).

2. Gesetzliche Pflichtversicherung

Bei der Haftpflichtversicherung nach §§ 6, 10 Abs. 1 Nr. 3 HundeG handelt es sich um eine **gesetzliche Pflichtversicherung** (vgl. *Prölss/Martin*, Erl. 1 zu § 113 VVG; kritisch: *Stabno*, Erl. zu § 10 Satz 1 NHundG). Eine gesetzliche Pflichtversicherung zeichnet sich dadurch aus, dass der Versicherungsschutz auch nach der Beendigung des Versicherungsverhältnisses zunächst faktisch gegenüber dem geschädigten Dritten (also dem Opfer) bestehen bleibt. Die Leistungspflicht des Versicherers endet erst mit Ablauf eines Monats, nachdem jener den Umstand, der zur Beendigung des Versicherungsverhältnisses geführt hat (z. B. die Kündigung), der Ordnungsbehörde als nach §§ 6, 2 HundeG zuständigen Stelle i. S. v. § 117 Abs. 2 Satz 1 VVG angezeigt hat. Im Schadensfall kann der Versicherer dann seine Leistung, die er gegenüber dem Dritten erbracht hat, im Innenverhältnis vom (nicht mehr versicherten) Halter zurückfordern (§ 117 Abs. 5 Satz 1 VVG).

Der Versicherer hat dem Versicherungsnehmer unter Angabe der Versicherungssumme zu bescheinigen, dass eine Haftpflichtversicherung i. S. d. § 6 HundeG besteht (§ 113 Abs. 2 VVG). Diese Bescheinigung hat der Hundehalter der Ordnungsbehörde bei der Beantragung der Erlaubnis gem. §§ 8, 9, 10 Abs. 1 Nr. 3 HundeG vorzulegen. Geschieht dies nicht fristgerecht, ist die beantragte Erlaubnis zu versagen (vgl. Nr. 6 VwV-HundeG). Ein Verzicht auf die **Vorlage des Versicherungsnachweises** kommt nicht Betracht; auch (und erst recht) nicht, wenn der Hundehalter geltend macht, dass es ihm an der wirtschaftlichen Leistungsfähigkeit fehlt, um die Versicherungsprämien zu entrichten. Auch die Frist zur Beibringung der Antragsunterlagen (vgl. Erl. 3 zu § 9) kann aus diesem Grund nicht verlängert werden (vgl. *Haurand*, Erl. 6 zu § 5 LHundG NRW).

Ob **bestehende Tierhalterversicherungen** infolge der gesetzlichen Versicherungspflicht zu Pflichthaftpflichtversicherungen werden und somit ebenfalls nach dem Wegfall des Versicherungsverhältnisses zunächst nach außen hin fortgelten, bleibt offen und wird ggf. vertraglich zu klären sein. Mit der gesetzlichen Versicherungspflicht ist nicht beabsichtigt, Hundehalter aus bestehenden Tierhalterversicherungen in neue Verträge zu zwingen (vgl. *Stabno*, Erl. zu § 10 Satz 1 NHundG). Gleichwohl müssen auch bestehende Versicherungen den Anforderungen des § 6 HundeG gerecht werden. Daher ist auch hier die Vorlage der Bescheinigung nach § 113 Abs. 2 VVG zu verlangen.

Ist eine Haltererlaubnis bereits erteilt worden und erhält die Ordnungsbehörde durch den Versicherer Kenntnis davon, dass der Hundehalter den Versicherungsschutz nicht aufrechterhalten hat, muss sie die Erlaubnis unverzüglich widerrufen (vgl. Erl. 5 zu § 10). Gleichzeitig muss die Ordnungsbehörde die Haltung des Hundes untersagen (vgl. Erl. 4 zu § 9) und die Abgabe des Tieres an eine geeignete Person oder Stelle (z. B. Tierheim oder Tierschutzverein) anordnen.

Sorgt die Ordnungsbehörde nicht dafür, dass der nicht mehr gegen Schäden versicherte gefährliche Hund dem Halter innerhalb der Monatsfrist des § 117 Abs. 2 Satz 1 VVG entzogen wird, kann sie ersatzpflichtig werden, wenn das Tier einen Schaden verursacht. Als Anspruchsgrundlage kommt **Amtshaftung** in Betracht (§ 839 BGB, Art. 34 GG); dies zumindest dann, wenn das ordnungsbehördliche Ermessen im Hinblick auf die mögliche Gefährdung von Menschen auf Null reduziert war und nur eine Untersagung der Hundehaltung als vertretbare Maßnahme in Betracht kam (vgl. LG Köln, Urt. vom 23.3.1999 = NVwZ 1999 S. 1027, 1028). In diesem Zusammenhang ist die Rechtsprechung zu der dem Schutzzweck nach vergleichbaren Kfz-Haftpflichtversicherung von Interesse. Danach macht sich die Zulassungsstelle schadenersatzpflichtig, wenn sie schuldhaft den Kfz-Schein für ein nicht versichertes Kfz nicht unverzüglich einzieht und nicht die notwendigen Maßnahmen für dessen Stilllegung einleitet. Der Schadensersatz ist in diesen Fällen bis zur Höhe der Mindestversicherungssumme zu leisten (vgl. *Palandt*, § 839 BGB Rn. 145).

Der Hundehalter sollte vor dem Erlass der Anordnungen angehört werden (vgl. § 87 LVwG). Die Anhörung gibt der Ordnungsbehörde die Gelegenheit, beim Halter darauf hinzuwirken, dass der gefährliche Hund wieder hinreichend versichert wird, um auf diese Weise den Anlass für ein weiteres behördliches Einschreiten zu beseitigen. Im Hinblick auf die Monatsfrist des § 117 Abs. 2 Satz 1 VVG erscheint für die Anhörung eine Frist von einer Woche als angemessen. Angesichts der Gefahr, die von dem nicht versicherten Hund für das Eigentum und das Vermögen etwaiger Opfer ausgeht, kann für den Widerruf sowie für die Untersagungs- und Abgabeverfügung die sofortige Vollziehung angeordnet werden (vgl. Erl. 4.2 zu § 9). Kommt der Hundehalter der Abgabeverfügung nicht nach, sollte die Ordnungsbehörde die Anordnung im Wege des Verwaltungszwangs durchsetzen. Zur Einhaltung der Monatsfrist wird dazu regelmäßig die Ersatzvornahme das einzig geeignete Mittel sein (vgl. Erl. 4.3.2 zu § 9).

Beispiel: Widerruf der Erlaubnis zur Haltung eines gefährlichen Hundes, Untersagung der weiteren Haltung und Anordnung der Abgabe des Tieres vom 29.9.2019

1. *Ich widerrufe meine Erlaubnis zur Haltung Ihres Mischlingshundes Anton vom 28.7.2018.*
2. *Die Erlaubnisurkunde ist mir bis spätestens zum 6.10.2019 zurückzugeben.*
3. *Ferner untersage ich Ihnen die weitere Haltung Ihres Hundes.*

4. *Sie haben das Tier bis spätestens zum 6.10.2019 an eine berechtigte Person oder an ein Tierheim abzugeben. Berechtigt ist eine Person, die eine Erlaubnis zur Haltung des Hundes hat oder beantragt.*
5. *Sie haben mir die Abgabe des Hundes unverzüglich schriftlich mitzuteilen.*
6. *Zu den Nrn. 1 sowie 3 und 4 ordne ich die sofortige Vollziehung an. Sie haben die Anordnungen somit auch dann zu befolgen, wenn Sie Widerspruch gegen diese Entscheidung einlegen.*
7. *Sollten Sie Ihren Hund entgegen meinen Anordnungen zu Nrn. 3 und 4 nach dem 6.10.2019 weiterhin halten, werde ich das Tier zwangsweise einziehen und auf Ihre Kosten unterbringen. Dabei werden voraussichtlich für die Einziehung Kosten in Höhe von 49 Euro und für die Unterbringung dauerhaft ein Tagessatz in Höhe von 9 Euro anfallen.*
8. *Die Entscheidung ergeht verwaltungskostenfrei.*

I. Sachverhalt

Ihr Mischlingshund Anton gilt wegen einer Entscheidung des Ordnungsamtes Niebüll vom 26.5.2018 als gefährlicher Hund. Aufgrund Ihres Antrages vom 18.7.2018 habe ich Ihnen am 28.7.2018 die Erlaubnis zum Halten Ihres Hundes erteilt. Mit Schreiben vom 1.9.2019 hat mich die Versicherung Securitas Canis, bei der Sie die Haftpflichtversicherung für Ihren Hund abgeschlossen haben, darüber in Kenntnis gesetzt, dass das Versicherungsverhältnis nicht mehr besteht. Mit Schreiben vom 3.9.2019 gab ich Ihnen Gelegenheit, sich dazu zu äußern. Hiervon haben Sie keinen Gebrauch gemacht.

II. Begründung

Zu Nr. 1 (Widerruf der Erlaubnis)

Sie halten den Mischlingshund Anton. Der Hund gilt nach Feststellung seiner Gefährlichkeit durch das Ordnungsamt Niebüll gem. § 7 Abs. 1 Satz 2 HundeG vom 26.5.2018 als gefährlicher Hund. Nach § 8 Abs. 1 HundeG bedarf die Haltung eines gefährlichen Hundes einer ordnungsbehördlichen Erlaubnis. Damit soll sichergestellt werden, dass gefährliche Hunde nur von Personen gehalten werden, die dafür geeignet sind. Sie müssen die Gewähr dafür bieten, dass der Hund sicher gehalten und geführt wird.

Voraussetzung für die Erlaubnis ist ferner, dass der gefährliche Hund mit einer elektronisch lesbaren Marke gekennzeichnet und haftpflichtversichert ist (§ 10 Abs. 1 HundeG). Die Kennzeichnung und die Haftpflichtversicherung dienen u. a. dem Opferschutz: Kommt eine Person durch einen gefährlichen Hund zu Schaden, soll gewährleistet sein, dass der Halter des Tieres ausfindig gemacht werden kann und der Schaden auch dann ausgeglichen wird, wenn sich der Halter als mittellos erweist.

Die Haftpflichtversicherung ist für die Dauer der Haltung des gefährlichen Hundes aufrechtzuerhalten (§§ 6 Satz 1, 10 Abs. 1 Nr. 3 HundeG). Hiergegen haben Sie ausweislich der Mitteilung Ihrer Versicherung Securitas Canis vom 1.9.2019 verstoßen. Danach besteht der Versicherungsschutz für Ihren Hund nicht mehr.

Mit dem Wegfall des Versicherungsschutzes für Ihren Hund Anton erfüllen Sie nicht mehr die Voraussetzungen für die Erteilung der Haltererlaubnis. Das Gesetz über das Halten von Hunden (Hundegesetz) sieht für diesen Fall vor, dass die Erlaubnis zu widerrufen ist (§ 10 Abs. 4 Satz 1 HundeG). Ich habe Sie in meinem Schreiben vom 3.9.2019 auf diese Rechtsfolge hingewiesen und Sie gebeten, den Versicherungsschutz für Ihren Hund wiederherzustellen, um auf diese Weise dem Widerruf der Erlaubnis den Anlass zu nehmen. Dies haben Sie leider nicht getan. Ich bin nunmehr durch das Hundegesetz dazu aufgefordert, die Haltererlaubnis zu widerru-

fen. Das Gesetz räumt mir dabei kein Ermessen ein. Ich sehe daher keine andere Möglichkeit, als die von mir am 28.7.2018 erteilte Erlaubnis aufzuheben.

Zu Nr. 2 (Rückgabe der Erlaubnisurkunde)
Die Ihnen ausgehändigte Erlaubnisurkunde vom 28.7.2018 weist Sie als rechtmäßigen Hundehalter aus, obgleich Sie Ihren gefährlichen Hund infolge des Widerrufs der Erlaubnis nunmehr widerrechtlich halten (Nr. 1). Hierin ist eine Gefahr für die öffentliche Sicherheit zu sehen. Sie könnten nämlich mittels der Erlaubnisurkunde gegenüber den Ordnungsbehörden und der Polizei vorgeben, dass Sie Ihren gefährlichen Hund weiterhin rechtmäßig halten (§ 9 Abs. 1 Satz 3 HundeG).
Gemäß der §§ 162, 174 und 176 Abs. 1 des Landesverwaltungsgesetzes (LVwG) kann die Ordnungsbehörde die notwendigen Maßnahmen zur Beseitigung von Gefahren für die öffentliche Sicherheit treffen. Dabei liegt es in meinem Ermessen, darüber zu entscheiden, ob und mit welchen Mitteln einzuschreiten ist.
Mein Einschreiten ist geboten, da ein Missbrauch der Erlaubnisurkunde dazu führen kann, dass die Ordnungsbehörden und die Polizei die Rechtswidrigkeit der Hundehaltung nicht erkennen. Sie wären dann nicht in der Lage, das Hundegesetz zu vollziehen.
Die Rückgabe der Erlaubnisurkunde ist geeignet, die Gefahr des Missbrauchs zu beseitigen. Ein milderes, gleich geeignetes Mittel kommt nicht in Betracht. Im Übrigen ist die Anordnung auch angemessen, da Sie durch die Abgabe der Erlaubnisurkunde nicht in erheblicher Weise belastet werden. Ein schützenswertes Interesse Ihrerseits, die Erlaubnisurkunde zu behalten, ist nicht ersichtlich. Ich fordere Sie daher auf, die Erlaubnisurkunde vom 28.7.2018 bis spätestens zum 6.10.2019 zurückzugeben.

Zu Nrn. 3 bis 5 (Untersagungs- und Abgabeverfügung; Mitteilungspflicht)
Infolge meines Widerrufs Ihrer Erlaubnis halten Sie Ihren gefährlichen Hund nunmehr rechtswidrig. Sie verstoßen damit gegen § 8 Abs. 1 HundeG (Nr. 1) und stören auf diese Weise die Rechtsordnung. Hierin ist eine Störung der öffentlichen Sicherheit zu sehen.
Aufgrund meiner gesetzlichen Verpflichtung zur Gefahrenabwehr (§§ 162, 174 und 176 Abs. 1 LVwG) bin ich angehalten, die Störung der öffentlichen Sicherheit zu beseitigen. Hierbei liegt es wiederum in meinem Ermessen, darüber zu entscheiden, ob und mit welchen Mitteln einzuschreiten ist.
Sie halten Ihren Mischlingshund nicht nur ohne Erlaubnis, sondern auch ohne die erforderliche Haftpflichtversicherung. Kommt ein Mensch durch Ihren Hund zu Schaden, ist daher nicht mehr sichergestellt, dass der Schaden auch ausgeglichen wird. Dies stellt eine nicht hinnehmbare Gefahr für das Eigentum und das Vermögen Dritter dar, deren Schutz nach dem Sinn und Zweck der Versicherungspflicht der §§ 6 Satz 1, 10 Abs. 1 Nr. 3 HundeG im öffentlichen Interesse steht. Ein ordnungsbehördliches Einschreiten ist daher geboten.
Die Untersagung der Hundehaltung und die Aufforderung zur Abgabe des Tieres an eine berechtigte Person sind geeignet, die Rechtswidrigkeit der Hundehaltung zu beseitigen. Ein milderes, gleich geeignetes Mittel ist nicht ersichtlich.
Eine Anordnung des Inhaltes, den Versicherungsschutz für Ihren Hund wiederherzustellen, würde Sie zwar weniger belasten, wäre aber nicht gleichermaßen geeignet. Die Haltung des Hundes wäre dann weiterhin rechtswidrig. Nach dem Widerruf der Erlaubnis besteht für Sie nämlich nicht mehr die Möglichkeit, die Haltung Ihres Hundes zu legalisieren. Auch ein erneuter Antrag auf eine Erlaubnis zur Haltung Ihres Hundes würde nicht dazu führen, dass sie das Tier vorläufig rechtmäßig halten dürfen. Die vorläufige Erlaubnis, die § 9 Abs. 1 Satz 2 HundeG vorsieht, gilt nämlich nur solange, bis eine Entscheidung über den Antrag getroffen worden ist. Jene ist aber bereits mit der Erteilung der Erlaubnis am 28.7.2018 bzw. mit dessen Widerruf ergangen (Nr. 1).

Zwar wäre es möglich, die rechtswidrige Hundehaltung solange zu dulden, bis die Erlaubnisvoraussetzungen wiederhergestellt sind und daraufhin eine neue Erlaubnis erteilt worden ist. Die Duldung ist aber nur im begründeten Ausnahmefall möglich, z. B. dann, wenn Anhaltspunkte dafür bestehen, dass der Hundehalter seinen Rechtspflichten umgehend nachkommen wird. Sie ließen mein Schreiben vom 16. Februar, in dem ich Sie auf die Rechtsfolgen des fehlenden Versicherungsschutzes hingewiesen habe, unbeachtet. Dieses Verhalten spricht nicht dafür, dass Sie einer Anordnung zur Wiederherstellung des Versicherungsschutzes umgehend Folge leisten würden, so dass die ausnahmsweise Duldung der Hundehaltung gerechtfertigt wäre. Vor diesem Hintergrund ist die Anordnung zur Wiederherstellung des Versicherungsschutzes nicht erfolgsversprechend und somit nicht gleichermaßen wie die Untersagung der Haltung Ihres Hundes und die Anordnung der Abgabe des Tieres an einen geeigneten Halter oder an ein Tierheim geeignet.
Angesichts der Gefahren, die für das Eigentum und das Vermögen Dritter von einem gefährlichen Hund ausgehen, wenn jener ohne Erlaubnis und insbesondere ohne die in §§ 6 Satz 1, 10 Abs. 1 Nr. 3 HundeG vorgesehene Haftpflichtversicherung gehalten wird, überwiegt das öffentliche Interesse an der Einhaltung der Erlaubnispflicht. Ihr Interesse, die Erlaubnispflicht nicht zu befolgen, muss dem nachstehen.
Die Verpflichtung, mir die Abgabe des Hundes anzuzeigen, ergibt sich aus § 9 Abs. 1 Satz 4 HundeG. Danach hat der Halter eines gefährlichen Hundes die Aufgabe des Haltens des Hundes einschließlich des Namens und der Anschrift des neuen Hundehalters der Ordnungsbehörde unverzüglich mitzuteilen.

Zu Nr. 6 (Anordnung der sofortigen Vollziehung)
Nach § 80 Abs. 2 Nr. 4 der Verwaltungsgerichtsordnung (VwGO) kann, wenn dies im besonderen öffentlichen Interesse ist, die sofortige Vollziehung einer Verfügung angeordnet werden. Die Anordnung der sofortigen Vollziehung bewirkt, dass Sie die Verfügung auch dann befolgen müssen, wenn Sie Widerspruch dagegen einlegen.
Das besondere Vollzugsinteresse an den Anordnungen zu den Nrn. 1, 3 und 4 besteht in der Gefahr, dass Sie aufgrund des weggefallenen Versicherungsschutzes nicht mehr in der Lage sind, etwaige von Ihrem Tier verursachte Schäden vollständig auszugleichen. Der nicht versicherte Hund gefährdet somit das Eigentum und das Vermögen Dritter, deren Schutz nach dem Sinn und Zweck der Versicherungspflicht im öffentlichen Interesse steht. Zur Gefahrenabwehr muss der Hund daher unverzüglich an einen geeigneten Halter abgegeben werden, der das Tier auch hinreichend versichert. Dabei kann die Entscheidung über einen ggf. von Ihnen eingelegten Widerspruch nicht abgewartet werden, steht doch im Schadensfall, der aufgrund der allgemeinen Tiergefahr jederzeit eintreten kann, zu befürchten, dass Sie Ihrer Ersatzpflicht nicht nachkommen können und der Geschädigte das Nachsehen hat.
Voraussetzung für die sofortige Vollziehung der Anordnung der Abgabe des Tieres (Nr. 4) ist, dass die Ihnen erteilte Erlaubnis sofort vollziehbar widerrufen (Nr. 1) und Ihnen die Haltung des Hundes ebenfalls sofort vollziehbar untersagt wird (Nr. 3). Daher erstreckt sich die Anordnung der sofortigen Vollziehung nicht nur auf die Nr. 4, sondern auch auf die Nrn. 1 und 3 meiner Verfügung.

Zu Nr. 7 (Zwangsmittel)
Rechtsgrundlage für die Androhung der Ersatzvornahme sind die §§ 235 Abs. 1 Nr. 2, 236 und 238 LVwG. Sie halten Ihren gefährlichen Hund ohne Erlaubnis und ohne den erforderlichen Versicherungsschutz. Hiervon gehen Gefahren für das Eigentum und das Vermögen Dritter aus. Kommen jene durch Ihren Hund zu Schaden, ist nicht gewährleistet, dass Sie den Schaden vollständig ausgleichen können. Angesichts der gesetzlichen Haftpflichtversicherungspflicht (§§ 6 Satz 1, 10 Abs. 1 Nr. 3 HundeG) muss die Allgemeinheit aber darauf vertrauen können, dass die von gefährlichen Hunden verursachten Schäden zumindest finanziell ausgeglichen wer-

den. Vor diesem Hintergrund ist die Gefahrenquelle schnellstmöglich zu beseitigen, um die genannten Rechtsgüter effektiv zu schützen.
Ein effektiver Schutz wird nur dadurch gewährleistet, dass Sie Ihren rechtswidrig gehaltenen und nicht versicherten Hund an einen berechtigten Halter oder ein Tierheim abgeben (Nr. 4). Weigern Sie sich, dies selbst zu veranlassen, muss in letzter Konsequenz die Ordnungsbehörde zum Schutz der Allgemeinheit dafür Sorge tragen. Ich drohe Ihnen daher die Ersatzvornahme zur Abgabe Ihres Mischlingshundes an.
Bei der Auswahl des Zwangsmittels habe ich auch die Androhung eines Zwangsgeldes in Betracht gezogen, zumal Sie dies u. U. weniger belasten würde. Die Androhung eines Zwangsgeldes ist jedoch zur Beseitigung der Gefahrenquelle nicht gleichermaßen geeignet, da Sie Ihren gefährlichen Hund auch nach der Festsetzung des Zwangsgeldes zunächst weiter halten könnten. Die Gefahr für die Allgemeinheit bestünde in dieser Zeit fort. Dies ist aber für die Allgemeinheit nicht hinnehmbar. Vor diesem Hintergrund muss ich Ihnen die Ersatzvornahme androhen.
Die vorläufig veranschlagten Kosten der Ersatzvornahme belaufen sich für die Einziehung auf schätzungsweise 49 Euro und für die Unterbringung auf 9 Euro/Tag. Ich weise Sie allerdings darauf hin, dass Sie nach § 236 Abs. 6 LVwG in jedem Fall die tatsächlichen Kosten tragen müssen, wenn Sie dieser Anordnung nicht fristgerecht nachkommen.
Meine Zuständigkeit für die Entscheidung zu Nr. 1 ergibt sich aus § 2 Satz 2 HundeG, im Übrigen aus den §§ 165 Abs. 2, 166 Abs. 1 LVwG.

III. Rechtsbehelfsbelehrung
Gegen diesen Bescheid können Sie innerhalb eines Monats nach Bekanntgabe Widerspruch einlegen. Der Widerspruch ist bei mir (Anschrift siehe oben) schriftlich einzulegen oder zur Niederschrift zu erklären.
Gegen die Anordnung der sofortigen Vollziehung können Sie gemäß § 80 Abs. 5 VwGO beim Verwaltungsgericht in Schleswig (Brockdorff-Rantzau-Straße 13, 24837 Schleswig) formlos einen Antrag stellen, die aufschiebende Wirkung ganz oder teilweise wieder herzustellen.

3. Mindestversicherungssummen

Aufgrund des Bestimmtheitsgebots hatte der Gesetzgeber Mindestversicherungssummen festzusetzen (vgl. OVG Greifswald, Urt. vom 6.4.2001 = NordÖR 2001 S. 317, 318). Diese entsprechen jedoch nur bedingt dem verkehrsüblichen Versicherungsschutz: In der Regel werden Personen- und Sachschäden in Höhe von 3 bis 10 Mio. Euro versichert, wohingegen die Deckungssumme für Vermögensschäden auf 50 000 bis 100 000 Euro begrenzt wird. Die in § 6 HundeG geforderte Mindestversicherungssumme für Vermögensschäden in Höhe von 250 000 Euro ist insoweit problematisch und auch im Gefahrhunderecht der anderen Länder nicht vorgesehen.

Unter einem **Vermögensschaden** versteht man einen Schaden, der ohne Eingriff in ein absolut geschütztes Rechtsgut (Leben, körperliche Integrität, Eigentum usw.) des Geschädigten erfolgt ist. Zu denken ist hier an entgangene Gewinne (vgl. § 252 Satz 2 BGB), sofern sie nicht bereits als Personenfolgeschäden (z. B. Lohnausfall, Haushaltshilfekosten, Umschulungskosten) von der Mindestversicherungssumme für Personenschäden abgedeckt sind. Bei der Tierhalterhaftung dürfte daher die Haftung für Personenschäden in der Regel die bedeutsamere Haftungsvariante sein. Als hohe (echte) Vermögensschäden kommen daneben sicherlich insbesondere Verkehrsunfälle ohne Personenschäden in Betracht, die mit erheblichen Schäden an Kraftfahrzeugen und anderen in Mitleidenschaft gezogenen Gegenständen (Gebäudeteile, Grundstücke etc.) einhergehen können. Es bleibt abzuwarten, ob bzw. wann sich die Standardversicherungsbedingungen der gesetzlichen Regelung angleichen werden. Die bestehenden Standardversicherungsbedingungen sind jedenfalls nicht geeignet, die Einschätzungsprärogative des Gesetzgebers per se einzuschränken.

In Haftpflichtversicherungsverträgen wird üblicherweise die sog. **zweifache Jahresmaximierung** vereinbart. Danach wird für den Fall, dass in einem Jahr mehrere Schäden durch den Versicherungsnehmer verursacht werden, die vereinbarte Versicherungssumme höchstens zweimal zur Verfügung gestellt. Die zweifache Jahresmaximierung der Mindestversicherungssumme war vormals als ausreichender Versicherungsschutz i. S. v. § 9 GefHG a. F. anzusehen (vgl. Nr. 15 VwV; auch § 1 Abs. 6 Satz 2 HuhG BE), sodass davon auszugehen ist, dass dies auch für § 6 Satz 1, § 10 Abs. 1 Nr. 3 HundeG gilt.(vgl. Nr. 6 VwV-HundeG).

§ 7
Gefährliche Hunde

(1) Erhält die zuständige Behörde einen Hinweis darauf, dass

1. **ein Hund einen Menschen gebissen hat, sofern dies nicht zur Verteidigung anlässlich einer strafbaren Handlung oder aus dem elementaren Selbsterhaltungstrieb des Hundes geschah,**
2. **außerhalb des befriedeten Besitztums der Hundehalterin oder des Hundehalters wiederholt in gefahrdrohender Weise Menschen angesprungen hat oder ein anderes aggressives Verhalten zeigt, das nicht dem elementaren Selbsterhaltungstrieb des Hundes entspringt,**
3. **ein anderes Tier durch Biss geschädigt hat, ohne selbst angegriffen worden zu sein, oder einen anderen Hund trotz dessen erkennbarer artüblicher Unterwerfungsgestik gebissen hat oder**
4. **durch sein Verhalten gezeigt hat, dass er unkontrolliert Tiere hetzt oder reißt,**

so hat sie den Hinweis zu prüfen. Ergibt die Prüfung nach Satz 1 Tatsachen, die den Verdacht rechtfertigen, dass von dem Hund eine Gefahr für die öffentliche Sicherheit ausgeht, so stellt die zuständige Behörde fest, dass der Hund gefährlich ist. Widerspruch und Klage gegen die Feststellung nach Satz 2 haben keine aufschiebende Wirkung.

(2) Wer einen Hund hält, der außerhalb des Geltungsbereiches dieses Gesetzes durch Verwaltungsakt als gefährlich eingestuft worden ist, hat dies der zuständigen Behörde unverzüglich mitzuteilen. Die zuständige Behörde hat zu prüfen, ob der Hund gefährlich ist; Absatz 1 Satz 2 und 3 gelten entsprechend.

(3) Zur Prüfung, ob es sich um einen gefährlichen Hund nach Absatz 1 handelt, kann die zuständige Behörde eine Begutachtung des Hundes bei einer Tierärztin oder einem Tierarzt auf Kosten der Hundehalterin oder des Hundehalters anordnen.

(4) Auf Antrag kann die zuständige Behörde feststellen, dass die Voraussetzungen des Absatzes 1 nicht mehr vorliegen, wenn eine Tierärztin oder ein Tierarzt feststellt, dass bei dem Hund nach dem fachlichen Ermessen zukünftig keine weiteren Verhaltensweisen zu befürchten sind, wie sie bei der Annahme der Gefährlichkeit zugrunde gelegt wurden. Ein Antrag nach Satz 1 kann frühestens zwei Jahre nach Rechtskraft der Feststellung der Gefährlichkeit des Hundes und ein Jahr nach dem erfolgreichen Bestehen eines Wesenstests nach § 13 gestellt werden.

VwV-HundeG

Abschnitt 7

Zu § 7 – Gefährliche Hunde

7.1 *Gefährlichkeitsvermutung im Einzelfall*

Die sogenannte „Rasseliste" wird mit der Neuregelung für Schleswig-Holstein ausdrücklich gestrichen. Ebenso wird auf die Einstufungsmöglichkeit aufgrund der Kampfbereitschaft, Angriffslust, Schärfe oder eine sonst vergleichbare gefährdende Eigenschaft verzichtet. Der Verzicht auf die sogenannte „Rasseliste" spiegelt den ausdrücklichen politischen Willen des Gesetzgebers wider.

Ein Hund kann nach neuem Recht als gefährlich eingestuft werden, wenn er

a) einen Menschen gebissen hat, sofern dies nicht zur Verteidigung anlässlich einer strafbaren Handlung oder aus dem elementaren Selbsterhaltungstrieb des Hundes geschah (§ 7 Abs. 1 Nr. 1). Der Selbsterhaltungstrieb dient der Abwehr eigener physischer Beschädigung. Eine Verteidigung anlässlich einer strafbaren Handlung liegt dann vor, wenn das Beißverhalten des Hundes geeignet war, den Straftatbestand ausfüllenden Angriff unmittelbar abzuwehren. Dies ist in aller Regel bei einem Angriff auf die körperliche Integrität der Hundeführerin oder des Hundeführers oder bei Eigentumsdelikten der Fall (vergleiche OVG Schleswig, Urteil vom 29. Mai 2001 = NVwZ 2001, S. 1300, 1305);

b) außerhalb des befriedeten Besitztums der Hundehalterin oder des Hundehalters wiederholt in gefahrdrohender Weise Menschen angesprungen hat oder ein anderes aggressives Verhalten zeigt, das nicht dem elementaren Selbsterhaltungstrieb des Hundes entspringt (§ 7 Abs. 1 Nr. 2). Gefahrdrohend ist ein Anspringen, wenn aus Sicht des Angesprungenen – objektiv nachvollziehbar – die Möglichkeit einer Verletzung bestanden hat, und dieser sich infolgedessen in seinem körperlichen oder seelischen Wohlbefinden beeinträchtigt sieht (vergleiche VGH Kassel, Beschluss vom 21. Oktober 1996 = NJW 1997, S. 961, 961). Maßstab dafür, ob das Verhalten des Hundes Menschen ängstigt, ist die allgemeine Verkehrsanschauung;

c) ein anderes Tier durch Biss geschädigt hat (§ 7 Abs. 1 Nr. 3 1. Alternative). Das OVG Schleswig hat in seinem Urteil vom 22. Februar 2007 (– 4 LB 11/06 –) bestätigt, dass ein Hund bereits dann als gefährlich einzustufen ist, wenn er einen anderen Hund angegriffen und durch Biss geschädigt hat. Es betont dabei, dass die 2. Alternative des § 7 Abs. 1 Nr. 3 keine Spezialregelung für Hunde im Verhältnis zur 1. Alternative darstelle. Vielmehr handele es sich um einen eigenständigen Tatbestand. Für die Ordnungsbehörde bedeutet das, dass sie einen Hinweis darauf, dass ein Hund einen anderen Hund angegriffen und durch Biss geschädigt hat, nach § 7 Abs. 1 Nr. 3 1. Alternative prüfen muss und den Hund gegebenenfalls als gefährlich einzustufen hat;

d) einen anderen Hund trotz dessen erkennbaren artüblichen Unterwerfungsgestiken gebissen hat (§ 7 Abs. 1 Nr. 3 2. Alternative). Dabei zeigen die Hunde typische Unterordnungsgestiken wie z. B. Ausdrucksformen passiver Demut. Bei Hundebeißereien geht es häufig um eine arttypische Klärung von Rivalitäten im Rahmen eines Dominanzverhältnisses oder um statusbezogene Auseinandersetzungen. Hierbei kann es zu unbedeutenden Verletzungen eines Hundes kommen (z. B. beim spielerischen Schnappen im Affekt), die für sich genommen die Gefährlichkeitsvermutung nicht rechtfertigen.
Die Gefährlichkeit des Hundes ist hingegen regelmäßig dann anzunehmen, wenn der andere Hund infolge der Beißerei erheblich verletzt oder getötet worden ist;

e) durch sein Verhalten gezeigt hat, dass er unkontrolliert Tiere hetzt oder reißt (§ 7 Abs. 1 Nr. 4). Unkontrolliert ist das Verhalten, wenn der Hundehalter oder der Hundeführer den Hund am Hetzen nicht zu hindern vermag. Hetzen ist gekennzeichnet durch ein schnelles, unmittelbares und nachhaltiges Verfolgen. Reißen bedeutet das Erbeuten und Töten eines Tieres durch einen Hund. Der Hund ist unkontrolliert, wenn die Halterin oder der Halter den Hund nicht am Hetzen oder Reißen zu hindern vermag.

Die Gefährlichkeitsvermutung des § 7 Abs. 1 ist im Einzelfall behördlich zu prüfen und im Anschluss ist nach pflichtgemäßem Ermessen die Gefährlichkeit des Hundes festzustellen (§ 7 Abs. 1 Satz 2). Ergibt die behördliche Prüfung Tatsachen, die den Verdacht rechtfertigen, dass von dem Hund eine Gefahr für die öffentliche Sicherheit ausgeht, stellt die Behörde die Gefährlichkeit des Hundes fest. Die zuständige Behörde sollte sich bei der Ausübung des ihr eingeräumten Ermessens regelmäßig der Begutachtung durch eine Tierärztin oder einen Tierarzt bedienen. Die örtliche Ordnungsbehörde kann die Einstufung mit sachverständiger Unterstützung durchführen. Anders kann sie das ihr eingeräumte Ermessen häufig nicht fehlerfrei ausüben. Daher wird eine Regelung wie im geltenden § 3 Abs. 5 GefHG eingefügt, nach der die Behörde zur Begutachtung eine Tierärztin oder einen Tierarzt beauftragen kann (vergleiche LT-Umdruck 18/4200 zu § 7 Abs. 3 HundeG).

Bespielhaft können nachfolgend beschriebene Situationen als Tatsachen gelten, die den Verdacht der Gefährlichkeit rechtfertigen:

- *ein Hund beißt einen Menschen aus einer Situation heraus, die völlig entspannt und ohne Außenreize ablief (z. B. Hund geht an Passanten vorbei und beißt diesen ins Bein. Es gab zuvor weder Stress, Geschrei, sprunghafte Bewegungen des Gebissenen,die Leine hing locker durch, und es gab keine sonstigen Reize, die den Hund beeinflusst haben könnten),*
- *ein Hund läuft ähnlich grundlos wie bei Ziffer 1 auf Menschen zu, überwindet dazu gegebenenfalls eine längere Distanz und bellt nicht nur, sondern knurrt, fletscht die Zähne und stellt die Person so, dass ein Verlassen der Situation nicht möglich ist,*
- *ein Hund zeigt aggressives Verhalten nicht nur zur Klärung von Rivalitäten im Rahmen eines Dominanzverhältnisses mit einem anderen Hund, sondern im Kontakt mit verschiedenen Hunden,*
- *ein Hund beißt einen anderen Hund oder ein anderes Tier so schwer, dass dieser Hund oder das Tier eingeschläfert werden muss, eine erhebliche Verletzung nur unter Narkose behandelt werden kann, oder ein Hund beißt den anderen Hund oder das andere Tier unmittelbar tot,*
- *ein Hund kann trotz intensiver Bemühungen des Halters nicht am Hetzen oder Reißen gehindert werden (z. B. Situationen, in denen der Halter dem Hund rufend hinterherläuft),*
- *mehrfache Beißversuche oder Bisse sowie ein nicht reflexartiges Schnappen in vergleichbaren Situationen, sind in der Regel Ausdruck eines gesteigerten aggressiven Verhaltens eines Hundes.*

Im Gegensatz zu den beschriebenen Beispielen wäre das Beißen eines Menschen, der in eine Auseinandersetzung zwischen zwei Hunden eingreift, keine solche Tatsache.

Die Polizei übergibt der zuständigen örtlichen Ordnungsbehörde mit der Abgabe der Akte an die Staatsanwaltschaft eine Kopie der Akte, damit dort gefahrenabwehrrechtliche Maßnahmen nach dem Hundegesetz vorbereitet und getroffen werden können. Die Ordnungsbehörde sollte nicht erst die Einstellungsmitteilung der Staatsanwaltschaft abwarten, sondern unmittelbar tätig werden, damit Nachfragen bei Zeugen, Gutachtern und Geschädigten authentisch und nachvollziehbar wiedergegeben werden können (vergleiche Urteil des VG Schleswig – 3 A 134/08 – vom 31. März 2009).

Obwohl es für Schleswig-Holstein keine „Rasseliste" mehr gibt, wird zunächst zur Überprüfung, ob die Hunderassen, für die die Gefährlichkeitsvermutung nach § 2 Abs. 1 des Gesetzes zur Beschränkung des Verbringens oder der Einfuhr gefährlicher Hunde in das Inland (Hundeverbringungs- und Einfuhrbeschränkungsgesetz) vom 12. April 2001 (BGBl. I S. 530) gilt, nunmehr vermehrt durch Beißvorfälle auffallen, weiterhin eine Statistik geführt (vergleiche BVerfG, Urteil vom 16. März 2004 = NVwZ 2004, 597). Dazu ist – unter Nennung der betreffenden Rasse – die Anzahl der Hunde,

a) die einen oder mehrere Tatbestände des § 7 Abs. 1 erfüllt haben (auch dann, wenn ein Hund bereits nach dem Hundeverbringungs- und Einfuhrbeschränkungsgesetz als gefährlich gilt),

b) für die ein Verfahren zur Erteilung einer Haltererlaubnis läuft bzw. zum Abschluss gebracht worden ist,

c) für die ein oder mehrere Wesenstests durchgeführt worden sind und

d) für die die Sozialverträglichkeit in einem Wesenstest nachgewiesen werden konnte,

zu registrieren. Kreuzungen von Hunden sind als Mischlinge mit dem Zusatz des betreffenden Phänotyps aufzuführen.

Sofern Menschen durch Hundebisse verletzt worden sind, ist der Beißvorfall in der Statistik gesondert aufzunehmen und der Grad der Schädigung zu vermerken („leichte Verletzung", „schwere Verletzung", „Todesfall"). Eine schwere Verletzung liegt dann vor, wenn das Opfer offene Wunden aufweist. Der Vermerk unterbleibt, wenn Verletzungsspuren nicht zu erkennen sind. Sofern Kinder (d. h. Personen bis zur Vollendung des 14. Lebensjahres) verletzt worden sind, ist der Vermerk um den Zusatz („Kind") zu ergänzen. Die Statistik ist auf dem als Anlage zu Nummer 17 (§ 7 Abs. 1) beigefügten Muster zu führen. Stichtag für die Statistik ist der 31. Dezember eines jeden Jahres.

Die für die Statistik erforderlichen Daten werden bei der örtlichen Ordnungsbehörde ermittelt. Die örtliche Ordnungsbehörde leitet die Statistik an ihre Fachaufsichtsbehörde weiter. Sofern die Fachaufsicht dem Landrat obliegt, fasst dieser die ihm übermittelten Daten unter Verwendung des Musters als Bericht an das Ministerium für Inneres und Bundesangelegenheiten zusammen.

Die Statistik dient der Evaluierung der gesetzlichen Regelungen nach Abschaffung der sogenannten „Rasseliste".

7.2 Einstufungen aus anderen Ländern

Ziel der Regelung ist es, die Einstufung von Hunden aufgrund ihrer Rasse aus anderen Bundesländern, rückgängig machen zu können, ohne ein Verfahren nach § 7 Abs. 4 durchlaufen zu müssen. Stellt die zuständige Behörde fest, dass der Hund, der aus einem anderen Bundesland zuzieht, auch in Schleswig-Holstein als gefährlich gilt, stellt sie dies fest. Ein Erlaubnisverfahren ist nicht erforderlich. Die Erlaubnis aus dem anderen Bundesland gilt nach § 17 fort.

7.3 Tierärztliche Begutachtung eines Hundes

Zur Prüfung, ob ein Hund als gefährlich gilt, kann die Ordnungsbehörde gegenüber dem Halter eine Begutachtung des Tieres durch eine Tierärztin oder einen Tierarzt anordnen. Die tierärztliche Begutachtung sollte der Regelfall sein. In der Anordnung sollten dem Halter verschiedene Tierärzte zur Auswahl gegeben werden, die zur Begutachtung des Hundes geeignet sind.

Tierärzte können in ihrer Ausbildung und in ihren Tätigkeiten theoretisch zwar ein sehr weites Wissens- und Tätigkeitsspektrum abdecken. Um die in den vorgesehenen Regelungen angesprochenen gutachterlichen Einschätzungen verlässlich abgeben zu können, bedarf es aber vertiefter ethologischer Kenntnisse, die über die im Rahmen der Ausbildung vermittelten weit hinausgehen. Die Schwierigkeit bei der Beurteilung ethologischer Sachverhalte – dies gilt ganz besonders bei der Beurteilung ethopathologischer Abweichungen vom Normalverhalten und deren Therapierung – spiegelt sich nicht zuletzt in der Tatsache wider, dass die Tierärztekammern selbst vor einigen Jahren eine spezielle Fachtierarztanerkennung (Fachtierarzt für Verhaltenskunde) geschaffen haben.

Geeignete Tierärzte vermittelt die Tierärztekammer. Das Gutachten ist vom Halter – auf dessen Kosten – in Auftrag zu geben.

Die Neuregelung ermöglicht es der zuständigen Behörde in allen Fällen nach Absatz 1 eine Begutachtung zu verlangen. Die Ausgestaltung als Kann-Bestimmung schränkt die vor Ort zuständige Behörde bei der Auswahl der fachlichen Unterstützung nicht ein. Sie kann auch den zuständigen Amtstierarzt oder die Amtstierärztin um Amtshilfe bei der Entscheidung bitten, ob eine tierärztliche Begutachtung tatsächlich erforderlich ist. Die tierärztliche Begutachtung sollte der Regelfall sein und sie sollte die Verhaltensweisen des zu begutachtenden Hundes und des Hund-Halter-Gespanns in möglichst allen denkbaren Alltagssituationen umfassen.

Die Anordnung der tierärztlichen Begutachtung stellt keinen Verwaltungsakt dar. Es handelt sich um eine unselbstständige Verfahrenshandlung, die der Vorbereitung der Entscheidung über die Gefährlichkeit des Hundes dient. Die Anordnung begründet nicht die selbstständige Pflicht des Halters, seinen Hund einer tierärztlichen Untersuchung zu unterziehen, sondern konkretisiert lediglich dessen nach § 16 Abs. 1 bestehende Mitwirkungspflicht an der Aufklärung des Sachverhaltes.

Verweigert der Halter die Mitwirkung an der Sachverhaltsaufklärung, kann die Ordnungsbehörde aus dem Verhalten Schlüsse ziehen und zu der Annahme gelangen, dass der Halter Tatsachen verbergen will, die die Gefährlichkeit des Hundes belegen. Eine Weigerung ist auch dann nicht gerechtfertigt, wenn der Halter geltend macht, dass es ihm an der finanziellen Leistungsfähigkeit zur Bezahlung des Gutachtens fehlt. Infolge der Weigerung kann sich der aufgrund bestimmter Tatsachen gegebene Anfangsverdacht zur Gewissheit verdichten, dass es sich bei dem zu untersuchenden Tier um einen gefährlichen Hund handelt. Voraussetzung für diese Schlussfolgerung ist, dass die Anordnung der Begutachtung rechtmäßig erging und der Halter über die negativen Auswirkungen einer Weigerung aufgeklärt wurde. Die Anordnung sollte daher einen entsprechenden Hinweis enthalten.

7.4 *Widerruf der Einstufung (Amnestieregelung)*

Auf zahlreiche Vorschläge aus der Anhörung und der ordnungsbehördlichen Praxis wird eine Regelung vorgesehen, die eine Resozialisierung gefährlicher Hunde ermöglicht. Voraussetzung für die Rückstufung eines gefährlichen Hundes ist danach die neuerliche Begutachtung durch eine Tierärztin oder einen Tierarzt. Diese Begutachtung kann frühestens zwei Jahre nach der Einstufung als Gefahrhund erfolgen. Eine weitere Voraussetzung für die erneute Begutachtung ist ein bestandener Wesenstest, der mindestens ein Jahr alt sein muss. Da es sich bei jeder tierärztlichen Begutachtung eines Hundes um eine Momentaufnahme seines Verhaltens handelt, hat der Gesetzgeber einen zeitlichen Mindestabstand zwischen Wesenstest und erneuter tierärztlicher Begutachtung vorgesehen, um zu möglichst verlässlichen Ergebnissen über die Sozialverträglichkeit des Hundes zu kommen, dessen Einstufung zurückgenommen werden soll.

Erläuterungen

Übersicht

1. Gefährliche Hunde

§ 7 Abs. 1 HundeG enthält neben den Voraussetzungen der Einstufung eines Hundes als gefährlich (Satz 1 Nr. 1– 4; vgl. Erl. 2) auch die Rechtsgrundlage für diese gebundene Entscheidung (Absatz 1 Satz 2; vgl. Erl. 3). Überdies finden sich Regelungen über außerhalb Schleswig-Holsteins als gefährlich eingestufte Hunde (vgl. Erl. 4), die Anordnung einer tierärztlichen Begutachtung (vgl. Erl. 5), sowie in Absatz 4 eine Möglichkeit, auf Antrag festzustellen, dass der Hund nicht mehr als gefährlich im Sinne dieses Gesetzes gilt (vgl. Erl. 6).

2. Die Feststellung der Gefährlichkeit eines Hundes durch die Behörde

Unabhängig von der Rassezugehörigkeit gilt ein Hund nach § 7 Abs. 1 Satz 1 HundeG als gefährlich, wenn er ein gefährliches Verhalten gezeigt hat. In Absatz 1 nimmt der Gesetzgeber bewusst Abstand von der Beschreibung von Eigenschaften eines Hundes, um der Vermutung einer Wiedereinführung einer Rasseliste auf „Umwegen" entgegenzutreten (vgl. Umdruck 18/4200 S. 20). Es wird vielmehr auf das tatsächliche Verhalten des Hundes abgestellt. Zudem sind die einzelnen Tatbestände konkretisiert worden, da sie sich in der Praxis als zu unbestimmt erwiesen haben (vgl. Umdruck 18/4200 S. 21).

Die Ordnungsbehörde hat je nach Ergebnis der Prüfung entsprechender Hinweise die Gefährlichkeit des Hundes festzustellen, um weiteren Schäden vorzubeugen, da die Haltung eines gefährlichen Hundes mit Auflagen (vgl. Erl. zu § 14) zum Schutze der Bevölkerung verbunden ist. Infolge der Gefährlichkeitsfeststellung wird die Eignung des Halters im Erlaubnisverfahren überprüft, §§ 10 ff. HundeG.

2.1 Hunde, die einen Menschen gebissen haben

Aufgrund ihrer Verhaltensweise gelten Hunde zunächst als gefährlich, wenn sie einen Menschen gebissen haben, sofern dies nicht zur Verteidigung anlässlich einer strafbaren Handlung geschah. Bei der Gefährlichkeitseinstufung nach § 7 Abs. 1 Satz 1 Nr. 1 HundeG handelt es sich um eine Prognoseentscheidung: Der Gesetzgeber geht davon aus, dass bei einem Hund, der einen Menschen grundlos gebissen hat, eine hinreichende Wahrscheinlichkeit dafür besteht, dass er wieder einen Menschen beißen wird. Dieser Gefahr wird u. a. durch die mit der Gefährlichkeitseinstufung verbundene Maulkorbpflicht begegnet, für die insoweit keine Ausnahme vorgesehen ist (vgl. Erl. 5 zu § 14).

Ein **Hundebiss** liegt dann vor, wenn ein Hund durch Einsatz der Zähne von Ober- und Unterkiefer physische Gewalt auf einen Menschen oder eine Sache ausübt. Auf den Zerfleischungserfolg kommt es nicht an (vgl. OVG Münster, Urt. vom 26.1.1987 – 4 A 605/85 –, zit. n. *Hamann* 1989, S. 211; VG Schleswig, Beschl. vom 17.10.2005 – 3 B 180/05 –; auch VG Oldenburg, Beschl. vom 2.4.2004 – 2 B 528/04 –, siehe www.dbovg.niedersachsen.de). Ein Hundebiss ist also auch dann gegeben, wenn eine körperliche Verletzung durch feste Kleidung oder Ähnliches vereitelt wird. Anders verhält es sich, wenn der Mensch sich dem Angriff des Hundes durch ein Zurückweichen zu entziehen vermag. In diesem Fall kann lediglich von einem **Beißversuch** die Rede sein. Den Beißversuch sollte die Ordnungsbehörde allerdings zum Anlass nehmen, den Hund daraufhin zu überprüfen, ob er aufgrund von aggressivem Verhalten gem. § 7 Abs. 1 Satz 1 Nr. 2 HundeG als gefährlich einzustufen ist (vgl. Erl. 2.2). Gleiches gilt für ein bloßes Schnappen des Tieres, wobei hier zu beachten ist, dass dieses auch in spielerischer Absicht erfolgen kann.

Unerheblich ist, an welchem Ort es zu dem Hundebiss kommt. Von der Gefährlichkeitseinstufung ist jedenfalls nicht deshalb abzusehen, weil der Hund einen Menschen auf einem befriedeten Besitztum gebissen hat. Anders als § 7 Abs. 1 Satz 1 Nr. 2 HundeG (vgl. Erl. 2.2) sieht § 7 Abs. 1 Satz 1 Nr. 1 HundeG eine solche Einschränkung nicht vor.

Für die Gefährlichkeitseinstufung nach § 7 Abs. 1 Satz 1 Nr. 1 HundeG genügt die *Tatsache*, dass der Hund gebissen hat. Ein Nachweis darüber, dass der Hund zum Beißen neigt, muss nicht erbracht werden. Auf die *Eigenschaft* der **Bissigkeit** kommt es nicht an. Als bissig werden Hunde bezeichnet, die einen Menschen oder ein Tier durch einen Biss verletzt oder geschädigt haben, ohne dass sie dazu provoziert worden sind (vgl. Tz. 3.3.1.3 VwV NRW; *Gängel/Gansel*, S. 1211), wobei aber ein einzelner Hundebiss die Annahme der Bissigkeit nicht ohne Weiteres rechtfertigt (vgl. *Haurand*, Erl. 3.3 zu § 3 LHundG NRW; *Hamann 1997*, S. 74; auch *Stabno*, Erl. 1 lit. b zu § 3 Abs. 2 Satz 1 NHundG m. w. N.). Im Falle des § 7 Abs. 1 Satz 1 Nr. 1 HundeG bleiben die Umstände, die zum Hundebiss geführt haben, unbeachtet, sofern sie nicht dafür sprechen, dass der Biss zur Verteidigung anlässlich einer strafbaren Handlung (vgl. OVG Münster, Beschl. vom 5.11.2003 – 5 B 1996/03 –, siehe www.nrwe.de; auch VG Oldenburg, Beschl. vom 2.4.2004 – 2 B 528/04 –, siehe www.dbovg.niedersachsen.de) oder aus dem elementaren Selbsterhaltungstrieb des Hundes erfolgte.

Der Gesetzgeber erkennt also an, dass es in bestimmten Situationen sozialadäquat sein kann, wenn ein Hund einen Menschen beißt; nämlich dann, wenn dies zur **Verteidigung anlässlich einer strafbaren Handlung** geschieht. In diesen Fällen wird der Biss als nachvollziehbare und „verhältnismäßige" Abwehrhandlung akzeptiert. Ein solcher Hundebiss gibt nach Einschätzung des Gesetzgebers keinen Anlass zur Vermutung, dass der Hund gefährlich ist, d. h. künftig grundlos beißen wird. Die Sozialverträglichkeit des Tieres (vgl. Erl. 1 zu § 13) wird dadurch nicht in Frage gestellt.

Eine Verteidigung anlässlich einer strafbaren Handlung liegt dann vor, wenn der Hundebiss geeignet ist, den den Straftatbestand ausfüllenden Angriff unmittelbar abzuwehren. Dies ist in aller Regel bei einem Angriff auf die körperliche Integrität oder bei Eigentumsdelikten der Fall (vgl. OVG Schleswig, Urt. vom 29.5.2001 = NVwZ 2001 S. 1300, 1305). Die Rechtsprechung stellt damit klar, dass nicht jegliche strafbare Handlung einen Hundebiss rechtfertigt.

Während sich „die strafbare Handlung" häufig auf Angriffe von Rechtsgütern des jeweiligen Hundeführers beziehen wird, stellt die Alternative „oder aus dem **elementaren Selbsterhaltungstrieb** des Hundes" klar, dass auch dieser sich selbst verteidigen darf. Entspringt der Biss einer Situation, in der sich der Hund angegriffen, bedrängt, eingesperrt oder auf andere Weise bedroht fühlt, ist dies ebenfalls gerechtfertigt und führt nicht zwingend zu einer Gefährlichkeitseinstufung. Gleiches gilt für eine Situation, in der ein Mensch in eine Auseinandersetzung zwischen Hunden eingreift und dabei verletzt wird (vgl. Tz. 7.1 VwV-HundeG). Der Hinweis auf den *elementaren* Selbsterhaltungstrieb macht deutlich, dass es sich aus Sicht des Hundes objektiv nachvollziehbar um ernstliche Bedrohungssituationen handeln muss. Ein frontales Aufbauen einer Person zwischen dem Hund und dem Hundeführer kann ohne Hinzutreten weiterer Umstände weder als Angriff noch als ausreichend ernstliche Bedrohung gewertet werden (VG Cottbus, Beschl. vom 25.7.2019 – 3 L 79/17 –, zit. n. juris, dort Rn. 11).

Beispiel: Hundebiss zur Ehrenrettung

A ist Halter einer Deutschen Dogge. Auf einem Gartenfest gerät er mit B in Streit, der ihn dabei beschimpft und beleidigt. Der Hund des A beißt daraufhin B in den Unterarm.
Die Ordnungsbehörde stellt die Gefährlichkeit des Hundes fest. Sie erklärt dem A, dass der Hundebiss – anders als z. B. im Falle eines Einbruchs oder Überfalls – nicht geeignet war, die Beleidigung als strafbare Handlung (vgl. § 185 StGB) unmittelbar abzuwehren. Der in § 7 Abs. 1 Satz 1 Nr. 1 HundeG enthaltene Ausnahmetatbestand greift nicht. Es kann somit nicht von der Gefährlichkeitseinstufung abgesehen werden.

Eine strafbare Handlung setzt voraus, dass der Angreifer durch sein Verhalten rechtswidrig und schuldhaft den Tatbestand einer Strafvorschrift erfüllt. Dies ist z. B. dann nicht der Fall, wenn die Tat infolge Alkoholmissbrauchs im Zustand der **Schuldunfähigkeit** begangen wird. Kommt es in diesen Situationen zu einem Hundebiss, kann der Hund bei einer engen Auslegung des Ausnahmetatbestands des § 7 Abs. 1 Satz 1 Nr. 1 HundeG nicht „entlastet" werden. Zu denken ist hier an den Fall, in dem ein Hund beißt, weil seine Hundehalterin von einem stark alkoholisierten Mann bedrängt wird (vgl. *Haurand*, Erl. 3.3 zu § 3 LHundG NRW). Das Tier wäre dann – mangels einer abzuwehrenden strafbaren Handlung – als gefährlich einzustufen. Den Ordnungsbehörden ist bei der Feststellung der Gefährlichkeit kein Ermessen eingeräumt (vgl. Erl. 3). Diese Rechtsfolge ist angesichts der Zielsetzung des HundeG unverhältnismäßig.

Anders als im Strafrecht, das die Verwerflichkeit der Tat bewertet, geht es bei der Ausnahme zur Gefährlichkeitseinstufung nach § 7 Abs. 1 Satz 1 Nr. 1 HundeG darum, ob das Beißverhalten des Hundes anlässlich der abzuwehrenden Tat als sozialadäquat gelten kann. Vor diesem gefahrenabwehrrechtlichen Hintergrund ist eine den Hund entlastende Verteidigungshandlung auch dann anzunehmen, wenn diese – objektiv nachvollziehbar – zur unmittelbaren Abwehr eines Verhaltens geschah, das strafbewehrt ist, aber infolge besonderer Umstände – wie etwa im vorausgegangenen Beispiel mangels Schuldfähigkeit – nicht bestraft werden kann. Gleiches gilt, wenn bei der fälschlichen Annahme einer Straftat der Halter oder Führer des Hundes das Tier zur vermeintlich erforderlichen Verteidigungshandlung aufgefordert hat (vgl. Tz. 2.1 VwV BW). Der Hundehalter oder -führer wird sich dann allerdings wegen der fahrlässigen Körperverletzung verantworten müssen (vgl. *Haurand*, Erl. 3.3 zu § 3 LHundG NRW).

Es offenbart sich hier die Praxisferne der Ausnahmeregelung des § 7 Abs. 1 Satz 1 Nr. 1 HundeG: Die Anknüpfung an das Strafrecht setzt eine Rechtskenntnis bei dem Hund voraus, die dieser naturgemäß nicht hat. Das Tier ist zwar zum Gehorsam befähigt, vermag aber nicht zu bewerten, ob ein Biss als Abwehrmaßnahme gerechtfertigt ist oder nicht.

Allerdings sind Ausnahmeregelungen tendenziell eng auszulegen, so dass einer teleologischen gefahrhunderechtlichen Interpretation des Begriffs der strafbaren Handlung Grenzen gesetzt sind. Für unbillige Fälle verbleibt die im Zuge der Novellierung des HundeG hinzugekommene Variante „oder aus dem elementaren Selbsterhaltungstrieb des Hundes geschah". Provokationen des Hundes, die von einigem Gewicht sind, rechtfertigen damit einen Hundebiss (VG Cottbus, Beschl. vom 25.7.2019 – 3 L 79/17 –, zit. n. juris, dort Rn. 11). Es handelt sich bei der neu hinzugekommenen Rechtfertigungsalternative um eine sinnvolle Ergänzung der Regelbeispiele, die geeignet ist, praktische Abgrenzungsschwierigkeiten zu minimieren.

Auch bei dieser Variante ist jedoch eine teleologische Auslegung erforderlich. Ein Graubereich ist bspw. in folgender Fallkonstellation erreicht:

> *Beispiel: Hundebiss als Schreckreaktion*
>
> *A betritt einen überfüllten Linienbus. Auf dem Boden liegt – von A unbemerkt – ein Golden Retriever. Versehentlich tritt er dem angeleinten Tier auf die Rute. Der Hund beißt A daraufhin ins Bein.*

Obgleich der Biss in dem Beispiel als Schreckreaktion nachvollziehbar ist, begründete die Fallkonstellation nach alter Rechtslage des § 3 Abs. 3 Nr. 2 GefHG a. F. eine Gefährlichkeitseinstufung (kritisch: *Haurand*, Erl. 3.3 zu § 3 LHundG NRW; *Hamann 1996*, S. 65). Ob der „elementare Selbsterhaltungstrieb des Hundes" als neue Fallvariante in diesem Fall als Rechtfertigungsgrund herangezogen werden kann, erscheint aber ebenfalls fraglich, da die Bedrohungslage für den Hund nicht als elementar oder erheblich angesehen werden kann. Ein Biss erscheint hier nicht als adäquate Reaktion. Wer hierin eine ungerechte „Bestrafung" des Hundes sieht (vgl. *Feddersen-Petersen 1991*), sollte bedenken, dass A – der den Hund nicht absichtlich getreten hat – geschädigt wurde und eine Wiederholung des Vorfalls zu befürchten ist. Dies ist unter dem Gesichtspunkt der Gefahrenabwehr nicht hinnehmbar, zumal die menschliche Gesundheit als hochrangiges Schutzgut beeinträchtigt worden ist. Das Tier hat zwar nicht grundlos gebissen. Dennoch war die tierische Aggression im Hinblick auf den Menschen nicht sozialadäquat, wie es z. B. ein Schnappen oder Bellen des Hundes in dieser Situation gewesen wäre. Im Übrigen erfolgt mit der Feststellung der Gefährlichkeit des Hundes nicht eine – bei Tieren ohnehin unangebrachte – moralische Wertung des gezeigten Verhaltens. Es geht vielmehr um die Abwehr erkannter Gefahren.

Etwas anderes ergibt sich, **wenn ein Mensch einen Hund angreift** und ihm aus Rohheit erhebliche Schmerzen oder Leiden zugefügt. In diesem Fall ist der Straftatbestand des § 17 Nr. 2 lit. a TierSchG erfüllt, zu dessen unmittelbarer Abwehr der Hundebiss als geeignet anzusehen ist. Dies gilt allerdings nur dann, wenn der Mensch nicht zuvor vom Hund angegriffen worden ist und sich lediglich gegen das Tier zur Wehr setzt. Die Zusammenschau der Rechtfertigungsalternativen „strafbare Handlung" und „elementarer Selbsterhaltungstrieb" ergibt auch nach neuer Rechtslage keine andere Bewertung des Beispiels. Die Provokation des Hundes muss von einigem Gewicht sein, um als Angriff auf die elementare Selbsterhaltung gewertet werden zu können (VG Cottbus, Beschl. vom 25.7.2019 – 3 L 79/17 –, zit. n. juris, dort Rn. 11).

2.2 Gefahrdrohendes Anspringen oder anderes aggressives Verhalten

Hunde, die wiederholt in gefahrdrohender Weise Menschen angesprungen haben oder ein anderes aggressives Verhalten gezeigt haben, das nicht ihrem elementaren Selbsterhaltungstrieb entspringt, gelten nach § 7 Abs. 1 Satz 1 Nr. 2 HundeG als gefährlich. Wichtig ist zunächst, dass es wiederholt zu solchen Vorfällen gekommen sein muss, d. h. mindestens zu zwei verschiedenen Anlässen (vgl. OVG Schleswig, Urt. vom 29.5.2001 = NVwZ 2001 S. 1300, 1305). Ferner müssen sich die Vorfälle außerhalb des befriedeten Besitztums (vgl. Erl. 8 zu § 3) des Hundehalters ereignet haben. Der Gesetzgeber verwendet hier anders als in § 3 und § 14 nicht die Begrifflichkeit des „ausbruchssicheren Grundstücks", es ist aber davon auszugehen, dass die gleichen Merkmale wie bei einem ausbruchssicheren Grundstück vorliegen müssen (vgl. Erl. 8 zu § 3, Erl. 2 zu § 14). Ein **gefahrdrohendes Anspringen** ist dann gegeben, wenn ein Hund einen Menschen nicht verletzen will, der Mensch sich aber – objektiv nachvollziehbar – durch das Anspringen in seinem körperlichen oder seelischen Wohlbefinden beeinträchtigt sieht (vgl. VGH Kassel, Beschl. vom 21.10.1996 = NJW 1997 S. 961, 961; kritisch: *Vahle*, S. 140). Hierbei ist zu beachten, dass das Anspringen nicht Ausdruck einer Aggression sein muss. Hunde sind z. B. bei der Begrüßung bestrebt, dem als ranghöher angesehenen Menschen die Mundwinkel und Lippen zu lecken (vgl. *Feddersen-Petersen 1996a*, S. 1078). Es handelt sich hierbei um ein arttypisches Verhalten, das aber – insbesondere bei großen Hunden – gefahrenträchtig ist (vgl. BGH, Urt. vom 6.7.1976 = NJW 1976 S. 2130, 2130). Es kann überdies objektiv nachvollziehbar als Bedrohung und damit als Beeinträchtigung des Wohlbefindens wahrgenommen werden.

Das gefahrdrohende Anspringen setzt **Körperkontakt** mit dem Hund voraus. Ein spielerisches „Hopsen" genügt nicht. Ferner muss die Beeinträchtigung erheblich sein. Dies ist zumindest dann nicht der Fall, wenn lediglich zu befürchten steht, dass die Kleidung infolge des Anspringens verunreinigt wird. Hier ist der Betroffene auf den Zivilrechtsweg (vgl. § 833 BGB) zu verweisen (vgl. Erl. 1 zu § 1; *Haurand*, Erl. 3.4 zu § 3 LHundG NRW). Bringt ein Hund hingegen einen Menschen durch das Anspringen zu Fall, z. B. eine gebrechliche Person oder ein Kind, ist die Gefahr bereits verwirklicht, der Tatbestand des § 7 Abs. 1 Satz 1 Nr. 2 Alt. 1 HundeG also erst recht erfüllt.

Ein **anderes aggressives Verhalten** (§ 7 Abs. 1 Satz 1 Nr. 2 Alt. 2 HundeG) liegt dann vor, wenn ein Hund nach allgemeiner Verkehrsauffassung als Bedrohung wahrzunehmen ist. Im GefHG a. F. war ein Verhalten des Hundes gefordert, das einen Menschen ängstigt. Dieser sehr subjektive Tatbestand hat nun sowohl Konkretisierung, als auch Erweiterung erfahren. Es kommt nicht auf ein subjektiv hervorgerufenes Gefühl der Angst an. Bei der Bewertung des vom Hund gezeigten Verhaltens ist vielmehr ein objektiver Maßstab anzulegen. Es muss keine Rücksicht auf die Hundephobie des Schreckhaften genommen werden. Auch können die bagatellisierenden Erklärungsversuche des Hundefreundes („der will doch nur spielen") unbeachtet bleiben. Danach kann ein aggressives Verhalten zumindest in einem offensichtlichen Droh- oder Angriffsverhalten des Hundes gesehen werden, z. B. wenn das Tier einen Menschen durch Zähneblecken stellt, versucht ihn zu beißen oder in nicht spielerischer Art und Weise nach ihm zu schnappen (vgl. Erl 2.1). Ein bloßes Verbellen genügt hingegen nicht ohne Weiteres (vgl. auch Beispiel zu Erl. 5).

Beide Varianten des § 7 Abs. 1 Satz 1 Nr. 2 HundeG setzen voraus, dass der Hund das Verhalten gegenüber einem Menschen zeigt; für Bisse gegenüber anderen Hunden bzw.

Tieren kommen § 7 Abs. 1 Satz 1 Nr. 3 bzw. Nr. 4 HundeG zur Anwendung (vgl. Erl. 2.3; 2.4).

Beispiel: Der ängstigende Hund

A ist Halter eines ausgewachsenen Rottweilers. Er wohnt im Außenbereich an einem See. Sein Grundstück grenzt an einen Wanderweg. A lässt den Hund häufig unbeaufsichtigt. Das Tier begibt sich dann mitunter auf den Wanderweg.
B nutzt den Wanderweg als Laufstrecke. An dem Grundstück des A wird er von dessen Rottweiler daran gehindert, den Wanderweg zu passieren. Zunächst wird er von dem Hund verbellt. Als B sich weiter vorwagt, beginnt der Rottweiler zu knurren und die Zähne zu blecken. B befürchtet, von dem Tier gebissen zu werden, und macht kehrt.

In dem Beispiel ist die Reaktion des B objektiv nachvollziehbar. Das Verhalten des Rottweilers ist – auch angesichts der Größe des Tieres – geeignet, einen Menschen zu ängstigen. Derartige Vorfälle begründen grundsätzlich die Einstufung des Rottweilers als gefährlichen Hund. Da das Menschen ängstigende Verhalten eines Hundes aber nur dann die Gefährlichkeitseinstufung rechtfertigt, wenn es mit § 7 Abs. 1 Satz 1 Nr. 2 Alt. 1 HundeG, also dem gefahrdrohenden Anspringen vergleichbar ist, muss es wiederholt zu derartigen Vorfällen gekommen sein.

2.3 Hunde, die ein anderes Tier durch Biss geschädigt haben

Gemäß § 7 Abs. 1 Satz 1 Nr. 3 HundeG gelten Hunde als gefährlich, die ein anderes Tier durch Biss geschädigt haben, ohne selbst angegriffen worden zu sein, oder die einen anderen Hund trotz dessen erkennbarer artüblicher Unterwerfungsgestik gebissen haben. Zur Begriffsbestimmung des Hundebisses wird auf die Ausführungen zu § 7 Abs. 1 Satz 1 Nr. 2 HundeG verwiesen (vgl. Erl. 2.1).

Anders als bei der dort vorgesehenen Gefährlichkeitseinstufung eines Hundes, der einen Menschen gebissen hat, verlangt § 7 Abs. 1 Satz 1 Nr. 3 HundeG, dass das gebissene Tier durch den Biss auch geschädigt worden ist. Eine solche **Schädigung** liegt dann vor, wenn das andere Tier körperlich verletzt wurde. Einer blutenden Wunde bedarf es dazu nicht. Vielmehr genügt ein jeglicher Eingriff in die körperliche Unversehrtheit des gebissenen Tieres, so z. B. auch ein Hämatom als Folge des Hundebisses. An einer Schädigung fehlt es hingegen bei ganz geringfügigen Verletzungen, seien es einzelne herausgerissene Haare, seien es sehr kleine oberflächige Kratzer (vgl. VGH Kassel, Beschl. vom 19.11.2004 = NVwZ-RR 2005 S. 629, 630), sofern es dann überhaupt zu einem Biss gekommen ist und die Verletzungen nicht nur auf ein Schnappen o. Ä. zurückzuführen sind.

Ein anderes Tier i. S. von § 7 Abs. 1 Satz 1 Nr. 3 HundeG kann ein Hund, aber auch ein sonstiges Tier sein. Gleichwohl wird nicht die Verletzung eines jeglichen Tieres dazu führen, dass der Hund aufgrund seines Beißverhaltens als gefährlich gilt. Insbesondere bei kleineren Wirbeltieren, z. B. bei Mäusen oder Ratten kann das Beißverhalten eines Hundes arttypisch sein und im Hinblick auf die Belange der Gefahrenabwehr als unschädlich angesehen werden. Eine Gefährlichkeitseinstufung würde in diesem Fall gegen das Übermaßverbot verstoßen und ist daher unzulässig. Wird ein sonstiges Tier durch einen Biss getötet, kann der Hund auch nach § 7 Abs. 1 Satz 1 Nr. 4 HundeG als gefährlich gelten (vgl. Erl. 2.4).

Im Regelfall kommt § 7 Abs. 1 Satz 1 Nr. 3 HundeG im Falle von **Hundebeißereien** zur Anwendung. Bei Hundebeißereien geht es häufig um eine arttypische Klärung der Ranghierarchie. Sofern es dabei infolge eines spielerischen Schnappens zu unbedeutenden Verletzungen kommt, führt dies nicht zur Gefährlichkeitseinstufung (auch OVG Hamburg, Beschl. vom 11.2.2000 = NVwZ 2001 S. 1311, 1311), zumal es dann ohnehin an einer Schädigung infolge eines Bisses fehlt.

Beißt ein Hund ein anderes Tier erst, nachdem er von jenem angegriffen worden ist, gilt der sich verteidigende Hund grundsätzlich nicht als gefährlich. Es handelt sich hierbei um eine arttypische Abwehrreaktion. Der Angriff des anderen Tieres muss allerdings erheblich sein. Dies ist zumindest dann der Fall, wenn der sich verteidigende Hund zuvor durch einen Biss geschädigt worden ist. Eine bloße Drohgebärde, z. B. das „freche" oder hautnahe Anbellen bzw. Kläffen eines anderen Hundes ist hierfür nicht ausreichend (vgl. OVG Münster, Urt. vom 18.10.1979 = NJW 1980 S. 956, 956; vgl. OVG Berlin-Brandenburg, Beschl. vom 3.7.2015 = Beck RS 2015, 48575).

Wird ein Hund von einem anderen Hund angegriffen, führt ein abwehrendes Beißverhalten allerdings nur so lange nicht zur Gefährlichkeitseinstufung, bis der angreifende Hund sich artüblich unterwirft (vgl. OVG Münster, Beschl. vom 6.3.1997 = NVwZ 1997 S. 806, 807). Dies gilt jedoch nur für Hundebeißereien. Sofern ein Hund von einem sonstigen Tier angegriffen worden ist, wird von dem Hund nicht verlangt, dass er eine etwaige – für das betreffende Tier artübliche – Unterwerfungsgestik zu interpretieren vermag. Er gilt dann also in jedem Fall als nicht gefährlich.

Bei Hunden ist eine **artübliche Unterwerfungsgestik** daran erkennbar, dass sich das Tier seinem Gegenüber mit eingeknickten Gelenken und tief wedelnder oder eingezogener Rute nähert. Der Kopf des Hundes ist dabei leicht verdreht, so dass der Hals freigegeben wird. Die Augen des Hundes werden klein und schmal. Seine Zähne sind durch gespannte Lippen bedeckt und die Ohren leicht nach hinten oder mit ihren Öffnungen nach unten gerichtet.

Sozialverträgliche Hunde (vgl. Erl. 1 zu § 13) reagieren angemessen auf diese Unterwerfungsgestik. Andernfalls ist auf eine mangelnde Sozialisierung oder sonstige Deprivation des Tieres zu schließen (vgl. OVG Schleswig, Urt. vom 29.5.2001 = NVwZ S. 1300, 1305), die für dessen Gefährlichkeit spricht.

Die gleichlautende Regelung der **Vorgängernorm** in § 3 Abs. 3 Nr. 4 GefHG a. F. (siehe auch § 3 Abs. 1 Nr. 4 GefHVO) war Gegenstand einer **Vorlage an das LVerfG**, weil die Bestimmung ohne die Einräumung eines Ermessensspielraumes gegen den Grundsatz der Verhältnismäßigkeit verstoße; zudem sei sie zu unbestimmt. Jeder Hund, der irgendein Tier gebissen habe, gelte lebenslang als gefährlich, ohne dass es eine Möglichkeit gebe, positive Verhaltensänderungen nachzuweisen (siehe LVerfG, Beschl. vom 21.5.2012 – LVerfG 1/11 –, zit. nach Juris, dort Rn. 17; das VG Schleswig hatte in zwei Verfahren zuvor von einer Vorlage an das LVerfG abgesehen und ausdrücklich festgestellt, dass die betroffene Norm nicht verfassungswidrig sei: Urt. vom 14.2.2012 – 3 A 212/10 und 3 A 105/11 –). Die Richtervorlage wurde zwar als unzulässig zurückgewiesen, dennoch ist die Anpassung dieser zentralen Norm des Hundegesetzes, die die Gefährlichkeitstatbestände des § 3 Abs. 3 GefHG a. F. nunmehr lediglich als Regelbeispiele formuliert, geeignet, einen angemessenen Handlungsrahmen für die zuständigen Behörden zu schaffen, um in einzelfallgerechter Weise mit den aufgezählten, zum Teil unbestimmten Rechtsbegriffen umzugehen.

2.4 Hunde, die Tiere hetzen oder reißen

Hunde, die durch ihr Verhalten gezeigt haben, dass sie unkontrolliert Tiere hetzen oder reißen, sind nach § 7 Abs. 1 Satz 1 Nr. 4 HundeG als gefährlich einzustufen. Es genügt insoweit ein einziger Vorfall.

Ein **Hetzen** liegt vor, wenn ein Hund ein jagdbares Tier (z. B. Reh, Feldhase) oder ein Nutz- bzw. Haustier (z. B. Pferd, Rind, Ziege, Schwein, Schaf, Gans, Huhn oder Katze) nachhaltig, also intensiv und zielstrebig sowie andauernd verfolgt (vgl. Tz. 3.3.1.6 VwV NRW; OVG Münster, Urt. vom 16.12.1998 = DVBl 1999 S. 1227, 1227; auch *Seilmeier/Walz*, S. 273). Dies ist nicht gegeben bei einem arttypischen Hinterherlaufen oder bei spielerischen Balgereien (vgl. *Haurand*, Erl. 3.6 zu § 3 LHundG NRW).

Das Tatbestandsmerkmal **unkontrolliert** bezieht sich lediglich auf das Hetzen (vgl. OVG Schleswig, Urt. vom 29.5.2001 = NVwZ S. 1300, 1305; **a. A.** Tz. 3.3.1.6 VwV NRW). Unkontrolliert ist das Verhalten des Hundes, wenn dessen Halter oder Führer das Tier am Hetzen nicht zu hindern vermag. Hiermit soll sichergestellt werden, dass das Verhalten von Jagdhunden während des jagdlichen Einsatzes nicht zur Gefährlichkeitseinstufung führt (vgl. OVG Münster, Urt. vom 16.12.1998 = DVBl 1999 S. 1227, 1227; *Hamann* 1996, S. 66). Da Jagdhunde aber im Rahmen ihres bestimmungsgemäßen Einsatzes und ihrer Ausbildung ohnehin von der Gefährlichkeitsfeststellung ausgenommen sind (vgl. Erl. zu § 18), geht die Einschränkung ins Leere.

In diesem Zusammenhang ist darauf hinzuweisen, dass **wildernde Hunde** durch Jäger getötet werden können. Als wildernd gelten Hunde, die in einem Jagdbezirk außerhalb der Einwirkung der sie führenden Person sichtbar Wild verfolgen oder reißen (vgl. § 21 Abs. 1 Nr. 2 LJagdG).

Ein **Reißen** liegt vor, wenn ein Hund Wild, Vieh oder ein anderes Tier zu Tode beißt oder versucht, es tot zu beißen (vgl. *Seilmeier/Walz*, S. 494).

§ 7 Abs. 1 Satz 1 Nr. 4 HundeG entspricht im Wesentlichen dem vormaligen § 3 Abs. 3 Nr. Nr. 5 GefHG sowie dem früheren § 3 Abs. 1 Nr. 5 GefHVO.

3. Feststellung der Gefährlichkeit eines Hundes i. S. v. § 7 Abs. 1 Satz 2 HundeG

Bei der Feststellung der Gefährlichkeit im Einzelfall (§ 7 Abs. 1 Satz 2 HundeG) handelt es sich um einen **feststellenden Verwaltungsakt** (vgl. VG Lüneburg, Beschl. vom 7.6.2004 – 6 B 73/04 –, zit. n. *Stabno*, Erl. 1 zu § 3 Abs. 2 Satz 2 NHundG; *Gebel*, S. 312; **a. A.** *Haurand*, Erl. 4 zu § 3 LHundG NRW), der angesichts der an die Feststellung anknüpfenden Erlaubnis- und Verhaltenspflichten (vgl. Erl. 1 zu § 14) einen belastenden Charakter hat. Daraus folgt, dass der Halter des Hundes vor der Gefährlichkeitsfeststellung grundsätzlich anzuhören ist (vgl. § 87 LVwG; *Stabno*, ebd. m. w. N.).

3.1 Sachverhaltsermittlung und Entscheidung der Behörde

Über das Vorliegen der Voraussetzungen des § 7 Abs. 1 Satz 2 HundeG entscheidet die Ordnungsbehörde aufgrund des ermittelten Sachverhaltes. Neben die Feststellung der Verwirklichung eines der in § 7 Abs. 1 Satz 1 Nr. 1– 4 HundeG normierten Regelbeispiele muss seitens der Behörde eine **Gefahrenprognose** treten, denn nach § 7 Abs. 1 Satz 2 HundeG muss die Prüfung der Tatsachen (Sachverhalte i. S. v. Satz 1) den Verdacht rechtfertigen, dass von dem Hund eine Gefahr für die öffentliche Sicherheit ausgeht. Gefahrenabwehrrechtlich konsequent muss ein regelungsbeispielhafter Sachverhalt aus der Vergangenheit (bzw. wörtlich „Hinweise darauf", § 7 Abs. 1 Satz 1 HundeG) zu einer Gefahrenprognose für die Zukunft führen. Dies wird in aller Regel beim Nachweis einer der in § 7 Abs. 1 Satz 1 Nr. 1– 4 HundeG enthaltenen Fallkonstellationen der Fall sein, lediglich Ausnahmesachverhalte begründen ggf. Umstände, die keine Gefahrenprognose begründen. Wird bspw. ein Hund beim Reißen eines anderen Tieres so schwer verletzt, dass Angriffe seinerseits körperlich zukünftig ausgeschlossen sind, ist eine Gefährlichkeitseinstufung nicht angezeigt. Ermessen wird der Behörde durch die Formulierung des § 7 Abs. 1 Satz 2 HundeG nicht eingeräumt; es handelt sich um eine **gebundene Entscheidung**. Die zugehörige Verwaltungsvorschrift indes geht von einer Ermessensentscheidung seitens der Behörde aus (vgl. Tz. 7.1 VwV-HundeG). Dies wird begründet mit einer entsprechenden Äußerung im Gesetzgebungsverfahren (vgl. LT-Umdruck 18/4200). Diese allerdings hat keinen Niederschlag im Gesetz gefunden; eine Ermessensentscheidung seitens der Behörde ist nicht vom Wortlaut des § 7 Abs. 1 HundeG gedeckt (vgl. OVG Schleswig-Holstein, Beschl. vom 3.4.2019 – 4 MB 3/19 –, Rn. 4, zit. n. juris).

Es gilt der **Untersuchungsgrundsatz** des § 83 LVwG. Danach ermittelt die Ordnungsbehörde den Sachverhalt von Amts wegen. Art und Umfang der Ermittlungen bestimmt sie im pflichtgemäßen Ermessen (vgl. *Foerster/Friedersen/Rohde*, Erl. 2 zu § 83 LVwG). Hierbei gilt: Je schwerer der zu befürchtende Schaden ist, desto größer müssen die Anstrengungen der Ordnungsbehörde sein, den Sachverhalt aufzuklären. Zumindest sollte die Ordnungsbehörde Beschwerden von Bürgern nachgehen, insbesondere dann, wenn diese wiederholt und von verschiedenen Personen vorgebracht werden. Das ordnungsbehördliche Einschreiten ist jedenfalls nicht von der Erstattung einer polizeilichen Anzeige abhängig zu machen (vgl. auch OVG Lüneburg, Beschl. vom 16.8.2004 – 11 LA 404/03 –, zit. n. *Stabno*, Erl. 5 zu § 3 Abs. 2 Satz 1 NHundG). Bei der Einstufung der Gefährlichkeit eines Hundes ist die Ordnungsbehörde nicht an zivil- oder strafrechtliche Entscheidungen gebunden (vgl. VG Braunschweig, Beschl. vom 15.1.2004 – 5 B 535/03 –, zit. n. *Stabno*, ebd.). Im Übrigen wird ein Zuwarten auf den Ausgang der betreffenden Verfahren regelmäßig nicht mit den Belangen der Gefahrenabwehr vereinbar sein. Kommt die Behörde zu dem Ergebnis, dass die Voraussetzungen mindestens einer Tatbestandsalternative des § 7 Abs. 1 Satz 1 HundeG vorliegen, so muss sie die Gefährlichkeit des Hundes feststellen. Hierbei verfügt sie über keinerlei Ermessen; es handelt sich um eine gebundene Entscheidung. Umso wichtiger ist eine genaue Aufklärung des Sachverhaltes seitens der Behörde.

Einer tierärztlichen Untersuchung bedarf es nicht. Es geht allein darum, ob der Hund durch sein gezeigtes Verhalten die betreffenden Tatbestände erfüllt hat (vgl. LT-Drs. 15/3471 S. 33). Einer Erforschung der Beweggründe des Tieres, die von einem Tierarzt zu leisten wäre, ist dazu nicht erforderlich.

Gleichwohl können bei der Gefährlichkeitsfeststellung Unsicherheiten bestehen, z. B. dann, wenn eine Person zwei Hunde hält und unklar ist, welches Tier verhaltensauffällig geworden ist. In diesem Zweifelsfall kann nicht pauschal die Gefährlichkeit beider Hunde angenommen werden (vgl. VG Chemnitz, Beschl. vom 23.7.2003 – 3 K 715/03 –, zit. n. *Stabno*, Erl. 5 zu § 3 Abs. 2 Satz 1 NHundG). Es besteht dann aber ein hinreichender Anfangsverdacht, um eine tierärztliche Begutachtung der Hunde anzuordnen (§ 7 Abs. 3 HundeG, vgl. Erl. 5).

Adressat des Verwaltungsaktes zur Gefährlichkeitsfeststellung ist der **Hundehalter** (vgl. Erl. 4.1 zu § 1). Ihm sind die Tatsachen, die Anlass zur Gefährlichkeitseinstufung seines Hundes geben, nachvollziehbar darzustellen (vgl. § 109 Abs. 1 LVwG). Ferner sollte die Gefährlichkeitsfeststellung zum Anlass genommen werden, den Halter auf die Erlaubnispflicht für seinen gefährlichen Hund hinzuweisen. Zur **Verfahrensbeschleunigung** bietet es sich an, dabei die Untersagung der Hundehaltung für den Fall anzukündigen, dass der Halter keinen Antrag auf Erlaubnis stellt, und ihm insoweit vorsorglich Gelegenheit zur Stellungnahme zu geben. Wird die Antragstellung dann tatsächlich verweigert, kann die Ordnungsbehörde unverzüglich einschreiten (vgl. Erl. 4 f. zu § 9). Im Übrigen sollte der Hundehalter auf die mit der Feststellung der Gefährlichkeit seines Hundes verbundenen Verhaltenspflichten hingewiesen werden (vgl. § 83a LVwG). Es bietet sich an, dazu ein standardisiertes Informationsblatt zu verwenden, das der Gefährlichkeitseinstufung beigefügt wird.

Die Gefährlichkeitsfeststellung kann wie folgt gefasst werden (vgl. VG Lüneburg, Beschl. vom 7.6.2004 – 6 B 73/04 –, zit. n. *Stabno*, Erl. 1 zu § 3 Abs. 2 Satz 2 NHundG):

Beispiel: Feststellung der Gefährlichkeit eines Hundes vom 30.8.2019

I. Entscheidung

1. *Hiermit stelle ich fest, dass Ihr Rottweiler Romeo als gefährlich im Sinne des § 7 Abs. 1 Satz 1 Nr. 1 des Hundegesetzes (HundeG) gilt.*
2. *Die Entscheidung ergeht verwaltungskostenfrei.*

II. Sachverhalt

Am 15.8.2019 erhielt ich über die Polizeistation Musterdorf Kenntnis darüber, dass Ihr Rottweiler Romeo am 2.8.2019 gegen 16:30 Uhr auf dem Wanderweg an der

Musterau auf der Höhe des Forsthauses Herrn Martin Mustermann grundlos angegriffen hat. Herr Mustermann ist beim Joggen von Ihrem Hund angesprungen, gebissen und zu Boden gestoßen worden. Ausweislich des mir vorliegenden medizinischen Gutachtens der behandelnden Ärztin erlitt Herr Mustermann dabei eine oberflächliche Bissverletzung im Bereich des linken Oberarms mit umgebenden Bluterguss. Mit Schreiben vom 16.8.2019 habe ich Ihnen Gelegenheit gegeben, sich dazu zu äußern. Hiervon haben Sie keinen Gebrauch gemacht.

III. Begründung

Die Feststellung der Gefährlichkeit Ihres Hundes erfolgt aufgrund von § 7 Abs. 1 Satz 1 Nr. 1 i. V. m. § 7 Abs. 1 Satz 2 HundeG. Danach stellt die Ordnungsbehörde im Einzelfall fest, dass ein Hund, der einen Menschen gebissen hat, sofern dies nicht zur Verteidigung anlässlich einer strafbaren Handlung oder aus dem elementaren Selbsterhaltungstrieb des Hundes geschah, als gefährlich gilt.

Ein Hundebiss ist dann gegeben, wenn ein Hund durch Einsatz der Zähne von Ober- und Unterkiefer physische Gewalt auf einen Menschen oder eine Sache ausübt. Auf den „Zerfleischungserfolg" kommt es nicht an (OVG Münster, Urt. vom 26.1.1987 – 4 A 605/85 –, dazu Hamann, DÖV 1989 S. 209, 211; auch VG Schleswig, Beschl. vom 17.10.2005 – 3 B 180/05 –). Ihr Rottweiler hat auf dem Oberarm des Herrn Mustermann derart Gewalt ausgeübt, dass sich die Zähne von Ober- und Unterkiefer des Hundes als Bluterguss abzeichnen. Es liegt somit ein Hundebiss vor. Einer offenen Wunde bedarf es dazu nicht.

Anhaltspunkte dafür, dass der Hundebiss zur Verteidigung anlässlich einer strafbaren Handlung oder aus dem elementaren Selbsterhaltungstrieb des Hundes geschah und deswegen nicht zur Feststellung der Gefährlichkeit führt, sind nicht ersichtlich. Eine Verteidigung anlässlich einer strafbaren Handlung liegt dann vor, wenn der Hundebiss geeignet ist, den den Straftatbestand ausfüllenden Angriff unmittelbar abzuwehren. Dies ist in aller Regel bei einem Angriff auf die körperliche Integrität oder bei Eigentumsdelikten der Fall (OVG Schleswig, Urt. vom 29.5.2001 = NVwZ 2001 S. 1300, 1305). Zu denken ist hier z. B. an die Abwehr eines Einbrechers. Der Biss wäre aus dem elementaren Selbsterhaltungstrieb Ihres Hundes bspw. auch im Falle einer erheblichen Provokation des Tieres gerechtfertigt gewesen. Herr Mustermann ist von Ihrem Hund aber grundlos gebissen worden. Der Biss ist somit nicht als Abwehrhandlung zu rechtfertigen. Es ist zu befürchten, dass ein Hund, der einen Menschen gebissen hat, erneut zubeißen wird, wenn das Tier nicht von einer geeigneten Person sicher gehalten und geführt wird.

Das Hundegesetz sieht daher vor, dass ein solcher Hund als gefährlich einzustufen ist. Mir ist dabei keinerlei Ermessen eingeräumt. Aufgrund des vorliegenden Sachverhaltes muss ich daher die Gefährlichkeit Ihres Rottweilers feststellen.

Die Feststellung der Gefährlichkeit dient der Gefahrenabwehr. Zur Vorsorge und Abwehr der von einem gefährlichen Hund ausgehenden Gefahren sieht das Hundegesetz daher vor, dass die Eignung des Halters in einem Erlaubnisverfahren überprüft wird. Die Erlaubnis ist bei mir zu beantragen (§§ 8, 9 HundeG). Ferner sind die Pflichten zum sicheren Halten und Führen eines gefährlichen Hundes zu beachten (§ 14 HundeG). Ich verweise insoweit auf den nachstehenden Hinweis und auf das beigefügte Merkblatt.

Meine Zuständigkeit für diese Entscheidung ergibt sich aus § 2 Satz 2 HundeG.

IV. Rechtsbehelfsbelehrung

Gegen diesen Bescheid können Sie innerhalb eines Monats nach Bekanntgabe Widerspruch einlegen. Der Widerspruch ist bei mir (Anschrift siehe oben) schriftlich einzulegen oder zur Niederschrift zu erklären.

Widerspruch und Klage gegen die Feststellung der Gefährlichkeit Ihres Hundes haben keine aufschiebende Wirkung (§ 7 Abs. 1 Satz 3 HundeG). Das bedeutet, dass Sie die Pflichten, die das Hundegesetz für das Halten und Führen eines gefähr-

lichen Hundes vorsieht, auch dann zu befolgen haben, wenn Sie einen Rechtsbehelf einlegen sollten.
Gegen die gesetzlich vorgeschriebene sofortige Vollziehung können Sie gemäß § 80 Abs. 5 der Verwaltungsgerichtsordnung beim Verwaltungsgericht in Schleswig, Brockdorff-Rantzau-Straße 13 formlos einen Antrag stellen, die aufschiebende Wirkung ganz oder teilweise wieder anzuordnen.

V. Hinweis
Die Haltung eines gefährlichen Hundes bedarf der Erlaubnis (§ 8 Abs. 1 HundeG). Die Erlaubnis gilt mit der Antragstellung vorläufig als erteilt (§ 9 Abs. 1 Satz 2 HundeG). Sofern Sie die Haltererlaubnis nicht unverzüglich beantragen, beabsichtige ich, Ihnen die Haltung Ihres Hundes zu untersagen und Ihnen aufzugeben, das Tier an eine geeignete Person oder an ein Tierheim abzugeben. Es handelt sich hierbei um eine Maßnahme zur Gefahrenabwehr (§§ 174, 176 Abs. 1 Nr. 1 Landesverwaltungsgesetz – LVwG). Vorsorglich gebe ich Ihnen hiermit Gelegenheit, bis spätestens zum 14.9.2019 zu der beabsichtigten Untersagungs- und Abgabeverfügung Stellung zu nehmen (§ 87 LVwG). Sie sind nicht verpflichtet, sich zu äußern. Sollten Sie keine Angaben machen, werde ich nach Aktenlage entscheiden.
Im Übrigen weise ich Sie darauf hin, dass die rechtswidrige Haltung eines gefährlichen Hundes mit einem Bußgeld in Höhe von bis zu 10 000 Euro geahndet werden kann (§ 20 Abs. 1 Nr. 9, Abs. 2 HundeG).

3.2 Keine aufschiebende Wirkung von Widerspruch und Klage

Gegen die Feststellung der Gefährlichkeit ist der Verwaltungsrechtsweg eröffnet (vgl. § 40 Abs. 1 VwGO). Grundsätzlich haben Widerspruch und Klage aufschiebende Wirkung (vgl. § 80 Abs. 1 VwGO). Der Verwaltungsakt kann dann nicht vollzogen werden. Dies gilt auch für Maßnahmen, die an einen feststellenden Verwaltungsakt anknüpfen. Es besteht insoweit ein umfassendes Verwirklichungs- und Ausnutzungsverbot (vgl. *Kopp/Schenke*, § 80 Rn. 28 ff.).

Dieser Grundsatz gilt allerdings nicht für die Gefährlichkeitsfeststellung nach § 7 Abs. 1 Satz 2 HundeG. Hier entfällt wegen der gesetzlichen Ausnahmeregelung des § 7 Abs. 1 Satz 3 HundeG die aufschiebende Wirkung (vgl. § 80 Abs. 2 Nr. 3 VwGO). Der Hundehalter kann den feststellenden Verwaltungsakt zwar anfechten, die Feststellung der Gefährlichkeit des Tieres bleibt davon aber unberührt. Auch kann das Verfahren zur Erteilung der Haltererlaubnis nicht in entsprechender Anwendung des § 94 VwGO wegen des eingelegten Rechtsbehelfs bis zu einer Entscheidung über die Rechtmäßigkeit der Gefährlichkeitsfeststellung ausgesetzt werden. Die mit dem Halten eines gefährlichen Hundes verbundenen Erlaubnis- und Verhaltenspflichten sind somit umgehend zu befolgen. Kommt der Hundehalter dem nicht nach, kann die Ordnungsbehörde die Rechtspflichten im Wege der Gefahrenabwehr einfordern (vgl. Erl. 2.1.3. zu § 19) oder die Rechtsverstöße als Ordnungswidrigkeiten verfolgen (vgl. Erl. 1 zu § 20).

Die gesetzliche **Aufhebung der aufschiebenden Wirkung** trägt den Belangen der Gefahrenabwehr Rechnung: In den Fällen des § 7 Abs. 1 Satz 1 HundeG geht von dem Hund eine Gefahr für die öffentliche Sicherheit aus, die typischerweise geeignet ist, hochrangige Schutzgüter wie das menschliche Leben und die menschliche Gesundheit zu bedrohen (vgl. Erl. 2 zu § 8). Um dieser Gefahr effektiv zu begegnen, wird die Ordnungsbehörde in die Lage versetzt, die für den Umgang mit gefährlichen Hunden geltenden Rechtspflichten umgehend und erforderlichenfalls im Wege des Verwaltungszwangs gegenüber dem Halter durchzusetzen. Einer Begründung des sofortigen Vollzugsinteresses bedarf es dazu nicht mehr (vgl. § 80 Abs. 3, Abs. 2 Nr. 4 VwGO).

Bestehen ernstliche Zweifel an der Rechtmäßigkeit der Feststellung der Gefährlichkeit eines Hundes, steht es dem Halter frei, bei der Ordnungsbehörde, die den feststellenden Verwaltungsakt erlassen hat, oder bei der Widerspruchsbehörde (vgl. § 73 Abs. 1 VwGO) die Aussetzung der sofortigen Vollziehung zu erwirken (vgl. § 80 Abs. 4 VwGO). Die Widerherstellung der aufschiebenden Wirkung kann auf Antrag auch vom Verwaltungsgericht angeordnet werden (vgl. § 80 Abs. 5 VwGO).

4. Feststellung der Gefährlichkeit außerhalb Schleswig-Holsteins

Wurde ein Hund bereits außerhalb Schleswig-Holsteins als gefährlich eingestuft, ordnet § 7 Abs. 2 HundeG an, dass der Halter dies der zuständigen Behörde unverzüglich mitzuteilen hat. Unverzüglich bedeutet ohne schuldhaftes Zögern. Nach Sinn und Zweck dieser Regelung trifft diese Pflicht nicht den Touristen, der mit einem als gefährlich eingestuften Hund Urlaub in Schleswig-Holstein verbringt. Vielmehr muss die Tierhaltung in Schleswig-Holstein erfolgen (vgl. Erl. 4.1 zu § 1). Wird bspw. ein als gefährlich eingestufter Hund in einem anderen Bundesland gekauft und zwecks Haltung nach Schleswig-Holstein verbracht, greift die Meldepflicht sofort. Der neue Halter hat binnen weniger Tage der zuständigen Behörde am Halterort den Umstand anzuzeigen. Anhaltspunkte liefert insofern auch die Regelung in § 8 Abs. 2 Nr. 2 HundeG.

Die Gefährlichkeitseinstufung außerhalb Schleswig-Holsteins gilt nicht automatisch fort, die zuständige Behörde prüft aber zwingend, ob der Hund auch nach schleswig-holsteinischem Recht als gefährlich einzustufen ist. Maßstab ist allein § 7 Abs. 1 Satz 2 HundeG, nämlich ob von dem Hund eine Gefahr für die öffentliche Sicherheit ausgeht. Ein Sachverhalt i. S. v. § 7 Abs. 1 Nr. 1– 4 HundeG muss nicht vorliegen, die dort genannten Umstände dienen aber als Anhaltspunkte, wann ein Hund als gefährlich einzuordnen ist.

5. Anordnung einer tierärztlichen Begutachtung

Bestehen Zweifel an der Gefährlichkeit eines Hundes, ist die Ordnungsbehörde gem. § 7 Abs. 3 HundeG befugt, eine tierärztliche Begutachtung anzuordnen. Dies gilt für alle Fälle des § 7 Abs. 2 (vgl. Tz. 7.3 VwV-HundeG).

Bei der Anordnung der tierärztlichen Begutachtung handelt es sich um eine Maßnahme zur Gefahrerforschung. Voraussetzung dafür ist ein **Anfangsverdacht**. Es müssen der Ordnungsbehörde Tatsachen bekannt sein, die für eine Gefährlichkeit des Hundes sprechen, also ein nachweisbar gezeigtes Verhalten. Vage Vermutungen reichen nicht aus (vgl. Erl. 3.1).

Die tierärztliche Begutachtung des Hundes ist vom Halter auf dessen Kosten in Auftrag zu geben. Die Ordnungsbehörde ordnet die Begutachtung lediglich an, betreibt sie aber nicht selbst. Dies sollte dem Halter in der Anordnung deutlich gemacht werden.

Die Anordnung der tierärztlichen Begutachtung muss hinreichend bestimmt sein. Aus der Verfügung muss klar hervorgehen, welche Frage durch das Gutachten geklärt werden soll. Auch ist zu bestimmen, wer die Untersuchung vorzunehmen hat. Dazu sollten dem Halter verschiedene geeignete Tierärzte zur Auswahl gegeben werden (vgl. Tz. 7.3 VwV-HundeG). Geeignete Tierärzte vermittelt die Tierärztekammer Schleswig-Holstein (Hamburger Str. 99a, 25746 Heide; siehe auch www.sh.tieraerztekammer.de).

Die Begutachtung darf nur von einem **Tierarzt** durchgeführt werden. Die Vorgängerregelung des § 3 Abs. 5 GefHG stellte ausdrücklich einschränkende Anforderungen an die Auswahl des begutachtenden Tierarztes auf: „die oder der in der Verhaltenskunde von Hunden erfahren ist". Dies war zumindest bei Fachtierärzten für Verhaltenskunde sowie bei Tierärzten mit der Zusatzbezeichnung Verhaltenskunde und -therapie anzunehmen, wenn diese zur Abnahme eines Wesenstests von der Tierärztekammer zugelassen worden sind (vgl. § 2 Abs. 1 WesenstestVO). In Betracht kamen aber auch Amtstierärzte oder Tierärzte, die entsprechend qualifiziert sind (vgl. LT-Drs. 15/3471 S. 33). Personen, die nicht als Tierarzt approbiert, aber von der Tierärztekammer zur Abnahme von Wesenstests zugelassen worden sind (vgl. Erl. 3 zu § 13), scheiden – angesichts des insoweit eindeutigen Wortlauts der Vorschrift – als Gutachter nach § 7 Abs. 3 HundeG aus.

Zur Beibringung des Gutachtens ist dem Halter eine angemessene Frist zu setzen. Bei der Fristsetzung sollte die Verfügbarkeit geeigneter Tierärzte berücksichtigt werden. Im Regelfall dürfte ein Monat hierfür auskömmlich sein.

Für den Zeitraum zwischen der Anordnung der tierärztlichen Begutachtung und einer etwaigen Gefährlichkeitsfeststellung kann die Ordnungsbehörde **vorläufige Verhaltenspflichten zur Gefahrenabwehr** anordnen, z. B. dass der Hund außerhalb eines ausbruchssicheren Grundstücks an der Leine zu führen ist und einen Maulkorb tragen muss (vgl. Erl. 2.1.4 zu § 19). Hierin ist keine unzulässige endgültige Gefahrbeseitigung zu sehen (vgl. Erl. 2 zu § 1; VG Schleswig, Beschl. vom 27.10.2005 – 3 B 185/05 –; *Haurand*, Erl. 5 zu § 3 LHundG NRW; auch VG Gießen, Beschl. vom 3.8.1992 = NVwZ-RR 1993 S. 248, 250). In Betracht kommen auch vorläufige Schutzvorkehrungen auf dem Grundstück des Halters oder Betreuers des Tieres (vgl. auch BayVGH, Urt. vom 8.12.1993, zit. n. *Jahn*, S. 750).

Beispiel: Anordnung einer tierärztlichen Begutachtung vom 13.6.2019

Hiermit ordne ich an, dass Sie Ihren Labrador Retriever Zeus daraufhin zu begutachten haben, ob das Tier gefährlich ist. Die Begutachtung ist von

- *Frau Dr. Martina Musterfrau, Musterstraße 1, 24000 Musterdorf oder*
- *Herrn Dr. Markus Mustermann, Mustergasse 3, 24000 Musterdorf*

vorzunehmen. Das Gutachten ist mir
spätestens bis zum 18.7.2019
zu übersenden. Rechtsgrundlage der Anordnung ist § 7 Abs. 3 des Hundegesetzes (HundeG).
Die Kosten für die Begutachtung haben Sie zu tragen. Sollten Sie die Begutachtung Ihres Hundes verweigern oder mir das Gutachten nicht fristgerecht übersenden, nehme ich dies zum Anlass, von der Gefährlichkeit Ihres Hundes im Sinne des Hundegesetzes auszugehen. Die Gefährlichkeit ihres Hundes wird dann von mir festgestellt (§ 7 Abs. 1 Satz 2 HundeG). Vorsorglich weise ich darauf hin, dass die Haltung gefährlicher Hunde einer ordnungsbehördlichen Erlaubnis bedarf (§ 8 Abs. 1 HundeG).

Beispiel: Vorläufige Schutzvorkehrungen auf dem Grundstück des Halters

A ist Halter eines ausgewachsenen Rottweilers. Er lässt das Tier unbeaufsichtigt auf seinem Grundstück umherlaufen. Das Grundstück ist durch einen niedrigen Jägerzaun eingefriedet, der von dem Hund ohne Weiteres übersprungen werden kann. Wenn sich Passanten dem Grundstück nähern, zeigt sich der Hund aggressiv. Das Tier schlägt dann nicht nur an, sondern läuft zum Zaun und stellt die Passanten. Zu einem Beißvorfall ist es aber noch nicht gekommen. Die Aggressionen des Hundes können im gewissen Umfang als arttypisches Revierverhalten gewertet werden (vgl. Erl. 2.2). Um Klarheit darüber zu erhalten, ob der Hund als gefährlich einzustufen ist, ordnet die Ordnungsbehörde dessen tierärztliche Begutachtung an. Gleichwohl steht bis zur Aufklärung des Gefahrenverdachts aufgrund des von dem Rottweiler gezeigten Verhaltens zu befürchten, dass das Tier den Zaun überwindet und Menschen oder andere Tiere verletzt. Aufgrund der besonderen Situation am Grundstück des A verfügt die Ordnungsbehörde daher, dass der Hund vorläufig nicht mehr unbeaufsichtigt laufen gelassen werden darf. Von einer Anordnung zur ausbruchsicheren Unterbringung des Hundes, z. B. in einem Zwinger oder auf einem hinreichend hoch eingezäunten Grundstück sieht die Ordnungsbehörde vorerst ab, da diese Maßnahmen auf die endgültige Beseitigung der noch zu erforschenden Gefahr abzielen würden.

Die Anordnung der tierärztlichen Begutachtung stellt keinen Verwaltungsakt dar (**a. A.** *Haurand*, Erl. 4 zu § 3 LHundG NRW). Es handelt es sich um eine **unselbständige Verfahrenshandlung**, die der Vorbereitung der Entscheidung über die Gefährlichkeit des Hundes dient. Die Anordnung begründet nicht die selbständige Pflicht des Halters, seinen Hund einer tierärztlichen Untersuchung zu unterziehen, sondern konkretisiert lediglich dessen nach § 16 Abs. 4 HundeG bestehende Mitwirkungspflicht an der Aufklärung des Sachverhaltes (vgl. Erl. 2 zu § 16).

Verweigert der Halter die **Mitwirkung** an der Sachverhaltsaufklärung, kann die Ordnungsbehörde aus dem Verhalten Schlüsse ziehen und zu der Annahme gelangen, dass der Halter Tatsachen verbergen will, die die Gefährlichkeit des Hundes belegen. Eine Weigerung ist auch dann nicht gerechtfertigt, wenn der Halter geltend macht, dass es ihm an der finanziellen Leistungsfähigkeit zur Bezahlung des Gutachtens fehlt (vgl. auch *Haurand*, Erl. 6.3 zu § 7 LHundG). Infolge der Weigerung kann sich der aufgrund bestimmter Tatsachen gegebene Anfangsverdacht zur Gewissheit verdichten, dass es sich bei dem zu untersuchenden Tier um einen gefährlichen Hund handelt. Voraussetzung für diese Schlussfolgerung ist, dass die Anordnung der Begutachtung rechtmäßig erging und der Halter über die negativen Auswirkungen einer Weigerung aufgeklärt wurde. Die Anordnung sollte daher einen entsprechenden Hinweis enthalten (vgl. BVerwG, Urt. vom 28.11.1969 = NJW 1970 S. 1989, 1989 m. w. N.; *Kopp/Ramsauer*, § 35 Rn. 109; § 26 Rn. 44, § 24 Rn. 12a ff. VwVfG; *Foerster/Friedersen/Rohde*, Erl. 3 zu § 83 LVwG).

Da die Ordnungsbehörde bei einer Weigerung des Halters von der Gefährlichkeit des Hundes ausgehen kann, kommt eine zwangsweise Durchsetzung der Anordnung der tierärztlichen Begutachtung nicht in Betracht (**a. A.** *Haurand*, Erl. 4.1 zu § 3 LHundG NRW). Sie ist nicht erforderlich und daher unverhältnismäßig. Den Belangen der Gefahrenabwehr wird durch die Gefährlichkeitseinstufung des Hundes hinreichend Rechnung getragen.

Als unselbständige Verfahrenshandlung, die nicht „vollstreckt", d. h. vollzogen werden kann, ist die Anordnung der tierärztlichen Begutachtung nicht gesondert anfechtbar (§ 44a VwGO). Deren Rechtswidrigkeit kann grundsätzlich nur im Rahmen des Rechtsbehelfs in der Hauptsache, also bei der Überprüfung der Feststellung der Gefährlichkeit des Hundes geltend gemacht werden (vgl. *Kopp/Schenke*, § 44a Rn. 7 f.). Wird die Gefährlichkeit des Hundes nicht festgestellt, fehlt es an einer anfechtbaren Sachentscheidung. In diesem Fall kann die Anordnung der tierärztlichen Begutachtung ausnahmsweise isoliert angefochten werden (vgl. ebd., Rn. 12). Erging die Anordnung der tierärztlichen Begutachtung rechtswidrig, z. B. weil ein hinreichend begründeter Anfangsverdacht nicht vorlag, und trifft den anordnenden Mitarbeiter der Ordnungsbehörde dabei ein Verschulden, kann ein **Amtshaftungsanspruch** begründet sein, so dass der Halter von der Ordnungsbehörde Ersatz für die Kosten der Begutachtung verlangen kann.

Die Entscheidung über die Gefährlichkeit des Hundes obliegt der Ordnungsbehörde. Das tierärztliche Gutachten stellt lediglich eine Empfehlung dar, der die Behörde aber im Regelfall folgen wird. Bei dem Gutachten handelt es sich nicht um einen Verwaltungsakt. Es ist somit nicht gesondert anfechtbar. Ein Widerspruch des Halters kann sich lediglich gegen die daraufhin ergangene Gefährlichkeitsfeststellung richten (vgl. Erl. 4 zu § 3; *Haurand*, Erl. 4 zu § 3 LHundG NRW). Im Übrigen ersetzt die Begutachtung nicht den Wesenstest (vgl. VG Braunschweig, Beschl. vom 15.1.2004 –. 5 B 535/03 –, zit. n. *Stabno*, Erl. 3 zu § 12 Abs. 2 NHundG).

6. Resozialisierung

Die in § 7 Abs. 4 HundeG neu geschaffene Regelung sieht erstmals die Möglichkeit vor, dass auf Antrag festgestellt werden kann, dass die Voraussetzungen des § 7 Abs. 1 HundeG nicht mehr vorliegen. Der Hund gilt dann nicht mehr als gefährlich. Die Regelung geht auf zahlreiche Vorschläge aus der parlamentarischen Anhörung im Rahmen des Gesetzgebungsverfahrens und Erfahrungen aus der behördlichen Praxis zurück (vgl. Umdruck 18/4200 S. 25). Sie trägt dem Gedanken Rechnung, dass Hunde resozialisierbar, also vor allem durch die richtige Haltung und entsprechendes Training in der Lage sind, zu lernen, sich sozialadäquat zu verhalten. Dem Antrag des Halters ist ein tierärztliches Gutachten beizufügen (vgl. Erl. 5), aus dem hervorgeht, dass nach fachlichem Ermessen zukünftig keine Verhaltensweisen mehr zu erwarten sind, die einst zur Einstufung des Hundes als gefährlich führten. Ohne ein entsprechendes Gutachten kann die Behörde die Resozialisierung des Hundes nicht feststellen. Dem Gutachten des Tierarztes ist nicht zwingend Folge zu leisten, jedoch wird dies in den meisten Fällen die ermessensfehlerfreie Entscheidung sein, da der Veterinär über besondere fachliche Kompetenzen verfügt.

Bei § 7 Abs. 4 Satz 1 HundeG handelt es sich um eine Ermessensnorm. Hierbei hat die Behörde ihr Ermessen pflichtgemäß auszuüben. Der Antragssteller hat entsprechend keinen Anspruch auf Erlass des Widerrufsbescheides, sondern lediglich einen Anspruch auf pflichtgemäße Ermessensausübung seitens der Behörde.

Gemäß § 7 Abs. 4 Satz 2 HundeG kann der Antrag frühestens zwei Jahre nach Rechtskraft der Feststellung der Gefährlichkeit des Hundes, und ein Jahr nach dem erfolgreichen Bestehen des Wesenstestes gem. § 13 HundeG gestellt werden. Der bestandende Wesenstest ist also neben dem tierärztlichen Gutachten Voraussetzung für die Feststellung der Resozialisierung des Tieres. Um zu vermeiden, dass betroffene Halter direkt nach der Feststellung der Gefährlichkeit ihres Tieres den Antrag nach § 7 Abs. 4 HundeG stellen und so auf einem anderen als dem üblichen Weg (Widerspruch, Klage; vgl. Erl. 3.2) versuchen, Abhilfe zu schaffen und damit die Behörden belasten, ist die Antragstellung erst zwei Jahre nach der Rechtskraft der Feststellung möglich. Die Karenzzeit von einem Jahr ab Bestehen des Wesenstests nach § 13 HundeG stellt eine „Bewährungszeit" dar, in der Hund und Halter unter Beweis stellen müssen, dass das beim Wesenstest gezeigte sozialadäquate Verhalten auch nach Ablegung der Prüfung beständig gezeigt wird (vgl. Tz. 7.4 VwV-HundeG).

Die Möglichkeit festzustellen, dass die Voraussetzungen des § 7 Abs. 1 HundeG nicht mehr vorliegen, ist auch für die Verhältnismäßigkeit des Gesamtkonstrukts der gesetzlichen Regelungen in § 7 HundeG entscheidend, stellen doch irreversible Belastungen des Halters einen größeren Eingriff in dessen Grundrechte dar als solche, die reversibel sind.

7. „Beißstatistik"

Zur Evaluierung der gesetzlichen Regelung nach Abschaffung der sog. „Rasseliste" sieht Tz. 7.1 VwV-HundeG das Führen einer Statistik über Beißvorfälle vor. Mit ihrer Hilfe soll auch ermittelt werden, ob Hunde der Rassen, die unter § 2 Abs. 1 des HundVerbrEinfG genannt sind, nunmehr vermehrt durch Beißvorfälle auffallen. Diese Überprüfung entspricht auch dem Auftrag des BVerfG, den es in seinem Urteil zur Verfassungsmäßigkeit des HundVerbrEinfG an den Gesetzgeber stellte (BVerfG, Urt. vom 14.3.2004 – 1 BvR 1778/01 –, zit. n. juris, dort Rn. 97). Darin hielt das BVerfG den Gesetzgeber an, zu beobachten, ob eine Ungleichbehandlung der im Gesetz genannten Hunderassen im Vergleich zu anderen Rassen (weiterhin) gerechtfertigt ist. Dies ist dann nicht der Fall, wenn Hunde anderer als in der Vorschrift genannter Rassen im Verhältnis zu ihrer Population vergleichbar oft bei Beiß- und sonstigen gefährlichen Vorfällen auffällig werden. Zwar richtete sich die Aufforderung zur Beobachtung der Vorfälle durch das BVerfG an den Bundesgesetzgeber, dieser ist jedoch aufgrund mangelnder Kompetenz im Bereich des Gefahrenabwehrrechts bei der Erhebung der hierfür erforderlichen Daten auf die Mitwirkung der Länder angewiesen. Für den schleswig-holsteinischen Gesetzgeber wiederum ist die Erhebung der „Beißstatistik" nicht nur aus allgemeinen gefahrenabwehrrechtlichen Gründen von Interesse, sondern auch, um zu überprüfen, ob bspw. die Abkehr von der sog. „Rasseliste" den Anforderungen an die effektive Gefahrenabwehr genügt oder eine allgemeine Versicherungspflicht für alle Hunde eingeführt werden sollte.

Die Anforderungen an das Führen der Statistik sind in Tz. 7.1 VwV-HundeG genauer dargelegt. Es empfiehlt sich ein landesweit einheitliches Vorgehen, um vergleichbare Daten zu erhalten. Hierfür ist in Anlage 1 der VwV-HundeG ein Muster enthalten.

§ 8
Erlaubnisvorbehalt für das Halten gefährlicher Hunde

(1) Das Halten eines Hundes, dessen Gefährlichkeit nach § 7 festgestellt worden ist, bedarf der Erlaubnis der zuständigen Behörde.

(2) Einer Erlaubnis nach Absatz 1 bedürfen nicht

1. **die Inhaberinnen und Inhaber einer Erlaubnis nach § 11 Absatz 1 Nummer 3 des Tierschutzgesetzes zum Halten von Hunden in einem Tierheim oder einer ähnlichen Einrichtung für die dort gehaltenen Hunde und**
2. **wer seine alleinige Wohnung oder Hauptwohnung außerhalb Schleswig-Holsteins hat und sich mit seinem gefährlichen Hund nicht länger als zwei Monate ununterbrochen in Schleswig-Holstein aufhält. Die Haltungserlaubnis ist mitzuführen und auf Verlangen zur Prüfung vorzuzeigen.**

VwV-HundeG

Abschnitt 8

Zu § 8 – Erlaubnisvorbehalt für das Halten gefährlicher Hunde

8.1 *Erlaubnis; Erlaubnispflichtiger*

Die Haltung gefährlicher Hunde bedarf einer Erlaubnis. Die Erlaubnis ist personenbezogen. Sie gestattet einer bestimmten Person die Haltung eines bestimmten Hundes.

Hundehalter ist derjenige, wer nicht nur vorübergehend

a) die tatsächliche Bestimmungsmacht über einen Hund hat,

b) aus eigenem Interesse für die Kosten des Tieres aufkommt,

c) den allgemeinen Wert und Nutzen des Tieres für sich in Anspruch nimmt und

d) das Risiko seines Verlustes trägt.

Hundehalter können mehrere Personen (z. B. Eheleute) sein, auch juristische Personen. Sie müssen nicht Eigentümer des Tieres sein.

Der Finder eines zugelaufenen Hundes wird dann zu dessen Halter, wenn er ihn zu behalten beabsichtigt und somit ein eigenes Interesse am Tier hat. Dies ist dann anzunehmen, wenn der Finder den Hund nicht binnen einer Frist von zwei Wochen bei einem Tierheim abgibt oder bei den Behörden meldet. Dies ist nicht der Fall, wenn der Finder entschlossen ist, den Hund nach dessen Erholung zurückzugeben und ihn bis dahin, wenn auch für längere Zeit, pflegt und verwahrt.

Ein Tierheim oder ein Tierschutzverein, in dem herrenlos herumstreunenden Hunden Obdach und Pflege gewährt wird, und diese bei Nichtermittlung des Eigentümers von Fall zu Fall weiterverkauft werden, hat regelmäßig kein eigenes Interesse an den Tieren und wird somit nicht zu deren Halter (vergleiche Palandt, Kommentar zum Bürgerlichen Gesetzbuch, München 2016, Rn. 10 zu § 833 BGB; Münchner Kommentar zum BGB, München 2013, Rn. 25 zu § 833 BGB).

Ein eigenes Interesse am Tier ist hingegen zu bejahen, wenn das Tierheim oder der Tierschutzverein einen Hund dauerhaft aufnimmt. Da hier nicht mehr die Absicht der Vermittlung des Tieres im Vordergrund steht, wird das Tierheim oder der Tierschutzverein auch zu dessen Halter.

Erläuterungen

Übersicht

1. Erlaubnispflicht

Die Haltung gefährlicher Hunde bedarf der Erlaubnis. Dadurch soll erreicht werden, dass **gefährliche Hunde** nur unter bestimmten Voraussetzungen gehalten werden dürfen. Ziel der Regelung ist es, die Gefahren für Leben und Gesundheit von Menschen und Tieren, die von gefährlichen Hunden ausgehen können, soweit wie möglich zu reduzieren. Damit wird dem Sicherheitsbedürfnis der Allgemeinheit, insbesondere auch von älteren Menschen und Kindern, Rechnung getragen. Die Erlaubnispflicht versetzt die Ordnungsbehörden in die Lage, die Haltung gefährlicher Hunde effektiv zu überwachen und erforderlichenfalls ohne Zeitverzug Maßnahmen zur Gefahrenabwehr zu ergreifen (vgl. LT-Drs. 15/3471 S. 30).

Ob ein Hund gefährlich ist, ergibt sich aus § 7 Abs. 1 HundeG. Unabhängig von ihrer Rasse gelten Hunde gemäß § 7 Abs. 1 HundeG als gefährlich, wenn sie im Einzelfall wegen ihres Verhaltens (Beißvorfälle, gefahrdrohendes Anspringen o. Ä., unkontrolliertes Hetzen von Tieren; vgl. Erl. zu § 7) auffällig geworden sind. Die Feststellung der **Gefährlichkeit** obliegt der Ordnungsbehörde. Zur Prüfung ob ein Hund als gefährlich einzustufen ist, kann eine tierärztliche Begutachtung angeordnet werden (vgl. Erl. 5 zu § 7).

Hunde, für die die Gefährlichkeit im Einzelfall bereits aufgrund des vormaligen **§ 3 GefHG** festgestellt worden ist, gelten weiterhin als gefährlich, es sei denn, die Einstufung basierte lediglich auf ihrer Rassezugehörigkeit (vgl. Erl. 2 zu § 21). Dann hat die Behörde die Einstufung gem. § 21 Abs. 3 HundeG zu widerrufen (vgl. Erl. 2 zu § 21).

Als **präventives Verbot mit Erlaubnisvorbehalt** (vgl. OVG Münster, Beschl. vom 6.3.1997 = NVwZ 1997 S. 806, 807; auch *Maurer/Waldhoff*, § 9 Rn. 52 ff.) untersagt § 8 Abs. 1 HundeG zunächst die Haltung gefährlicher Hunde. Beantragt der Hundehalter die Erlaubnis (vgl. Erl. 1 zu § 9) und liegen die Voraussetzungen für deren Erteilung vor, hat er einen Anspruch auf die Zulassung. Eine Versagung der Erlaubnis kommt dann nicht in Betracht. Es handelt sich um eine gebundene Entscheidung, bei der der Ordnungsbehörde kein Ermessen zusteht (vgl. *Haurand*, Erl. 2.1 zu § 4 LHundG NRW).

Die Erlaubnis legalisiert ein konkretes Halterverhältnis. Sie gestattet einer bestimmten Person die Haltung eines bestimmten Hundes (vgl. Tz. 8.1 VwV-HundeG; *Hamann 1996*, S. 71 f.; *Scheidler*, S. 716 m. w. N.). Die **Voraussetzungen für die Erteilung** der Erlaubnis sind in § 10 Abs. 1 HundeG bestimmt. Danach muss der Hundehalter für das Halten des gefährlichen Hundes geeignet sein. Die erforderliche Eignung besitzt, wer volljährig, zuverlässig, persönlich geeignet und sachkundig ist (vgl. Erl. zu § 10). Ferner muss das Tier haftpflichtversichert (vgl. Erl. 1 zu § 6) und mit einem Mikrochip gekennzeichnet sein (vgl. Erl. zu § 5). Nach der Antragstellung gilt die Erlaubnis vorläufig bis zur Entscheidung über den Antrag als erteilt (vgl. Erl. 3 zu § 9). Betreiber von Tierheimen oder ähnlichen Einrichtungen sind von der Erlaubnispflicht ausgenommen (vgl. Erl. 3). Gleiches gilt für Personen, die sich nur vorübergehend mit ihrem gefährlichen Hund in Schleswig-Holstein aufhalten (vgl. Erl. 4).

Die Erlaubnis ist beim Ausführen des Hundes mitzuführen und auf Verlangen der Ordnungsbehörde oder der Polizei zur Prüfung auszuhändigen (vgl. Erl. 1 und 3 zu § 14). Vor diesem Hintergrund ist es zweckmäßig, die Erlaubnis schriftlich zu erteilen (vgl. *Haurand*,

Erl. 2.1 zu § 4 LHundG NRW). An einem fachaufsichtlich eingeführten Muster für eine Erlaubnis fehlt es. In Anlehnung an den Waffenschein (vgl. Anl. 15 WaffVwV) kann aber ein **Ausweis** ausgestellt werden, wobei die Verwendung roten Kartons vorgeschlagen wird. Damit wird sichergestellt, dass die Erlaubnis besser von der Berechtigung zum Führen eines gefährlichen Hundes (vgl. Erl. 3 zu § 14) und von der Befreiung von der Maulkorbpflicht (vgl. Erl. 5.2 zu § 14) zu unterscheiden ist.

Für die Erteilung der Erlaubnis ist eine **Verwaltungsgebühr** in Höhe von 100 Euro vorgesehen (vgl. Tarifstelle 27.6.1 AllgGebT). Bei einer Versagung der Erlaubnis fällt die Verwaltungsgebühr gemäß der Anm. zu 27.6.1, 27.6.2 und 27.6.4 AllgGebT ebenfalls an. In der Verwaltungspraxis bietet es sich an, den Ausweis zusammen mit dem Kostenbescheid zu versenden, in dem auch Hinweise über die Pflichten, die beim Halten und Führen gefährlicher Hunde zu beachten sind, aufgenommen werden können, z. B. in Form eines standardisierten Informationsblatts.

Sofern einem Halter Erlaubnisse für mehrere gefährliche Hunde erteilt werden, ist es vertretbar, die Verwaltungsgebühr nur einmal zu erheben. Die gebührenpflichtige Amtshandlung besteht im Wesentlichen darin, das Vorliegen der Zulassungsvoraussetzungen zu überprüfen. Dabei kommt es vor allem auf die Eignung des Halters an. Die Prüfung der Eignung des Halters erfolgt jedoch nicht jedes Mal aufs Neue, wenn die Erlaubnis für das Halten eines weiteren gefährlichen Hundes erteilt wird; dies zumindest dann nicht, wenn die Erlaubnisse zeitnah aufeinander folgend ergehen und die Haltung der unterschiedlichen Hunde nicht unterschiedliche Fähigkeiten voraussetzt.

2. Gefährlichkeitsfeststellung

Unabhängig von der Rassezugehörigkeit gilt ein Hund nach § 7 Abs. 1 HundeG als gefährlich, wenn er ein gefährliches Verhalten gezeigt hat. Bei diesen Tieren ist mit einer hohen Wahrscheinlichkeit anzunehmen, dass sie beim Zusammentreffen oder bei Auseinandersetzungen Menschen oder Tiere beißen (vgl. LT-Drs. 15/3471 S. 32). Es besteht beim Vorliegen der Tatbestände des § 7 Abs. 1 Satz 1 HundeG nicht nur ein Gefahrenverdacht, sondern eine **konkrete Gefahr** (vgl. Erl. 2 zu § 1; BVerwG, Urt. vom 18.12.2002 = Buchholz, 402.41, Nr. 73, S. 43 f.), da ein Schaden oder zumindest ein gefährliches Ereignis bereits eingetreten ist, z. B. ein Mensch gebissen wurde (vgl. Erl. 2.1 zu § 7). Die Ordnungsbehörde hat dann die Gefährlichkeit des Hundes festzustellen, um weiteren Schäden vorzubeugen.

Der Gesetzgeber hat sich also von der rein präventiven Gefahrenvorbeugung abgewandt, sah doch das GefHG a. F. noch die präventive Einstufung der Gefährlichkeit aufgrund von Rassezugehörigkeit oder bestimmter Eigenschaften wie besonderer Angriffslust vor (siehe auch Einleitung).

3. Ausnahmen für Inhaber einer Erlaubnis nach § 11 TierSchG

Gemäß § 8 Abs. 2 Nr. 1 HundeG sind die zugelassenen Betreiber von Tierheimen oder ähnlichen Einrichtungen von der Erlaubnispflicht zum Halten der in der Einrichtung untergebrachten gefährlichen Hunde ausgenommen. Ein **Tierheim** ist eine Einrichtung, deren wesentliche Aufgabe die Aufnahme, pflegliche Unterbringung und ggf. Weitervermittlung von Fund- und Abgabetieren ist. **Ähnliche Einrichtungen** sind Tierpensionen, Tierhotels usw., wo Tiere von ihren Eigentümern, Haltern oder Betreuern für eine gewisse Zeit untergebracht und später wieder abgeholt werden (vgl. *Hirth/Maisack/Moritz*, § 11 TierSchG Rn. 65).

Wer ein Tierheim oder eine ähnliche Einrichtung betreibt, bedarf einer **Erlaubnis** nach § 11 Abs. 1 Nr. 2 TierSchG. Die Erlaubnis darf nur erteilt werden, wenn die verantwortliche Person aufgrund ihrer Ausbildung oder ihres bisherigen beruflichen oder sonstigen Umgangs mit Tieren die für die Tätigkeit erforderlichen fachlichen Kenntnisse und Fähigkeiten (Sachkunde) besitzt (vgl. § 11 Abs. 2 Nr. 1 TierSchG). Ferner muss sie die erforderliche Zuverlässigkeit aufweisen.

Die erforderliche **Sachkunde** besitzt, wer insbesondere ausreichende Kenntnisse über die Biologie der entsprechenden Tierarten, über deren Aufzucht, Haltung, Fütterung und allgemeine Hygiene, über deren wichtigsten Krankheiten sowie über die einschlägigen tierschutzrechtlichen Bestimmungen hat. Bei Tierpflegern wird das Vorliegen der erforderlichen Sachkunde angenommen (vgl. Tz. 12.2.2.2 f. AVV; LT-Drs. 15/3981 S. 2). Mit der Ausnahmeregelung des § 8 Abs. 2 Nr. 1 HundeG geht der Gesetzgeber wie bei dem in § 4 Abs. 3 HundeG genannten Personenkreis davon aus, dass die zugelassenen Betreiber von Tierheimen oder ähnlichen Einrichtungen aufgrund ihres Berufes, über die erforderliche Sachkunde für den Umgang mit Hunden aller Art verfügen (vgl. Erl. 3 zu § 4).

Hinsichtlich der **Zuverlässigkeit** des Betreibers eines Tierheimes oder einer ähnlichen Einrichtung werden bei der Erteilung der tierschutzrechtlichen Erlaubnis entsprechende Anforderungen gestellt wie nach § 11 HundeG (vgl. Erl. zu § 11). Geprüft wird dabei auch die persönliche Eignung i. S. des § 12 HundeG (vgl. *Lorz/Metzger*, § 11 TierSchG Rn. 45 ff.).

Auf den ersten Blick erschließt sich die Erforderlichkeit der in § 8 Abs. 2 Nr. 1 HundeG enthaltenen Ausnahmeregelung nicht. Definitionsgemäß übernehmen die Betreiber von Tierheimen oder ähnlichen Einrichtungen im Wesentlichen lediglich die **Betreuung** der dort aufgenommenen Hunde (vgl. Erl. 4.2 zu § 1). Sie werden dann nicht zu deren Halter (vgl. Erl. 4.1 zu § 1). Folglich unterliegen sie insoweit auch nicht der Erlaubnispflicht (vgl. Erl. 1). § 8 Abs. 2 Nr. 1 HundeG kommt somit nur dann zum Tragen, wenn der Betreiber eines Tierheims oder einer ähnlichen Einrichtung einen Hund ausnahmsweise aus eigenem Interesse hält, z. B. um einem Fundtier ohne Vermittlungsaussicht ein „Gnadenbrot" zu gewähren (vgl. Erl. 4.1 zu § 1).

Gleichwohl geht die Ausnahmeregelung des § 8 Abs. 2 Nr. 1 HundeG nicht ins Leere. Ihre eigentliche Relevanz erhält sie im Hinblick auf die Berechtigung zum Führen eines gefährlichen Hundes. § 14 Abs. 6 Satz 1 HundeG verlangt, dass der Führer eines gefährlichen Hundes gleichermaßen geeignet sein muss wie dessen rechtmäßiger Halter. Er muss volljährig, zuverlässig, persönlich geeignet und sachkundig sein (vgl. Erl. 3 zu § 14). Das Vorliegen dieser Voraussetzungen nimmt der Gesetzgeber ausweislich der Ausnahmeregelung des § 8 Abs. 2 Nr. 1 HundeG für die zugelassenen Betreiber von Tierheimen oder ähnlichen Einrichtungen an. Ist jenen deswegen das Halten gefährlicher Hunde gestattet, müssen sie **erst recht berechtigt** sein, die **Tiere auszuführen**. Hieraus ist zu folgern, dass die Betreiber von Tierheimen oder ähnlichen Einrichtungen zum Führen der in der Einrichtung untergebrachten gefährlichen Hunde einer Bescheinigung nach § 14 Abs. 6 Satz 1 HundeG nicht bedürfen. Dies gilt allerdings nicht für das dort haupt- oder ehrenamtlich tätige Personal (vgl. Erl. 3 zu § 14).

Im Übrigen haben die zugelassenen Betreiber von Tierheimen oder ähnlichen Einrichtungen die Verhaltenspflichten des Hundegesetzes zu befolgen, z. B. die Anlein- und Maulkorbpflicht für gefährliche Hunde (vgl. Erl. 1 ff. zu § 14). Bei der Weitervermittlung eines gefährlichen Hundes müssen sie den Erwerber des Tieres über dessen Gefährlichkeit in Kenntnis setzen (§ 9 Abs. 1 Satz 4 HundeG, vgl. Erl. 4.1 zu § 9) und den neuen Halter der zuständigen Behörde melden.

4. Ausnahme für Gäste

Hundehalter, die ihre alleinige Wohnung oder Hauptwohnung außerhalb Schleswig-Holsteins haben und sich mit ihrem gefährlichen Hund nicht länger als zwei Monate ununterbrochen in Schleswig-Holstein aufhalten (Gäste), bedürfen keiner Erlaubnis nach § 8 Abs. 1 HundeG. Gäste können Schleswig-Holstein mit ihrem gefährlichen Hund somit auch mehrmals im Jahr jeweils bis zu zwei Monate bereisen, ohne der Erlaubnispflicht zu unterfallen. Zu denken ist hier an in Hamburg wohnhafte Halter, die ihren gefährlichen

Hund regelmäßig in Schleswig-Holstein ausführen. Personen ohne festen Wohnsitz unterfallen hingegen stets der Erlaubnispflicht nach § 8 Abs. 1 HundeG, da es ihnen an einer Wohnung fehlt.

Im Hinblick auf die Begriffe der **Wohnung** und Hauptwohnung kann auf das Melderecht zurückgegriffen werden (vgl. *Stabno*, Erl. zu § 3 Abs. 4 NHundG). Danach ist eine Wohnung jeder umschlossene Raum, der zum Wohnen oder Schlafen benutzt wird (vgl. § 11 Abs. 5 Satz 1 MRRG). Eine Hauptwohnung ist die vorwiegend benutzte Wohnung des Einwohners. Hauptwohnung eines verheirateten oder eine Lebenspartnerschaft führenden Einwohners, der nicht dauernd getrennt von seiner Familie oder seinem Lebenspartner lebt, ist die vorwiegend benutzte Wohnung der Familie oder der Lebenspartner. In Zweifelsfällen ist die vorwiegend benutzte Wohnung dort, wo der Schwerpunkt der Lebensbeziehungen des Einwohners liegt (vgl. 12 Abs. 2 Satz 1, 2 und 5 MRRG).

Die Ausnahme von der Erlaubnispflicht für Gäste erfolgt aus Gründen der Praktikabilität (vgl. LT-Drs. 15/3471 S. 33). Da das Erlaubnisverfahren allein wegen der bei der Antragstellung vorzulegenden Unterlagen drei Monate überschreiten kann (vgl. Erl. 4 zu § 10), ist die **Erlaubnispflicht** insoweit **unzweckmäßig**: Die Gäste würden ihre Erlaubnis erst dann erhalten, nachdem sie ihren Aufenthalt in Schleswig-Holstein beendet haben. Im Übrigen kann im Regelfall davon ausgegangen werden, dass der Gast in seinem Bundesland bereits eine Erlaubnis zum Halten seines gefährlichen Hundes erwirkt hat (vgl. Erl. zu § 17). Im Rahmen der Ausnahmeregelung des § 8 Abs. 2 Nr. 2 HundeG bedarf die dort erteilte Haltererlaubnis aber keiner Anerkennung nach § 17 HundeG.

Der Gast hat bei der Haltung seines gefährlichen Hundes die Verhaltenspflichten des Hundegesetzes zu befolgen, z. B. die Anlein- und Maulkorbpflicht (vgl. Erl. 1 zu § 14). Sofern auswärtige Halter gegen das Hundegesetz verstoßen, können Anordnungen zur Gefahrenabwehr getroffen (vgl. Erl. 2.1.3 f. zu § 19) und die Verstöße mit einem Bußgeld geahndet werden (vgl. Beispiel zu Erl. 2 zu § 20). In diesem Fall sollte die Ordnungsbehörde am Haltungsort des Gastes darüber in Kenntnis gesetzt werden, da der Rechtsverstoß die Zuverlässigkeit des Halters in Frage stellen könnte.

Ferner ist anzumerken, dass auswärtige Halter, die in ihrem Bundesland die Sozialverträglichkeit ihres gefährlichen Hundes im Wege eines in Schleswig-Holstein anerkannten Wesenstest nachgewiesen haben, von der Maulkorbpflicht befreit werden können (vgl. Erl. 5.2 zu § 14). Auch kann eine dort erteilte Befreiung nach § 17 HundeG anerkannt werden (vgl. Erl. zu § 17).

§ 9
Beantragung der Erlaubnis

(1) Die Hundehalterin oder der Hundehalter hat unverzüglich nach der Feststellung der Gefährlichkeit des Hundes eine Erlaubnis nach § 8 zu beantragen oder das Halten des Hundes aufzugeben. Wird die Erlaubnis beantragt, so gilt das Halten des gefährlichen Hundes bis zur Entscheidung über den Antrag als erlaubt. Die Person, die den Hund führt, hat eine von der zuständigen Behörde auszustellende Bescheinigung über die Antragstellung mitzuführen und auf Verlangen zur Prüfung vorzuzeigen. Wird die Haltung des Hundes aufgegeben, so sind der zuständigen Behörde Name und Anschrift der neuen Halterin oder des neuen Halters unverzüglich anzugeben; diese oder dieser ist darauf hinzuweisen, dass die Gefährlichkeit des Hundes festgestellt worden ist.

(2) Bei einem Wechsel des Haltungsortes eines gefährlichen Hundes unterrichtet die bisher zuständige Behörde die nunmehr zuständige Behörde über die Feststellung nach § 7 Absatz 1 sowie die Erteilung einer Erlaubnis nach § 8 Absatz 1 und eine Befreiung von der Maulkorbpflicht (§ 14 Absatz 4 Satz 3).

VwV-HundeG

Abschnitt 9

Zu § 9 – Beantragung der Erlaubnis

9.1 *Antragsunterlagen, Bescheinigungen*

Anträge für die Haltung von Hunden sind persönlich zu stellen. Folgende Antragsunterlagen sind von der Halterin oder dem Halter beizubringen:

a) Personalausweis oder Reisepass,

b) Führungszeugnis nach § 30 Abs. 5 BZRG (wird der Ordnungsbehörde vom Bundeszentralregister übersandt; § 11 Abs. 2),

c) gegebenenfalls fachärztliches oder fachmedizinisches Gutachten (§ 12 Abs. 2),

d) gegebenenfalls Sachkundebescheinigung (§ 4) oder Nachweis über die Eigenschaft nach § 4 Abs. 3,

e) tierärztliche Bescheinigung über die Kennzeichnung des Hundes durch einen Mikrochip (§ 5) und

f) Versicherungsnachweis (§ 6; siehe Nummer 3).

Zur Antragstellung kann das als Anlage beigefügte Muster verwendet werden. Über die Antragstellung ist eine Bescheinigung auszustellen. Hierzu kann eine Abschrift des Antrages verwendet werden, sofern darauf dessen Eingang vermerkt wird.

Ab Antragstellung gilt die Haltung eines gefährlichen Hundes bis zur Entscheidung der zuständigen Behörde als erlaubt. Hierüber wird eine Bescheinigung ausgestellt. Diese hat die Halterin oder der Halter beim Ausführen des Hundes mitzuführen. Personen, die den Hund im Sinne von § 14 Abs. 6 führen wollen, können keine vorläufige Erlaubnis erhalten. Lebt ein Hund, für den eine Haltungserlaubnis zu beantragen ist, in einer Familie, sollten die Ordnungsbehörden der Halterin oder dem Halter bei der Antragstellung dahingehend beraten, dass mindestens ein weiteres volljähriges Familienmitglied eine Haltungserlaubnis beantragen sollte, damit sie den Hund bis zur Entscheidung ausführen können.

Der Tod des Hundes kommt einer Aufgabe der Hundehaltung gleich.

9.2 *Wechsel des Haltungsortes*

Das HundeG enthält keine dezidierte Regelung darüber mehr, dass die Halterin oder der Halter eines gefährlichen Hundes einen Wegzug der zuständigen Behörde mitteilen muss

(§ 13 Abs. 1 Nr. 3 GefHG). Diese Mitteilungspflicht ist aber sowohl für die Wegzugs- als auch für die Zuzugsbehörde wichtig.

Die Ordnungsbehörden sollten Einvernehmen mit den Hundesteuerbehörden dahingehend zu erreichen suchen, dass diese bei der Anmeldung für die Hundesteuer nachfragen, ob der Hund, der aus einer anderen Gemeinde oder einem anderen Bundesland zuzieht, dort als gefährlich eingestuft war.

Erläuterungen

Übersicht

1. Beantragung der Erlaubnis

Gem. § 9 Abs. 1 Satz 1 HundeG hat der Hundehalter unverzüglich nach der Feststellung der Gefährlichkeit des von ihm gehaltenen Hundes, die gemäß § 8 Abs. 1 HundeG erforderliche Erlaubnis zu beantragen. Mit der Antragstellung gilt die Erlaubnis vorläufig als erteilt (Erlaubnisfiktion). Die Erlaubnisfiktion endet mit der Entscheidung über den Antrag (vgl. Erl. 3). Die für die Entscheidung erforderlichen Unterlagen sind vom Halter innerhalb der Frist des § 10 Abs. 3 HundeG beizubringen (vgl. Erl. 4 zu § 10). Verweigert der Halter die Antragstellung kann ihm die Haltung des Hundes untersagt und die Abgabe des Tieres aufgegeben werden (vgl. Erl. 4).

Über die Antragstellung hat die Ordnungsbehörde eine Bescheinigung auszustellen. Hierzu kann eine Abschrift des Antrages verwendet werden, sofern darauf dessen Eingang vermerkt wird. Die Bescheinigung über die Antragstellung ist vom Halter mitzuführen und der Ordnungsbehörde oder der Polizei auf Verlangen zur Prüfung auszuhändigen (vgl. § 9 Abs. 1 Satz 3 HundeG). Kommt der Halter dem nicht nach, kann die Ordnungsbehörde ein Bußgeld verhängen (vgl. Erl. 1 zu § 20).

2. Antragstellung

Da § 9 Abs. 1 Satz 1 HundeG kein Formerfordernis enthält, kann der Antrag in allen gängigen Formen gestellt werden. Ein besonderes Schriftformerfordernis besteht nicht. Gleichwohl steht dem Antragsteller in Anlage II zur VwV-HundeG ein Muster für die schriftliche Antragstellung zur Verfügung.

Die Antragstellung setzt im Gegensatz zu § 3 Abs. 1 Satz 1 GefHG a. F. nicht mehr voraus, dass der Halter bei der Ordnungsbehörde persönlich vorstellig wird. Insofern bezieht sich Tz. 9.1 VwV-HundeG wohl noch auf die alte Rechtslage, indem dort fälschlicherweise vom Erfordernis der persönlichen Antragstellung ausgegangen wird. Mit der persönlichen Antragstellung sollte der Behörde nach alter Rechtslage zum einen ein Eindruck von dem Antragssteller vermittelt werden, der für die Beurteilung von dessen Zuverlässigkeit (vgl.

Erl. zu § 11) und persönlicher Eignung (vgl. Erl. zu § 12) hilfreich sein sollte. Zum anderen wollte man sog. **Scheinhalterschaften**, also Fällen, in denen ein anderer als der tatsächliche Halter die Erlaubnis beantragt, entgegentreten. Diese können zwar durch das fehlende Erfordernis der persönlichen Antragsstellung nun schwieriger zu offenbaren sein, allerdings werden die Missbrauchsmöglichkeiten ohnehin dadurch eingeschränkt, dass gemäß § 14 Abs. 6 HundeG an den Führer eines gefährlichen Hundes die gleichen Eignungsanforderungen gestellt werden wie an den Halter. Auch ein Hundehalter, der einen Scheinhalter für die Beantragung der Haltererlaubnis bemüht, hätte somit nachzuweisen, dass er volljährig, zuverlässig, persönlich geeignet und sachkundig ist, wenn er seinen Hund außerhalb eines ausbruchssicheren Grundstücks ausführen will.

Wenn ein gefährlicher Hund von einer **juristischen Person** (z. B. einem Bewachungsunternehmen) gehalten wird (vgl. Erl. 4.1 zu § 1), muss auch diese – natürlich durch ihren gesetzlichen Vertreter – und nicht der tatsächliche Betreuer des Hundes den Antrag stellen, denn § 9 Abs. 1 Satz 1 HundeG verlangt, dass der *Halter* des Hundes die Erlaubnis beantragt (vgl. Tz. 10.2 VwV-HundeG).

3. Erlaubnisfiktion und Duldung der Haltung

Mit der Beantragung der Haltererlaubnis gilt die Haltung des gefährlichen Hundes vorläufig als erlaubt. Die Erlaubnisfiktion endet mit der **Entscheidung über den Antrag**. Wird der Antrag abgelehnt, ist die Haltung rechtswidrig und kann von der Ordnungsbehörde untersagt werden. Eine Entscheidung über den Antrag liegt auch dann vor, wenn eine bestehende Erlaubnis nach § 10 Abs. 4 Satz 1 HundeG widerrufen wird (vgl. Erl. 5 zu § 10). Nach der Entscheidung über den Antrag kann die Haltung des gefährlichen Hundes nicht durch eine erneute Antragstellung ein weiteres Mal im Wege der Erlaubnisfiktion vorläufig legalisiert werden. Anders verhält es sich, wenn eine bestehende Erlaubnis nach **Fristablauf** unwirksam geworden ist (vgl. Erl. 6 zu § 10) und ein neuer Antrag gestellt wird. In dem Fristablauf ist keine Entscheidung über den Antrag i. S. von § 9 Abs. 1 Satz 2 HundeG zu sehen, so dass die Haltung infolge des erneuten Antrages wiederum vorläufig als erlaubt gilt.

Im seltenen Ausnahmefall kommt die **Duldung** einer rechtswidrigen Hundehaltung in Betracht. Voraussetzung dafür ist, dass die Durchsetzung der Erlaubnispflicht in einem erheblichen Missverhältnis zum Interesse des Einzelnen an der Haltung des gefährlichen Hundes ohne die dafür erforderliche Erlaubnis steht. Dies kann dann der Fall sein, wenn infolge einer Untersagung der Hundehaltung hochrangige Rechtsgüter des Halters, z. B. dessen Leben oder Gesundheit bedroht sind und dem Interesse der Allgemeinheit an der Abwehr der von dem Hund ausgehenden Gefahren im Einzelfall auf andere Weise, insbesondere durch Anordnungen zur Gefahrenabwehr, Genüge getan werden kann. Dies ergibt sich aus dem rechtstaatlichen Grundsatz des Übermaßverbots (Art. 20 Abs. 3 GG, § 73 Abs. 2 LVwG). Die Duldung der rechtswidrigen Haltung sollte von der Ordnungsbehörde in einem Aktenvermerk ausführlich begründet werden, um im Schadensfall möglichen Amtshaftungsansprüchen (vgl. LG Köln, Urt. vom 23.3.1999 = NVwZ 1999 S. 1027, 1028) entgegnen zu können.

> *Beispiel: Die tröstende Französische Bulldogge*
>
> *A ist Halter einer als gefährlich eingestuften Französischen Bulldogge. A ist psychisch krank und wird betreut. Für seinen Hund kann ihm somit keine Haltererlaubnis erteilt werden (vgl. Erl. 1.2 zu § 12). Die Ordnungsbehörde beabsichtigt daher, A die Haltung der Französischen Bulldogge zu untersagen.*
> *Die Anhörung ergibt, dass A eine außerordentlich starke emotionale Bindung an den Hund hat. Die Gegenwart des Tieres lindert die Symptome seiner psychischen Krankheit. Einem fachpsychologischen Attest zufolge ist davon auszugehen, dass A ohne das Tier gesundheitlichen Schaden nimmt. Es bestehe dann Suizidgefahr. Eine andere dem A nahe stehende Person, die die Haltung des Hundes übernehmen könnte, steht nicht zur Verfügung.*

Die Ordnungsbehörde sieht vor diesem Hintergrund von dem Erlass der Untersagungsverfügung ab. Sie stellt aber durch Anordnungen zur Gefahrenabwehr (vgl. Erl. 2.1.4 zu § 19) sicher, dass das Gefahrenpotenzial, das von der Haltung des gefährlichen Hundes durch A ausgeht, so gering wie möglich gehalten wird: Sie verfügt, dass A einen Sachkundenachweis (vgl. Erl. 2 zu § 4) zu erbringen hat und die Sozialverträglichkeit des Hundes in einem Wesenstest (vgl. Erl. 1 zu § 13) nachzuweisen ist. Ferner wird angeordnet, dass A den Hund nur in Begleitung einer Person ausführen darf, deren Eignung nach § 14 Abs. 6 Satz 1 HundeG bescheinigt worden ist (vgl. Erl. 3 zu § 14). Die Ordnungsbehörde weist A darauf hin, dass ihm die Haltung seines Hundes untersagt werden kann, wenn er die Anordnungen nicht einhält oder der Nachweis über die Sozialverträglichkeit des Tieres nicht erbracht wird.

4. Verweigerung der Antragstellung

Verweigert der Halter eines gefährlichen Hundes die Antragstellung, sollte ihm die Haltung des Tieres untersagt werden. Von dem Hundehalter kann hingegen nicht verlangt werden, dass er die Erlaubnis beantragt. Hierfür fehlt es an einer gesetzlichen Ermächtigung wie z. B. nach § 176 Abs. 7 BauGB oder § 111 Abs. 2 LWG (vgl. *Kopp/Ramsauer*, § 22 Rn. 28). Überdies wäre eine Anordnung zur Beantragung der Haltererlaubnis nicht zweckmäßig, da durch einen solchen weiteren, gesondert anfechtbaren Verwaltungsakt das Verfahren u. U. verzögert werden würde und darüber hinaus die Erlaubniserteilung von der Mitwirkung des Antragstellers abhängt (insbesondere von der Ablegung der Sachkundeprüfung). Eine effektive Gefahrenabwehr zum Schutz der Bevölkerung vor gefährlichen Hunden erfordert aber die zügige Durchführung des Erlaubnisverfahrens (vgl. *Kutsch*, S. 87). Gleichwohl sollte die Ordnungsbehörde den Halter eines gefährlichen Hundes auf seine Verpflichtung zur Beantragung der Haltererlaubnis hinweisen, z. B. anlässlich der Feststellung der Gefährlichkeit des Tieres (vgl. Beispiel zu Erl. 3).

Die Untersagungsverfügung sollte mit der Anordnung verbunden werden, dass der Halter das Tier an eine geeignete Person oder an ein Tierheim abzugeben hat (vgl. Erl. 4.1). Auf diese Weise wird sichergestellt, dass der Hund in die „richtigen Hände" gelangt und nicht an irgendeine Person abgegeben wird, die wiederum als Halter ungeeignet ist.

Sofern ein besonderes Vollzugsinteresse besteht, kann die sofortige Vollziehung der Untersagungs- und Abgabeverfügung angeordnet werden (vgl. Erl. 4.2). Der Verwaltungsakt lässt sich dann umgehend im Wege des Verwaltungszwangs durchsetzen (vgl. 4.3). Für den Fall, dass von dem Hund eine gegenwärtige Gefahr ausgeht, kommt eine Sicherstellung des Tieres in Betracht (vgl. Erl. 2.1.2.1 zu § 19).

4.1 Untersagungs- und Abgabeverfügung

Nach § 19 Abs. 1 HundeG können die zuständigen Behörden unbeschadet der Vorschriften des Hundegesetzes nach Maßgabe des Landesverwaltungsgesetzes die im Einzelfall notwendigen Maßnahmen treffen, um eine von einem Hund ausgehende Gefahr für die öffentliche Sicherheit abzuwehren. Rechtsgrundlage für eine Untersagungs- und Abgabeverfügung ist insofern die allgemeine Gefahrenabwehrklausel der §§ 174, 176 LVwG. Die Untersagungs- und Abgabeverfügung ergeht als Anordnung zur Gefahrenabwehr (vgl. Erl. 2.1 zu § 19; OVG Münster, Beschl. vom 16.6.1999 = NWVBl. 2000 S. 30, 30). Sie stellt einen belastenden Verwaltungsakt dar, zu dem der Halter regelmäßig angehört werden muss (vgl. § 87 LVwG). Die **Anhörung** sollte – um das Verfahren nicht zu verzögern – ggf. bereits im Zusammenhang mit der Feststellung der Gefährlichkeit des Tieres erfolgen. Bei der Anhörung bietet es sich an, den Halter darauf hinzuweisen, dass er mit einer Antragstellung die Ursache für die anstehende Anordnung ausräumen kann (vgl. § 83a LVwG). Sofern der Halter die Antragstellung weiterhin verweigert, wird ihm durch die Anhörung Gelegenheit gegeben, eine geeignete Person zu benennen, der der Hund zu überlassen ist. Gleichwohl sollte in der Abgabeverfügung alternativ immer auch die Verpflichtung aufgenommen werden, den Hund an ein Tierheim oder an eine ähnliche Einrichtung abzugeben. Damit wird sichergestellt, dass das Tier auch dann in geeignete Hände kommt, wenn die vom Halter benannte Person die Übernahme des Hundes ablehnt.

Für die Abgabe des Hundes sollte dem Halter eine **angemessene Frist** eingeräumt werden. Hierfür sind acht Tage ausreichend (vgl. VG Dresden, Beschl. vom 24.5.2004 – 14 K 794/04 –, zit. n. *Stabno*, Erl. 4 zu § 13 Abs. 1 NHundG). Die Abgabe des gefährlichen Hundes an einen geeigneten Halter ist der Ordnungsbehörde gemäß § 9 Abs. 1 Satz 4 HundeG anzuzeigen. Die Behörde erhält auf diese Weise eine „Vollzugsmeldung".

4.2 Anordnung der sofortigen Vollziehung

Widerspruch und Klage gegen die Untersagungs- und Abgabeverfügung haben grundsätzlich aufschiebende Wirkung (anders im Falle der Einstufung des Hundes als gefährlich, vgl. Erl. 3.2 zu § 7). Der Halter kann die rechtswidrige Hundehaltung dann bis zur Entscheidung über den Rechtsbehelf fortsetzen. Im Einzelfall kann dieser Rechtsschutz mit den Belangen der Gefahrenabwehr nicht vereinbar sein, insbesondere dann, wenn eine Gefahr für das Leben und die Gesundheit von Menschen und Tieren besteht. Zur effektiven Abwehr einer solchen Gefahr kann es erforderlich sein, dass die Untersagungs- und Abgabeverfügung sofort vollzogen werden muss. Hierfür bedarf es einer Anordnung nach § 80 Abs. 2 Nr. 4 VwGO.

Die Anordnung der sofortigen Vollziehung ist schriftlich zu begründen. Dabei ist das besondere Interesse an der Aufhebung der aufschiebenden Wirkung darzulegen (vgl. § 80 Abs. 3 VwGO). Das **besondere Vollzugsinteresse** muss das Interesse des Halters überwiegen, seinen gefährlichen Hund bis zum Abschluss des Widerspruchs- bzw. Klageverfahrens ohne die dafür erforderliche Erlaubnis zu halten. Dazu muss es über dasjenige Interesse hinausgehen, welches die Untersagungs- und Abgabeverfügung an sich rechtfertigt. Im Übrigen sind die Natur, Schwere und Dringlichkeit des Interesses an der Vollziehung des Verwaltungsaktes sowie die Möglichkeit einer etwaigen Rückgängigmachung der getroffenen Regelung und ihrer Folgen zu berücksichtigen (vgl. *Kopp/Schenke*, § 80 Rn. 92 ff.).

Die Untersagungs- und Abgabeverfügung zielt darauf ab, die rechtswidrige Haltung eines gefährlichen Hundes als Störung der öffentlichen Sicherheit zu unterbinden, um auf diese Weise rechtmäßige Zustände wiederherzustellen (vgl. Erl. 2.1.4 zu § 19). Besteht neben diesem schlichten Rechtsverstoß eine **konkrete Gefahr** für weitere Schutzgüter der öffentlichen Sicherheit, insbesondere **für das Leben und die Gesundheit von Menschen und Tieren**, kann in deren Abwehr ein besonderes Vollzugsinteresse gesehen werden, das über das die Untersagungs- und Abgabeverfügung begründende Interesse hinausgeht, da eine konkrete Gefahr von einem gefährlichen Hund ausgeht (vgl. Erl. 2 zu § 8, Beispiel zu Erl. 4.3.2). Es kann davon ausgegangen werden, dass der Hund sich in bestimmten Situationen erneut aggressiv verhält. Der Schadenseintritt, also die Verletzung von Schutzgütern der öffentlichen Sicherheit, insbesondere des Lebens und der Gesundheit von Menschen und Tieren ist somit absehbar; dies zumal mit der Verweigerung der Antragstellung (vgl. Erl. 4) Tatsachen vorliegen, die die Zuverlässigkeit des Halters in Frage stellen.

Das aus dieser Gefahrenlage erwachsene Vollzugsinteresse ist ebenso schwerwiegend wie dringlich und rechtfertigt regelmäßig die Aussetzung der aufschiebenden Wirkung (vgl. *Kopp/Schenke*, § 80 Rn. 98). Hinzukommt, dass die Folgen der sofortigen Vollziehung einer Untersagungs- und Abgabeverfügung durch eine nachträgliche Rückgabe des Hundes vollständig rückgängig gemacht werden können. Das Interesse des Halters an der aufschiebenden Wirkung kann daher weitgehend unbeschadet hinter dem öffentlichen Interesse an der sofortigen Vollziehung zurückstehen.

4.3 Durchsetzung der Abgabeverfügung im Wege des Verwaltungszwangs

Infolge der Anordnung der sofortigen Vollziehung kann die Abgabeverfügung im Wege des Verwaltungszwangs durchgesetzt werden (vgl. § 229 Abs. 2 Nr. 2 LVwG). Die dabei anzuwendenden Zwangsmittel sind zuvor anzudrohen. Die Androhung der Zwangsmittel soll mit der (sofort) zu vollziehenden Anordnung verbunden werden (vgl. § 236 Abs. 3 Satz 2 LVwG; Beispiel zu Erl. 4.3.2). Weigert sich der Hundehalter dennoch, sein Tier fristgerecht an eine geeignete Person oder an ein Tierheim abzugeben, kann die Ordnungsbehörde die angedrohten Mittel anwenden, um das Ziel der Verfügung zu erzwingen.

Die **Auswahl der Zwangsmittel** erfolgt im pflichtgemäßen Ermessen der Ordnungsbehörde (vgl. *Foerster/Friedersen/Rohde*, Erl. 1 zu § 235 LVwG). Hierbei ist dem Grundsatz der effizienten Gefahrenabwehr Rechnung zu tragen. Bei der von dem Halter geforderten Abgabe des Hundes an eine geeignete Person oder an ein Tierheim handelt es sich um eine vertretbare Handlung, d. h. sie muss nicht von dem Halter persönlich vorgenommen werden, sondern kann auch durch Dritte erfolgen. Als effizientestes Mittel zur zwangsweisen Durchsetzung einer vertretbaren Handlung ist im Regelfall die Ersatzvornahme anzusehen (vgl. Erl. 4.3.2), wobei diese – wenn sich der Halter widersetzt – mit unmittelbarem Zwang einhergehen kann (vgl. Erl. 4.3.3; *Foerster/Friedersen/Rohde*, Erl. 2 zu § 238 und Erl. 2 zu § 237 LVwG). Zur Durchsetzung der Abgabeverfügung kommt aber auch die Festsetzung eines Zwangsgeldes in Betracht (vgl. Erl. 4.3.1).

4.3.1 Zwangsgeld

Sofern die Ordnungsbehörde Anhaltspunkte dafür hat, dass ein Hundehalter bereits durch pekuniären Druck zur Abgabe seines Tieres zu bewegen ist, kann als u. U. milderes und gleich geeignetes Mittel ein Zwangsgeld angedroht werden (vgl. *Foerster/Friedersen/Rohde*, Erl. 2 zu § 238). Eine Zwangsgeldandrohung kommt jedenfalls nicht in Betracht, wenn der Hundehalter **mittellos** ist. Bei der Bemessung des Zwangsgeldes sind die Dringlichkeit der Anordnung, der zu erwartende Widerstand sowie die wirtschaftliche Leistungsfähigkeit des Pflichtigen zu berücksichtigen (vgl. *Foerster/Friedersen/Rohde*, Erl. 4 zu § 237). Damit die Zwangsgeldandrohung ihre Wirkung als psychologisches Druckmittel nicht verfehlt, sollte es in einer für den Halter empfindlichen Höhe angedroht werden, d. h. jedenfalls höher ausfallen, als das wegen des Rechtsverstoßes regelmäßig festzusetzende Bußgeld (vgl. Erl. 5 zu § 20). Kommt der Halter der Abgabeverfügung trotz der Zwangsgeldandrohung nicht nach, ist das Zwangsgeld festzusetzen.

Ist das Zwangsgeld uneinbringlich, kann die Ordnungsbehörde beim Verwaltungsgericht die Anordnung der **Ersatzzwangshaft** beantragen. Voraussetzung dafür ist allerdings, dass die Ersatzzwangshaft angedroht worden ist (vgl. § 240 LVwG). Dies kann auch nachträglich geschehen. Angesichts der Schwere des Eingriffs ist hierbei der Grundsatz der Verhältnismäßigkeit in besonderem Maße zu beachten (vgl. *Foerster/Friedersen/Rohde*, Erl. 1 f. zu § 240 LVwG).

4.3.2 Ersatzvornahme

Die Ersatzvornahme umfasst die Einziehung des Hundes sowie dessen amtliche Verwahrung (vgl. Erl. 2.1.2.2 zu § 19). Sie setzt – im Gegensatz zum Zwangsgeld (vgl. Erl. 4.3.1) – keine besondere Festsetzung durch Verwaltungsakt voraus. Die Ersatzvornahme erfolgt durch eigene Dienstkräfte der Ordnungsbehörde oder durch die Polizei. Die Ordnungsbehörde und die Polizei können aber auch private Dritte mit der Durchführung der Ersatzvornahme beauftragen (vgl. *Foerster/Friedersen/Rohde*, Erl. 1 zu § 238 LVwG). Zu denken ist hier an einen Tierarzt oder an ein Tierheim.

Bei der Ersatzvornahme können **Verwaltungskosten** sowohl für die Einziehung, als auch für die Verwahrung des Hundes anfallen. Die Kosten sind vom Pflichtigen zu tragen (vgl. § 249 LVwG). Dies ist regelmäßig der Halter des Hundes als Verhaltensstörer (vgl. Erl. 2.2.2 zu § 19). Dabei ist je Vollzugsbeamten ein Stundensatz in Höhe von 49 Euro anzusetzen (vgl. § 5 VVKO). Ferner können die Kosten, die bei der Beauftragung Dritter entstanden sind, z. B. zur Unterbringung des Hundes im Tierheim, als Auslagen in Rechnung gestellt werden (vgl. § 17 Abs. 1 Nr. 8 VVKO). Die Kosten können allerdings nur dann verlangt werden, wenn die Ersatzvornahme rechtmäßig erfolgte (vgl. *Kingreen/Poscher*, § 25 Rn. 10; auch OVG Münster, Urt. vom 18.10.1979 – IV A 2512/78 –, zit. nach Juris, dort Rn. 4 ff.).

In der Vollzugspraxis wird die Abwälzung der Kosten der Ersatzvornahme mitunter daran scheitern, dass der Halter mittellos ist. Der Hund ist dann dauerhaft von der Ordnungsbehörde zu alimentieren, wodurch u. U. Gesamtkosten in fünfstelliger Höhe anfallen können. Gleichwohl steht es der Ordnungsbehörde in diesem Fall nicht zu, den Hund aus Kostengründen einschläfern zu lassen. Für das **Töten des Hundes** bedarf es eines vernünftigen Grundes i. S. von § 1 Satz 2 TierSchG, der z. B. in der Gefahrenabwehr bestehen oder sich aus einem Tierleiden ergeben kann (vgl. Erl. 2.1.2.3 zu § 19).

Auch kann die Ordnungsbehörde wegen der befürchteten Kosten nicht von der Ersatzvornahme absehen, wenn diese zur Abwehr einer Gefahr notwendig ist. Sie hat die ihr übertragene Aufgabe der Gefahrenabwehr ungeachtet der finanziellen Belastungen zu erfüllen. In diesem Zusammenhang ist anzumerken, dass die Ordnungsbehörde im durch Untätigkeit verschuldeten Schadensfall aufgrund der **Amtshaftung** ersatzpflichtig werden kann (vgl. Erl. 3). Die dann anfallenden Kosten können die Kosten der Ersatzvornahme im Einzelfall um ein Vielfaches übersteigen, insbesondere dann, wenn Personen durch den Hund zu Schaden kommen.

Beispiel: Untersagung der Haltung eines gefährlichen Hundes und Anordnung zur Abgabe des Tieres vom 16.9.2019

I. Entscheidung

1. *Hiermit untersage ich Ihnen die Haltung Ihres Rottweilers Romeo.*
2. *Sie haben das Tier bis spätestens zum 26.9.2019 an eine berechtigte Person oder an ein Tierheim abzugeben. Berechtigt ist eine Person, die eine Erlaubnis zur Haltung des Hundes hat oder beantragt.*
3. *Die Abgabe des Hundes ist mir unverzüglich schriftlich mitzuteilen.*
4. *Zu den Nrn. 1 und 2 ordne ich die sofortige Vollziehung an. Sie haben die Anordnungen somit auch dann zu befolgen, wenn Sie einen Rechtsbehelf einlegen sollten.*
5. *Sollten Sie Ihren Hund entgegen meinen Anordnungen zu Nrn. 1 und 2 nach dem 26.9.2019 weiterhin halten, werde ich das Tier zwangsweise einziehen und auf Ihre Kosten unterbringen. Dabei werden voraussichtlich für die Einziehung Kosten in Höhe von 49 Euro und für die Unterbringung dauerhaft ein Tagessatz in Höhe von 8 Euro anfallen.*
6. *Diese Entscheidung ergeht verwaltungskostenfrei.*

II. Sachverhalt
Ihr Rottweiler Romeo hat am 2.8.2019 einen Jogger gebissen und ist daraufhin durch meinen Bescheid vom 30.8.2019 als gefährlich eingestuft worden. Das Halten gefährlicher Hunde bedarf einer Haltererlaubnis. Diese haben Sie bislang nicht beantragt. Sie halten Ihren Hund damit rechtswidrig. Im Bescheid vom 30.8.2019 habe ich Sie darauf hingewiesen, dass ich beabsichtige, dies zu untersagen und die Abgabe des Tieres an eine geeignete Person oder an ein Tierheim anzuordnen. Gleichzeitig habe ich Ihnen Gelegenheit gegeben, hierzu Stellung zu nehmen. Davon haben Sie keinen Gebrauch gemacht.

III. Begründung

Zu Nrn. 1 bis 3 (Untersagungs- und Abgabeverfügung; Mitteilungspflicht)
Auf der Grundlage der §§ 174, 176 Abs. 1 Nr. 1 des Landesverwaltungsgesetzes (LVwG) kann die Ordnungsbehörde die notwendigen Maßnahmen zur Beseitigung

von Gefahren für die öffentliche Sicherheit treffen. Eine Gefahr für die öffentliche Sicherheit liegt u. a. dann vor, wenn gesetzliche Verhaltenspflichten nicht befolgt werden. Sie haben gegen § 8 Abs. 1 des Hundegesetzes (HundeG) verstoßen, wonach die Haltung eines gefährlichen Hundes einer Erlaubnis bedarf. Sie halten Ihren Rottweiler, dessen Gefährlichkeit mit Bescheid vom 30.8.2019 festgestellt worden ist, ohne die dafür erforderliche Erlaubnis. Auch haben Sie die Haltererlaubnis nicht beantragt. Mit der Antragstellung gilt die Haltung des gefährlichen Hundes nämlich bis zur Entscheidung über die Erteilung der Erlaubnis vorläufig als erlaubt (§ 9 Abs. 1 Satz 2 HundeG).

Die Erlaubnispflicht dient der Vorsorge und Abwehr von Gefahren. Der Gesetzgeber hat damit dem Umstand Rechnung getragen, dass von gefährlichen Hunden eine Gefahr insbesondere auch für das Leben und die Gesundheit von Menschen und Tieren ausgehen kann, wenn diese nicht von geeigneten Personen gehalten und geführt werden.

Ich bin durch das Gesetz dazu angehalten, die notwendigen Maßnahmen zu treffen, um Störungen der öffentlichen Sicherheit zu beseitigen. Dabei liegt es in meinem Ermessen, darüber zu entscheiden, ob und mit welchen Mitteln einzuschreiten ist. Für die Untersagung der Haltung des Hundes und die Anordnung zur Abgabe des Tieres spricht, dass Ihr Rottweiler Romeo bereits gebissen hat und Sie nicht nachgewiesen haben, dass Sie zum Halten des gefährlichen Hundes geeignet sind. Vielmehr haben Sie trotz meiner Aufforderung bislang keinen Antrag auf Erteilung der Haltererlaubnis gestellt. Ich sehe daher keine andere Möglichkeit, die gleich geeignet wäre, die öffentliche Sicherheit wiederherzustellen, und Sie weniger belasten würde, als Ihnen die Haltung Ihres Hundes zu untersagen und dessen Abgabe an einen geeigneten Halter oder an ein Tierheim anzuordnen. Angesichts der Gefahren, die von einem gefährlichen Hund ausgehen, wenn jener von einer ungeeigneten Person gehalten und geführt wird, überwiegt das öffentliche Interesse an der Einhaltung der Erlaubnispflicht. Ihr Interesse, die Erlaubnispflicht nicht zu befolgen, muss dem nachstehen.

Die Verpflichtung, mir die Abgabe des Hundes anzuzeigen, ergibt sich aus § 9 Abs. 1 Satz 4 HundeG. Danach hat der Halter eines gefährlichen Hundes die Aufgabe des Haltens des Hundes einschließlich des Namens und der Anschrift des neuen Hundehalters der Ordnungsbehörde unverzüglich mitzuteilen.

Zu Nr. 4 (Anordnung der sofortigen Vollziehung)

Nach § 80 Abs. 2 Nr. 4 der Verwaltungsgerichtsordnung (VwGO) kann, wenn dies im besonderen öffentlichen Interesse ist, die sofortige Vollziehung einer Verfügung angeordnet werden. Die Anordnung der sofortigen Vollziehung bewirkt, dass Sie die Verfügung auch dann befolgen müssen, wenn Sie Widerspruch dagegen einlegen. Das besondere Interesse an der Anordnung der sofortigen Vollziehung der Untersagungs- und Abgabeverfügung (Nrn. 1 und 2) ergibt sich aus dem von Ihnen gezeigten Verhalten und der Gefährlichkeit Ihres Hundes:

Trotz meiner Aufforderung haben Sie bislang keinen Antrag auf Erteilung der Haltererlaubnis gestellt. Sie halten weiterhin Ihren gefährlichen Hund, obgleich dies ohne Erlaubnis rechtswidrig ist. Dies spricht dafür, dass Sie nicht die für das Halten eines gefährlichen Hundes erforderliche Zuverlässigkeit besitzen. Als unzuverlässig gilt nämlich auch derjenige, wer wiederholt oder gröblich gegen die Vorschriften des Hundegesetzes verstößt (§ 11 Abs. 1 Nr. 2 HundeG). Ferner rechtfertigt Ihr bisher gezeigtes Verhalten die Annahme, dass Sie auch zukünftig die für die Erteilung einer Haltererlaubnis erforderlichen Nachweise nicht erbringen werden.

Aufgrund des Beißvorfalls vom 2. August 2019 steht zu befürchten, dass ihr Rottweiler erneut beißen wird. Angesichts der Größe und Körperkraft des Hundes können dabei Menschen oder Tiere verletzt und sogar getötet werden. Diese Gefahr besteht insbesondere deswegen, weil Ihre Eignung zum Halten des Rottweilers in Frage steht und sie somit keine Gewähr dafür bieten, dass Sie das Tier sicher halten und führen. Vor diesem Hintergrund hat Ihr Interesse, bis zur Entscheidung über einen eventuellen Widerspruch gegen diesen Bescheid weiterhin Ihren gefährlichen Hund ohne Erlaubnis halten zu dürfen, hinter dem öffentlichen Interesse, ab sofort den Rottweiler einer Person oder Stelle zu übergeben, die die Gewähr dafür bietet, dass das Tier sicher gehalten und geführt wird, zurückzustehen.

Zu Nr. 5 (Zwangsmittel)

Rechtsgrundlage für die Androhung der Ersatzvornahme sind § 235 Abs. 1 Nr. 2, § 236 und § 238 LVwG. Die Androhung des Zwangsmittels ist geboten, da aufgrund des bisher von Ihnen gezeigten Verhaltens zu befürchten steht, dass Sie die Anordnung zur Abgabe Ihres Hundes nicht befolgen werden. Sie sind weder meiner Aufforderung, eine Haltererlaubnis zu beantragen nachgekommen, noch haben Sie sich hierzu geäußert. Stattdessen halten Sie Ihren gefährlichen Hund weiterhin rechtswidrig. Für den Fall, dass Sie dieser Anordnung nicht nachkommen und Ihren Hund Romeo nicht bis zum 26.9.2019 selbst an einen geeigneten Halter oder an ein Tierheim abgeben, werde ich das Tier in einem Tierheim unterbringen.

Angesichts der großen Bedeutung der gefährdeten Schutzgüter – Leben und Gesundheit von Menschen und Tieren – bedarf es einer effektiven Gefahrenbeseitigung. Die Ersatzvornahme ist hierfür schon deshalb das einzig geeignete Zwangsmittel, da auf andere Weise nicht sichergestellt werden kann, dass der als gefährlich eingestufte Rottweiler so gehalten und geführt wird, dass von ihm keine Gefahren mehr ausgehen. Dies wird beispielsweise durch ein Zwangsgeld nicht in gleicher Weise gewährleistet, da der Hund auch im Falle einer Zwangsgeldfestsetzung vorerst bei Ihnen verbleiben würde und somit die von dem Tier ausgehende Gefahr fortbestünde.

Die vorläufig veranschlagten Kosten der Ersatzvornahme belaufen sich für die Einziehung auf schätzungsweise 49 Euro und für die Unterbringung auf 8 Euro/Tag. Ich weise Sie allerdings darauf hin, dass Sie nach § 236 Abs. 6 LVwG in jedem Fall die tatsächlichen Kosten tragen müssen, wenn Sie dieser Anordnung nicht fristgerecht nachkommen.

Meine Zuständigkeit für diese Entscheidung ergibt sich aus § 165 Abs. 2, § 166 Abs. 1 LVwG.

IV. Rechtsbehelfsbelehrung

Gegen diesen Bescheid können Sie innerhalb eines Monats nach Bekanntgabe Widerspruch einlegen. Der Widerspruch ist bei mir (Anschrift siehe oben) schriftlich einzulegen oder zur Niederschrift zu erklären.

Gegen die Anordnung der sofortigen Vollziehung können Sie gemäß § 80 Abs. 5 VwGO beim Verwaltungsgericht in Schleswig, Brockdorff-Rantzau-Straße 13, formlos einen Antrag stellen, die aufschiebende Wirkung ganz oder teilweise wiederherzustellen.

4.3.3 Unmittelbarer Zwang

Sofern absehbar ist, dass sich der Hundehalter der Ersatzvornahme widersetzen wird, kann in der Verfügung auch unmittelbarer Zwang (vgl. § 239 LVwG) angedroht und angewendet werden. Im Regelfall wird dies nicht bereits zum Zeitpunkt der Androhung der Ersatzvornahme ersichtlich sein. Scheitert die Ersatzvornahme am **Widerstand des Halters**, kann die Androhung des unmittelbaren Zwangs nachgeholt werden. Soweit erforderlich, kann auch eine richterliche Anordnung zur Betretung der Wohnung eingeholt werden (vgl. Erl. 3 zu § 16).

Die Anwendung des unmittelbaren Zwangs ist Vollzugsbeamten i. S. von § 252 LVwG vorbehalten. Sind **Vollzugsbeamte** bei der Ordnungsbehörde nicht verfügbar und kann die Vollzugshandlung deswegen ausnahmsweise nicht rechtzeitig vorgenommen werden, sollte die Polizei um Vollzugshilfe ersucht werden (vgl. § 168 Abs. 2 Nr. 1 LVwG; Tz. 4

Verwaltungsvorschrift über die Zusammenarbeit zwischen den Ordnungsbehörden und der Polizei bei der Gefahrenabwehr, Amtsbl. Schl.-H. 1997 S. 194).

5. Halterwechsel

Für den Fall eines Wechsels des Halters legt § 9 Abs. 1 Satz 4 HundeG fest, dass der zuständigen Behörde (und zwar der für den bisherigen Halter zuständigen Behörde) Name und Anschrift des neuen Halters mitzuteilen sind. Auch dies hat unverzüglich, also ohne schuldhaftes Zögern, zu geschehen. Der bisherige Halter ist verpflichtet, den neuen Halter auf die Gefährlichkeitseinstufung des Hundes hinzuweisen. Der neue Halter hat daraufhin unverzüglich eine Haltererlaubnis bei seiner zuständigen Behörde zu beantragen. Tut er dies nicht, wird die Behörde auf ihn zukommen und zur Antragstellung auffordern. Über § 9 Abs. 2 HundeG wird nämlich sichergestellt, dass auch im Falle des Wechsels der örtlichen Zuständigkeit der Ordnungsbehörden die Behörde am neuen Haltungsort Kenntnis vom Halterwechsel durch Unterrichtung seitens der alten zuständigen Behörde erlangt.

§ 9 Abs. 2 HundeG erfasst auch die Fallkonstellationen, in denen zwar der Halter eines gefährlichen Hundes gleich bleibt, aber der Haltungsort bspw. durch Umzug wechselt. In diesen Fällen informiert die am alten Haltungsort zuständige Behörde die zuständige Behörde am neuen Haltungsort über die Gefährlichkeitseinstufung des Hundes, eine etwaig bestehende Haltererlaubnis und eine ggf. erteilte Befreiung von der Maulkorbpflicht.

§ 13 Abs. 1 Nr. 2 und 3 GefHG a. F. sah darüber hinaus die Pflicht der Halter eines gefährlichen Hundes vor, auch das Abhandenkommen und den Tod des Hundes sowie das Beziehen einer Hauptwohnung der zuständigen Behörde unverzüglich mitzuteilen. Die Kenntnis dieser Umstände (bis auf das Ableben des Hundes) ist für eine effektive Gefahrenabwehr erforderlich. Insbesondere um die neue zuständige Behörde über den Wechsel des Haltungsortes eines gefährlichen Hundes zu unterrichten, ist Kenntnis von dem Umstand erforderlich.

§ 10
Voraussetzungen und Inhalt der Erlaubnis

(1) Die Erlaubnis ist nur zu erteilen, wenn

1. die Hundehalterin oder der Hundehalter

a) das 18. Lebensjahr vollendet hat,

b) die zum Halten des gefährlichen Hundes erforderliche Zuverlässigkeit (§ 11) und persönliche Eignung (§ 12) besitzt und

c) die Sachkundeprüfung gemäß § 4 mit dem eingestuften Hund bestanden hat,

2. die Kennzeichnung des Hundes gemäß § 5 nachgewiesen ist und

3. für ihn das Bestehen einer Haftpflichtversicherung nach § 6 nachgewiesen ist.

(2) Ist die Hundehalterin oder der Hundehalter eine juristische Person, sind die Anforderungen des Absatzes 1 Nummer 1 durch die für die Betreuung des Hundes verantwortliche Person zu erfüllen.

(3) Die Hundehalterin oder der Hundehalter hat der Behörde innerhalb von drei Monaten nach Antragstellung die Unterlagen vorzulegen, die erforderlich sind, um das Vorliegen der Erlaubnisvoraussetzungen zu prüfen. Die Frist kann auf Antrag um höchstens drei Monate verlängert werden. Werden die Unterlagen bis zum Ablauf der Frist nicht vorgelegt, ist die Erlaubnis zu versagen.

(4) Die Erlaubnis ist zu widerrufen, wenn die Voraussetzungen des Absatzes 1 nicht mehr vorliegen. Die Erlaubnis kann befristet sowie mit Bedingungen und Auflagen verbunden werden. Auflagen können auch nachträglich aufgenommen, geändert oder ergänzt werden.

(5) Widerspruch und Klage gegen die Versagung der Erlaubnis haben keine aufschiebende Wirkung.

VwV-HundeG

Abschnitt 10

Zu § 10 – Voraussetzungen und Inhalt der Erlaubnis

10.2 *Haltererlaubnis für eine juristische Person*

Wird der Hund von einer juristischen Person gehalten, ist der Antrag von dessen zur Vertretung befugten Organ bzw. Person (gegebenenfalls Prokurist) zu stellen. Die Vertretungsbefugnis ist nachzuweisen. Das vertretungsbefugte Organ hat denjenigen, der den Hund betreut, zu benennen. Die Nachweise zu § 10 Abs. 1 Nr. 1a bis c müssen dann im Hinblick auf den Betreuer des Hundes erbracht werden.

10.4 *Nebenbestimmungen zur Haltererlaubnis*

Die Haltererlaubnis kann befristet sowie mit Bedingungen und Auflagen verbunden werden. Angesichts des gesetzlichen Widerrufsvorbehalts (§ 10 Abs. 4 Satz 1) ist die Erlaubnis nur im Ausnahmefall zu befristen. Eine Befristung kommt dann in Betracht, wenn Tatsachen die Annahme rechtfertigen, dass die Erlaubnisvoraussetzungen nicht dauerhaft vorliegen werden. Die Frist sollte ein Jahr nicht unterschreiten. Die Befugnis der Ordnungsbehörde, das Vorliegen der Erlaubnisvoraussetzungen von Amts wegen zu überprüfen (§ 16 Abs. 1) und gegebenenfalls die Erlaubnis zu widerrufen, bleibt von der Befristung unberührt.

Etwaige Bedingungen oder Auflagen müssen der Gefahrenvorsorge oder -abwehr dienen. Als Nebenbestimmungen kommen Pflichten

- *zur sicheren Verwahrung des Hundes (z. B. bauliche Veränderungen am befriedeten Besitztum des Hundehalters, Schließ- und Anleinvorrichtungen, Warnschilder; § 14 Abs. 1) sowie*
- *zur Anzeige einer dauerhaften Betreuung des Hundes durch einen Dritten (§ 14 Abs. 2 und 6)*

in Betracht. Als dauerhaft ist eine Betreuung anzusehen, wenn sie den Zeitraum von einem Monat überschreitet.

Erläuterungen

Übersicht

1. Voraussetzungen und Inhalt der Erlaubnis
2. Elektronische Kennzeichnung eines gefährlichen Hundes
3. Haltung eines gefährlichen Hundes durch eine juristische Person
4. Fristen zur Beibringung der Antragsunterlagen
5. Widerruf der Erlaubnis
6. Befristung der Erlaubnis
7. Bedingungen und Auflagen
8. Sofortige Vollziehung der Versagungsentscheidung

1. Voraussetzungen und Inhalt der Erlaubnis

Die Erlaubnispflicht des § 10 Abs. 1 HundeG für das Halten eines als gefährlich eingestuften Hundes soll den von diesem ausgehenden Gefahren vorbeugen (vgl. Erl. 1 zu § 8). Besonderes Augenmerk kommt dabei der **Eignung des Hundehalters** zu, ist jene doch maßgeblich für die Entwicklung und das Verhalten des Tieres (vgl. BVerfG, Urt. vom 16.3.2004 = NVwZ 2004 S. 597, 600). Die Eignung des Halters setzt zunächst dessen **Volljährigkeit** voraus, § 10 Abs. 1 Nr. 1 lit. a HundeG. Damit wird gewährleistet, dass er die für den Umgang mit dem gefährlichen Hund erforderliche Reife und das notwendige Verantwortungsbewusstsein hat (vgl. LT-Drs. 15/3471 S. 34 f.). Ferner muss der Halter zuverlässig und persönlich geeignet sein. Es wird insoweit auf die Erläuterungen zu den §§ 11 und 12 HundeG verwiesen. Überdies ist gem. § 10 Abs. 1 Nr. 1 lit. c HundeG das Bestehen der in § 4 HundeG beschriebenen Sachkundeprüfung Voraussetzung der Erlaubniserteilung. Wird ein gefährlicher Hund von einer juristischen Person gehalten, sind die Anforderungen an die Eignung von dem Betreuer des Tieres zu erbringen (vgl. Erl. 3). Im Übrigen muss der gefährliche Hund gemäß § 5 HundeG gekennzeichnet (vgl. Erl. 2) und nach § 6 HundeG haftpflichtversichert sein (vgl. Erl. 1 zu § 6). Verursacht der gefährliche Hund einen Schaden, erleichtern die Kennzeichnungs- und die Versicherungspflicht dem Geschädigten die Durchsetzung etwaiger Ersatzansprüche.

Bei der Beibringung der Antragsunterlagen hat der Halter die Frist des § 10 Abs. 3 HundeG zu beachten (vgl. Erl. 4). Weist der Halter das Vorliegen der Erlaubnisvoraussetzungen fristgerecht nach, wird ihm die Erlaubnis erteilt. Die Behörde verfügt insoweit über **kein Ermessen**. Die Erlaubnis kann befristet (vgl. Erl. 6) und mit Nebenbestimmungen versehen werden (vgl. Erl. 7). Sobald die Erlaubnisvoraussetzungen nicht mehr vorliegen, ist die Erlaubnis zu widerrufen (vgl. Erl. 5). Für den Fall, dass die Ordnungsbehörde die Erlaubnis versagt, schränkt § 10 Abs. 5 HundeG den Rechtschutz des Halters ein: Die Versagungsentscheidung ist sofort vollziehbar (vgl. Erl. 8; auch Erl. 3.1 zu § 7).

2. Elektronische Kennzeichnung eines gefährlichen Hundes

Die Haltererlaubnis ist nur dann zu erteilen, wenn der Hund mit einem dem § 5 HundeG entsprechenden Transponder unveränderlich gekennzeichnet worden ist (vgl. Erl zu § 5).

Die Kennzeichnung dient der Vorsorge der von gefährlichen Hunden ausgehenden Gefahren. Sie ermöglicht der Ordnungsbehörde und der Polizei eine bessere Kontrolle. Im Unterschied zur Haltung eines nicht als gefährlich eingestuften Hundes hat der Halter zur Erteilung der Erlaubnis die Pflicht, die Kennzeichnung nachzuweisen. Zwar sind gem. § 5 HundeG grundsätzlich alle alten Hunde über drei Monate mit einem entsprechenden Transponder zu versehen, dies ist aber keine Voraussetzung für das Halten eines nicht als gefährlich eingestuften Hundes; ein Verstoß erfüllt lediglich den Tatbestand einer Ordnungswidrigkeit, § 20 Abs. 1 Nr. 8 HundeG.

3. Haltung eines gefährlichen Hundes durch eine juristische Person

Wird ein gefährlicher Hund von einer juristischen Person gehalten (vgl. Erl. 4.1 zu § 1), sind die Anforderungen an die Eignung des Halters von der für die Betreuung des Tieres verantwortlichen (natürlichen) Person zu erfüllen (vgl. Tz. 10.2 VwV-HundeG). Der Betreuer (vgl. Erl. 4.2 zu § 1) ist bei der Beantragung der Erlaubnis von der juristischen Person zu benennen. Zu denken ist hier an den Mitarbeiter eines Bewachungsunternehmens oder eines Tierschutzvereins. Personengesellschaften (z. B. GbR, OHG, KG) sind keine juristischen Personen.

Für die juristische Person ist es untunlich, auf ihren gefährlichen Hund unmittelbar einzuwirken. Sie kann zwar durch ihre Organe (z. B. durch den Geschäftsführer) tätig werden. Im Regelfall verfügt aber auch der Vertreter der juristischen Person nicht über die erforderliche Einflussmöglichkeit, um die von dem Hund ausgehenden Gefahren für die öffentliche Sicherheit effektiv abzuwenden. Im Hinblick auf das Ziel der Gefahrenprävention (vgl. Erl. 3 zu § 1) kann es somit bei der Entscheidung über den Erlaubnisantrag der juristischen Person (vgl. Erl. 2) nicht auf deren Eignung ankommen. Maßgeblich ist vielmehr die **Eignung des im Auftrag der juristischen Person tätigen Hundebetreuers**.

Der Hundebetreuer muss volljährig sein und die für den Umgang mit dem gefährlichen Hund erforderliche Zuverlässigkeit, persönliche Eignung und Sachkunde besitzen (vgl. Erl. zu §§ 4, 11, 12). Persönliches Erscheinen des Vertreters der juristischen Person oder des Betreuers zur Antragsstellung ist nicht mehr erforderlich (vgl. Erl. 2 zu § 9).

Die der juristischen Person erteilte Haltererlaubnis erstreckt sich nicht auf den Betreuer des gefährlichen Hundes. Gleiches gilt für die Erlaubnisfiktion des § 9 Abs. 1 Satz 2 HundeG (vgl. Erl. 3 zu § 9). Das bedeutet, dass der Betreuer, wenn er das Tier im Auftrag der juristischen Person außerhalb eines ausbruchssicheren Grundstücks ausführen will, dafür einer gesonderten Berechtigung, d. h. einer **Bescheinigung nach § 14 Abs. 6 Satz 1 HundeG** bedarf. Hierauf sollten die juristische Person und der für sie tätige Betreuer bereits bei der Antragstellung hingewiesen werden (vgl. § 83a LVwG). Da die Eignung des Betreuers bereits im Erlaubnisverfahren geprüft worden ist, kann auf die Erhebung der Verwaltungsgebühr für die Erteilung der Bescheinigung nach § 14 Abs. 6 Satz 1 HundeG verzichtet werden (vgl. Erl. 3 zu § 14).

Sofern sich der Sitz der juristischen Person, die den Hund hält, an einem anderen Ort befindet, als demjenigen, an dem sich das Tier in der Obhut des Betreuers regelmäßig aufhält (Haltungsort), ist die Ordnungsbehörde des Haltungsortes zuständig. Dies gilt sowohl für die Erteilung der Haltererlaubnis, als auch für die Ausstellung der Bescheinigung nach § 14 Abs. 6 Satz 1 HundeG (vgl. Erl. zu § 2).

4. Fristen zur Beibringung der Antragsunterlagen

Der Halter eines gefährlichen Hundes hat die für die Erteilung der Erlaubnis erforderlichen Unterlagen der Ordnungsbehörde innerhalb von drei Monaten nach Antragstellung vorzulegen. In diesem Zeitraum gilt die Haltung des Hundes als erlaubt (Erlaubnisfiktion; vgl. Erl. 3 zu § 9). Dem Hundehalter wird damit Gelegenheit geben, auch die mitunter zeitaufwendigen Nachweise, wie z. B. die Sachkundebescheinigung (vgl. Erl. 2 zu § 4) fristgerecht zu erbringen.

Die Befristung des Erlaubnisverfahrens soll verhindern, dass der Hundehalter eine ablehnende Entscheidung der Ordnungsbehörde dadurch vereitelt, dass er die erforderlichen Unterlagen nicht vorlegt. Damit wird einem **Missbrauch der Erlaubnisfiktion** vorgebeugt. Die Frist des Erlaubnisverfahrens ist mit drei Monaten so kurz wie möglich bemessen, um eine schnelle Entscheidung herbeizuführen (vgl. LT-Drs. NI 14/4006 S. 7; auch LT-Drs. 15/3471 S. 36).

Wird die Dreimonatsfrist überschritten, ist die Erlaubnis zu versagen (vgl. Erl. 6). Die Haltung des Hundes sollte dann untersagt und die Abgabe des Tieres an eine geeignete Person oder an ein Tierheim angeordnet werden (vgl. Erl. 4.1 zu § 9). Eine weitergehende Duldung der Haltung (vgl. Erl. 3 zu § 9) ist regelmäßig nicht vertretbar.

Im Ausnahmefall kann die Ordnungsbehörde die Frist des § 10 Abs. 3 Satz 1 HundeG auf Antrag um höchstens drei Monate verlängern. Die Entscheidung über die **Verlängerung** ergeht im pflichtgemäßen Ermessen. Sofern der Antragsteller ohne eigenes Verschulden daran gehindert war, die Frist einzuhalten, kann hierin ein Grund für eine Fristverlängerung gesehen werden (vgl. LT-Drs. NI 14/4006 S. 7). Es sollten dabei die gleichen Maßstäbe angelegt werden, wie bei der Widereinsetzung in den vorherigen Stand (vgl. § 60 Abs. 1 VwGO). Verschuldet ist danach ein Fristversäumnis, wenn der Antragsteller die zur Wahrung der Frist gebotene und auch zumutbare Sorgfalt außer Acht lässt. Als unverschuldeter Hinderungsgrund kommt z. B. eine ernstliche Erkrankung des Antragstellers in Betracht (vgl. *Kopp/Schenke*, § 60 Rn. 8 ff.).

Macht der Hundehalter glaubhaft, dass er schuldlos am Fristversäumnis war, ist die Verlängerung der Frist so knapp wie möglich zu bemessen. Eine pauschale Verlängerung um weitere drei Monate ist im Hinblick auf die dringenden Erfordernisse der Gefahrenabwehr jedenfalls ermessensfehlerhaft.

Sofern der Halter gegen die Feststellung der Gefährlichkeit seines Hundes Widerspruch oder Klage eingelegt hat, kann das Verfahren zur Erteilung der Haltererlaubnis nicht bis zu einer Entscheidung über den Rechtsbehelf ausgesetzt werden. Angesichts der gesetzlich vorgeschriebenen Aufhebung der aufschiebenden Wirkung des Widerspruchs und der Klage besteht hierfür keine Rechtsgrundlage (vgl. Erl. 4). Auch kommt eine entsprechende Anwendung der Aussetzung wegen **Vorgreiflichkeit** (vgl. § 94 VwGO) nicht in Betracht. Danach kann das Gericht, wenn die Entscheidung eines Rechtsstreites ganz oder zum Teil von dem Bestehen oder Nichtbestehen eines Rechtsverhältnisses abhängt, das den Gegenstand eines anderen anhängigen Rechtstreites bildet oder von einer Verwaltungsbehörde festzustellen ist, anordnen, dass die Verhandlung bis zur Erledigung des anderen Rechtstreites oder bis zur Entscheidung der Verwaltungsbehörde auszusetzen ist. Eine Regelungslücke, die Raum für eine entsprechende Anwendung dieser Vorschrift ließe, besteht nicht. Die gesetzlich vorgeschriebene Aussetzung der sofortigen Vollziehung trägt den Belangen der Gefahrenabwehr Rechnung. Im Erlaubnisverfahren soll schnellstmöglich festgestellt werden, ob der Halter zur Haltung seines gefährlichen Hundes geeignet ist. Ein Zuwarten auf die Entscheidung über die Rechtmäßigkeit der Gefährlichkeitsfeststellung, die dem Erlaubnisverfahren zugrunde liegt, würde diesem Zweck zuwiderlaufen.

5. Widerruf der Erlaubnis

Die Haltererlaubnis ist zu widerrufen, wenn die Voraussetzungen für deren Erteilung nicht mehr vorliegen. § 10 Abs. 4 Satz 1 HundeG räumt der Ordnungsbehörde bei der Widerrufsentscheidung **kein Ermessen** ein. Wird das Fehlen auch nur einer der in § 10 Abs. 1 HundeG genannten Voraussetzungen festgestellt (z. B. der Wegfall der Haftpflichtversicherung; vgl. Beispiel zu Erl. 2 zu § 6), muss die Erlaubnis aufgehoben werden. Die Vorschrift aufgrund ihres Wortlautes („wenn die Voraussetzung*en* des Absatzes 1 nicht mehr vorliegen") dahingehend auszulegen, dass ein Widerruf erst dann geboten ist, wenn sämtliche Erlaubnisvoraussetzungen entfallen sind, widerspricht dem Sinn und Zweck des Hundegesetzes (vgl. Erl. 1 zu § 1), zumal eine Erlaubnis dann – ungeachtet der Gefahrenlage – zumindest wegen der Volljährigkeit des Halters (vgl. § 10 Abs. 1 Nr. 1 HundeG) Bestand hätte.

Ermächtigungsgrundlage für den Widerruf ist § 10 Abs. 4 Satz 1 HundeG. Einer ergänzenden Heranziehung des § 117 Abs. 2 Nr. 1 LVwG bedarf es nicht. Der gefahrhunderechtliche Widerrufsvorbehalt verdrängt insoweit das allgemeine Verwaltungsrecht (vgl. *Foerster/Friedersen/Rohde*, Erl. 1 zu § 117 LVwG). Auch ist eine gesonderte Regelung eines Widerrufsvorbehalts in der Erlaubnis nicht erforderlich. Gleichwohl bietet es sich an, den Halter in einem Informationsblatt auf die Widerruflichkeit der Erlaubnis hinzuweisen.

Sofern die Erlaubnis mit **Auflagen** verbunden worden ist und gegen diese verstoßen wird, kann die Erlaubnis nicht aufgrund von § 10 Abs. 4 Satz 1 HundeG widerrufen werden. Es kommt dann aber ein Widerruf nach § 117 Abs. 2 Nr. 2 LVwG in Betracht. Im Ausnahmefall kann die Erlaubnis mit **Bedingungen** versehen sein (vgl. Erl. 7). Werden diese nicht eingehalten, verliert die Erlaubnis ihre Bestandskraft bzw. erlangt jene erst gar nicht (vgl. *Foerster/Friedersen/Rohde*, Erl. 4 zu § 107 LVwG). Ein Widerruf ist dann nicht erforderlich. Gleichwohl sollte die fehlende Bestandskraft der Erlaubnis zur Rechtsklarheit von der Ordnungsbehörde festgestellt werden.

Infolge des Widerrufs der Erlaubnis sollte die dann rechtswidrige Haltung des gefährlichen Hundes untersagt und die Abgabe des Tieres an eine geeignete Person oder an ein Tierheim angeordnet werden. Hierbei ist zu beachten, dass Widerspruch und Klage gegen den Widerruf der Erlaubnis **aufschiebende Wirkung** haben (vgl. Erl. 3.2 zu § 7). § 10 Abs. 5 HundeG hebt die aufschiebende Wirkung lediglich für die Versagung der Erlaubnis (vgl. Erl. 8), nicht aber für deren Widerruf auf. Angesichts des umfassenden Verwirklichungs- und Ausnutzungsverbots der aufschiebenden Wirkung (vgl. Erl. 3.2 zu § 7) kann die Untersagungs- und Abgabeverfügung erst dann angeordnet werden, wenn der Widerruf rechtskräftig geworden oder die sofortige Vollziehung des Widerrufs angeordnet worden ist (vgl. Beispiel zu Erl. 4.3.2 zu § 9).

6. Befristung der Erlaubnis

Die Haltererlaubnis kann befristet erteilt werden. Die Befristung ermöglicht es der Ordnungsbehörde, das Vorliegen der Erlaubnisvoraussetzungen in gewissen Abständen erneut zu überprüfen. Die Dauer der Befristung soll in Abhängigkeit von absehbaren oder zu erwartenden, die Erlaubnisvoraussetzungen berührenden Änderungen in den Haltungsbedingungen festgelegt werden. Bei Hundehaltungen, die derartige Veränderungen nicht erwarten lassen, sollte auf eine Befristung verzichtet werden (vgl. LT-Drs. 15/3471 S. 36). Für eine Befristung muss die Annahme, dass die Erlaubnisvoraussetzungen in absehbarer Zeit wegfallen könnten, auf Tatsachen beruhen. Sie kann nicht auf einen bloßen Verdacht hin erfolgen.

Die Befristung ist unter Darlegung der angestellten **Ermessenserwägungen** zu begründen (vgl. VG Düsseldorf, Urt. vom 12.11.2003 – 18 K 2398/02 –, siehe www.nrwe.de). Hierbei ist zu berücksichtigen, dass die Erlaubnis ohnehin gemäß § 10 Abs. 4 Satz 1 HundeG widerruflich ist (vgl. Erl. 5), so dass es einer Befristung nur im Ausnahmefall bedarf (vgl. Tz. 10.4 VwV-HundeG). Die Frist sollte ein Jahr nicht unterschreiten. Kürzere Fristen sind in aller Regel unverhältnismäßig, da sie weder dem berechtigten Interesse des Hundehalters an Rechtssicherheit, noch dessen Belastung durch das erneute Verwaltungsverfahren und den dabei anfallenden Kosten hinreichend Rechnung tragen. Die Befristung einer Erlaubnis auf fünf Jahre ist nicht zu beanstanden (vgl. VG Köln, Urt. vom 16.10.2003 – 20 K 654/02 –, siehe www.nrwe.de).

Rechtsgrundlage für die Befristung ist § 10 Abs. 4 Satz 2 HundeG i. V. m. § 107 Abs. 1 und Abs. 2 Nr. 1 LVwG. Eine Befristung kann auch nachträglich in die Erlaubnis aufgenommen werden. Die Befugnis der Ordnungsbehörde, das Vorliegen der Erlaubnisvoraussetzungen von Amts wegen zu überprüfen und ggf. die Erlaubnis zu widerrufen, bleibt von der Befristung unberührt. Nach Ablauf der Frist ist die Haltung des gefährlichen Hundes rechtswidrig. Zu deren Legalisierung bedarf es einer neuen Erlaubnis. Diese ist vom Halter zu beantragen. Mit der erneuten Antragstellung gilt die Haltung des gefährlichen Hundes wiederum vorläufig als erlaubt (vgl. Erl. 3 zu § 9). Eine Verlängerung der mit Fristablauf unwirksam gewordenen Erlaubnis ist im Hundegesetz nicht vorgesehen. Für die Erteilung der neuen Erlaubnis werden Verwaltungsgebühren erhoben.

7. Bedingungen und Auflagen

Die Haltererlaubnis kann mit Bedingungen und Auflagen versehen werden. Die Nebenbestimmungen dürfen allerdings dem Zweck der Erlaubnis nicht zuwiderlaufen (vgl. § 107 Abs. 3 LVwG). Sie sollten vielmehr der Gefahrenvorsorge und -abwehr dienen (vgl. Tz. 10.4 VwV-HundeG). In Betracht kommen insbesondere Verhaltenspflichten zur sicheren Verwahrung des Hundes, z. B. bauliche Veränderungen am Grundstück des Hundehalters, Schließ- und Anleinvorrichtungen sowie Warnschilder (vgl. Erl. 2 zu § 14; auch § 1 Abs. 2 Satz 2 HundehV Bbg, § 10 Abs. 2 HundeVO He).

Die Festsetzung der Nebenbestimmungen erfolgt im pflichtgemäßen Ermessen der Ordnungsbehörde. Im Regelfall sollten die Verhaltenspflichten als Auflage verfügt werden. Es handelt sich hierbei um das im Vergleich zur Bedingung **mildere Mittel**, da die Rechtskraft der Erlaubnis von einem Verstoß gegen die Auflage zunächst unberührt bleibt. Die Auflage ist ggf. im Wege des Verwaltungszwangs durchsetzbar (vgl. *Foerster/Friedersen/Rohde*, Erl. 6 zu § 107 LVwG; auch Erl. 4.3 zu § 9).

Die Haltererlaubnis kann auch nachträglich mit Nebenbestimmungen verbunden werden. § 9 Abs. 4 Satz 3 HundeG stellt dies im Hinblick auf Auflagen klar. Dies schließt jedoch eine nachträgliche Verfügung von Bedingungen nicht aus. Bei der **nachträglichen Aufnahme von Nebenbestimmungen** sind allerdings die Grundsätze des Vertrauensschutzes und der Verhältnismäßigkeit im besonderen Maße zu beachten (vgl. *Foerster/Friedersen/Rohde*, Erl. 3.5 zu § 107 LVwG).

Der gesetzliche Vorbehalt zur Aufnahme von Nebenbestimmungen ist erforderlich, da auf die Erteilung der Haltererlaubnis beim Vorliegen der Zulassungsvoraussetzungen ein Anspruch besteht (vgl. Erl. 1). Der Verwaltungsakt ergeht also als gebundene Entscheidung und wäre ohne den Vorbehalt des § 10 Abs. 4 Satz 2 HundeG bedingungsfeindlich (vgl. § 107 Abs. 1 LVwG).

8. Sofortige Vollziehung der Versagungsentscheidung

Die Versagung der Erlaubnis ist sofort vollziehbar. Über den Antrag ist dann entschieden, so dass die Erlaubnisfiktion des § 9 Abs. 1 Satz 2 HundeG entfällt (vgl. Erl. 3 zu § 9). Der gefährliche Hund wird infolgedessen rechtswidrig gehalten. Die Ordnungsbehörde sollte daraufhin die Haltung des Hundes untersagen und die Abgabe des Tieres an einen geeigneten Halter oder an ein Tierheim anordnen (vgl. Erl. 4.1 zu § 9; LT-Drs. 15/3471 S. 37). Dies kann unverzüglich geschehen. Aufgrund der gesetzlichen Aussetzung der aufschiebenden Wirkung von Widerspruch und Klage gegen die Versagungsentscheidung bedarf es hierfür keiner Anordnung der sofortigen Vollziehung.

Bestehen ernstliche Zweifel an der Rechtmäßigkeit der Versagung der Erlaubnis, steht es dem Halter frei, eine Aussetzung der Vollziehung bei der Ordnungsbehörde oder beim Verwaltungsgericht zu erwirken (vgl. Erl. 3.2 zu § 7). Im Übrigen kann der Halter die an die Versagung anknüpfenden Gefahrenabwehrmaßnahmen (z. B. die Untersagungs- und Abgabeverfügung) gesondert anfechten.

§ 11
Zuverlässigkeit

(1) Die erforderliche Zuverlässigkeit besitzt in der Regel nicht, wer

1. wegen

a) unerlaubten Umgangs mit gefährlichen Hunden,

b) einer Straftat nach dem Tierschutzgesetz, dem Waffengesetz vom 11. Oktober 2002 (BGBl. I S. 3970, ber. S. 4592), zuletzt geändert durch Artikel 4 des Gesetzes vom 7. August 2013 (BGBl. I S. 3154), dem Gesetz über die Kontrolle von Kriegswaffen in der Fassung der Bekanntmachung vom 22. November 1990 (BGBl. I S. 2506), zuletzt geändert durch Artikel 2 des Gesetzes vom 6. Juni 2013 (BGBl. I S. 1482), dem Sprengstoffgesetz in der Fassung der Bekanntmachung vom 10. September 2002 (BGBl. I S. 3518), zuletzt geändert durch Artikel 4 des Gesetzes vom 7. August 2013 (BGBl. I S. 3154), oder dem Bundesjagdgesetz in der Fassung der Bekanntmachung vom 29. September 1976 (BGBl. I S. 2849), zuletzt geändert durch Artikel 1 des Gesetzes vom 29. Mai 2013 (BGBl. I S. 1386),

c) einer anderen vorsätzlich begangenen Straftat zu einer Geldstrafe von mehr als 50 Tagessätzen oder zu einer Freiheitsstrafe rechtskräftig verurteilt worden ist, wenn seit der letzten Verurteilung fünf Jahre noch nicht verstrichen sind, oder

2. gegen die in Nummer 1 Buchstabe b genannten Gesetze, oder wiederholt oder gröblich gegen Vorschriften dieses Gesetzes verstoßen hat.

(2) Zur Prüfung der Zuverlässigkeit hat die Hundehalterin oder der Hundehalter ein Führungszeugnis zur Vorlage bei einer Behörde nach § 32 Absatz 2 Nummer 5 des Bundeszentralregistergesetzes in der Fassung der Bekanntmachung vom 21. September 1984 (BGBI. I S. 1229, 1985 I S. 195), zuletzt geändert durch Artikel 2 des Gesetzes vom 21. Januar 2015 (BGBl. I S. 10) zu beantragen. Die zuständige Behörde kann zur Prüfung der Zuverlässigkeit eine unbeschränkte Auskunft aus dem Bundeszentralregister (§ 41 Absatz 1 Nummer 9 Bundeszentralregistergesetz) einholen.

VwV-HundeG

Abschnitt 11

Zu § 11 – Zuverlässigkeit

11.1 *Unzuverlässigkeitsvermutung*

Bei dem Zeitraum seit der letzten Verurteilung ist auf das Datum der Rechtskraft des Urteils abzustellen.

Die Vermutung der Unzuverlässigkeit wird in Absatz 1 Nummer 2 dahingehend verschärft, dass bereits der einmalige Verstoß gegen die in Buchstabe b genannten Gesetze (z. B. Tierschutz, Waffen-, Kriegswaffenkontroll-, Sprengstoff- oder Bundesjagdgesetz) und neben dem wiederholten auch der „gröbliche" Verstoß gegen Vorschriften des Hundegesetzes zur Versagung der Erlaubnis führt, einen gefährlichen Hund zu halten. Dieser muss nicht notwendigerweise Bußgeld bewährt sein.

„Gröblich" meint eine schuldhafte (vorsätzliche oder fahrlässige), nach objektivem Gewicht und Vorwerfbarkeit schwerwiegende, womöglich mit Nachdruck begangene Zuwiderhandlung.

Erläuterungen

Übersicht

1. Zuverlässigkeit

Wer einen gefährlichen Hund hält, muss die dafür erforderliche Zuverlässigkeit besitzen. Die Zuverlässigkeit ist ein **unbestimmter Rechtsbegriff**. Die Rechtsprechung umschreibt ihn wie folgt: Zuverlässig ist, wer die Gewähr dafür bietet, dass er seinen Hund ordnungsgemäß, d. h. in einer Weise halten wird, dass von dem Tier keine Gefahren ausgehen werden. Der Hundehalter muss willens sein, seine Pflichten als Halter eines gefährlichen Hundes zu erfüllen. Nicht willens zur ordnungsgemäßen Hundehaltung ist, wer sich als Halter eines solchen Tieres nicht hinreichend seiner besonderen Verantwortung gegenüber den Belangen und Rechtsgütern der Allgemeinheit und Dritter bewusst ist (vgl. OVG Münster, Beschl. vom 31.10.2000 = DÖV 2001 S. 301, 302 m. w. N.). Der Zuverlässigkeit des Hundehalters kommt somit eine wesentliche Bedeutung im Rahmen der Gefahrenvorsorge zu (vgl. LT-Drs. 15/3471 S. 37; Erl. 3 zu § 1).

Der Begriff der Zuverlässigkeit findet in verschiedenen Rechtsgebieten Verwendung, z. B. im Gewerbe- und im Gaststättenrecht aber auch im Jagdrecht (vgl. § 17 Abs. 4 BJagdG) und im Waffenrecht (vgl. § 5 Abs. 2 WaffG). Die Abgrenzung des Begriffs erfolgt dort anhand von Tatbeständen, bei deren Vorliegen regelmäßig auf die Unzuverlässigkeit des Antragstellers geschlossen werden kann. Auch § 11 Abs. 1 HundeG bedient sich dieser Regelungstechnik: In Anlehnung an das Waffenrecht (kritisch: *Hamann 1993*, S. 251) werden **Regelunzuverlässigkeitstatbestände** aufgeführt (vgl. Erl. 2). Die Unzuverlässigkeit wird danach regelmäßig bei Hundehaltern angenommen, die sich auf verschiedene Weise mit der Rechtsordnung in Konflikt befinden oder befanden (vgl. LT-Drs. 15/3471 S. 37). Die Aufzählung in § 11 Abs. 1 HundeG ist allerdings nicht abschließend. Vergleichbare Sachverhalte können ebenfalls die Vermutung der Unzuverlässigkeit begründen (vgl. OVG Münster, Beschl. vom 16.6.1999 = NWVBl. 2000 S. 30, 31 sowie Beschl. vom 2.7.2003 – 5 B 417/03 –, siehe www.nrwe.de; *König/Papsthart*, Rn. 134; *Steindorf*, Rn. 2 f. zu § 5 WaffG; *Eifert*, S. 567).

Bei der Vermutung der Unzuverlässigkeit handelt es sich um eine **Prognoseentscheidung**. Die anzustellende Prognose verlangt nicht den Nachweis darüber, dass der Antragsteller seinen Hund mit an Sicherheit grenzender Wahrscheinlichkeit nicht ordnungsgemäß halten und führen wird. Es genügt vielmehr, dass bei verständiger Würdigung aller Umstände eine gewisse Wahrscheinlichkeit dafür besteht. Hierbei ist die Persönlichkeit des Halters, wie sie in dem Gesamtbild seines Verhaltens zum Ausdruck kommt, zu berücksichtigen (vgl. *Steindorf*, Rn. 2 zu § 5 WaffG). Bagatellisiert z. B. der Halter Schäden, die sein Hund nachweislich angerichtet hat, so steht zu befürchten, dass er auch in Zukunft seine emotionale oder sonstige Bindung an den Hund über das Sicherheitsbedürfnis seiner Mitmenschen stellen und Schutzgebote wie Anlein- und Maulkorbpflicht missachten wird (vgl. *Haurand*, Erl. 2 zu § 7 LHundG NRW).

Die Regelunzuverlässigkeitstatbestände erleichtern der Ordnungsbehörde die Prognoseentscheidung über die Zuverlässigkeit des Antragsstellers. Sie führen im Ergebnis zu einer den Antragsteller belastenden **Beweisumkehr**, da beim Vorliegen der Voraussetzungen des § 11 Abs. 1 HundeG zunächst von dessen Unzuverlässigkeit ausgegangen werden kann. Dies bedeutet jedoch nicht, dass die Ordnungsbehörde dadurch von der Pflicht zur umfassenden Sachverhaltsaufklärung entbunden wird (vgl. § 83 LVwG).

Das Hundegesetz geht somit zunächst davon aus, dass jeder die erforderliche Zuverlässigkeit zum Halten eines gefährlichen Hundes besitzt. Diese Vermutung gilt als widerlegt, wenn ein Tatbestand der Regelunzuverlässigkeit erfüllt ist oder ein vergleichbarer Sachverhalt vorliegt (vgl. *Steindorf*, § 5 WaffG Rn. 2 f.). In Ausnahmefällen kann die Regelunzuverlässigkeitvermutung ausgeräumt werden.

Ein solcher **Ausnahmefall** kommt in Anlehnung an die Rechtsprechung zum Waffenrecht dann in Betracht, wenn die Umstände der abgeurteilten Tat die Verfehlung des Betroffenen ausnahmsweise derart in einem milden Licht erscheinen lassen, dass die nach der Wertung des Gesetzgebers in der Regel durch eine solche Straftat begründeten Zweifel an der vorausgesetzten Vertrauenswürdigkeit des Betroffenen nicht gerechtfertigt sind (vgl. BVerwG, Urt. vom 13.12.1994 = GewArch 1995 S. 343, 344). Hierbei kann auf die Natur der Straftat, die Persönlichkeit des Betroffenen und die von ihm entwickelte verbrecherische Energie abgestellt werden. Die Rechtmäßigkeit der strafrechtlichen Verurteilung ist von der Ordnungsbehörde hingegen nicht in Zweifel zu ziehen.

> *Beispiel: Der ausnahmsweise zuverlässige Straftäter*
>
> *A ist am 15.3.2019 zu einer Geldstrafe in Höhe von 60 Tagessätzen verurteilt worden. Im Übrigen kann er einen makellosen Lebenslauf vorweisen.*
> *Gemäß § 11 Abs. 1 Nr. 1 lit. c HundeG gilt A aufgrund des Strafmaßes der Verurteilung im Regelfall als unzuverlässig (vgl. Erl. 2.3). Bei der Prüfung des Einzelfalls stellt die Ordnungsbehörde fest, dass A wegen fahrlässiger Trunkenheit im Straßenverkehr (vgl. § 316 StGB) verurteilt worden ist. Er fuhr volltrunken bei einem Blutalkoholwert von 2,9 Promille mit seinem PKW. Zwar handelt es sich hierbei um eine gemeingefährliche Straftat, doch stellt diese aufgrund ihrer Natur als Verkehrsdelikt nicht zwangsläufig die Zuverlässigkeit des A im Hinblick auf das Halten eines gefährlichen Hundes in Frage, zumal er ansonsten nicht straffällig geworden ist.*

Die Vermutung der Unzuverlässigkeit ist auf **Tatsachen** zu stützen. Mutmaßungen genügen nicht. Ferner müssen die Tatsachen die Zuverlässigkeit im Hinblick auf die Haltung eines gefährlichen Hundes in Frage stellen. Anhaltspunkte für einen Mangel an der allgemeinen Zuverlässigkeit des Halters, z. B. finanzielle Schwierigkeiten, begründen für sich genommen nicht die Vermutung der gefahrhunderechtlichen Unzuverlässigkeit. Auch entbinden Zuverlässigkeitsvermutungen aufgrund anderer Fachgesetze (z. B. dem Gaststätten-, Gewerbe-, Jagd- oder Waffenrecht) die Ordnungsbehörde nicht von einer gefahrhunderechtlichen Prüfung. Die dort vorgenommene Abwägung erfolgt vor dem Hintergrund des jeweiligen Gesetzeszwecks und entspricht nicht ohne Weiteres den Erfordernissen des Hundegesetzes (vgl. *Steindorf*, § 5 WaffG Rn. 2 ff).

Das Hundegesetz unterscheidet zwischen der Zuverlässigkeit und der **persönlichen Eignung** des Hundehalters (vgl. Erl. 1 zu § 12). Während die Zuverlässigkeit in erster Linie auf das (vorwerfbare) Verhalten der Person abstellt, kommt es bei der persönlichen Eignung auf deren Eigenschaften an. Diese Unterscheidung ist dem Waffengesetz entlehnt (vgl. *König/Papsthart*, Rn. 135). Sie ist in den Zuverlässigkeitsprüfungen anderer Gesetze nicht vorgesehen (vgl. z. B. § 17 Abs. 4 BJagdG), auch nicht im Gefahrhunderecht anderer Länder (vgl. z. B. § 7 LHundG NRW).

2. Tatbestände der Regelunzuverlässigkeit

Als im Regelfall unzuverlässig gilt, wer wegen

- unerlaubten Umgangs mit gefährlichen Hunden (vgl. Erl. 2.1),
- einer der in § 11 Abs. 1 Nr. 1 lit. b HundeG genannten Straftaten mit Tier- oder Waffenbezug (vgl. Erl. 2.2) oder
- einer vorsätzlichen Tat zu einer Geldstrafe von mehr als 50 Tagessätzen oder zu einer Freiheitsstrafe (vgl. Erl. 2.3)

rechtskräftig verurteilt worden ist. Sind seit dem Eintritt der Rechtskraft der letzten Verurteilung mehr als fünf Jahre verstrichen, so bleiben die Verurteilungen unberücksichtigt (vgl. Erl. 2.4). Der Hundehalter besitzt die erforderliche Zuverlässigkeit in der Regel auch nicht, wenn er wiederholt gegen das Hundegesetz oder gegen die in § 11 Abs. 1 Nr. 1 lit. b HundeG genannten Gesetze mit Tier- oder Waffenbezug verstoßen hat (vgl. Erl. 2.5). Um der Ordnungsbehörde die Prüfung der Zuverlässigkeit zu erleichtern, hat der Halter ein Führungszeugnis zur Vorlage bei der Behörde zu beantragen (vgl. Erl. 3).

2.1 Unerlaubter Umgang mit gefährlichen Hunden

Der § 11 Abs. 1 Nr. 1 lit a HundeG bezog sich ursprünglich auf den in § 143 StGB a. F. enthaltenen Straftatbestand des Umgangs mit gefährlichen Hunden. Dieser wurde allerdings mit Gesetz vom 19.4.2006 (BGBl. I S. 866) abgeschafft, sodass hier ein **redaktionelles Versehen** des Gesetzgebers angenommen werden muss, da eine entsprechende Verurteilung nicht mehr möglich ist und somit auch nicht als Voraussetzung des Regelunzuverlässigkeitstatbestandes herangezogen werden kann.

Der § 143 StGB a. F. bzw. die Vorgängerregelung in § 6 Abs. 1 lit. a GefHG a. F. wurden in Gänze abgeschafft, nachdem der Absatz 1 vom BVerfG für **verfassungswidrig** erklärt wurde. Nach § 143 Abs. 1 StGB a. F. waren Verstöße gegen landesrechtliche Verbote zur Zucht und zum Handel mit gefährlichen Hunden strafbewehrt. Zwar bejahte das Gericht grundsätzlich die Regelungszuständigkeit des Bundes, landesrechtliche Vorschriften mit strafrechtlichen Sanktionen des Bundesrechts zu versehen (vgl. Art. 74 Abs. 1 Nr. 1 GG; *Caspar*, S. 1582, dort Fn. 14). Es wies aber darauf hin, dass im Bereich der konkurrierenden Gesetzgebung die Voraussetzungen des Art. 72 Abs. 2 GG zu beachten sind. Danach muss die Regelung für die Herstellung gleichwertiger Lebensverhältnisse im Bundesgebiet oder zur Wahrung der Rechts- und Wirtschaftseinheit im gesamtstaatlichen Interesse erforderlich sein. Dies setzt nach Auffassung des BVerfG voraus, dass der strafbewehrte Tatbestand in den Ländern im Wesentlichen übereinstimmend geregelt ist. Hier sah das Gericht Defizite: Schon der Begriff des gefährlichen Hundes sei nicht einheitlich definiert. Neben Regelungen, die für die Gefährlichkeit an die Zugehörigkeit zu bestimmten Hunderassen anknüpfen und dafür umfangreiche Rasselisten vorsehen, gebe es Vorschriften, nach denen es für die Einstufung als gefährlicher Hund auf die Feststellung der Gefährlichkeit im Einzelfall ankommt (vgl. BVerfG, Urt. vom 16.3.2004 = NVwZ 2004 S. 597, 603 f.; *Pestalozza*, S. 1842 ff.; auch *Caspar*, S. 1590 f.; *Hamann* 1997, S. 73; **a. A.** *Schnupp*, S. 204).

Dieser Einwand ist auch in Bezug auf § 143 Abs. 2 StGB a. F. (rechtswidriges Halten eines gefährlichen Hundes) zu machen, dessen Rechtmäßigkeit in dem o. g. Verfahren nicht zu prüfen war.

Der Sinn und Zweck dieser überholten Regelung wird aber zumindest insoweit kompensiert, als über § 10 Abs. 1 Nr. 2 HundeG wiederholte oder gröbliche Verstöße gegen das Hundegesetz die Unzuverlässigkeit begründen. Dies gilt im Besonderen für das gegen § 8 HundeG verstoßende unerlaubte Halten von Hunden. Der Verstoß muss allerdings gröblich oder wiederholt aufgetreten sein, wobei die Hürden für eine Verurteilung nach § 143 Abs. 2 StGB a. F. ähnlich hoch gewesen sein werden.

2.2 Straftaten mit Tier- oder Waffenbezug

Gemäß § 11 Abs. 1 Nr. 1 lit. b HundeG ist regelmäßig von der Unzuverlässigkeit des Hundehalters auszugehen, wenn jener wegen einer Straftat nach den dort genannten Gesetzen mit Tier- oder Waffenbezug rechtskräftig verurteilt worden ist. Die Vorschrift orientiert sich an dem Katalog des § 5 Abs. 2 Nr. 1 lit. c WaffG. Die betreffenden Straftaten lassen sich überschlägig wie folgt zusammenfassen:

Gemäß § 17 TierSchG wird mit Freiheitsstrafe bis zu drei Jahren oder mit Geldstrafe bestraft, wer ein Wirbeltier ohne vernünftigen Grund tötet oder ihm erhebliche Schmerzen oder Leiden zufügt. Die §§ 51 und 52 WaffG sehen eine Freiheitsstrafe bis zu fünf Jahren für den verbotswidrigen Umgang mit Schusswaffen, Munition oder anderen gefährlichen Gegenständen vor. Ähnliches gilt gemäß § 40 SprengG für explosionsgefährliche Stoffe und nach den §§ 19 bis 20a sowie § 22a KrWaffKontrG für Kriegswaffen. Gemäß § 38 BJagdG wird mit Freiheitsstrafe bis zu fünf Jahren oder Geldstrafe bestraft, wer Wild entgegen den Verboten zum Bestandsschutz oder zur Schonung bejagt.

Die Regelunzuverlässigkeitsvermutung des § 11 Abs. 1 Nr. 1 lit. b HundeG setzt keinen Vorsatz voraus. Es genügt die fahrlässige Begehung, sofern diese strafbar ist (vgl. § 15 StGB). Auch kommt es nicht auf das Strafmaß an. Eine geringfügige Verurteilung kann jedoch unbeachtet bleiben, wenn andere Tatsachen hinzutreten, die für die Zuverlässigkeit des Hundehalters sprechen (vgl. Erl. 1).

Anders als z. B. in NRW ist die sog. **Milieukriminalität** (vgl. § 7 Abs. 1 Nr. 1 LHundG NRW; auch *Gängel/Gansel*, S. 1211), d. h.

- vorsätzliche Angriffe auf das Leben und die Gesundheit (vgl. §§ 211 ff. StGB),
- Vergewaltigung (vgl. § 177 Abs. 2 StGB),
- Zuhälterei (vgl. § 181a StGB),
- Land- und Hausfriedensbruch (vgl. § 123 ff. StGB),
- Widerstand gegen die Staatsgewalt (vgl. §§ 111 ff. StGB),
- gemeingefährliche Straftaten (vgl. §§ 306 ff. StGB) sowie
- Straftaten gegen das Eigentum und das Vermögen (vgl. §§ 242 ff. StGB)

nicht tatbestandlich für die Regelunzuverlässigkeitsvermutung des § 11 Abs. 1 Nr. 1 lit. b HundeG. Gleichwohl können diese Straftaten im Ausnahmefall den dort erfassten Tatbeständen vergleichbar sein und ebenfalls die Zuverlässigkeit des Antragstellers in Frage stellen (vgl. Erl. 1), nämlich dann, wenn sie mithilfe von Tieren bzw. Waffen, Sprengstoff o. Ä. begangen worden sind. Im Übrigen lässt die „Milieukriminalität" im Regelfall auf die Unzuverlässigkeit des Halters schließen, wenn die betreffende Verurteilung dem Strafmaß nach § 11 Abs. 1 Nr. 1 lit. c HundeG unterfällt (vgl. Erl. 2.3).

2.3 Sonstige Verurteilungen mit erheblichem Gewicht

§ 11 Abs. 1 Nr. 1 lit. c HundeG stellt hinsichtlich der Unzuverlässigkeitsvermutung auf das Strafmaß ab. Die Art des Deliktes bleibt unberücksichtigt. Die Tat muss vorsätzlich begangen und mit einer Freiheitsstrafe oder einer Geldstrafe von mehr als 50 Tagessätzen bestraft worden sein. Die Verhängung von mehr als 50 Tagessätzen lässt auf ein erhebliches Unwerturteil schließen, das eine Tat von einigem Gewicht voraussetzt. Bagatelldelikte führen somit nicht zur Regelvermutung der Unzuverlässigkeit (vgl. *König/Papsthart*, Rn. 153, wenngleich der dort kommentierte § 5 Abs. 2 Nr. 1 WaffG 60 Tagessätze fordert).

2.4 Fünfjahresfrist

Bei der Prognose über die Zuverlässigkeit des Hundehalters kommt einer Verurteilung umso geringere Bedeutung zu, je länger sie zurückliegt (vgl. *Haurand*, Erl. 4 zu § 7 LHundG NRW). Liegt die Verurteilung mehr als fünf Jahre zurück, bleibt sie grundsätzlich unberücksichtigt. Hintergrund für diese Regelung ist der Bewährungsgedanke. Verfristete

Straftaten können allerdings als Indiz für die Unzuverlässigkeit des Halters herangezogen werden, wenn andere Tatsachen hinzutreten, die eine negative Prognoseentscheidung rechtfertigen (vgl. Erl. 1; *Steindorf*, § 5 WaffG Rn. 13).

Maßgeblich für den **Beginn der Fünfjahresfrist** ist der Zeitpunkt der Rechtskraft der letzten strafrechtlichen Verurteilung, also der Tag, an dem das Urteil nicht mehr mit einem ordentlichen Rechtsmittel, z. B. Berufung oder Revision, angefochten werden kann. Die Rechtsmittelfrist beträgt hier eine Woche nach Verkündung des Urteils (vgl. § 314 Abs. 1 und § 341 Abs. 1 StPO). Ein unangefochtener Strafbefehl steht einer rechtskräftigen Verurteilung gleich (vgl. § 410 Abs. 3 StPO). Die Anknüpfung an die Rechtskraft und nicht etwa an den Zeitpunkt der Tatbegehung soll den Fristbeginn objektiv bestimmbar machen, z. B. im Falle fortgesetzter Tathandlungen. Auch soll dem Täter lange Unentdecktheit oder Prozessverschleppung nicht zunutze sein (vgl. *König/Papsthart*, Rn. 144).

Die **Frist endet** zu dem Zeitpunkt, da über den Erlaubnisantrag abschließend entschieden wird. Lehnt die Ordnungsbehörde den Antrag ab, kann der Halter Verpflichtungswiderspruch einlegen, um die Erlaubnis (als begünstigenden Verwaltungsakt) zu erwirken. Fristende ist dann der Tag der Entscheidung über den Widerspruch. Erhebt der Halter Klage, ist derjenige Zeitpunkt maßgebend, zu dem die Sache vor dem Verwaltungsgericht letztmalig mündlich verhandelt wird oder zu dem das Gericht entscheidet (vgl. *Stabno*, Erl. zu § 11 Abs. 1 Nr. 1 lit. b NHundG).

Zeiten, die der Täter in einer Anstalt verwahrt wird (z. B. bei der Verbüßung einer Freiheitsstrafe) werden auf die Frist angerechnet. Dies erscheint vor dem Hintergrund des Bewährungsgedankens fragwürdig (vgl. *Stabno*, ebd.): Von einer Bewährung des Täters kann erst dann ausgegangen werden, wenn er sich ohne Aufsicht rechtstreu verhält. Vor diesem Hintergrund sieht § 5 Abs. 3 WaffG insoweit ein Fristhemmnis vor (vgl. auch § 7 Abs. 1 Nr. 4 LHundG NRW; *Haurand*, Erl. 4 dazu).

2.5 Ausgewählte Rechtsverstöße

Die Unzuverlässigkeit wird ferner regelmäßig für jene Hundehalter angenommen, die gegen die in § 11 Abs. 1 Nr. 1 lit. b HundeG genannten Vorschriften mit Tier- oder Waffenbezug (vgl. Erl. 2.2). oder wiederholt oder gröblich gegen das Hundegesetz verstoßen haben. Im Falle des wiederholten Verstoßes gegen Vorschriften des Hundegesetzes reicht eine einmalige Wiederholung aus, wobei nicht derselbe Tatbestand erfüllt sein muss (vgl. *Haurand*, Erl. 5.2 zu § 7 LHundeG NRW; *Steindorf*, § 5 WaffG Rn. 24). Bei nur einmaligen Verstößen kann die Unzuverlässigkeit erst dann angenommen werden, wenn der Verstoß gröblich war. Es kommt dabei nicht darauf an, dass der Verstoß bußgeldbewehrt ist. Gleichwohl erfordert das Merkmal des gröblichen Verstoßes, dass bei geringfügigen Verstößen von der Vermutung der Unzuverlässigkeit abzusehen ist, wenn das Gesamtbild des Hundehalters diese Annahme rechtfertigt (vgl. Erl. 1). Als geringfügiger Verstoß kommt z. B. die Missachtung der Anleinpflicht des § 2 Abs. 2 HundeG in Betracht, wenn davon keine konkrete Gefahr ausging (vgl. Erl. 5 zu § 2). Gleiches gilt für Verstöße, für die ein Rechtfertigungsgrund bestand, z. B. im Falle der Notwehr (vgl. Erl. 1 zu § 20). Bei Verstößen gegen die in § 11 Abs. 1 Nr. 1 lit. b) HundeG genannten Vorschriften mit Tier- und Waffenbezug ist eine Wiederholung nach neuer Rechtslage im Gegensatz zum vormaligen § 6 Abs. 1 Nr. 2 GefHG a. F. nicht erforderlich.

> *Beispiel: Versagung der Haltererlaubnis sowie Untersagung der Haltung des gefährlichen Hundes und Anordnung zur Abgabe des Tieres vom 29.7.2019*
>
> ***I. Entscheidung***
>
> 1. *Ich lehne Ihren Antrag auf die Erteilung einer Erlaubnis zur Haltung Ihres belgischen Schäferhundes Hasso ab.*
> 2. *Ich untersage Ihnen die Haltung Ihres Hundes.*

3. *Sie haben das Tier bis spätestens zum 8.8.2019 an eine berechtigte Person oder an ein Tierheim abzugeben. Berechtigt ist eine Person, die eine Erlaubnis zur Haltung des Hundes hat oder beantragt.*
4. *Sie haben mir die Abgabe des Hundes unverzüglich schriftlich mitzuteilen.*
5. *Zu den Nrn. 2 und 3 ordne ich die sofortige Vollziehung an. Sie haben die Anordnungen somit auch dann zu befolgen, wenn Sie Widerspruch gegen diese Verfügung einlegen.*
6. *Sollten Sie Ihren Hund entgegen meinen Anordnungen zu Nrn. 2 und 3 nach dem 8.8.2019 weiterhin halten, werde ich das Tier zwangsweise einziehen und auf Ihre Kosten unterbringen. Dabei werden voraussichtlich für die Einziehung Kosten in Höhe von 49 Euro und für die Unterbringung dauerhaft ein Tagessatz in Höhe von 8 Euro anfallen.*
7. *Für meine Entscheidung über Ihren Antrag (Nr. 1) setze ich eine Verwaltungsgebühr in Höhe von 100 Euro fest.*

Bitte überweisen Sie die Gebühr innerhalb von 14 Tagen auf folgendes Konto:
Sparkasse Musterstadt IBAN DE 12 3145 1234 1234 1234 12 BIC MUSXYZ 12MUS zum Aktenzeichen 12.8–355-7/19.
Im Übrigen ergeht die Entscheidung verwaltungskostenfrei.

II. Sachverhalt

Sie sind Halter Ihres belgischen Schäferhundes Hasso. Das Tier gilt aufgrund eines Beißvorfalles am 17.4.2019, bei dem ein dreijähriges Kind erheblich verletzt wurde, als gefährlicher Hund. Am 6. und 17.6. sowie am 5.7.2019 haben Sie Ihren Hund ohne Leine und ohne Maulkorb außerhalb eines ausbruchssicheren Grundstücks geführt. Auch fehlte es Ihnen an der für das Halten des gefährlichen Hundes erforderlichen Erlaubnis. Auf die Erlaubnispflicht sind Sie anlässlich der Verstöße gegen die Anlein- und Maulkorbpflicht mehrfach hingewiesen worden. Die Rechtsverstöße habe ich als Ordnungswidrigkeiten geahndet. Ich verweise insoweit auf meine Bußgeldbescheide vom 20.6. und 8.7.2019.
Mit Schreiben vom 11.7.2019 habe ich Ihnen mitgeteilt, dass ich beabsichtige, Ihnen die Haltung Ihres belgischen Schäferhundes wegen der fehlenden Erlaubnis und der wiederholten Verstöße gegen das Hundegesetz zu untersagen und Ihnen aufzugeben, das Tier an eine geeignete Person oder an ein Tierheim abzugeben. Sie haben daraufhin am 20.7.2019 bei mir die Erlaubnis für die Haltung Ihres Hundes beantragt.

III. Begründung

Zu Nr. 1 (Versagung der Haltererlaubnis)

Ihr belgischer Schäferhund Hasso gilt als gefährlich, da er am 17.4.2019 einen dreijährigen Jungen gebissen hat und dies weder zur Verteidigung einer strafbaren Handlung, noch aus dem elementaren Selbsterhaltungstrieb des Tieres geschah. Dies ergibt sich aus § 7 Abs. 1 Satz Nr. 1 des Hundegesetzes (HundeG).
Die Haltung eines gefährlichen Hundes bedarf gem. § 8 Abs. 1 HundeG einer Erlaubnis. Die Erlaubnispflicht soll sicherstellen, dass gefährliche Hunde nur von Personen gehalten werden, die dafür geeignet sind. Sie müssen die Gewähr dafür bieten, dass der gefährliche Hund sicher gehalten und geführt wird. Die Erlaubnis ist gemäß § 10 Abs. 1 HundeG nur dann zu erteilen, wenn der Halter volljährig, zuverlässig, persönlich geeignet und sachkundig ist. Ferner muss der Hund mit einem Transponder unveränderlich gekennzeichnet und haftpflichtversichert sein.
Ihnen fehlt es an der erforderlichen Zuverlässigkeit für die Haltung eines gefährlichen Hundes. Die erforderliche Zuverlässigkeit besitzt im Regelfall nicht, wer wiederholt gegen die Vorschriften des Hundegesetzes verstoßen hat (§ 11 Abs. 1 Nr. 2 HundeG).

Sie haben Ihren gefährlichen Hund mehrfach ohne Leine und ohne Maulkorb außerhalb eines ausbruchssicheren Grundstücks geführt und damit gegen § 14 Abs. 3 Satz 1 und § 14 Abs. 4 Satz 1 HundeG verstoßen. Ferner halten Sie Ihren gefährlichen Hund seit dessen Anschaffung ohne die dafür erforderliche Erlaubnis, obgleich Sie mehrfach auf die Erlaubnispflicht hingewiesen worden sind. Angesichts dieser wiederholten Rechtsverstöße gehe ich davon aus, dass Ihnen die erforderliche Zuverlässigkeit zum Halten Ihres gefährlichen Hundes fehlt (§ 11 Abs. 1 Nr. 2 HundeG).

Zwar kann die Vermutung, dass es Ihnen an der erforderlichen Zuverlässigkeit fehlt, widerlegt werden. Hierzu bedarf es allerdings besonderer Umstände, die trotz der wiederholten Rechtsverstöße für Ihre Zuverlässigkeit sprechen. Diese sind nicht ersichtlich. Sie wurden von Ihnen auch nicht im Rahmen der Anhörung zur Untersagung der Hundehaltung – mein Schreiben vom 11.7.2019 – vorgetragen.

Besitzt der Halter eines gefährlichen Hundes nicht die erforderliche Zuverlässigkeit, darf ihm die Erlaubnis nicht erteilt werden (§ 10 Abs. 1 Nr. 1 lit. b HundeG). Das Gefahrhundegesetz räumt mir bei der Entscheidung darüber kein Ermessen ein. Ich muss Ihren Antrag auf die Erteilung einer Haltererlaubnis für Ihren belgischen Schäferhund Hasso daher ablehnen.

Widerspruch und Klage gegen die Versagung der Erlaubnis haben keine aufschiebende Wirkung. Dies ist gemäß § 10 Abs. 5 HundeG für alle ablehnenden Entscheidungen über einen Erlaubnisantrag vorgesehen. Das bedeutet, dass die Versagung der Erlaubnis auch dann zunächst vollzogen werden kann, wenn sie dagegen Widerspruch einlegen. Auf der Grundlage dieser Verfügung können somit auch weitere Maßnahmen der Gefahrenabwehr angeordnet werden (Nrn. 2 und 3), ohne dass die Entscheidung über einen eventuellen Widerspruch abgewartet werden müsste.

Zu Nrn. 2 bis 4 (Untersagungs- und Abgabeverfügung; Mitteilungspflicht)

Als Ordnungsbehörde bin ich dazu verpflichtet, die notwendigen Maßnahmen zur Beseitigung von Gefahren für die öffentliche Sicherheit zu treffen. Dies ergibt sich aus den §§ 162, 174 und 176 Abs. 1 des Landesverwaltungsgesetzes (LVwG). Eine Gefahr für die öffentliche Sicherheit liegt u. a. dann vor, wenn gesetzliche Verhaltenspflichten nicht befolgt werden. Eine gesetzliche Verhaltenspflicht ist in § 8 Abs. 1 HundeG festgelegt, wonach die Haltung eines gefährlichen Hundes einer Erlaubnis bedarf. Dagegen verstoßen Sie, wenn Sie das Tier weiterhin halten, obgleich ich die Erteilung der Erlaubnis abgelehnt habe.

Zwar galt die Haltung Ihres belgischen Schäferhundes mit der Beantragung der Erlaubnis vom 20.7.2019 bis zur Entscheidung über Ihren Antrag als vorläufig erlaubt (§ 9 Abs. 1 Satz 2 HundeG). Diese vorübergehende Erlaubnis ist aber mit meiner ablehnenden Entscheidung über Ihren Antrag entfallen (Nr. 1).

Bei der Beseitigung von Gefahren für die öffentliche Sicherheit liegt es in meinem Ermessen, darüber zu entscheiden, ob und mit welchen Mitteln einzuschreiten ist. Wird ein gefährlicher Hund ohne Erlaubnis gehalten, besteht insbesondere dann eine Gefahr für das Leben und die Gesundheit von Menschen und Tieren, wenn es dem Halter an der erforderlichen Zuverlässigkeit fehlt. Angesichts der großen Bedeutung dieser Schutzgüter ist mein Einschreiten geboten.

Die Untersagung der Haltung Ihres Hundes und die Anordnung der Abgabe des Tieres sind geeignet, zu verhindern, dass Sie das Tier weiterhin entgegen den gesetzlichen Bestimmungen halten. Ein milderes, gleich geeignetes Mittel ist nicht ersichtlich. Ungeachtet dessen, dass ich nicht befugt bin, Ihnen die Beantragung der Haltererlaubnis aufzugeben, würde der erneute Antrag auch nichts an der Rechtswidrigkeit der Hundehaltung ändern. Die vorläufige Erlaubnis, die § 9 Abs. 1 Satz 2 HundeG infolge der Antragstellung vorsieht, gilt nämlich nur solange, bis eine Entscheidung über den Antrag getroffen worden ist. Jene ist aber bereits mit meiner Verfügung zu Nr. 1 ergangen.

Wird ein gefährlicher Hund von einer Person gehalten, deren Eignung im Erlaubnisverfahren nicht nachgewiesen worden ist, ist davon auszugehen, dass der Halter das Tier nicht sicher hält und führt, zumal dann, wenn der Hundehalter als unzuverlässig gilt. Hierin ist eine Gefahr für das Leben und die Gesundheit von Menschen und Tieren zu sehen. Vor diesem Hintergrund muss Ihr Interesse an der Haltung Ihres Hundes ohne die dafür erforderliche Erlaubnis hinter dem Interesse der Allgemeinheit an der Gefahrenabwehr zurückstehen. Ich sehe daher keine andere Möglichkeit, als Ihnen die Haltung Ihres Hundes zu untersagen und Ihnen aufzugeben, das Tier an eine berechtigte Person oder an ein Tierheim abzugeben.
Die Verpflichtung, mir nach der Abgabe des Hundes unverzüglich den Namen und die Anschrift des neuen Halters anzuzeigen, ergibt sich aus § 9 Abs. 1 Satz 4 HundeG. Überdies ist dem neuen Halter mitzuteilen, dass Hasso als gefährlich eingestuft wurde.

Zu Nr. 4 (Anordnung der sofortigen Vollziehung)

Nach § 80 Abs. 2 Nr. 4 der Verwaltungsgerichtsordnung (VwGO) kann, wenn dies im besonderen öffentlichen Interesse ist, die sofortige Vollziehung einer Verfügung angeordnet werden. Die Anordnung der sofortigen Vollziehung bewirkt, dass Sie die Verfügung auch dann befolgen müssen, wenn Sie Widerspruch dagegen einlegen.
Ihre wiederholten Verstöße gegen die Verhaltenspflichten des Gefahrhundegesetzes, vor allem jene gegen die Anlein- und Maulkorbpflicht, lassen darauf schließen, dass Sie ihren Pflichten als Hundehalter auch künftig nicht nachkommen werden. Hiervon geht eine Gefahr für die öffentliche Sicherheit, insbesondere für das Leben und die Gesundheit von Menschen und Tieren aus.
Ein wirksamer Schutz der Allgemeinheit vor diesen Gefahren ist nur dadurch zu erwirken, dass Sie meine Verfügungen zur Untersagung der Hundehaltung und zur Abgabe des Tieres unverzüglich zu beachten haben, um auf diese Weise die rechtswidrige Hundehaltung als Gefahrenquelle zu beseitigen. Die Entscheidung über einen eventuellen Widerspruch kann nicht abgewartet werden, ohne dass dadurch die Allgemeinheit in der Zwischenzeit in nicht hinnehmbarer Weise gefährdet wird. Hierin ist ein besonderes Vollzugsinteresse zu sehen, welches die Anordnung der sofortigen Vollziehung rechtfertigt.

Zu Nr. 5 (Zwangsmittel)

Rechtsgrundlage für die Androhung der Ersatzvornahme sind die § 235 Abs. 1 Nr. 2, §§ 236 und 238 LVwG. Da Sie Ihren Hund bereits wiederholt verbotswidrig gehalten und geführt haben, steht zu befürchten, dass Sie auch diese Anordnung nicht befolgen werden. Ich nehme Ihr bislang gezeigtes Verhalten daher zum Anlass, meiner Anordnung zur Abgabe Ihres Hundes durch die Androhung der Ersatzvornahme Nachdruck zu verleihen.
Für den Fall, dass Sie Ihren belgischen Schäferhund Hasso nicht bis zum 8.8.2019 selbst an einen geeigneten Halter oder an ein Tierheim abgeben, werde ich das Tier in einem Tierheim unterbringen. Die Ersatzvornahme ist schon deshalb das einzig geeignete Zwangsmittel, da auf andere Weise nicht sichergestellt werden kann, dass Ihr gefährlicher Hund so gehalten und geführt wird, dass von ihm keine Gefahren mehr ausgehen. So könnten Sie z. B. bei der Androhung eines Zwangsgeldes ihren belgischen Schäferhund auch nach der Zwangsgeldfestsetzung zunächst noch weiter halten. Angesichts der großen Bedeutung der gefährdeten Schutzgüter – Leben und Gesundheit von Menschen und Tieren – bedarf es einer effektiven Gefahrenbeseitigung. Diese wird am besten durch die Ersatzvornahme geleistet.
Die vorläufig veranschlagten Kosten der Ersatzvornahme belaufen sich für die Einziehung auf schätzungsweise 49 Euro und für die Unterbringung auf 8 Euro/Tag. Ich weise Sie allerdings darauf hin, dass Sie nach § 236 Abs. 6 LVwG in jedem Fall die tatsächlichen Kosten tragen müssen, wenn Sie dieser Anordnung nicht fristgerecht nachkommen.

Zu Nr. 7 (Kostenentscheidung)

Die Kostenentscheidung ergeht aufgrund von §§ 14, 15 Abs. 2 Nr. 2 des Verwaltungskostengesetzes in Verbindung mit der Tarifstelle 27.6.1 des Allgemeinen Gebührentarifs der Landesverordnung über Verwaltungsgebühren. Danach ist für die Erteilung der Erlaubnis eine Gebühr in Höhe von 100 Euro vorgesehen, die gemäß der Anmerkung auch bei der Ablehnung der beantragten Amtshandlung anfällt.
Meine Zuständigkeit zu Nr. 1 und 7 der Entscheidung ergibt sich aus § 2 Satz 2 HundeG, im Übrigen aus den § 165 Abs. 2, § 166 Abs. 1 LVwG.

IV. Rechtsbehelfsbelehrung

Gegen diesen Bescheid können Sie innerhalb eines Monats nach Bekanntgabe Widerspruch einlegen. Der Widerspruch ist bei mir (Anschrift siehe oben) schriftlich einzulegen oder zur Niederschrift zu erklären.
Widerspruch und Klage gegen meine Versagungsentscheidung (Nr. 1) haben keine aufschiebende Wirkung (§ 10 Abs. 5 HundeG). Sie können beim Verwaltungsgericht in Schleswig, Brockdorff-Rantzau-Straße 13, gemäß § 80 Abs. 5 VwGO formlos einen Antrag darauf stellen, dass die aufschiebende Wirkung wieder angeordnet wird.
Ferner können Sie gegen die Anordnung der sofortigen Vollziehung zu Nrn. 2 und 3 gemäß § 80 Abs. 5 VwGO beim Verwaltungsgericht in Schleswig formlos einen Antrag stellen, die aufschiebende Wirkung ganz oder teilweise wiederherzustellen.

3. Vorlage eines Behördenführungszeugnisses

Zur Prüfung der Zuverlässigkeit ist der Hundehalter verpflichtet, ein Führungszeugnis zur Vorlage bei der Behörde (vgl. Erl. 3.1) zu beantragen. Dadurch soll der Ordnungsbehörde die Ermittlung der für die Entscheidung über die Zuverlässigkeit des Hundehalters relevanten Tatsachen erleichtert werden.

Das Behördenführungszeugnis ist bei der Meldebehörde zu beantragen. Das Bundeszentralregister schickt das Zeugnis dann unmittelbar an die Ordnungsbehörde. Die Gebühren für das Zeugnis sind vom Hundehalter zu tragen (vgl. zum behördlichen Führungszeugnis *Hase*, Erl. zu §§ 31, 32 BZRG).

Weigert sich der Hundehalter das Führungszeugnis zu beantragen, hat dies regelmäßig die Versagung der Haltererlaubnis zur Folge (vgl. Erl. 3.2). In Einzelfällen kann die Ordnungsbehörde ergänzend zum Führungszeugnis eine unbeschränkte Registerauskunft anfordern (vgl. Erl. 3.3). Überdies ist die Ordnungsbehörde berechtigt, Strafakten beizuziehen (vgl. § 481 StPO; *Haurand*, Erl. 3 zu § 7 LHundG NRW).

3.1 Inhalt des Führungszeugnisses

Das Führungszeugnis enthält neben Angaben zu rechtskräftigen strafgerichtlichen Verurteilungen (vgl. §§ 4, 5 BZRG) auch

- Entscheidungen von Verwaltungsbehörden und Gerichten (z. B. Versagung einer Waffenbesitzkarte, eines Jagdscheins oder einer gewerberechtlichen Zulassung wegen Unzuverlässigkeit; vgl. § 10 BZRG), wenn die Entscheidung nicht länger als zehn Jahre zurückliegt (vgl. § 32 Abs. 3 Nr. 2 BZRG), sowie
- Hinweise zur Einstellung von Verfahren wegen Schuldunfähigkeit oder Geisteskrankheit (vgl. § 11, § 32 Abs. 3 Nr. 3 BZRG), jene unbefristet (vgl. *Hase*, § 11 Rn. 1 ff.).

Nicht eingetragen werden Verwarnungen mit Strafvorbehalt, Schuldsprüche nach Jugendstrafrecht sowie Jugendstrafen, die zur Bewährung ausgesetzt worden sind. Unerwähnt bleiben auch Freiheitsstrafen von bis zu drei Monaten oder Geldstrafen von bis zu 90 Tagessätzen, wenn keine weiteren Strafen eingetragen sind (vgl. § 32 Abs. 2 BZRG). Dies erschwert der Ordnungsbehörde die Prüfung der Zuverlässigkeit des Antragstellers.

Verurteilungen, die nach § 11 Abs. 1 Nr. 1 HundeG die Regelvermutung der Unzuverlässigkeit begründen, sind nicht in jedem Fall im Behördenführungszeugnis aufgeführt. Allerdings ist die Ordnungsbehörde befugt, eine **uneingeschränkte Registerauskunft** einzuholen, aus der auch die Verurteilungen hervorgehen, die im Behördenführungszeugnis nicht enthalten sind. Hierfür bedarf es aber eines begründeten Anlasses (vgl. Erl. 3.3).

3.2 Verweigerung der Antragstellung; Führungszeugnis von Amts wegen

Weigert sich der Hundehalter, ein Führungszeugnis zu beantragen, ist mit Ablauf der Frist zur Beibringung der Antragsunterlagen die Erlaubnis zu versagen (vgl. Erl. 4 zu § 10). Die Ordnungsbehörde hat den Antragsteller hierauf rechtzeitig hinzuweisen (vgl. § 83a LVwG). Zwar lässt die Weigerung an sich nicht auf die Unzuverlässigkeit des Halters schließen, doch ist der Ordnungsbehörde eine hinreichend sichere Prognoseentscheidung ohne ein Führungszeugnis nicht möglich. Angesichts der Mitwirkungspflicht des Hundehalters ist sie aber auch nicht zur Einholung eines Führungszeugnisses von Amts wegen (vgl. § 31 BZRG) verpflichtet. Es ist Sache des Hundehalters, insoweit zur Sachverhaltsaufklärung beizutragen, zumal es sich bei der Erlaubnis um einen begünstigenden Verwaltungsakt handelt. Da die Weigerung die Versagung der Erlaubnis zur Folge hat, ist eine zwangsweise Durchsetzung der Pflicht zur Beantragung des Behördenführungszeugnisses unverhältnismäßig. Auch stellt die Weigerung keine Ordnungswidrigkeit dar (*Haurand*, Erl. 6.2 zu § 7 LHundG NRW).

Gleichwohl kann es im Ausnahmefall geboten sein, dass die Ordnungsbehörde ein Führungszeugnis von Amts wegen einholt, nämlich dann, wenn ihr anderweitige Anhaltspunkte dafür vorliegen, dass der Hundehalter unzuverlässig ist und der Verdacht besteht, dass von der Haltung des gefährlichen Hundes eine Gefahr ausgeht. Im Einzelfall kann es mit den Belangen der Gefahrenabwehr nicht vereinbar sein, das bis zu dreimonatige Erlaubnisverfahren abzuwarten. Vielmehr ist es dann geboten, zur Aufklärung bzw. Abwehr der Gefahr unverzüglich über den Erlaubnisantrag zu entscheiden, um auf diese Weise die Erlaubnisfiktion des § 4 Satz 1 HundeG schnellstmöglich zu beenden und die Untersagung der Hundehaltung zu betreiben (vgl. Erl. 4.1 ff. zu § 9). Die Versagungsentscheidung kann auf das von Amts wegen eingeholte Führungszeugnis gestützt werden, sofern die dortigen Eintragungen den Verdacht der Unzuverlässigkeit erhärten.

3.3 Unbeschränkte Registerauskunft

Überdies kann die Ordnungsbehörde gem. § 11 Abs. 2 Satz 2 HundeG eine unbeschränkte Registerauskunft (Belegart R) anfordern (vgl. § 41 Abs. 1 Nr. 9 BZRG). Dabei ist der Zweck des Auskunftsersuchens anzugeben (vgl. § 41 Abs. 4 BZRG). In der unbeschränkten Registerauskunft sind auch jene Verurteilungen aufgeführt, die aufgrund von § 32 Abs. 2 BZRG im Führungszeugnis nicht enthalten sind (Verwarnungen und Jugendstrafen sowie einmalige Freiheitsstrafen und Geldstrafen bis zu 90 Tagessätzen; vgl. Erl. 3.1).

Angesichts des schutzwürdigen Interesses des Betroffenen an seiner Eingliederung in Gesellschaft und Beruf kommt eine unbeschränkte Registerauskunft nur in Ausnahmefällen in Betracht. Es muss hierfür ein überwiegendes öffentliches Interesse bestehen (vgl. *Hase*, § 41 Rn. 1 ff). Eine Regelabfrage ist jedenfalls unzulässig. Anders verhält es sich, wenn Tatsachen die Annahme rechtfertigen, dass die Zuverlässigkeit des Antragstellers wegen einer strafrechtlichen Verurteilung in Frage steht, die nicht im Behördenführungszeugnis aufgeführt ist.

Die Befugnis der Ordnungsbehörden, eine unbeschränkte Registerauskunft über den Halter eines gefährlichen Hundes anzufordern, ist mit dem Vierten Gesetz zur Änderung des BZRG vom 30.4.2002 (BGBl. I S. 1406) eingeführt worden. Die Haltung von gefährlichen Hunden wird danach auf eine Stufe mit dem Besitz einer Waffe gestellt (vgl. auch *Stabno*, Erl. zu § 6 Satz 1 Nr. 2 NHundG).

§ 12
Persönliche Eignung

(1) Die erforderliche persönliche Eignung besitzt eine Person nicht, wenn Tatsachen die Annahme rechtfertigen, dass sie

1. geschäftsunfähig ist,

2. aufgrund einer psychischen Krankheit oder einer geistigen oder seelischen Behinderung nach § 1896 des Bürgerlichen Gesetzbuches betreut wird,

3. von Alkohol oder Betäubungsmitteln abhängig ist oder

4. aufgrund der körperlichen Konstitution nicht in der Lage ist, den Hund sicher zu

führen.

(2) Sind Tatsachen bekannt, die Bedenken gegen die persönliche Eignung begründen, kann die zuständige Behörde die Beibringung eines fachärztlichen oder fachpsychologischen Gutachtens auf Kosten der betreffenden Person anordnen.

VwV-HundeG

Abschnitt 12

Zu § 12 – Persönliche Eignung

12.1 *Gültigkeit der vorzulegenden Unterlagen*

Die Nachweise über die erforderliche persönliche Eignung dürfen nicht älter als sechs Monate sein.

Erläuterungen

Übersicht

1. Persönliche Eignung

Wer einen gefährlichen Hund hält, muss die dafür erforderliche persönliche Eignung besitzen. Bei der persönlichen Eignung handelt es sich – ebenso wie bei der Zuverlässigkeit – um einen **unbestimmten Rechtsbegriff**. Die Rechtsprechung umschreibt ihn wie folgt: Die persönliche Eignung zum Halten eines gefährlichen Hundes besitzt nicht, wer aus körperlichen oder geistigen Gründen außerstande ist, das Tier in Übereinstimmung mit den Anforderungen des Hundegesetzes zu halten. Unerheblich ist, aus welchen Gründen der Halter nicht in der Lage ist, seinen Hund ordnungsgemäß zu halten (vgl. OVG Münster, Beschl. vom 31.10.2000 = DÖV 2001 S. 301, 302).

Der Begriff der persönlichen Eignung wird anhand der in § 12 Abs. 1 HundeG genannten Tatbestände abgegrenzt, bei deren Vorliegen von einem Eignungsmangel auszugehen ist. Die Regelungstechnik entspricht insoweit § 11 Abs. 1 HundeG zur Prüfung der Zuverlässigkeit des Hundehalters (vgl. Erl. 1 zu § 11). Im Unterschied zu den dortigen Tatbeständen, die die Vermutung der Unzuverlässigkeit für den Regelfall, d. h. im Einzelfall widerlegbar begründen, wird bei den in § 12 Abs. 1 HundeG genannten Tatbeständen die fehlende Eignung des Hundehalters **unwiderlegbar vermutet**. Ausweislich des Wortlautes handelt es sich hier – anders als bei § 11 Abs. 1 HundeG („in der Regel") – nicht um eine Regelvermutung. Eine Entkräftung der Vermutung des Eignungsmangels aufgrund von besonderen Umständen ist daher nicht möglich. Ist ein Tatbestand des § 12 Abs. 1 HundeG erfüllt, muss die Erlaubnis versagt werden.

Ein Eignungsmangel wird bei Geistes- und Gesundheitsstörungen (vgl. Erl. 1.1 ff.) sowie bei körperlichen Defiziten (vgl. Erl. 1.4) des Hundehalters angenommen. Zur Ermittlung der entscheidungsrelevanten Tatsachen kann eine ärztliche Begutachtung des Antragstellers angeordnet werden (vgl. Erl. 2). Der Gesetzgeber trägt damit dem Umstand Rechnung, dass die Ordnungsbehörde regelmäßig nicht in der Lage ist, abschließend über den gesundheitlichen Zustand des Hundehalters zu befinden (vgl. LT-Drs. 15/3471 S. 38). Dennoch ist die im Zuge der Novellierung erfolgte Abschaffung des Erfordernisses der persönlichen Beantragung der Haltererlaubnis mit Blick auf die Feststellung der persönlichen Eignung nicht zielführend, da der visuelle Eindruck konkrete Anhaltspunkte für mangelnde körperliche Konstitution oder bestehende Alkohol- oder Drogenabhängigkeit etc. liefern kann. Ohne jeglichen persönlichen Kontakt müssen sich erst anderweitig konkrete Anhaltspunkte ergeben, weshalb ein solcher Mangel an persönlicher Eignung vorliegen könnte und daher gezielt Sachverhaltsermittlung aufgenommen werden müssen.

Die Norm des § 12 HundeG ist deckungsgleich mit der Vorgängerregelung des § 7 GefHG a. F.

1.1 Geschäftsunfähigkeit

Rechtfertigen Tatsachen die Annahme, dass der Halter eines gefährlichen Hundes geschäftsunfähig ist, ist davon auszugehen, dass es ihm an der für die Haltung seines Tieres erforderlichen persönlichen Eignung fehlt. Geschäftsunfähig ist, wer sich in einem die freie Willensbestimmung ausschließenden Zustand krankhafter Störung der Geistestätigkeit befindet, sofern nicht der Zustand seiner Natur nach ein vorübergehender ist (vgl. § 104 Nr. 2 BGB). Es muss also eine Geisteskrankheit oder Geistesschwäche vorliegen, die den Hundehalter dauerhaft daran hindert, seine Entscheidungen von vernünftigen Erwägungen abhängig zu machen. Eine bloße Willensschwäche oder leichte Beeinflussbarkeit genügt nicht, ebenso wenig das Unvermögen, die Tragweite der Entscheidung zu erfassen (vgl. *Palandt*, § 104 BGB Rn. 3 ff.

Für einen Geschäftsunfähigen i. S. d. § 104 Nr. 2 BGB wird in aller Regel ein Betreuer bestellt (vgl. § 1896 ff. BGB). In diesem Fall kann das Fehlen der persönlichen Eignung aufgrund von § 12 Abs. 1 Nr. 2 HundeG angenommen werden (vgl. Erl. 3). Wird der Halter nicht betreut, liegen aber anderweitige Tatsachen vor, aufgrund derer die Geschäftsfähigkeit des Hundehalters in Frage zu stellen ist, sollte die Ordnungsbehörde dessen ärztliche Begutachtung anordnen (vgl. Erl. 2).

1.2 Betreuung

Eine betreute Person ist zur Haltung eines gefährlichen Hundes nicht geeignet. Kann ein Volljähriger auf Grund einer psychischen Krankheit oder einer körperlichen, geistigen oder seelischen Behinderung seine Angelegenheiten ganz oder teilweise nicht besorgen, so bestellt das Vormundschaftsgericht auf seinen Antrag oder von Amts wegen einen Betreuer. Die Betreuung kann auf einzelne Aufgabenkreise beschränkt werden (vgl. § 1896 Abs. 1 und 2 BGB). Da § 12 Abs. 1 Nr. 2 HundeG nicht differenziert, auf welche Bereiche sich die Betreuung erstrecken muss, ist bei jedweder Betreuung i. S. von § 1896 BGB ein Mangel an persönlicher Eignung anzunehmen (vgl. OVG Greifswald, Urt. vom 6.4.2001 = NordÖR 2001 S. 317, 322). Dies gilt auch für eine Betreuung, die auf Antrag des Betroffenen lediglich wegen einer körperlichen Behinderung angeordnet worden ist (vgl. § 1896 Abs. 1 Satz 3 BGB), zumal es dann regelmäßig auch an der für das Halten eines gefährlichen Hundes erforderlichen Körperkraft fehlen dürfte (vgl. Erl. 1.4).

Ob für eine Person ein Betreuer als gesetzlicher Vertreter (vgl. § 1902 BGB) bestellt worden ist, kann bei der Meldebehörde ermittelt werden (vgl. § 3 Abs. 1 Nr. 9, § 24 Abs. 1 Satz 1 Nr. 9 LMG), sofern dem Betreuer das Aufenthaltsbestimmungsrecht übertragen wurde (vgl. *Wiggers*, Erl. 3.7 zu § 3 LMG). Im Bundeszentralregister wird das Betreuungsverhältnis nicht vermerkt (vgl. *Hase*, § 3 Rn. 3).

1.3 Alkohol- oder Betäubungsmittelabhängigkeit

Personen, die alkohol- oder betäubungsmittelabhängig sind, fehlt es an der für das Halten eines gefährlichen Hundes erforderlichen Steuerungsfähigkeit. Sie sind daher persönlich ungeeignet.

Alkoholabhängig ist, wer nicht mehr die Kraft hat, seinem Hang zu übermäßigem Genuss alkoholischer Getränke zu widerstehen. Gelegentlicher starker oder häufiger Genuss genügt nicht. Mehrfache Verurteilungen wegen alkoholbedingter Delikte lassen zwar eine Neigung des Betreffenden zum Alkoholkonsum erkennen, belegen aber für sich genommen noch nicht dessen Abhängigkeit (vgl. BVerwG, Urt. vom 13.12.1994 = GewA 1995 S. 343, 344). Es handelt sich hierbei aber um Tatsachen, die eine Anordnung der ärztlichen Begutachtung des Antragstellers rechtfertigen (vgl. Erl. 2).

Ein unüberwindlicher Hang zum Genuss von Betäubungsmitteln steht der Alkoholsucht gleich (vgl. *Steindorf*, § 6 WaffG Rn. 5 f.). **Betäubungsmittel** sind Stoffe, die nach wissenschaftlicher Erkenntnis wegen ihrer Wirkungsweise eine Abhängigkeit hervorrufen können, deren betäubende Wirkungen – wegen des Ausmaßes einer missbräuchlichen Verwendung – unmittelbar oder mittelbar Gefahren für die Gesundheit begründen, oder die der Herstellung von Betäubungsmitteln dienen (vgl. *Körner/Patzak/Volkmer*, § 1 BtMG Rn. 1). Das BtMG unterscheidet zwischen

- nicht verkehrsfähigen Betäubungsmitteln, die für medizinische Zwecke ungeeignet sind oder deren therapeutischer Wert in keinem vernünftigen Verhältnis zu ihrer Schädlichkeit steht (vgl. ebd. Rn. 7; Anlage I zu § 1 Abs. 1 BtMG; z. B. Cannabis und Heroin),
- verkehrs-, aber nicht verschreibungsfähigen Betäubungsmitteln, die in der Pharmaindustrie als Rohstoffe oder Grundstoffe verwendet werden (vgl. Anlage II zu § 1 Abs. 1 BtMG) sowie
- verkehrs- und verschreibungsfähigen Betäubungsmitteln (vgl. Anlage III zu § 1 Abs. 1 BtMG; z. B. Codein).

Da § 12 Abs. 1 Nr. 3 HundeG diese Differenzierung nicht vornimmt, ist bei einer jedweden Betäubungsmittelabhängigkeit von einem Mangel an persönlicher Eignung auszugehen, also auch bei der Abhängigkeit von verkehrs- und verschreibungsfähigen Betäubungsmitteln, wie z. B. Schmerzmitteln (**a. A.** *Stabno*, Erl. zu § 7 Abs. 1 Nr. 3 NHundG). Gleichwohl besteht bei der ordnungsgemäßen Einnahme dieser Mittel kein Anlass, die persönliche Eignung des Hundehalters in Frage zu stellen.

1.4 Mangelnde Körperkraft

Im Regelfall ist anzunehmen, dass der Halter eines gefährlichen Hundes über die zum sicheren Führen des Tieres erforderliche Körperkraft verfügt. Zweifel daran sind begründet, wenn ein erkennbar besonderes Missverhältnis zwischen der körperlichen Konstitution des Halters und der Größe und dem Temperament des Hundes besteht (vgl. Tz. 4.1.2 VwV NRW). Das Alter des Hundehalters ist für sich allein ohne Bedeutung. Entscheidend sind vielmehr dessen körperliche Verfassung sowie Geschicklichkeit und Erfahrung im Umgang mit Hunden, insbesondere mit dem betreffenden Tier (vgl. OLG Hamm, Beschl. vom 5.1.1996 = NJW 1996 S. 1295, 1295; **a. A.** VG Minden, Beschl. vom 22.12.1987 – 2 L 992/87 zit. n. *Hamann 1989*, S. 212). Es ist jedenfalls nicht zu fordern, dass der Halter den Hund durch reine Körperkraft zu leiten vermag. Vielmehr kommt es darauf an, dass der Hund den Halter als höherrangig akzeptiert und gehorcht. Dies setzt u. U. eine entsprechende Ausbildung des Hundes voraus (vgl. *Haurand*, Erl. 5 zu § 5 LHundG NRW).

Im Zweifelsfall kann die Ordnungsbehörde die ärztliche Begutachtung des Halters anordnen, wobei zur Beurteilung der Körperkraft regelmäßig das Gutachten eines Allgemeinmediziners ausreichend sein wird. Gemäß § 12 Abs. 2 HundeG kann die Begutachtung durch einen Facharzt oder einen Fachpsychologen verlangt werden und somit erst recht durch einen Allgemeinmediziner.

Tatsachen, die eine ärztliche Begutachtung des Halters rechtfertigen sind z. B. Symptome einer Krankheit oder Behinderung, vor allem dann, wenn jene die Armmuskulatur des Halters beeinträchtigt. Bedenken an der persönlichen Eignung können sich überdies aus Vorfällen ergeben, bei denen der Halter körperlich nicht in der Lage war, seinen Hund sicher zu führen (vgl. Erl. 2).

2. Ärztliche Begutachtung

Ein ärztliches Gutachten kann nur dann angeordnet werden, wenn **Tatsachen** vorliegen, die die persönliche Eignung des Halters in Frage stellen (vgl. Erl. 1.1 ff.). Als Maßnahme zur Gefahrerforschung bedarf die Anordnung eines begründeten Anfangsverdachts (vgl. Erl. 3 zu § 1). Vage Vermutungen oder Gerüchte reichen nicht aus. Der Halter sollte vor der Anordnung angehört werden. Die Anhörung kann anlässlich der Antragstellung einer Haltererlaubnis (vgl. Erl. 2 zu § 9) erfolgen.

Die Anordnung des ärztlichen Gutachtens ist hinreichend zu bestimmen. Aus der Verfügung muss klar hervorgehen, in welcher Beziehung die persönliche Eignung des Halters in Frage steht, z. B. wegen des Verdachts auf Alkoholabhängigkeit. Dabei sollte auch deutlich gemacht werden, dass es um die Prüfung der Eignung zur Haltung eines gefährlichen Hundes geht.

Das Gutachten ist vom Hundehalter auf dessen Kosten in Auftrag zu geben. Ihm steht es frei, einen Arzt seines Vertrauens mit der Begutachtung zu beauftragen. Eine amtsärztliche Untersuchung ist nicht vorgesehen. Voraussetzung ist allerdings, dass der Arzt als **Facharzt** (Fachrichtung Psychiatrie, Psychiatrie und Psychotherapie, Psychiatrie und Neurologie, Nervenheilhunde) bzw. Fachpsychologe (Fachrichtungen Rechtspsychologie, Verkehrspsychologie, klinische Psychologie) approbiert ist. Sofern die Bedenken an der persönlichen Eignung des Halters lediglich dessen Körperkraft betreffen, dürfte das Gutachten eines Allgemeinmediziners ausreichend sein (vgl. Erl. 1.4).

Einer gesonderten Fristsetzung zur Beibringung des ärztlichen Gutachtens bedarf die Anordnung nicht. Mit der Anordnung wird das Gutachten zu einer Unterlage, die erforderlich ist, um das Vorliegen der Erlaubnisvoraussetzungen zu prüfen. Wird diese nicht innerhalb der Frist des § 10 Abs. 3 HundeG beigebracht, ist die Erlaubnis zu versagen. Vor diesem Hintergrund sollte die Anordnung der ärztlichen Begutachtung zeitnah zur Antragstellung erfolgen. Ist dies nicht möglich, kommt eine Fristverlängerung in Betracht (vgl. Erl. 4 zu § 10).

Wie im Falle der tierärztlichen Begutachtung im Rahmen der Sachverhaltsermittlung zur Feststellung der Gefährlichkeit eines Hundes nach § 7 Abs. 3 HundeG ist das Ergebnis des ärztlichen Gutachtens auch in diesem Zusammenhang nicht für die letztlich in der Verantwortung der Behörde stehende Entscheidung über die persönliche Eignung des Halters verbindlich, es wird aber in der Regel handlungsleitend wirken. Die ggf. beizubringenden Unterlagen über die persönliche Eignung sollten nicht älter als sechs Monate sein (Nr. 12 VwV-HundeG).

Die Versagung der Erlaubnis ist auch dann gerechtfertigt, wenn der Halter geltend macht, dass er nicht über die finanzielle Leistungsfähigkeit zur Beibringung des Gutachtens verfügt (vgl. *Haurand*, Erl. 6.3 zu § 7 LHundG NRW). Die **Weigerung** des Halters stellt eine Verletzung seiner Mitwirkungspflichten dar. Dieses Verhalten kann die Ordnungsbehörde zum Anlass für die Annahme eines Eignungsmangels nehmen. Der Halter ist allerdings auf die Folgen der Weigerung hinzuweisen (LT-Drs. 15/3471 S. 38).

Die Anordnung der ärztlichen Begutachtung dient der Vorbereitung der Entscheidung über die Eignung des Halters, die mit der Erteilung bzw. Versagung der Erlaubnis getroffen wird. Sie ähnelt der Anordnung zur Vorlage eines ärztlichen Gutachtens in Fahrerlaubnissachen (vgl. § 11 Abs. 2 FeV). Die Rechtsprechung hat insoweit klargestellt, dass eine solche Anordnung keinen Verwaltungsakt, sondern eine **unselbständige Verfahrenshandlung** darstellt, die grundsätzlich nicht gesondert anfechtbar ist (vgl. § 44a VwGO). Sie konkretisiert lediglich die allgemeine Auskunftspflicht (vgl. Erl. 3 zu § 16). Eine Überprüfung der Anordnung ist erst in der Hauptsache, d. h. im Zuge einer Verpflichtungsklage zur Erteilung der versagten Erlaubnis möglich (vgl. Erl. 5 zu § 7; BVerwG, Urt. vom 28.11.1969 = NJW 1970 S. 1989, 1989 m. w. N.; *Stabno*, Erl. zu § 7 Abs. 2 NHundG; *Haurand*, Erl. 6.3 zu § 7 LHundG NRW).

Beispiel: Anordnung einer ärztlichen Begutachtung vom 12.7.2019

Hiermit ordne ich an, dass Sie sich von einem Fachpsychologen (Fachrichtungen Rechtspsychologie, Verkehrspsychologie, klinische Psychologie) daraufhin zu untersuchen lassen haben, ob Sie alkoholabhängig und infolgedessen nicht zum Führen Ihres gefährlichen Hundes geeignet sind. Das Gutachten ist mir
spätestens bis zum 26.8.2019
zu übersenden. Rechtsgrundlage der Anordnung ist § 12 Abs. 2 Hundegesetz (HundeG). Die Kosten für die ärztliche Begutachtung haben Sie zu tragen. Sollten Sie die Begutachtung verweigern oder mir das Gutachten nicht fristgerecht übersenden, nehme ich dies zum Anlass, davon auszugehen, dass sie nicht die zur Haltung Ihres gefährlichen Hundes erforderliche Eignung besitzen. Ich werde dann die von Ihnen beantragte Erlaubnis mit Fristablauf versagen (§ 10 Abs. 3 HundeG).
Vorsorglich weise ich darauf hin, dass die Haltung eines gefährlichen Hundes ohne die dafür erforderliche Erlaubnis rechtswidrig ist. Sie kann mit einem Bußgeld in Höhe von bis zu 10 000 Euro belegt werden. Im Übrigen wird eine rechtswidrige Haltung regelmäßig untersagt und dann die Abgabe des Hundes an eine geeignete Person oder an ein Tierheim angeordnet.

§ 13
Wesenstest

(1) Die Fähigkeit eines gefährlichen Hundes zu sozialverträglichem Verhalten ist durch einen Wesenstest nachzuweisen, der von einer von der Tierärztekammer Schleswig-Holstein zugelassenen Person oder Stelle durchgeführt worden ist. Der Nachweis des sozialverträglichen Verhaltens kann auch durch einen in einem anderen Land durchgeführten Test erbracht werden, wenn dieser Test als dem Wesenstest nach Satz 1 gleichwertig anerkannt wird.

(2) Das Ministerium für Inneres und Bundesangelegenheiten wird ermächtigt, durch Verordnung die Zulassung von Personen und Stellen, die Anforderungen des Wesenstests sowie das Verfahren zur Durchführung und zur Anerkennung von Tests aus anderen Ländern zu regeln.

VwV-HundeG

Abschnitt 13

Zu § 13 – Wesenstest

13.2 *Wesenstest anderer Länder*

Gemäß § 3 der Landesverordnung über den Wesenstest werden die in der Anlage aufgeführten behördlich anerkannten Wesenstests, Verhaltensprüfungen oder vergleichbare Prüfungen anderer Länder als gleichwertig im Sinne von § 13 Abs. 1 anerkannt.

Erläuterungen

Übersicht

1. Wesenstest
2. Durchführung des Wesenstests
3. Zulassung zur Durchführung von Wesenstests
4. Anerkennung von Wesenstests anderer Länder
5. Aussagekraft des Wesenstests

1. Wesenstest

Durch einen Wesenstests sollen **übersteigerte aggressive Reaktionen** eines gefährlichen Hundes erkannt werden, die sich in gefährlicher Weise auf Mensch und Tier auswirken können. Es soll nachgewiesen werden, dass das Tier aufgrund seines individuellen Aggressionsverhaltens keine Gefahr für die öffentliche Sicherheit darstellt, wenn es ohne Maulkorb geführt wird (vgl. § 1 Abs. 1 WesenstestVO). Der Wesenstest ist allerdings nicht geeignet, die nach § 7 Abs. 1 Satz 2 HundeG festgestellte Gefährlichkeit des Hundes an sich zu widerlegen. Auch steht der Nachweis der Sozialverträglichkeit der Anordnung weitergehender Gefahrenabwehrmaßnahmen nicht entgegen.

Im Wesenstest wird der gefährliche Hund in verschiedenen **Beurteilungssituationen** Reizen ausgesetzt. Es werden der Gehorsam des Tieres sowie dessen Verhalten gegenüber Menschen und Artgenossen sowohl in normalen, als auch in unerwarteten Situationen geprüft (vgl. § 1 Abs. 2 WesenstestVO). Die Reize werden angemessen dosiert, da lediglich übersteigerte aggressive Reaktionen erfasst werden sollen (vgl. § 1 Abs. 3 WesenstestVO). Der Wesenstest darf nur von einer durch die Tierärztekammer zugelassenen Person oder Stelle (Prüfer) durchgeführt werden (vgl. § 2 Abs. 1 WesenstestVO).

Die Zulassung der Prüfer (vgl. Erl. 3), die Anforderungen des Wesenstests sowie das Verfahren zur Durchführung (vgl. Erl. 2) und zur Anerkennung von Tests aus anderen Ländern (vgl. Erl. 4) sind in der **WesenstestVO** geregelt (vgl. § 13 Abs. 2). Der Vorschrift lag der Wesenstest NI zugrunde. Der Wesenstest NI ist im Auftrag der Niedersächsischen Landesregierung unter Mitwirkung der Tierärztlichen Hochschule Hannover erarbeitet worden. Der Test basiert auf dem von Netto und Planta 1997 in den Niederlanden entwickelten Wesenstest, der der Bestimmung äußerst aggressiver Individuen der Rassen Fila Brasileiro, Dogo Argentino und American Staffordshire-Terrier dient, um jene von der Zucht auszuschließen.

Zwar wurde die geltende WesenstestVO auf Grundlage der in § 11 Abs. 2 GefHG a. F. enthaltenen Ermächtigungsgrundlage erlassen, der nachträgliche Wegfall dieser Ermächtigungsgrundlage bzw. die Übernahme der Regelung in § 13 Abs. 2 HundeG ändert aber nichts am rechtmäßigen Fortbestand der Wesenstestverordnung (Art. 80 Abs. 1 GG; BVerfGE 9, 3 (12) = NJW 1959 S. 91; BVerfGE 12, 341 (347) = NJW 1961 S. 1395; BVerfGE 14, 245 (249) = NJW 1962 S. 1563; BVerfGE 44, 216 (226) = NJW 1977 S. 1769; BVerfGE 78, 179 (198) = NJW 1988 S. 2290; BVerwGE 104, 331 (333) = DÖV 1997 S. 915) bis zu ihrer Aufhebung, Ersetzung oder Außerkraftsetzung.

2. Durchführung des Wesenstests

Die Abnahme des Wesenstest setzt voraus, dass sich der Hundehalter mit Durchführung der Wesensprüfung und der Weitergabe des Prüfungsergebnisses an die Ordnungsbehörde einverstanden erklärt. Die Erklärung muss schriftlich abgegeben werden. Hierfür ist das Muster der Anlage 2 der WesenstestVO vorgesehen (vgl. § 1 Abs. 5 Satz 1 WesenstestVO). Die **Einverständniserklärung** enthält Angaben zur Person des Halters und zu deren Hund. Zur Überprüfung der Angaben hat sich der Halter mit seinem Personalausweis oder Reisepass auszuweisen und die Haltererlaubnis für den Hund vorzulegen. Der Prüfer gleicht die Angaben ab und liest dazu auch den Ziffercode des Transponders des Tieres aus (vgl. Erl. 3 zu § 5).

Ist eine Erlaubnis für die Haltung des gefährlichen Hundes noch nicht erteilt worden, kann der Wesenstest nur im Ausnahmefall abgenommen werden. Voraussetzung dafür ist, dass die Haltererlaubnis beantragt wurde und der Hund durch einen Mikrochip gekennzeichnet worden ist. Andernfalls ließe sich das Tier nicht eindeutig identifizieren. Ferner muss der Halter die Dringlichkeit der Befreiung seines Hundes von der Maulkorbpflicht glaubhaft machen (vgl. § 1 Abs. 4 WesenstestVO). Der Prüfer überprüft dann die Angaben des Hundehalters in der Einverständniserklärung anhand der Bescheinigung über die Antragstellung (vgl. Erl. 2 zu § 9). Die Gründe für die ausnahmsweise Abnahme des Wesenstest sollte der Prüfer in seinem Gutachten dokumentieren.

Der Hund soll zur Ablegung des Wesenstests mindestens fünfzehn Monate alt sein (vgl. § 1 Abs. 7 Satz 1 WesenstestVO). Da **Jungtiere** lediglich bis zum sechsten Lebensmonat von der Maulkorbpflicht befreit sind (vgl. Erl. 5 zu § 14), werden gefährliche Hunde regelmäßig vom sechsten bis zum fünfzehnten Lebensmonat einen Maulkorb tragen müssen. Im begründeten Einzelfall kann der Prüfer den Wesenstest bei einem jüngeren Tier abnehmen. Die Gründe für die ausnahmsweise Abnahme des Wesenstests sollten im Gutachten dokumentiert werden.

Nach der Einverständniserklärung hat der Halter des gefährlichen Hundes den **Fragebogen** nach der Anlage 3 der WesenstestVO zu beantworten (vgl. § 1 Abs. 5 Satz 2 WesenstestVO). Darin hat er Angaben zu den Eigenschaften und Verhaltensweisen seines Tieres sowie zu dessen Haltung zu machen.

Vor dem Beginn des Wesenstests führt der Prüfer eine **tiermedizinische Allgemeinuntersuchung** durch. Auf diese Weise sollen organische Schäden oder Erkrankungen erkannt werden, die geeignet sind, das Verhalten des Hundes zu beeinflussen. Ergeben sich dabei Anhaltspunkte für die Verabreichung von Psychopharmaka, ist der Wesenstest abzubrechen und dies der Ordnungsbehörde mitzuteilen (vgl. § 1 Abs. 5 Satz 3 und 4 WesenstestVO).

Der Wesenstest erfolgt **auf neutralem Gelände**. Dort wird der Hund verschiedenen Beurteilungssituationen unterzogen (vgl. Erl. 1). Ist das Verhalten des Hundes in einer Situation nicht eindeutig, sollte die Beurteilung an einem anderen neutralen Ort wiederholt werden. Der Prüfer kann das Verhalten des Hundes in den einzelnen Beurteilungssituationen videotechnisch dokumentieren (vgl. Wesenstest NI; *Schöning*, S. 914).

Alte oder kranke Hunde können mit einzelnen im Wesenstest vorgesehenen Beurteilungssituationen überfordert sein. In diesem Fall entscheidet der Prüfer, ob und in welcher Weise die Sozialverträglichkeit des Hundes nachgewiesen werden kann (vgl. *Stabno*, Erl. 2 zu § 9 NHundG). Die Gründe für das Abweichen von den nach der Anlage 1 der WesenstestVO vorgesehenen Beurteilungssituationen hat der Prüfer in seinem Gutachten zu dokumentieren.

Eine **Punktevergabe** für das Verhalten des Hundes in den einzelnen Beurteilungssituationen bzw. deren Gewichtung (vgl. Wesenstest NI a. F.) ist nicht vorgesehen. Der Verordnungsgeber wollte den Sachverstand des Prüfers nicht durch ein arithmetisches Korsett einengen, zumal auch der Wesenstest NI keinen qualifizierbaren Maßstab für das Bestehen der Prüfung beinhaltet. Vielmehr soll dem Prüfer ermöglicht werden, das festgestellte Verhalten des Hundes in seiner Gesamtheit zu würdigen (vgl. auch OVG Lüneburg, Urt. vom 30.5.2001 = NordÖR 2001 S. 449, 451).

Nach Abschluss des Wesenstests fertigt der Prüfer ein **schriftliches Gutachten** an (vgl. § 1 Abs. 6 Satz 1 WesenstestVO). Das Gutachten muss die Frage klären, ob die Sozialverträglichkeit des Hundes im Wesenstest nachgewiesen worden ist. Die Entscheidungsgründe sind im Gutachten nachvollziehbar darzulegen.

Aufgrund des Gutachtens erteilt der Prüfer eine **Bescheinigung** über den abgelegten Wesenstest (vgl. § 1 Abs. 6 Satz 1 WesenstestVO). Er verwendet dazu das Muster der Anlage 4 der WesenstestVO. Die Bescheinigung kann Empfehlungen enthalten, z. B. dass der Wesenstest nach einer bestimmten Frist zu wiederholen ist. Hat der gefährliche Hund das zweite Lebensjahr noch nicht vollendet, muss nach Ablauf von zwei Jahren eine Wiederholung des Wesenstests stattfinden (vgl. § 1 Abs. 7 Satz 2 WesenstestVO). Im Übrigen bleibt es dem Prüfer unbenommen, der Ordnungsbehörde weitergehende Nebenbestimmungen zur Befreiung von der Maulkorbpflicht vorzuschlagen, z. B. die Ablegung einer Begleithundeprüfung (vgl. Erl. 5.2 zu § 14).

Ist die Sozialverträglichkeit des gefährlichen Hundes im Wesenstest nachgewiesen worden, händigt der Prüfer dem Halter die Bescheinigung darüber zur Vorlage bei der Ordnungsbehörde aus. Konnte die **Sozialverträglichkeit des Hundes nicht nachgewiesen** werden, übersendet der Prüfer die Bescheinigung zusammen mit dem Gutachten direkt an die Ordnungsbehörde. Ein erneuter Wesenstest ist in diesem Fall nur mit Zustimmung der Ordnungsbehörde möglich. Die Zustimmung setzt voraus, dass der Hundehalter glaubhaft macht, dass sich die Gefährlichkeit seines Tieres verringert hat (vgl. § 1 Abs. 6 WesenstestVO). Dazu eignet sich z. B. der Nachweis über die Ablegung einer Begleithundeprüfung. Bei der Entscheidung über die Zustimmung zu einem erneuten Wesenstest berücksichtigt die Ordnungsbehörde die Ausführungen im Gutachten.

Weder das Gutachten noch die Bescheinigung über den Wesenstest sind Verwaltungsakte. Der **Prüfer handelt nicht als Beliehener** (vgl. OVG Lüneburg, Urt. vom 30.5.2001 = NordÖR 2001 S. 449, 451; auch OVG Münster, Beschl. vom 6.3.1997 = NVwZ 1997 S. 806, 807). Zwar hat er bei der Begutachtung die WesenstestVO als öffentlich-rechtliche Vorschrift zu beachten, doch gibt ihm diese – wie z. B. das Bauordnungsrecht dem Architekten – lediglich einen Rahmen für seine ansonsten privatrechtliche Tätigkeit vor. Die WesenstestVO befugt den Prüfer nicht zum hoheitlichen Handeln. Auch ist die Ordnungsbehörde bei der Befreiung von der Maulkorbpflicht nicht an die Entscheidung des Prüfers gebunden (vgl. Erl. 5.2 zu § 14).

Der Hundehalter ist zur Mitwirkung bei der Durchführung des Wesenstests verpflichtet. Er hat insbesondere den Anweisungen des Prüfers in den Beurteilungssituationen Folge zu leisten. Kommt der Hundehalter seiner Mitwirkungspflicht nicht nach, kann die Sozialverträglichkeit seines Hundes nicht nachgewiesen werden. Der Prüfer vermerkt dann den Abbruch des Wesenstests in seinem Gutachten, erstellt darüber eine Bescheinigung und informiert die Ordnungsbehörde.

3. Zulassung zur Durchführung von Wesenstests

Der Wesenstest darf nur von Personen oder Stellen durchgeführt werden, die von der Tierärztekammer zugelassen worden sind (vgl. § 13 Abs. 1 Satz 1 HundeG, § 2 Abs. 1 WesenstestVO). Die Tierärztekammer führt ein Verzeichnis der zugelassenen Personen und Stellen. Das Verzeichnis ist im Internet unter der Adresse http://www.tieraerztekammer-schleswig-holstein.de/infos-fuer-tierhalter/wesenstest.html veröffentlicht (vgl. § 2 Abs. 2 Satz 2 WesenstestVO).

Die Zulassung zur Abnahme von Wesenstests soll erteilt werden, wenn die antragstellende Person geeignet ist oder die antragstellende Stelle über geeignetes Personal verfügt. Geeignet sind Fachtierärzte für Verhaltenskunde sowie Tierärzte mit der Zusatzbezeichnung Verhaltenskunde und -therapie oder vergleichbar qualifizierte Personen (§ 2 Abs. 3 Nr. 1 WesenstestVO). Ob eine Person vergleichbar qualifiziert ist, entscheidet die Tierärztekammer. Die Prüfung umfasst u. a. ein Fachgespräch vor einer von der Tierärztekammer besetzten Kommission. Abgefragt werden dort Kenntnisse

- zur Verhaltenslehre,
- zur Auswirkung von Zuchtmaßnahmen,
- zur Tierhaltung,
- zur Diagnostik von Verhaltensstörungen und
- zu den einschlägigen Rechtsvorschriften.

Die Person oder Stelle muss nachweisen, dass die räumlichen Voraussetzungen zur ordnungsgemäßen Durchführung eines Wesenstestes vorliegen und das Prüfungsgelände gegen das Entweichen von Hunden ausreichend gesichert ist (§ 2 Abs. 3 Nr. 2 WesenstestVO). Letzteres ergibt sich auch aus der generellen Nichtstörungspflicht, wonach Hunde sicher zu halten und zu führen sind (vgl. Erl. 2 zu § 2; auch Erl. 1 zu § 14).

Die Zulassung als Prüfer wird auf Antrag als schriftlicher Verwaltungsakt erteilt. Sie kann mit Nebenbestimmungen versehen werden (vgl. § 2 Abs. 2 Satz 1 WesenstestVO). Als Nebenbestimmungen kommen z. B. eine Befristung der Zulassung oder ein Widerrufsvorbehalt in Betracht (vgl. § 107 Abs. 2 LVwG).

4. Anerkennung von Wesenstests anderer Länder

Behördlich anerkannte Wesenstests oder vergleichbare Prüfungen anderer Länder, die die Feststellung rechtfertigen, dass beim ordnungsgemäßen Führen des Hundes ohne Maulkorb eine Gefahr für die öffentliche Sicherheit nicht zu befürchten ist, sind als gleichwertig anzuerkennen und der Entscheidung über die Befreiung von der Maulkorbpflicht zugrunde zu legen (vgl. § 3 Satz 1 WesenstestVO). Die Anerkennung setzt nicht voraus, dass das betreffende Landesrecht aufgrund des Wesenstests oder der vergleichbaren Prüfung eine Befreiung von der Maulkorbpflicht ausdrücklich vorsieht. Über die Anerkennung entscheidet das Innenministerium. Sie wird im Amtsbl. bekannt gegeben (vgl. § 3 Satz 2 WesenstestVO). Die Auflistung der als gleichwertig anerkannten Wesenstests anderer Länder findet sich in Anlage III der VwV-HundeG.

5. Aussagekraft des Wesenstests

Wesenstests sind in der Kynologie gebräuchlich, um über den Verwendungszweck eines Hundes zu entscheiden. Anhand des Verhaltens des Tieres werden dessen angeborene und erworbene Charaktereigenschaften (Wesen) ermittelt und mit dem für den jeweiligen Rassestandard erwünschten Maß abgeglichen. Die Tauglichkeit dieser Prognose ist wissenschaftlich nachgewiesen (*Johan*, S. 25 f.). Dies bedeutet jedoch nicht, dass Wesenstests auch eine hinreichend sichere Methode zur Ermittlung der Gefährlichkeit eines Hundes sind. Hierzu stellt das BVerfG klar, dass ein Wesenstest **keine vollkommen verlässliche Grundlage für eine hinreichend sichere Gefährlichkeitsprognose** bietet. Der Wesenstest ermögliche insoweit lediglich eine Momentaufnahme vom Verhalten des überprüften Tieres in einer bestimmten Krisensituation. Angesichts der Unberechenbarkeit tierischen Verhaltens sei nicht auszuschließen, dass der Hund unter anderen Umständen anders reagiert und dabei für den Menschen zur Gefahr wird. Überdies könne die Gefährlichkeit des Hundes durch eine pharmakologische Behandlung für den Zeitraum der Wesensprüfung verdeckt werden (vgl. BVerfG, Urt. vom 16.3.2004 = NVwZ 2004 S. 597, 601; LT-Drs. 15/3471 S. 43; auch OVG Lüneburg, Urt. vom 30.5.2001 = NordÖR 2001 S. 449, 453; RhPfVerfGH, Urt. vom 4.7.2001 = NVwZ 2001 S. 1273, 1277; VerfGH Berlin, Urt. vom 12.7.2001 = DVBl 2001 S. 1586, 1593; BayVGH, Urt. vom 18.2.2004 = DÖV 2004 S. 579, 580 und Beschl. vom 11.7.2001 = DÖV 2001 S. 918, 918; **a. A.** VGH Mannheim, Urt. vom 22.4.2002 = NuR 2003 S. 97, 100; *Felix/Hoffmann*, S. 343; *Kunze*, S. 1612; *Caspar*, S. 1586 und 1588).

Ziel des Wesenstests ist daher **nicht die Überprüfung des Wesens des Hundes in seiner Gesamtheit**, sondern lediglich das Erkennen übersteigerter, nicht vertretbarer Aggressionen, die sich in gefährlicher Weise auf den Menschen oder auf andere Hunde auswirken können. Es soll nachgewiesen werden, dass das Tier aufgrund seines individuellen Aggressionsverhaltens keine Gefahr für die öffentliche Sicherheit darstellt, wenn es ohne Maulkorb geführt wird (vgl. LT-Drs. 15/3471 S. 44). Durch den Wesenstest kann jedoch nicht die nach § 7 Abs. 1 Satz 2 HundeG festgestellte Gefährlichkeit des Hundes an sich widerlegt werden.

Vor diesem Hintergrund kann die Ordnungsbehörde auch im Fall eines bestandenen Wesenstests **weitergehende Maßnahmen zur Gefahrenabwehr** anordnen (vgl. BayVGH, Beschl. vom 11.7.2001 = DÖV 2001 S. 918, 919 und Urt. vom 18.2.2004 = DÖV 2004 S. 579, 580; OVG Lüneburg, Urt. vom 30.5.2001 = NordÖR 2001 S. 449, 451; *Scheidler*, S. 717 f.).

Die Befreiung von der Maulkorbpflicht ist im Falle eines bestandenen Wesenstests zwingend und wird ausdrücklich nicht ins Ermessen der Behörde gestellt. Dem verbleibenden Grad der Unsicherheit hinsichtlich der Gefahrenprognose aufgrund der schlichten Momentaufnahme durch den Wesenstest trägt der Gesetzgeber dadurch Rechnung, dass keine Möglichkeit zum Dispens vom Anleinzwang vorgesehen ist, damit der Hundehalter stets zumindest eine Einwirkungsmöglichkeit auf das Tier behält (Drs. 15/3471 S. 43).

Beispiel: Das gefährliche Rudel

A hält drei ausgewachsene und als gefährlich eingestufte Dalmatiner. Für die Hunde ist die Sozialverträglichkeit in einem Wesenstest nachgewiesen und infolgedessen eine Befreiung von der Maulkorbpflicht erteilt worden. A führt die Tiere vorschriftsmäßig an der Leine, allerdings regelmäßig im Rudel aus. Andere Hundehalter haben beobachtet, dass A ihre drei Dalmatiner nur schwer zu bändigen vermag, insbesondere dann, wenn ihr andere Hunde entgegenkommen. Es besteht somit die Gefahr, dass die Tiere, wenn sie im Rudel geführt werden, andere Hunde oder sogar Menschen angreifen.

Nach Anhörung der A verfügt die Ordnungsbehörde, dass die Tiere nicht im Rudel geführt werden dürfen. Die Anordnung wird auf die gefahrenabwehrrechtliche Generalklausel gestützt (vgl. Erl. 2.1.4 zu § 19). Die Gefahrenabwehrmaßnahme wird u. a. damit begründet, dass das Rudelverhalten der Hunde nicht Gegenstand des abgelegten Wesenstests war (vgl. Erl. 1), da die Tiere einzeln geprüft worden sind (vgl. OVG Greifswald, Urt. vom 6.4.2001 = NordÖR 2001 S. 317, 321; Hamann 1996, S. 74; auch Hamann 1997, S. 75).

§ 14
Besondere Pflichten für das Halten und Führen gefährlicher Hunde

(1) Gefährliche Hunde sind so zu halten, dass sie ein ausbruchssicheres Grundstück gegen den Willen der Hundehalterin oder des Hundehalters nicht verlassen können.

(2) Die Hundehalterin oder der Hundehalter darf einen gefährlichen Hund außerhalb eines ausbruchssicheren Grundstücks nur persönlich führen oder eine Person damit beauftragen, die eine Bescheinigung nach Absatz 6 Satz 1 besitzt.

(3) Außerhalb eines ausbruchssicheren Grundstücks sind gefährliche Hunde an einer zur Vermeidung von Gefahren geeigneten Leine zu führen, die höchstens zwei Meter lang sein darf. Die Anleinpflicht gilt nicht in den als Hundeauslaufgebiet gekennzeichneten Gebieten, wenn das Hundeauslaufgebiet eingezäunt ist und der Hund einen das Beißen verhindernden Maulkorb trägt.

(4) Gefährlichen Hunden ist außerhalb eines ausbruchssicheren Grundstücks sowie bei Mehrfamilienhäusern auf dem gesamten Grundstück und im Gebäude mit Ausnahme der nicht dem Gemeingebrauch unterliegenden selbstgenutzten Räume oder Flächen ein das Beißen verhindernder Maulkorb anzulegen. Dies gilt nicht für Hunde bis zur Vollendung des sechsten Lebensmonats. Die zuständige Behörde erteilt für gefährliche Hunde mit Ausnahme gefährlicher Hunde nach § 7 Absatz 1 Nummer 1 eine Befreiung von der Maulkorbpflicht, wenn die Fähigkeit des Hundes zu sozialverträglichem Verhalten durch einen Wesenstest (§ 13) nachgewiesen ist. Für die Befreiung von der Maulkorbpflicht gilt § 10 Absatz 4 Satz 2 entsprechend.

(5) Die Hundehalterin oder der Hundehalter hat beim Führen eines gefährlichen Hundes die Erlaubnis nach § 8 Absatz 1 und eine nach Absatz 4 Satz 3 erteilte Befreiung mitzuführen und auf Verlangen zur Prüfung vorzuzeigen.

(6) Die zuständige Behörde hat einer anderen Person als der Hundehalterin oder dem Hundehalter auf Antrag eine Bescheinigung darüber auszustellen, dass sie einen gefährlichen Hund außerhalb eines befriedeten Besitztums führen darf, wenn die Person die Voraussetzungen des § 10 Absatz 1 Nummer 1 Buchstabe a bis c erfüllt. Die Person hat beim Führen des Hundes diese Bescheinigung, eine nach Absatz 4 Satz 3 erteilte Befreiung und die Erlaubnis nach § 8 Absatz 1 mitzuführen und auf Verlangen zur Prüfung vorzuzeigen.

VwV HundeG

Abschnitt 14

Zu § 14 – Besondere Pflichten für das Halten und Führen gefährlicher Hunde

14.1 *Sichere Verwahrung eines gefährlichen Hundes; ausbruchssicheres Grundstück*

Gefährliche Hunde sind vom Halter auf dessen Grundstück ausbruchssicher zu verwahren.

Art und Umfang der zur sicheren Verwahrung erforderlichen Schutzvorkehrungen richten sich u. a. nach der Größe und Sprungkraft des Hundes. In Zweifelsfällen kann die Ordnungsbehörde das ausbruchsgesicherte Grundstück des Hundehalters in Augenschein nehmen (§ 16 Abs. 2). Erforderlichenfalls können Schutzvorkehrungen durch Nebenbestimmungen in der Erlaubnis angeordnet werden (§ 10 Abs. 4 Satz 2).

14.2 *Überlassung eines gefährlichen Hundes*

Der Hundehalter darf einen gefährlichen Hund außerhalb eines ausbruchssicheren Grundstücks nur persönlich führen oder eine Person damit beauftragen, die dafür geeignet ist und eine Bescheinigung darüber hat. Im Hinblick auf die Beantragung der Bescheinigung nach § 14 Abs. 6 ist § 10 Abs. 1 Nr. 1 entsprechend anzuwenden.

Sofern der Hund einer Person zur dauerhaften Betreuung überlassen wird, kann die Ordnungsbehörde Maßgaben zur sicheren Verwahrung des Hundes auf dem ausbruchssicheren Grundstück des Betreuers anordnen. Die Anordnung ist – mangels Haltererlaubnis – als Maßnahme zur Gefahrenabwehr (§ 19 Abs. 1) gegenüber dem Betreuer zu verfügen.

14.3 *Leinen- und Maulkorbzwang*

Die dem Gemeingebrauch gewidmeten Bereiche in Mehrfamilienhäusern werden in die Regelungen zu den Anleinpflichten mit aufgenommen (vergleiche § 3 Abs. 2 Nr. 4 HundeG).

Nach § 14 Abs. 3 Satz 2 können gefährliche Hunde in sogenannten Hundeauslaufgebieten unangeleint ausgeführt werden, wenn sie gleichzeitig einen das Beißen verhindernden Maulkorb tragen. Diese Regelung stellt eine Ausnahme zu der allgemeinen Anleinpflicht für als gefährlich eingestufte Hunde dar. Sie findet als Spezialregelung zu § 14 Abs. 4 Satz 4 auch Anwendung, wenn der Hund nach bestandenem Wesenstest von der Maulkorbpflicht befreit ist, und dient der Abwehr von Gefahren für die anderen im Auslaufgebiet freilaufenden Hunde sowie für die dort anwesenden Hundehalter.

14.4 *Maulkorbpflicht und Befreiung*

Gefährlichen Hunden ist außerhalb eines ausbruchssicheren Grundstücks, welches nicht notwendigerweise der Haltungsort ist, ein Maulkorb anzulegen. Der Maulkorb muss nicht korbförmig sein. Es kann auch eine andere, in der das Beißen verhindernden Wirkung gleichgestellte Vorrichtung, z. B. eine Maulbinde, verwendet werden. Der Maulkorb bzw. die vergleichbare Vorrichtung muss dem Hund sachgerecht angelegt werden, da andernfalls das Beißen des Hundes nicht mit hinreichender Sicherheit verhindert wird.

Dem Antrag auf Aufhebung der Maulkorbpflicht ist durch die Ordnungsbehörde stattzugeben, wenn die Fähigkeit des Hundes zu sozialverträglichem Verhalten durch einen Wesenstest nach § 13 nachgewiesen ist (Urteil des VG Schleswig vom 25. Februar 2008; – 3 A 176/07 –). Ein Ermessen ist der Ordnungsbehörde bei dieser Entscheidung nicht eingeräumt. Die Befreiung kann allerdings nach § 14 Abs. 4 Satz 4 befristet sowie mit Auflagen und Bedingungen versehen werden, wenn sich aus dem Ergebnis des Wesenstests entsprechende Hinweise ergeben.

Erläuterungen

Übersicht

1. Besondere Pflichten für das Halten und Führen gefährlicher Hunde

Ergänzend zu den allgemeinen Pflichten für das Halten und Führen von Hunden (vgl. Erl. 1 zu § 3) sieht § 14 HundeG für den Umgang mit gefährlichen Hunden besondere Pflichten vor. Danach sind gefährliche Hunde auf einem ausbruchssicheren Grundstück unterzubringen (vgl. Erl. 2). Außerhalb des ausbruchssicheren Grundstücks müssen sie grundsätzlich an der Leine geführt werden (vgl. Erl. 4) und einen Maulkorb tragen (vgl.

Erl. 5). Für Hunde, deren Sozialverträglichkeit in einem Wesenstest nachgewiesen worden ist, kann eine Ausnahme von der Maulkorbpflicht erteilt werden, nicht aber von der Anleinpflicht. Im Übrigen darf der Halter seinen gefährlichen Hund nur einer zum Führen des Tieres berechtigten Person überlassen. Der Hundeführer hat gem. § 14 Abs. 6 HundeG die Berechtigung zum Führen des gefährlichen Hundes sowie die für das Tier ausgestellte Haltererlaubnis und ggf. die Maulkorbbefreiung mitzuführen und der Ordnungsbehörde oder der Polizei auf Verlangen vorzulegen (vgl. Erl. 3). Eine entsprechende Vorlagepflicht sieht § 14 Abs. 5 HundeG für den Hundehalter vor. Sofern eine Haltererlaubnis beantragt, aber noch nicht erteilt worden ist, muss der Erlaubnisantrag mitgeführt werden (vgl. Erl. 3 zu § 9). Die Standardbefugnis zur Prüfung von Berechtigungsscheinen (vgl. § 182 LVwG) wird durch die Vorlagepflichten des § 14 Abs. 5 und 6 sowie des § 9 Abs. 1 Satz 3 HundeG als speziellere Normen verdrängt.

Vorsätzliche oder fahrlässige Verstöße gegen die besonderen Pflichten für das Halten und Führen eines gefährlichen Hundes können mit einem Bußgeld geahndet werden (vgl. § 20 Abs. 1 Nr. 9 bis 19 HundeG; Erl. 1 zu § 20). Gröbliche oder wiederholte Verstöße sind zudem geeignet, die Zuverlässigkeit des Halters in Frage zu stellen (vgl. Erl. 2.5 zu § 11). Infolgedessen ist die Haltererlaubnis zu widerrufen, die Haltung des Hundes zu untersagen und die Abgabe des Tieres an eine geeignete Person oder Stelle anzuordnen (vgl. Erl. 4.1 zu § 9).

Die Vorschrift des § 14 HundeG ist in weiten Teilen nahezu identisch mit der Vorgängerregelung des § 10 GefHG a. F. Letzterer enthielt insbesondere aber einen zusätzlichen Absatz, der festlegte, dass jedem gefährlichen Hund außerhalb eines ausbruchssicheren Grundstücks ein leuchtend hellblaues Halsband anzulegen war. Auf diese äußere Kennzeichnungspflicht gefährlicher Hunde ist nunmehr verzichtet worden. Zwar wird durch die äußere Erkennbarkeit eines gefährlichen Hundes jedem Dritten ermöglicht, dem Hund auszuweichen o. Ä. Ängstliche Reaktionen fremder Dritter gegenüber einem Hund sind jedoch nicht geeignet, um Gefahrensituationen zu vermeiden. Vielmehr ist das Aufstellen von Anforderungen an das Halten und Führen gefährlicher Hunde sowohl zielführender als auch ausreichend.

2. Sicherungspflicht auf dem ausbruchssicheren Grundstück

Gefährliche Hunde sind auf einem ausbruchssicheren Grundstück unterzubringen. Die Vorschrift trägt dem Umstand Rechnung, dass sich Beißvorfälle insbesondere dann ereignen, wenn Hunde gegen den Willen des Hundehalters ein Grundstück verlassen können. Um sicherzustellen, dass dies nicht möglich ist, trifft den Halter eines gefährlichen Hundes die Pflicht, das Grundstück so zu sichern, dass ein Entweichen des Tieres nach allgemeiner Lebenserfahrung ausgeschlossen ist. Im Übrigen hat der Hundehalter bei der Öffnung von Türen und Toren Vorkehrungen zu treffen, dass der Hund nicht frei nach außen laufen kann (vgl. LT-Drs. 15/3471 S. 41). Die Sicherungspflicht für gefährliche Hunde ist erforderlich, da sich die Tiere auf dem ausbruchssicheren Grundstück frei, d. h. unangeleint und ohne Maulkorb (vgl. Erl. 4 und 5) bewegen dürfen.

Die Verpflichtung zur sicheren Verwahrung eines gefährlichen Hundes trifft nicht nur dessen Halter, sondern auch den **Betreuer** des Tieres (vgl. Erl. 4.2 zu § 1; LT-Drs. 15/3471 S. 41; auch Tz. 5.1 VwV NRW; *Haurand*, Erl. 1 zu § 5 LHundG NRW). Dies ergibt sich zwar nicht aus dem Wortlaut des § 14 Abs. 1 HundeG („so zu *halten*" … „gegen den Willen der Hunde*halterin* oder des Hunde*halters*"). Gleichwohl lässt sich die Sicherungspflicht des Betreuers aus der generellen Nichtstörungspflicht des § 3 Abs. 1 Satz 1 HundeG herleiten (vgl. Erl. 2 zu § 3).

Art und Umfang der zur sicheren Verwahrung erforderlichen **Schutzvorkehrungen** richten sich nach dem jeweiligen Hund (vgl. *Stabno*, Erl. 1 zu § 4 Satz 2 NHundG), u. a. nach dessen Rasse und Sprungkraft. In Zweifelsfällen kann die Ordnungsbehörde das Grundstück des Hundehalters in Augenschein nehmen (vgl. Erl. 3 zu § 16; Tz. 14.1 VwV-HundeG). Sie sollte sich dabei des Sachverstandes eines Tierarztes bedienen (vgl. § 84 Abs. 1

Nr. 2 LVwG; auch Tz. 4.1.2 VwV NRW) oder den Kreisveterinär um Amtshilfe bitten (vgl. § 32 ff. LVwG). Die erforderlichen Schutzvorkehrungen können als Auflagen in die Halteerlaubnis (vgl. Erl. 7 zu § 10) aufgenommen werden bzw. – wenn eine Erlaubnis noch nicht erteilt worden oder im Falle eines Betreuers nicht vorhanden ist – als Anordnungen zur Gefahrenabwehr (vgl. Erl. 2.1.4 zu § 19) ergehen.

Als Schutzvorkehrungen kommen bauliche Veränderungen am Grundstück des Hundehalters oder -betreuers, Schließ- und Anleinvorrichtungen sowie Warnschilder in Betracht. Für den Fall, dass der Hund dem Halter oder Betreuer regelmäßig beim Verlassen des ausbruchssicheren Grundstücks entweicht, kann ihm aufgegeben werden, dass er das Tier vor dem Öffnen der Tür an die Leine zu nehmen hat (vgl. *Haurand*, Erl. 1 zu § 5 LHundG NRW).

Zur sicheren Verwahrung des Hundes muss grundsätzlich lediglich dessen **ausbruchssichere Unterbringung** gewährleistet sein, nicht aber auch ein ausbruchssicherer Auslaufbereich vorgehalten werden (vgl. OVG Saarlouis, Beschl. vom 6.7.1992 = DÖV 1992 S. 1019, 1020). Es genügt somit, dass der Teil des Grundstücks, auf dem der Hund untergebracht wird, so eingefriedet wird, dass das Tier nicht gegen den Willen des Halters oder Betreuers entweichen kann. Zu denken ist hier an die Errichtung eines Zwingers. Dabei sind die tierschutzrechtlichen Maßgaben des § 6 TierSch-HundVO zu beachten (vgl. *Schnupp*, S. 192 f.). Die Einzäunung des gesamten Grundstücks ist in diesem Fall nicht erforderlich. Gleichwohl kann sie dem Halter oder Betreuer des Hundes alternativ aufgegeben werden (vgl. Tz. 14.2 VwV-HundeG; VG Weimar, Beschl. vom 27.8.2003 – 2 E 1430/03 –, und OVG Weimar, Beschl. vom 22.12.2003 – 3 EO 945/03 –, zit. n. *Stabno*, Erl. 1 zu § 4 S. 2 NHundG). Einer großräumigeren Umzäunung bedarf es allerdings dann, wenn der Hund auf dem ausbruchssicheren Grundstück ausgebildet werden soll und dazu Freilauf benötigt, z. B. in einer Hundeschule (vgl. *Haurand*, Erl. 3 zu § 4 LHundG NRW). Wird nämlich nur ein Teil des Grundstücks ausbruchsicher eingefriedet, ist die verbleibende Fläche nicht als ausbruchssicheres Grundstück i. S. d. § 14 HundeG anzusehen. Das bedeutet, dass der gefährliche Hund außerhalb der ausbruchssicheren Unterbringung auf dem Besitztum anzuleinen und grundsätzlich mit einem Maulkorb zu versehen ist.

Die Auflage oder Ordnungsverfügung zur sicheren Verwahrung des gefährlichen Hundes muss die erforderliche Schutzvorkehrung hinreichend bestimmen (vgl. § 108 Abs. 1 LVwG). Die pauschale Anordnung, dass das Tier „sicher zu verwahren" ist, genügt nicht (vgl. VG Bayreuth, Urt. vom 7.6.1988 = NVwZ-RR 1989 S. 183, 183). Der **Bestimmtheitsgrundsatz** ist hingegen nicht verletzt, wenn dem Halter oder Betreuer des gefährlichen Hundes Schutzvorkehrungen zur Auswahl gestellt werden, sofern die einzelnen Alternativen hinreichend konkretisiert sind. Sind bauliche Maßnahmen gefordert, sollte die Ordnungsbehörde die Abmessung und das Material der Schutzvorkehrung vorgeben. Die Anordnung darf nicht rechtlich Unmögliches verlangen. Dies kann dann der Fall sein, wenn durch eine bauliche Maßnahme die Rechte Dritter (z. B. die des Hauseigentümers oder Nachbarn) verletzt werden oder der Bau nicht genehmigungsfähig ist (vgl. *Hamann 1989*, S. 213).

3. Überlassung eines gefährlichen Hundes

Ein gefährlicher Hund darf außerhalb eines ausbruchssicheren Grundstücks nur von einer nachweislich dafür geeigneten Person geführt werden. Dies ist zunächst der berechtigte Halter des gefährlichen Hundes. Dessen Eignung ist mit der Erteilung der Haltererlaubnis festgestellt worden (vgl. Erl. 1 zu § 8). Sofern dem Halter die Erlaubnis noch nicht erteilt worden ist, wird dessen Eignung mit der Antragstellung für die Dauer des Erlaubnisverfahrens angenommen (vgl. Erl. 3 zu § 9). Von einem Dritten darf der Halter seinen gefährlichen Hund nur dann ausführen lassen, wenn diesem die dafür erforderliche Eignung nach § 14 Abs. 6 Satz 1 HundeG bescheinigt worden ist. Dies gilt nicht nur für den Führer des gefährlichen Hundes (vgl. Erl. 4.3 zu § 1), sondern erst recht für dessen **Betreuer** (vgl. Erl. 4.2 zu § 1), zumal davon auszugehen ist, dass jener das Tier auch ausführt.

Die Bescheinigung nach § 14 Abs. 6 Satz 1 HundeG gestattet einer bestimmten Person das Führen eines bestimmten Hundes. Diese enge Auslegung des Wortlautes der Vorschrift („*einen* gefährlichen Hund") ergibt sich aus dessen Sinn und Zweck: Die Überlassung eines gefährlichen Hundes nach § 14 Abs. 2 HundeG setzt ein **konkretes Auftragsverhältnis** zwischen dem Hundehalter und dem Hundeführer bzw. -betreuer voraus. Die Bescheinigung nach § 14 Abs. 6 Satz 1 HundeG soll sicherstellen, dass dem Beauftragten das Führen des betreffenden Tieres rechtlich ermöglicht wird. Hierfür ist es nicht erforderlich, dass der Beauftragte durch eine generelle Unbedenklichkeitsbescheinigung zum Führen eines jeglichen gefährlichen Hundes berechtigt wird. Sofern eine Person mit dem Führen mehrerer Hunde beauftragt ist, sind jene – ggf. auch nachträglich – einzeln in der Bescheinigung nach § 14 Abs. 6 Satz 1 HundeG aufzuführen. Auf eine Bezeichnung der einzelnen Tiere kann verzichtet werden, wenn sich die betreffenden Hunde auf eine andere Art bestimmen lassen. Zu denken ist hier an eine Bescheinigung, die einen ehrenamtlichen Mitarbeiter eines Tierheims pauschal zum Ausführen der dort verwahrten gefährlichen Hunde befugt (vgl. Tz. 4.1.1 VwV NRW).

Die Bescheinigung nach § 14 Abs. 6 Satz 1 HundeG wird auf den Antrag des Beauftragten hin erteilt, sofern jener die zum Führen eines gefährlichen Hundes erforderliche Eignung besitzt. Zur **Antragstellung** kann das in Anlage II der VwV-HundeG für die Beantragung der Haltererlaubnis eingeführte Muster in modifizierter Form verwendet werden, obschon auch für diesen Antrag kein Schriftformerfordernis gilt (vgl. Erl. 2 zu § 9). Der Antragsteller muss gleichsam nachweisen, dass er volljährig, zuverlässig, persönlich geeignet und sachkundig ist (vgl. § 10 Abs. 1 Nr. 1 HundeG). Hierbei sind die gleichen Anforderungen zu stellen wie im Erlaubnisverfahren für den Halter (vgl. Erl. 1 ff. zu § 11). Dies gilt auch für die insoweit vom Antragsteller beizubringenden Unterlagen.

Auf die Erteilung der Bescheinigung nach § 14 Abs. 6 Satz 1 HundeG besteht ein **Rechtsanspruch**, wenn der Antragsteller die Voraussetzungen erfüllt. Daraus folgt, dass die Bescheinigung nicht mit Nebenbestimmungen (z. B. Befristung oder Widerrufsvorbehalt) versehen werden kann (vgl. § 107 Abs. 1 LVwG). § 10 Abs. 4 HundeG ist nicht entsprechend anwendbar. Sofern die Voraussetzungen des § 14 Abs. 6 Satz 1 HundeG nachträglich entfallen, kommt ein Widerruf der Bescheinigung in Ermangelung vorrangiger Spezialgesetze nach § 117 Abs. 2 Nr. 3 LVwG in Betracht.

Für die Erteilung der Bescheinigung erhebt die Ordnungsbehörde eine **Verwaltungsgebühr** in Höhe von 50 Euro (vgl. Tarifstelle 27.6.4 AllgGebT). Bei einer Versagung der Bescheinigung fällt die Verwaltungsgebühr ebenfalls an (vgl. Anm. zu Tarifstellen 27.6.1, 27.6.2 und 27.6.4 AllgGebT). Auf die Erhebung der Gebühr kann verzichtet werden, wenn eine bestehende Bescheinigung um die Berechtigung zum Führen eines weiteren Hundes ergänzt wird. Gleiches gilt für den Fall, in dem eine juristische Person Halterin eines gefährlichen Hundes ist und jene den Antragsteller als Betreuer des Tieres benannt hat und dessen Eignung bereits im Erlaubnisverfahren nach § 10 Abs. 2 HundeG festgestellt worden ist.

Die nach § 14 Abs. 6 Satz 1 HundeG berechtigte Person hat die **Bescheinigung** darüber beim Führen des gefährlichen Hundes mitzuführen und der Ordnungsbehörde oder der Polizei auf Verlangen auszuhändigen. Gleiches gilt für die Erlaubnis zum Halten des gefährlichen Hundes und ggf. für die Befreiung von der Maulkorbpflicht (vgl. Erl. 5.2). § 14 Abs. 6 Satz 2 HundeG ergänzt insoweit § 14 Abs. 5 HundeG, der eine entsprechende Auskunftspflicht des Hundehalters vorsieht (vgl. Erl. 1). Nach Auffassung des OVG Greifswald dient die Pflicht zur Mitführung der Bescheinigungen nicht lediglich der Erleichterung der ordnungsrechtlichen Aufsicht, sondern soll die Führer gefährlicher Hunde zur Erfüllung der ihnen obliegenden Pflichten anhalten und damit verhaltenssteuernd im Sinne einer „Effektuierung der Gefahrenabwehr" wirken (vgl. OVG Greifswald, Urt. vom 6.4.2001 = NordÖR 2001 S. 317, 321).

Legt der Hundeführer oder -betreuer die Bescheinigungen nicht vor, begründet dies die konkrete Gefahr, dass der gefährliche Hund rechtswidrig ausgeführt wird (vgl. *Kingreen/*

Poscher, § 8 Rn. 9 ff.). Die Ordnungsbehörde oder die Polizei kann das Tier daraufhin unter den Voraussetzungen des § 230 LVwG im Wege des sofortigen Vollzuges vorübergehend in Gewahrsam nehmen (vgl. auch Erl. 2.1.2.2 zu § 19), um es dem Halter zuzuführen.

Die Berechtigung zum Führen eines gefährlichen Hundes sollte in schriftlicher Form bescheinigt werden, wobei zur besseren Unterscheidung von der Haltererlaubnis und der Befreiung von der Maulkorbpflicht (vgl. Erl. 5.2) gelber Karton verwendet werden sollte.

Für die Vollzugspraxis bietet es sich an, die Bescheinigung zusammen mit dem Kostenbescheid zu versenden, in dem auch Hinweise über die Pflichten, die beim Führen gefährlicher Hunde zu beachten sind, aufgenommen werden können.

Die **Fiktion des § 9 Abs. 1 Satz 2 HundeG** (vgl. Erl. 3 zu § 9), wonach die Haltererlaubnis mit der Antragstellung vorläufig als erteilt gilt, ist auf die Bescheinigung nach § 14 Abs. 6 Satz 1 HundeG nicht entsprechend anwendbar. Der Antragsteller ist erst dann zum Führen des gefährlichen Hundes berechtigt, wenn ihm die Bescheinigung erteilt worden ist. Im Ausnahmefall kann dies einer artgerechten Haltung des Hundes entgegenstehen; nämlich dann, wenn der Halter z. B. infolge einer Krankheit nicht in der Lage ist, den gefährlichen Hund auszuführen, und eine andere Person zwar zum Führen des Tieres zur Verfügung stünde, aber dazu noch nicht berechtigt ist. Unter Berücksichtigung der Belange des Tierschutzes (vgl. § 2 Nr. 2 TierSchG) ist es vertretbar, wenn die Ordnungsbehörde oder die Polizei in dieser Situation ihr Opportunitätsermessen (vgl. Erl. 2.2.1 zu § 19) dahingehend ausübt, dass sie ausnahmsweise nicht gegen den Halter vorgeht, wenn dieser seinen gefährlichen Hund von der noch nicht berechtigten Person ausführen lässt. Voraussetzung dafür sollte aber sein, dass der noch unberechtigte Hundeführer oder -betreuer die Bescheinigung nach § 14 Abs. 6 Satz 1 HundeG zumindest beantragt hat.

4. Besondere Anleinpflicht

Die besondere Anleinpflicht besagt, dass gefährliche Hunde außerhalb eines ausbruchssicheren Grundstücks stets an der Leine zu führen sind. Unangeleint dürfen gefährliche Hunde außerhalb eines ausbruchssicheren Grundstücks nur in eingezäunten **Hundeauslaufgebieten** laufen gelassen werden. Sie müssen dort allerdings mit einem Maulkorb versehen sein (vgl. Erl. 5.1). Der Maulkorb ist dem Hund im Hundeauslaufgebiet auch dann anzulegen, wenn eine Befreiung nach § 14 Abs. 4 Satz 3 HundeG erteilt worden ist (vgl. Erl. 5.2, Tz. 14.3 VwV-HundeG). § 14 Abs. 3 Satz 2 findet insoweit als Spezialregelung Anwendung. Sie dient dem Schutz der anderen im Hundeauslauf befindlichen Hunde und Personen (vgl. Tz. 14.3 VwV-HundeG). Ist ein Hundeauslaufgebiet für den Freilauf gefährlicher Hunde nicht geeignet, etwa weil es mit einer nur sehr niedrigen Umzäunung versehen und damit ein Entweichen des gefährlichen Hundes nicht ausgeschlossen ist, sollte die Kommune in der Benutzungsordnung entsprechende Beschränkungen vorsehen und durch eine Beschilderung darauf hinweisen (vgl. Erl. 5.4.2 zu § 3). Eine Befreiung von der besonderen Anleinpflicht wie etwa von der Maulkorbpflicht (vgl. Erl. 5.2) ist nicht möglich (vgl. LT-Drs. 15/3471 S. 42 f.).

Als präventive Maßnahme soll die besondere Anleinpflicht Menschen und Tiere weitgehend vor Beißvorfällen schützen. Zwar kann auch die Anleinpflicht nicht stets verhindern, dass ein großer, sprungkräftiger Hund sich trotzdem losreißt. Gleichwohl ist ein Hund an der Leine generell besser zu beherrschen als ein frei laufendes Tier. So kann der Hund durch den Leinenkontakt dazu angehalten werden, eher auf zusätzliche Kommandos des Hundeführers zu hören (vgl. *Hamann 1989*, S. 214; OVG Schleswig, Urt. vom 29.5.2001 = NVwZ 2001 S. 1300, 1307). Außerdem soll mit der Anleinpflicht den Besorgnissen „nicht-hundehaltender" Bürger Rechnung getragen werden (vgl. VerfGH Berlin, Urt. vom 12.7.2001 = DVBl 2001 S. 1586, 1592; VGH München, Beschl. vom 11.7.2001 = DÖV 2001 S. 918, 919; *Stabno*, Erl. zu § 11 Abs. 2 NHundG).

Die besondere Anleinpflicht gilt nicht innerhalb ausbruchssicherer Grundstücke. Bei dem ausbruchssicheren Grundstück muss es sich nicht um das Grundstück des Hundehalters handeln. Gefährliche Hunde können auch **auf dem ausbruchssicheren Grundstück einer anderen Person**, bei der der Halter bspw. zu Gast ist oder von der der Hund betreut wird (vgl. Erl. 4.2 zu § 1), unangeleint laufen gelassen werden. Voraussetzung dafür ist aber das Einverständnis der anderen Person. Dies liegt zumindest dann nicht vor, wenn ein gefährlicher Hund unberechtigt auf das Grundstück gelangt (vgl. LT-Drs. 15/3471 S. 42). Ferner muss das Grundstück so beschaffen sein, dass der Hund es nicht gegen den Willen des Halters oder der anderen Person verlassen kann (vgl. Erl. 2; *Haurand*, Erl. 2 zu § 5 LHundG NRW). Bei Mehrfamilienhäusern kommt es darauf an, dass das ausbruchssichere Grundstück nicht dem Gemeingebrauch unterliegt, sondern nur durch den mit dem Freilauf des gefährlichen Hundes einverstandenen Gastgeber oder Betreuer genutzt wird (vgl. Erl. 5.5.8 zu § 3).

Die **Leine**, an der der gefährliche Hund zu führen ist, darf nicht länger als zwei Meter sein. Sie muss ferner reißfest sein, wobei sich die Anforderung an die Reißfestigkeit nach der körperlichen Kraft des zu führenden Tieres richtet (vgl. Erl. 5.1 zu § 3). Wird der Halter eines gefährlichen Hundes mit einer sog. **Flexileine** angetroffen, ergibt sich folgendes Problem: Die Leine hat zwar meist eine Maximallänge von über 2 Metern, kann aber auch auf eine kürzere Länge ein- und festgestellt werden. Angesichts des Regelungszwecks der Längenbegrenzung, den Bewegungsradius des gefährlichen Hundes einzugrenzen und damit eine gesteigerte Einwirkungsmöglichkeit des Halters zu erreichen, sind auch solche Leinen erlaubt, wenn sie entsprechend kurz eingestellt werden (vgl. Erl. 5.1 zu § 3). Gleichwohl kann eine kurze ordnungsbehördliche Ansprache an den Halter angebracht sein, um sicher zu stellen, dass dieser um die Längenbegrenzung und den entsprechenden Gebrauch der Flexileine weiß.

Die generelle Anleinpflicht für gefährliche Hunde ist im Hinblick auf die **Entwicklung des Sozialverhaltens** der Tiere nicht unproblematisch: Hunde sind hochsozial und müssen von frühester Jugend an soziale Fähigkeiten erlernen und später durchführen können. Ständig angeleinte Hunde können solche Kontakte zu Artgenossen nur bedingt führen. Die bei der Begegnung von Hunden üblichen Rituale der Demonstration der sozialen Position können nicht störungsfrei erfolgen. Angeleinte Hunde können ihre Distanz zu anderen Hunden kaum regulieren und so einer sozialen Bedrängnis nicht entkommen. Dies kann zu Abwehrschnappen, aggressiver Stimmung und schließlich zu Beißereien führen (vgl. *Feddersen-Petersen* 1996b).

Gleichwohl muss der Einwand, die besondere Anleinpflicht beeinträchtige eine artgerechte Haltung der Hunde (vgl. § 2 Nr. 2 TierSchG) unter dem Gesichtspunkt der Verhältnismäßigkeit hinter das Ziel des Schutzes von Menschen und Tieren vor gefährlichen Hunden zurücktreten (vgl. BayVerfGH, Urt. vom 12.10.1994 = BayVBl 1995 S. 76, 110 m. w. N.). Dies gilt auch für den Fall, in dem die Sozialverträglichkeit eines Hundes in einem **Wesenstest** nachgewiesen worden ist. Der Wesenstest bietet nämlich keine vollkommen verlässliche Grundlage für eine hinreichend sichere Gefährlichkeitsprognose (vgl. Erl. 5 zu § 11; OVG Lüneburg, Urt. vom 30.5.2001 = NordÖR 2001 S. 449, 453; VGH Mannheim, Urt. vom 16.10.2001 = VBlBW 2002 S. 292, 296). Vor diesem Hintergrund hält der Gesetzgeber auch bei einem bestandenen Wesenstest an der Anleinpflicht für gefährliche Hunde fest. Der Hundeführer soll im Falle der Befreiung von der Maulkorbpflicht noch eine Einwirkungsmöglichkeit auf das Tier behalten (vgl. LT-Drs. 15/3471 S. 43). Im Übrigen ist es die Aufgabe des Hundehalters, trotz der besonderen Anleinpflicht für eine artgerechte Haltung des gefährlichen Hundes zu sorgen. Verfügt der Hundehalter nicht über ein Grundstück mit einer ausbruchssicheren Auslauffläche (vgl. Erl. 2), muss er sich entweder um geeignete Auslaufgelegenheiten bemühen oder sich von seinem Tier trennen (vgl. OVG Saarlouis, Beschl. vom 6.7.1992 = DÖV 1992 S. 1019, 1020 m. w. N.).

5. Maulkorbpflicht

Gefährlichen Hunden ist außerhalb eines ausbruchssicheren Grundstücks ein Maulkorb (vgl. Erl. 5.1) anzulegen, wobei § 14 Abs. 5 Satz 1 HundeG klarstellt, dass die Maulkorbpflicht bei Mehrfamilienhäusern auf dem gesamten Grundstück und im Gebäude mit Ausnahme der selbstgenutzten, nicht dem Gemeingebrauch unterliegenden Räume und Flächen (vgl. Erl. 5.5 zu § 3; *Gebel*, S. 312) gilt. Die Maulkorbpflicht ist mit dem Tierschutzrecht vereinbar (vgl. Erl. 5.3), zumal Hunde, deren Sozialverträglichkeit in einem Wesenstest (vgl. Erl. 1 zu § 13) nachgewiesen worden ist, davon befreit werden können (vgl. 5.2).

Jungtiere bis zum sechsten Lebensmonat sind von der Maulkorbpflicht ausgenommen, da von ihnen eine deutlich geringere Gefahr ausgeht (vgl. LT-Drs. 15/3471 S. 42). Das Alter des Hundes ist von dessen Halter oder Führer anhand der mitzuführenden Erlaubnis bzw. anhand des Erlaubnisantrages zu belegen (vgl. Erl. 1 zu § 9).

Die Maulkorbpflicht und die Befreiungsmöglichkeit waren auch im vormaligen § 10 Abs. 5 GefHG a. F. vorgesehen. Hier wurden allerdings Bereiche von Mehrfamilienhäusern (Zuwege, Treppenhäuser, Aufzüge und Flure) ausdrücklich abschließend aufgezählt, in denen die Maulkorbpflicht galt. Stattdessen wird nunmehr das Regel-Ausnahme-Verhältnis der Maulkorbpflicht in Mehrfamilienhäusern umgekehrt, in dem die Schutzvorkehrungen in solchen Gebäuden generell außerhalb von nicht ausschließlich selbstgenutzten Räumen und Flächen anzulegen sind. Die Formulierung steht im Gleichlauf zu § 3 Abs. 2 Satz 1 Nr. 4 HundeG.

5.1 Anforderungen an den Maulkorb

Ein Maulkorb ist eine Vorrichtung, die das Beißen des Hundes verhindern soll. Dabei kommt es nicht auf die Korbform (geflochtenes Behältnis) an (vgl. Tz. 14.4 VwV-HundeG). Anstelle eines „echten" Maulkorbs kann auch eine andere, in der das Beißen verhindernden Wirkung gleichgestellte Vorrichtung, z. B. eine Maulschlaufe aus Nylon verwendet werden.

Um zubeißen zu können, muss der Hund sein Maul so weit öffnen, dass die Fangzähne zum Einsatz kommen. Wie viel Spiel im Maul dafür erforderlich ist, hängt von der Anatomie des jeweiligen Hundes ab. Ragen die Fangzähne bspw. ca. 15mm über die Zahnreihe hinaus und greifen bei geschlossenem Maul scherenförmig ineinander, muss das Beißen dieser Hunde durch eine Vorrichtung verhindert werden, bei der das Maul nicht weiter als 30mm geöffnet werden kann (vgl. *Basikow*).

Der Maulkorb muss dem Hund sachgerecht angelegt werden, da andernfalls das Beißen des Hundes nicht mit hinreichender Sicherheit verhindert wird. Ferner kann der Maulkorb bei unsachgemäßer Anlegung reiben oder drücken und infolgedessen dem Hund schaden.

5.2 Befreiung von der Maulkorbpflicht

Für einen gefährlichen Hund, dessen Sozialverträglichkeit in einem Wesenstest nachgewiesen worden ist, kann die Ordnungsbehörde auf Antrag des Halters eine Befreiung von der Maulkorbpflicht erteilen. Die Antragstellung erfolgt formlos, ggf. auch mündlich. Der **Nachweis der Sozialverträglichkeit** ist in der WesenstestVO geregelt und wird in Form des Musters der dortigen Anlage 4 bescheinigt. Die Bescheinigung stellt keinen Verwaltungsakt dar und bindet die Ordnungsbehörde nicht in ihrem Ermessen (vgl. Erl. 2 zu § 13). Gleichwohl wird die Ordnungsbehörde dem Votum des Prüfers regelmäßig folgen, sofern ihr nicht Erkenntnisse vorliegen, die eine abweichende Entscheidung rechtfertigen (vgl. *Stabno*, Erl. 2 zu § 9 NHundG), z. B. jüngst festgestellte Beißvorfälle.

Wird die Sozialverträglichkeit des gefährlichen Hundes nachgewiesen, gilt dieser weiterhin als gefährlich i. S. d. Hundegesetzes. Durch den Wesenstest wird lediglich der Nachweis darüber erbracht, dass ein Hund aufgrund seines individuellen Aggressionsverhaltens keine Gefahr für die öffentliche Sicherheit darstellt, wenn er ohne Maulkorb – gleichwohl aber angeleint – geführt wird (vgl. Erl. 5 zu § 13). **Die Gefährlichkeitsvermutung an sich wird nicht widerlegt**. Die Haltung des gefährlichen Hundes bedarf daher nach wie vor der Erlaubnis (vgl. Erl. 1 zu § 8). Auch sind die sonstigen Verhaltenspflichten, z. B. die besondere Anleinpflicht (vgl. Erl. 4), zu beachten.

Für **Hunde, die einen Menschen gebissen haben**, sofern dies nicht zur Verteidigung anlässlich einer strafbaren Handlung oder aus dem elementaren Selbsterhaltungstrieb des Hundes geschah (vgl. Erl. 2.1 zu § 7), kann eine Befreiung von der Maulkorbpflicht nicht erteilt werden. Bei diesen Tieren ist aufgrund ihres gezeigten Verhaltens mit hinreichender Wahrscheinlichkeit davon auszugehen, dass sie erneut einen Menschen beißen werden. Diese Annahme kann durch den Wesenstest nicht widerlegt werden, da jener keine vollkommen verlässliche Grundlage für eine hinreichend sichere Gefahrenprognose bietet (vgl. Erl. 5 zu § 13).

Die Befreiung von der Maulkorbpflicht kann mit **Bedingungen und Auflagen** verbunden werden. § 10 Abs. 4 Satz 2 HundeG gilt entsprechend (vgl. Erl. 7 zu § 10). Die Nebenbestimmungen können sich z. B. aus einer Empfehlung ergeben, die von dem begutachtenden Prüfer auf der Bescheinigung nach der Anlage 4 WesenstestVO zusammen mit dem Nachweis der Sozialverträglichkeit für den gefährlichen Hund erteilt worden ist (vgl. Erl. 2 zu § 13, Tz. 14.4 VwV-HundeG). Zu denken ist hier an die Verpflichtung, eine Begleithundeprüfung abzulegen (vgl. Erl. 3.2.1.1 zu § 3), um etwaige Unsicherheiten beim Tier zu mindern und den Halter diesbezüglich in besonderer Weise zu sensibilisieren. Für die Befreiung von der Maulkorbpflicht ist eine **Verwaltungsgebühr** in Höhe von 50 Euro vorgesehen (vgl. Tarifstelle 27.6.2 AllgGebT). Gem. der Anmerkung zu den Tarifstellen 27.6.1, 27.6.2 und 27.6.4 fällt diese Gebühr auch bei der Ablehnung der Erteilung der Befreiung von der Maulkorbpflicht an.

Die Befreiung von der Maulkorbpflicht ist beim Führen des gefährlichen Hundes mitzuführen und der Ordnungsbehörde oder der Polizei auf Verlangen vorzulegen (vgl. Erl. 3 und 1). Daraus ergibt sich das Erfordernis einer **Bescheinigung**. Zur besseren Unterscheidung von der Erlaubnis (vgl. Erl. 1 zu § 8) und der Berechtigung zum Führen eines gefährlichen Hundes sollte hier (vgl. Erl. 3) grüner Karton verwendet werden.

Für die Vollzugspraxis bietet es sich an, die Bescheinigung zusammen mit dem Kostenbescheid zu versenden, in dem auch Hinweise über die Pflichten, die beim Halten und Führen gefährlicher Hunde zu beachten sind, aufgenommen werden können.

5.3 Vereinbarkeit der Maulkorbpflicht mit dem Tierschutzrecht

Das Tierschutzrecht verlangt, dass Tiere artgerecht zu halten sind (vgl. § 2 TierSchG). Die Maulkorbpflicht erschwert die **artgerechte Haltung** gefährlicher Hunde. Sie ist geeignet, die sozialen Kontakte des Tieres zu behindern, etwa durch Einschränkung der Mimik oder des Bellens. Ein Maulkorb kann bei Streitigkeiten mit anderen aggressiven Hunden dazu führen, dass das Tier nicht in der Lage ist, sich zu verteidigen oder arttypisches Unterwerfungsverhalten zu zeigen. Außerdem kann ein Maulkorb den Hund beim Spielen mit Artgenossen einschränken. Ferner kann er bei heißem Wetter den Temperaturausgleich des Hundes durch das evtl. erschwerte Hecheln beeinträchtigen (vgl. OVG Lüneburg, Beschl. vom 31.8.2000 = NVwZ 2000 S. 1440, 1441 f.; *Haurand*, Erl. 3 zu § 5 LHundG NRW). Außerdem beeinträchtig ein Maulkorb je nach seiner Beschaffenheit die Möglichkeit des Hundes, Wasser oder Nahrung aufzunehmen. Die Maulkorbpflicht ist überdies geeignet, Verhaltensstörungen bei dem Hund hervorzurufen, die dazu führen können, dass das Tier zu vermehrten Beißauffälligkeiten insbesondere im häuslichem Bereich neigt (vgl. OVG Schleswig, Urt. vom 29.5.2001 = NVwZ 2001 S. 1300, 1307; OVG Lüneburg, Urt. vom 30.5.2001 = NordÖR S. 449, 454 m. w. N.; *Wollenteit*, S. 626 m. w. N.).

Die möglichen Beeinträchtigungen des Hundes sind allerdings gerechtfertigt, wenn ein **vernünftiger Grund** für die Maulkorbpflicht vorliegt (vgl. § 1 Satz 2 TierSchG). Jener ist in der Gefahrenabwehr zu sehen, zumal ein milderes, gleich geeignetes Mittel nicht ersichtlich ist (vgl. OVG Münster, Urt. vom 18.10.1979 = NJW 1980 S. 956, 956; VerfGH Berlin, Urt. vom 12.7.2001 = DVBl 2001 S. 1586, 1592 f.; RhPfVerfHG, Urt. vom 4.7.2001 = NVwZ 2001 S. 1273, 1278 f. m. w. N.; *Caspar*, S. 1589; *Hamann 1989*, S. 215). Die besondere Anleinpflicht (vgl. Erl. 4) allein gewährleistet jedenfalls nicht ohne Weiteres die Abwehr der von gefährlichen Hunden ausgehenden Gefahren (vgl. VGH München, Beschl. vom 8.8.1995 = BayVBl 1996 S. 212, 214).

Vor diesem Hintergrund stellt der Gesetzgeber den Schutz der Menschen vor Bissverletzungen über das Wohlbefinden der Hunde. Die Entscheidung steht im Einklang mit der Rechtsprechung zur Anordnung der Maulkorbpflicht als Maßnahme zur Gefahrenabwehr. Es kann danach nicht Aufgabe des Staates sein, die artgerechte Haltung des Tieres zu ermöglichen, wenn darunter andere hochwertige Rechtsgüter leiden (vgl. OVG Schleswig, Urt. vom 29.5.2001 = NVwZ 2001 S. 1300, 1307 f.; VGH Bad.-Württ., Urt. vom 16.10.2001 = VBlBW 2002 S. 292, 296). Vielmehr ist es an dem Halter, dafür zu sorgen, dass die Tiere den nötigen Auslauf ohne Maulkorb auf einem ausbruchssicheren Grundstück haben (vgl. Erl. 4). Im Übrigen wird dem Verhältnismäßigkeitsgrundsatz dadurch Rechnung getragen, dass für Hunde, deren Sozialverträglichkeit in einem Wesenstest nachgewiesen worden ist, eine Befreiung von der Maulkorbpflicht erteilt werden kann (vgl. Erl. 6.2; RhPfVerfGH, Urt. vom 4.7.2001 = NVwZ 2001 S. 1273, 1278 f.; *Haurand*, Erl. 3 zu § 5 LHundG NRW).

§ 15
Zuchtverbot

(1) Es ist verboten, Hunde mit dem Ziel einer gesteigerten Aggressivität und Angriffsbereitschaft gegenüber Menschen und Tieren zu züchten. Dies gilt insbesondere, wenn damit gerechnet werden muss, dass bei den Nachkommen erblich bedingte Aggressionssteigerungen auftreten. Eine Aggressionssteigerung im Sinne des Satzes 2 liegt bei Hunden vor, die ein übersteigertes Angriffs- und Kampfverhalten aufweisen, das durch artgemäße Signale nicht hinreichend gesteuert wird.

(2) Die Hundehalterin oder der Hundehalter eines Hundes, der nach Absatz 1 nicht zur Zucht eingesetzt werden darf, hat sicherzustellen, dass eine Vermehrung mit diesem Hund nicht erfolgt.

VwV-HundeG

Abschnitt 15

Zu § 15 – Zuchtverbot

Das Aggressionszuchtverbot des § 12 GefHG erscheint aus gefahrenabwehrrechtlicher Sicht weiterhin erforderlich. Eine Nähe zur nicht mehr enthaltenen Rasseliste wird weder aus tierschutzrechtlicher noch aus artenschutzrechtlicher Sicht gesehen. Vielmehr ist die Regelung als zusätzlicher Hinweis und als Erläuterung zu verstehen, was letztlich mit der entsprechenden Regelung erreicht werden soll, nämlich die Verhinderung gezielter negativer Modifikationen aggressiver Verhaltenselemente. Insbesondere der erläuternde Satz 3 schafft hier Klarheit. Er macht deutlich, dass insbesondere die nicht artgerechte Steigerung aggressiven Verhaltens gemeint ist, deren Verhaltenselemente sich in der Folge über intraspezifische Regelungsprozesse nicht mehr steuern lassen. Eine entsprechende züchterische Beeinflussung ist theoretisch bei allen Rassen und Mischlingsformen mit modernen Zuchtverfahren bereits innerhalb weniger Generationen möglich. Mit den entsprechenden Formulierungen werden also nicht bestimmte Rassen oder Rassenkreise, sondern alle Hunde bzw. alle Züchter angesprochen.

Der Sachverhalt der Aggressionszucht lässt sich nicht ohne weiteres nachweisen, da die Spannbreite in der Ausprägung von Verhaltensweisen sehr groß ist und zudem Rasse- und Individuen bedingte Besonderheiten auftreten. Es existieren aber gleichwohl Indikatoren, die eine Experteneinschätzung ermöglichen. Um diese Indikatoren zu erkennen, können sich die Ordnungsbehörden in Abstimmung mit den zuständigen Veterinärbehörden qualifizierte Unterstützung durch einen Fachtierarzt für Verhaltenskunde oder einen Tierarzt mit einer Zusatzqualifikation für Verhaltenstherapie einholen. Grundlage einer ersten Bewertung können die Regelungen der Tierschutz-Hundeverordnung vom 2. Mai 2001 (BGBl. I S. 838) darstellen.

Erläuterungen

Übersicht

1. Aggressionszuchtverbot

Das Aggressionszuchtverbot sieht vor, dass Hunde mit dem Ziel einer gesteigerten Aggressivität und Gefährlichkeit gegenüber Menschen oder Tieren (Aggressionssteigerung) nicht gezüchtet oder verpaart (vgl. Erl. 2) werden dürfen. Durch das Aggressionszuchtverbot soll der Bestand gefährlicher Hunde zurückgedrängt werden. Diese Zielsetzung ist zum Schutz insbesondere des Lebens und der Gesundheit von Menschen legitim (vgl. RhPfVerfGH, Urt. vom 4.7.2001 = NVwZ 2001 S. 1273, 1279; *Felix/Hofmann*, S. 344 f.; *Hölscheidt*, S. 7; kritisch: OVG Lüneburg, Urt. vom 30.5.2001 = NordÖR 2001 S. 449, 453). Als Maßnahme zur Durchsetzung des Aggressionszuchtverbotes kann u. a. die Unfruchtbarmachung der betreffenden Hunde angeordnet werden (vgl. Erl. 4).

Die vorvormalige GefHVO sah ein Aggressionszuchtverbot zur Abwehr der von Hunden ausgehenden Gefahren nicht vor. Dies war zunächst im Tierschutzrecht geregelt (vgl. § 11b Abs. TierSchG i. V. m. § 11 Tierschutz-HundeVO). Gemäß § 11 Satz 3 Tierschutz-HundeVO wurde dabei ebenfalls pauschal von einer Aggressionssteigerung bei der Vermehrung von sog. „Listenhunden" ausgegangen. Das **tierschutzrechtliche Aggressionszuchtverbot** trat am 1.9.2001 in Kraft. Mit Art. 2 des Gesetzes zur Bekämpfung gefährlicher Hunde vom 12.4.2001 (BGBl. I S. 530) war die der Tierschutz-HundeVO zugrundeliegende Ermächtigung (vgl. § 11b Abs. 5 Nr. 2, § 11b Abs. 2 lit. a TierSchG) eigens dafür erweitert worden. Bei dem tierschutzrechtlichen Zuchtverbot kam es danach nicht mehr darauf an, ob die erblich bedingte Aggressionssteigerung bei dem Tier selbst zu einem Leiden führt. Es sollte die Aggressionssteigerung an sich genügen (vgl. *Caspar*, S. 1582). Vor dem BVerfG hatte die Gesetzesänderung keinen Bestand. Das Gericht bemängelte, dass das Aggressionszuchtverbot nicht dem Tierschutz, sondern dem Schutz von Menschen (vgl. BVerfG, Urt. vom 16.3.2004 = NVwZ 2004 S. 597, 603) diene und daher nicht von der Gesetzgebungskompetenz des Bundes (vgl. Art. 74 Abs. 1 Nr. 20 GG) umfasst sei.

In § 12 GefHG a. F. war das Zuchtverbot wortgleich zu § 15 HundeG ebenfalls enthalten. Einziger Unterschied war die in § 12 Abs. 1 Satz 3 GefHG a. F. enthaltene Vermutung, dass bei Hunden im Sinne der in Bezug genommenen sog. „Rasselisten" vom Vorliegen einer Aggressionssteigerung auszugehen war. Mittels eines Zuchtverbotes sollte die Population von Hunden entsprechender Rassen reduziert werden. In Ermangelung einer entsprechenden pauschalisierten Regelung ist die Zucht mit Rassen der entsprechenden Liste nach heutiger Rechtslage grundsätzlich wieder zulässig, sofern nicht im Einzelfall ein Zuchtverbot angeordnet wurde.

2. Zucht; tierschutzrechtliche Erlaubnis

Bei einer **Zucht** werden Hunde planmäßig vermehrt, d. h. eine Hündin wird mit einem Rüden zielgerichtet verpaart. In der Regel werden mit der Züchtung bestimmte Eigenschaften, Merkmale oder Merkmalskombinationen bei den Nachkommen angestrebt. In der Praxis ist es allerdings häufig schwierig, dem Halter planmäßiges Vorgehen, d. h. Absicht oder Vorsatz bei der **Vermehrung** von Hunden nachzuweisen. Damit das Aggressionszuchtverbot nicht ins Leere läuft, muss sichergestellt werden, dass auch durch ein „unbeabsichtigtes" Verpaaren eine Vermehrung nicht mehr stattfindet. Daher bestimmt § 15 Abs. 2 HundeG eine Halterpflicht, wonach auch die unbeabsichtigte Vermehrung gefährlicher Hunde zu vermeiden ist (vgl. LT-Drs. 15/3471 S. 46; Tz. 9.2 VwV NRW).

Eine **gewerbsmäßige Hundezucht bedarf der Erlaubnis** nach § 11 Abs. 1 Nr. 3 lit. a TierSchG. Gewerbsmäßig handelt, wer Hunde selbständig, planmäßig, fortgesetzt und mit der Absicht der Gewinnerzielung züchtet. Dies ist in der Regel dann der Fall, wenn eine Hundezucht mindestens drei fortpflanzungsfähige Hündinnen umfasst oder mindestens drei Würfe im Jahr anfallen. Die Erteilung der tierschutzrechtlichen Erlaubnis setzt die **Zuverlässigkeit** des Züchters voraus (vgl. § 11 Abs. 2 Nr. 2 TierSchG). Als im Regelfall unzuverlässig gilt, wer in den letzten fünf Jahren vor Stellung des Erlaubnisantrags wegen eines Verbrechens oder wegen eines Vergehens verurteilt worden ist, das einen Mangel an Zuverlässigkeit hinsichtlich des Züchtens oder Haltens von Tieren oder des Handels mit

Tieren hat erkennen lassen, wobei auch sonstige Rechtsverstöße, z. B. gegen das Polizei- und Ordnungsrecht einen Mangel an der erforderlichen Zuverlässigkeit begründen können. Somit ist auch ein Verstoß gegen das gefahrhunderechtliche Aggressionszuchtverbot geeignet, die Zuverlässigkeit des Züchters in Frage zu stellen.

Zuständig für die Erteilung der Erlaubnis nach § 11 TierSchG sind die (Ober-)Bürgermeister der kreisfreien Städte und die Landräte (vgl. § 4 Nr. 6 TierSch-ZustVO). Sie sind auch befugt, einen ordnungswidrigen Zuchtbetrieb zu schließen (vgl. Erl. 2.1.1 zu § 17).

Der Umstand, dass der Bundesgesetzgeber im Rahmen seiner **konkurrierenden Regelungskompetenz** für den Bereich des Tierschutzes (vgl. Art. 74 Abs. 1 Nr. 20 GG) die gewerbliche Zucht von Hunden unter Erlaubnisvorbehalt gestellt hat, hindert den Landesgesetzgeber nicht daran, sowohl die gewerbliche, als auch die nicht gewerbliche Zucht bestimmter Hunde zum Zweck der Gefahrenabwehr zu verbieten (vgl. *Caspar*, S. 1584).

3. Aggressionssteigerung

Eine Aggressionssteigerung liegt dann vor, wenn Hunde ein übersteigertes Angriffs- und Kampfverhalten aufweisen, das durch artgemäße Signale, z. B. durch Unterwerfungsgesten nicht hinreichend gesteuert wird (vgl. LT-Drs. 15/3471 S. 46). Gelingt diese **„aggressive Kommunikation"** nicht, kommt es relativ schnell zur Eskalation, zu Beschädigungskämpfen mit Artgenossen und Menschen (vgl. *Feddersen-Petersen* 1999, S. 13; *dies.* 1996b und 1994b; Erl. 3.1 zu § 3).

Die kynologische Forschung weist darauf hin, dass aggressives Verhalten bei Hunden von mindestens neun unterschiedlichen Systemzusammenhängen bedingt oder verursacht wird. Menschen spielen dabei als Sozialpartner von Hunden eine nicht zu unterschätzende Rolle (vgl. *Feddersen-Petersen* 1999, S. 11; *dies.* 1996a, S. 1074 f.). Die gesteigerte Aggressivität kann dabei u. a. durch Ausbildung (vgl. Erl. 8 zu § 2), aber auch durch eine gezielte Zuchtauswahl hervorgerufen werden. Eine simple Definition, in welchem Ausmaß Aggressionsverhalten bzw. Aggressionspotenziale ererbt oder erlernt werden, lässt sich allerdings nicht treffen (vgl. *Schöning*, S. 906). Angesichts der Vielzahl der Faktoren bleibt jedoch **unklar, welche Relevanz das Erbgut des Hundes im Hinblick auf die Wahrscheinlichkeit des Schadenseintritts hat** (vgl. BVerfG, Urt. vom 16.3.2004 = NVwZ 2004 S. 597, 600; RhPfVerfGH, Urt. vom 4.7.2001 = NVwZ 2001 S. 1273, 1275 f. m. w. N.; VerfGH Berlin, Urt. vom 12.7.2001 = DVBl 2001 S. 1586, 1589; auch *Feddersen-Petersen 1996a*, S. 1073 ff.; *dies. 1996b, 1994a* und *1991; Caspar*; S. 1585; *Felix/Hoffmann*, S. 342 f.; *Wollenteit*, S. 621 ff. m. w. N.).

Fraglich ist, welche **Hunde** dem Aggressionszuchtverbot unterfallen. Der Gesetzgeber nennt keinerlei Kriterien, bei deren Vorliegen damit zu rechnen ist, dass bei den Nachkommen von Hunden erblich bedingte Aggressionssteigerungen auftreten. Ein Züchten oder Verpaaren von Tieren, die als gefährlich gelten, weil sie im Einzelfall aufgrund ihrer Verhaltensweisen auffällig geworden sind (vgl. § 7 Abs. 1 HundeG), dürfte jedenfalls nicht automatisch zu einer Aggressionssteigerung beim Wurf führen. Es kann sich hierbei auch um antrainierte Eigenschaften oder Verhaltensweisen handeln, die nicht zwangsläufig vererbt werden (vgl. *Haurand*, Erl. 3.1 zu § 3 LHundG NRW). Das Züchten und Verpaaren von Hunden, die als gefährlich eingestuft wurden, erfüllt also nicht zwangsläufig den Tatbestand des § 15 Abs. 1 HundeG.

Unklar bleibt allerdings, wie die Ordnungsbehörden in Zukunft Aggressionszucht identifizieren sollen. Auch wenn man der Ordnungsbehörde einen weiten Beurteilungsspielraum bei der Prognose einräumt, ob es beim Wurf zu einer Aggressionssteigerung kommt, dürften offenkundige Fälle von Aggressionszuchten auch zukünftig die seltene Ausnahme darstellen. Im Regelfall wird die Ordnungsbehörde auf den Sachverstand von Tierärzten angewiesen sein. Die **tierärztliche Begutachtung** der zur Zucht ausgewählten Hunde ist vom Halter als Gefahrerforschungseingriff zu dulden (vgl. Erl. 3 zu § 1). Der dafür erforderliche Anfangsverdacht ist zumindest bei der Zucht und Verpaarung von Hunden gegeben, die nach § 7 Abs. 1 Satz 1 Nr. 1 HundeG als gefährlich eingestuft worden sind, weil sie einen Menschen gebissen haben (vgl. Erl. 2 f. § 7).

Zur Aufklärung des Anfangsverdachts können auch die Bedingungen der Hundehaltung überprüft werden. Für die fachkundige Bewertung der **Haltungsbedingungen** sollte der Kreisveterinär im Rahmen der Amtshilfe (vgl. § 32 ff. LVwG) oder ein Tierarzt beigezogen werden. Zur Überprüfung der Haltungsbedingungen ist die Ordnungsbehörde befugt, das Grundstück des Halters zu betreten (vgl. Erl. 3 zu § 16). Werden dabei Verstöße gegen das TierSchG oder gegen die Tierschutz-HundeVO festgestellt, ist ein Einschreiten nach den tierschutzrechtlichen Befugnissen zu prüfen (vgl. Erl. 2.1.1 zu § 19; auch Erl. 1 zu § 1).

4. Maßnahmen zur Durchsetzung des Aggressionszuchtverbots

Voraussetzung für die Durchsetzung des Aggressionszuchtverbots ist, dass die Ordnungsbehörde überhaupt Kenntnis von der Zucht oder dem Verpaaren der Hunde erhält. Dies ist insbesondere dann schwierig, wenn die Zucht ohne die erforderliche tierschutzrechtliche Erlaubnis erfolgt oder Hunde „unbeabsichtigt" verpaart werden (vgl. Erl. 2). Gerade sog. **Hinterhofzuchten** dürften aber im Hinblick auf das Aggressionszuchtverbot problematisch sein.

Zur Durchsetzung des Aggressionszuchtverbots kommt als ultima ratio die **Anordnung der Unfruchtbarmachung** der Tiere in Betracht, mit denen gezüchtet wird oder die verpaart werden. Die Unfruchtbarmachung verletzt die körperliche Integrität der Hunde und bedarf daher eines vernünftigen Grundes i. S. d. § 1 Satz 2 TierSchG. Dieser ist in der Gefahrenabwehr zu sehen (vgl. VGH Bad.-Württ., Urt. vom 16.10.2001 = VBlBW 2002 S. 292, 297; RhPfVerfGH, Urt. vom 4.7.2001 = NVwZ 2001 S. 1273, 1279). Im Übrigen ist die Unfruchtbarmachung als Maßnahme zur Verhinderung der unkontrollierten Fortpflanzung gemäß § 6 Abs. 1 Satz 2 Nr. 5 TierSchG mit dem Amputationsverbot vereinbar (vgl. *Caspar*, S. 1589; kritisch: *Wollenteit*, S. 626 f.).

Auch das Tierschutzrecht sieht eine Unfruchtbarmachung vor. Sie kann dann angeordnet werden, wenn damit gerechnet werden muss, dass bei den Nachkommen erblich bedingte Verhaltensstörungen oder Aggressionssteigerungen auftreten (vgl. § 11b Abs. 3 TierSchG; Erl. 2.1.1 zu § 19). Die **tierschutzrechtliche Befugnis zur Unfruchtbarmachung** des Hundes setzt allerdings voraus, dass die Störungen oder Veränderungen bei dessen Nachkommen mit Leiden für das Tier verbunden sind. Dies ist für die gefahrenabwehrrechtliche Anordnung nicht erforderlich. Gleichwohl kann im Einzelfall eine Kollisionslage bestehen: Bei der Auswahl der Befugnis hat die Ordnungsbehörde zu entscheiden, ob die Unfruchtbarmachung vorrangig durch die Belange des Tierschutzes oder der Gefahrenabwehr veranlasst ist (vgl. Erl. 1 zu § 1). Zuständig für die tierschutzrechtliche Anordnung der Unfruchtbarmachung sind die Landräte und (Ober-)Bürgermeister der kreisfreien Städte (vgl. § 4 Nr. 7 TierSch-ZustVO).

Sofern die Belange der Gefahrenabwehr im Vordergrund stehen, ist die Anordnung zur Unfruchtbarmachung des Hundes auf die gefahrenabwehrrechtliche Generalklausel zur Durchsetzung des Aggressionszuchtverbotes zu stützen (vgl. Erl. 2.1.3 zu § 19). Sie kann auch als Auflage in die Haltererlaubnis aufgenommen werden (vgl. Erl. 7 zu § 10). Dabei ist zu prüfen, ob als milderes, gleich geeignetes Mittel zunächst die **getrennte Haltung** der betreffenden Hündin und des Rüden anzuordnen ist. Zu denken ist hier auch an die Anordnung von Schutzvorkehrungen zur sicheren Verwahrung eines Hundes (vgl. Erl. 2 zu § 14), um fruchtbaren Begegnungen mit anderen Hunden vorzubeugen (vgl. *Haurand*, Erl. 2 zu § 9 LHundG NRW).

Das Aggressionszuchtverbot ist **bußgeldbewehrt** (vgl. Erl. 6 zu § 20). Fraglich ist, ob die Tatbestandvoraussetzungen des § 20 Abs. 1 Nr. 20 HundeG hinreichend bestimmt sind. In Ermangelung eines Kriterienkataloges seitens des Gesetzgebers bestehen Unklarheiten über das Vorliegen einer Aggressionszucht (vgl. Erl. 3). Im Einzelfall kann der Zuchterfolg – auch für den Züchter oder Halter – nicht absehbar sein, so dass es zur Aufklärung eines etwaigen Gefahrenverdachtes zunächst einer tierärztlichen Untersuchung der Hunde bedarf (vgl. Erl. 3). Nach dem Bestimmtheitsgrundsatz muss für den Bürger aber deutlich sein, welches Tun oder Unterlassen mit einem Bußgeld geahndet werden kann. Daher sollten Verstöße gegen das Aggressionszuchtverbot erst dann geahndet werden, wenn der Züchter oder Halter konkretisierenden Anordnungen, z. B. zur Unfruchtbarmachung, nicht Folge leistet.

§ 16
Mitwirkungspflichten, Betretungsrecht, Grundrechtseinschränkung

(1) Soweit es zur Durchführung dieses Gesetzes erforderlich ist, haben Hundehalterinnen und Hundehalter die ihren Hund betreffenden Feststellungen zu ermöglichen, Auskünfte zu erteilen und Unterlagen vorzulegen. Die zur Auskunft verpflichtete Person kann die Auskunft über solche Fragen verweigern, deren Beantwortung sie oder eine der in § 383 Absatz 1 Nummer 1 bis 3 der Zivilprozessordnung bezeichneten Personen der Gefahr strafrechtlicher Verfolgung oder eines Verfahrens nach dem Gesetz über Ordnungswidrigkeiten aussetzen würde.

(2) Bedienstete und sonstige Beauftragte der zuständigen Behörde dürfen, soweit dies zur Wahrnehmung ihrer Aufgaben nach diesem Gesetz erforderlich ist,

1. Grundstücke mit Ausnahme von Wohngebäuden jederzeit und

2. Betriebsräume während der Betriebszeiten

betreten. Das Grundrecht der Unverletzlichkeit der Wohnung (Artikel 13 Absatz 1 des Grundgesetzes) wird insoweit eingeschränkt.

VwV-HundeG

Abschnitt 16

Zu § 16 – Mitwirkungspflichten, Betretungsrecht, Grundrechtseinschränkung

16.1 *Mitwirkungspflichten*

Die Mitteilungspflichten der Hundehalterinnen und Hundehalter ergeben sich nach HundeG aus § 16 Abs. 1. Die Hundehalterin oder der Hundehalter sind nach § 16 Abs. 1 verpflichtet, der Behörde alle ihren Hund betreffenden Feststellungen zu ermöglichen. Hierzu zählt auch die Mitteilung über einen Wechsel des Haltungsorts des Hundes nach § 9 Abs. 2. Die bisher zuständige Behörde kann eine Mitteilung der nach Umzug zuständigen Behörde nur vornehmen, wenn sie von dem Umzug Kenntnis hat. Dazu gehört auch die Feststellung einer neuen Zuständigkeit nach Wegzug.

Die zuständige Behörde sollte in den Feststellungsbescheid über die Gefährlichkeit des Hundes einen Hinweis, eine entsprechende Mitteilungspflicht bei Umzug, Abgabe, Weitergabe oder Tod des Hundes aufnehmen.

16.2 *Betretungsrechte*

Macht die Ordnungsbehörde von ihrem Betretungsrecht Gebrauch, muss der Pflichtige das Betreten des Grundstücks oder der Betriebsräume als Maßnahme zur Gefahrerforschung dulden. Die Duldungsverpflichtung trifft nicht allein den Hundehalter. Die Ordnungsbehörde kann z. B. auch das Grundstück und die Betriebsräume des Betreuers eines Hundes betreten. Im Übrigen muss es sich bei dem betreffenden Tier nicht um einen gefährlichen Hund handeln, kann doch die Gefährlichkeit des Tieres Gegenstand der Gefahrerforschung sein.

Wohngebäude sind von dem Betretungsrecht des § 16 Abs. 2 ausgenommen. Hierunter fallen alle Räume, die zum Aufenthalt von Menschen dienen, ohne dass es auf den Verwendungszweck des Raumes ankommt, z. B. Keller, Küchen, Abstellkammern, Innenflure, einzelne möblierte Zimmer. Gleiches gilt für Hotels und Wohnheime sowie für Wohnwagen und Wohnschiffe, nicht aber für sonstige Fahrzeuge (vergleiche Foerster/Friedersen/Rohde, Erl. 1 zu § 208 LVwG).

Betriebsräume dürfen von der Ordnungsbehörde nur während der Betriebszeiten betreten werden. Die Betriebszeiten umfassen die normalen Öffnungs-, Büro- oder Arbeitszeiten.

Sie sind nicht auf die eventuell kürzeren „Publikumsstunden" beschränkt (vergleiche BayObLG, Beschluss vom 12. Juni 1992 = NVwZ 1992, S. 1127, 1128).

§ 16 Abs. 2 trägt der Rechtsprechung des BVerfG zu Artikel 13 Absatz 1 GG Rechnung. Danach sind Eingriffe in das Grundrecht auf die Unverletzlichkeit der Wohnung nur aufgrund eines Gesetzes zur Verhütung dringender Gefahren für die Sicherheit und Ordnung zulässig. Dies betrifft insbesondere Räume, in denen sich das private Leben abspielt, aber nicht gleichermaßen befriedete Grundstücke sowie Arbeits-, Betriebs- und Geschäftsräume, die grundsätzlich auch dem Schutz des Artikels 13 Absatz 1 GG unterfallen. Vor diesem Hintergrund können Betriebsräume während der Betriebszeiten betreten werden, wenn das Betreten einem erlaubten Zweck dient, für dessen Erreichen erforderlich ist, und das Gesetz Zweck, Gegenstand und Umfang des Betretungsrecht erkennen lässt. Das durch § 16 Abs. 2 beschränkte Grundrecht wird gemäß Artikel 19 Absatz 1 Satz 2 GG zitiert.

Erläuterungen

Übersicht

1. Mitwirkungspflichten und Betretungsrecht

§ 16 HundeG regelt die Mitwirkungspflichten des Hundehalters und das ordnungsbehördliche Betretungsrecht (vgl. Erl. 3). Die Mitwirkungspflichten umfassen die Pflicht zum Ermöglichen von Feststellungen, die allgemeine Auskunftspflicht (vgl. Erl. 2) und die Pflicht zur Beibringung von Unterlagen. Diese Pflichten treffen nicht nur die Halter von als gefährlich eingestuften Hunden, sondern jeden Hundehalter.

Die Mitwirkungspflichten sollen sicherstellen, dass die Ordnungsbehörde über das Gefahrenpotenzial, das von den in ihrem Zuständigkeitsbezirk gehaltenen Hunden ausgeht, umfassend informiert ist. Dies gilt insbesondere in Bezug auf als gefährlich eingestufte Hunde. Die Mitwirkungspflichten bestehen ungeachtet sonstiger Meldepflichten, z. B. steuerrechtlicher oder melderechtlicher Art (vgl. LT-Drs. 15/3471 S. 47).

2. Allgemeine Auskunftspflicht

Der Hundehalter ist zur Auskunft über seinen Hund verpflichtet. Der Halter hat der Ordnungsbehörde alle zur Durchführung des Hundegesetzes erforderlichen Feststellungen zu ermöglichen, Auskünfte zu erteilen und Unterlagen vorzulegen. Dies gilt auch für die Halter von Hunden, die nicht als gefährlich i. S. des Hundegesetzes gelten (vgl. VG Oldenburg, Beschl. vom 2.4.2004 – 2 B 528/04 –, siehe www.dbovg.niedersachsen.de), zumal die Feststellung der Gefährlichkeit des Tieres Gegenstand der Auskunft sein kann.

Das ordnungsbehördliche Auskunftsersuchen stellt keinen Verwaltungsakt dar. Es handelt sich um eine **unselbständige Verfahrenshandlung**, die der Vorbereitung der Entscheidung dient, auf die das betreffende Verwaltungsverfahren gerichtet ist, z. B. der Erteilung einer Haltererlaubnis. Verweigert der Hundehalter die Auskunft, kann dies einen Beweisnachteil für ihn zur Folge haben. Eine zwangsweise Durchsetzung der Auskunftspflicht kommt nicht in Betracht. Auch ist ein Verstoß gegen § 16 Abs. 1 HundeG nicht bußgeldbewehrt (vgl. *Stabno*, Erl. 1 zu § 12 Abs. 2 NHundG). Als unselbständige Verfahrenshandlung, die nicht vollzogen werden kann, ist das ordnungsbehördliche Auskunftsersuchen nicht gesondert anfechtbar (vgl. § 44a VwGO). Dadurch wird sichergestellt, dass das Verwaltungsverfahren nicht in einzelne Schritte aufgesplittert und jeweils zum Gegenstand gerichtlicher Verfahren gemacht werden kann. Die allgemeine Auskunftspflicht findet sich konkretisiert in der Pflicht

- zur tierärztlichen Begutachtung eines Hundes (vgl. Erl. 5 zu § 7),
- zur Beibringung eines fachärztlichen bzw. fachpsychologischen Gutachtens (vgl. Erl. 2 zu § 12) und
- zur Vorlage einer Sachkundebescheinigung (vgl. Erl. 2 zu § 4).

Die Auskunftspflicht hat ihre Grenzen am **Aussageverweigerungsrecht** aus persönlichen Gründen: Der Halter ist nicht zur Auskunft verpflichtet, wenn er sich dadurch selbst oder eine nahestehende Person i. S. d. § 383 ZPO belastet und infolgedessen die Gefahr einer straf- oder ordnungswidrigkeitenrechtlichen Verfolgung begründet (vgl. *Foerster/Friedersen/Rohde*, Erl. 2 zu § 84 LVwG). Entläuft z. B. ein gefährlicher Hund, weil der Halter sein Grundstück nicht hinreichend gesichert hat, kann jener die Auskunft zu den näheren Umständen des Entlaufens verweigern. Infolge des Verstoßes gegen die Sicherungspflicht (vgl. Erl. 2 zu § 14) muss er nämlich ein Bußgeld befürchten (vgl. § 20 Abs. 1 Nr. 14 HundeG). Im Übrigen gehen hier die Belange der Gefahrenabwehr vor (vgl. *Foerster/Friedersen/Rohde*, Erl. 3 zu § 180 LVwG).

Da im Rahmen der allgemeinen Auskunftspflicht auch personenbezogene Daten erhoben werden, sind die Hundehalter in geeigneter Weise über den Zweck und die Rechtsgrundlage der Datenerhebung sowie ihre Rechte aufzuklären (vgl. § 179 Abs. 3 LVwG). Hierbei sollten dem Halter auch die Konsequenzen einer Auskunftsverweigerung aufgezeigt werden. Werden die personenbezogenen Daten in einem Formular erhoben, bietet es sich an, darin eine **Datenschutzerklärung** aufzunehmen.

3. Betretungsrecht

Zur Wahrnehmung der Aufgaben nach dem Hundegesetz sind die Bediensteten oder Beauftragten der Ordnungsbehörde befugt, Grundstücke jederzeit sowie ggf. vorhandene Betriebsräume während der Betriebszeiten zu betreten (vgl. Erl. 3.1). Die Betretung bezweckt die **Gefahrerforschung**. Sie soll der Ordnungsbehörde Feststellungen vor Ort ermöglichen, die für Entscheidungen im Einzelfall unerlässlich sind (vgl. LT-Drs. 15/3471 S. 48). Verstöße gegen § 16 Abs. 2 HundeG sind nicht bußgeldbewehrt, da es sich bei dem Betretungsrecht nicht um eine Verhaltenspflicht des Hundehalters, sondern um eine ordnungsbehördliche Befugnis handelt (vgl. Erl. 4.2; *Stabno*, Erl. 1 zu § 12 Abs. 2 NHundG; auch *Haurand*, Erl. 3 zu § 20 LHundG NRW). § 16 Abs. 2 HundeG verdrängt als Spezialnorm die Standardbefugnis des § 208 LVwG zum Betreten und Durchsuchen von Räumen, soweit dort das Betreten von Grundstücken und Betriebsräumen geregelt ist (vgl. Erl. 2.1.1 zu § 19; *Foerster/Rohde*, Erl. 1 zu § 208 LVwG).

Bei der Betretung des Grundstücks bzw. der Betriebsräume nimmt der Bedienstete oder Beauftragte der Ordnungsbehörde von den sich der äußeren Betrachtung darbietenden, ohne Weiteres wahrnehmbaren Sachen oder Sachverhalten Kenntnis (vgl. *Kingreen/Poscher*, § 17 Rn. 25 ff.) und entscheidet dann über ggf. notwendige Maßnahmen zur Gefahrenabwehr. Die Betretung des Grundstücks bzw. der Betriebsräume stellt somit **keine Durchsuchung** dar. Es handelt sich nicht um die ziel- und zweckgerichtete Suche nach Personen oder Sachen oder zur Ermittlung eines Sachverhaltes, um etwas aufzuspüren, was der Inhaber der Wohnung von sich aus nicht offenlegen oder herausgeben will. Auch findet keine Hausdurchsuchung statt (vgl. § 102 StPO). Vielmehr dient das Betretungsrecht – im Einklang mit dem Sinn und Zweck des Hundegesetzes (vgl. Erl. 1 zu § 1) – ausschließlich der Erforschung und ggf. der Abwehr von Gefahren für die öffentliche Sicherheit. Es unterfällt daher nicht dem Richtervorbehalt (vgl. Art. 13 Abs. 2 GG, § 208 Abs. 5 LVwG).

Gleichwohl **erlaubt § 16 Abs. 2 HundeG nicht die Betretung von Wohnräumen** (vgl. Erl. 3.1). Diese kann aber nach den §§ 208 f. LVwG erfolgen. Hierfür bedarf es jedoch einer richterlichen Anordnung, die das Vorliegen einer erheblichen Gefahr voraussetzt. Erheblich ist eine Gefahr, wenn ein wichtiges Rechtsgut betroffen ist (vgl. *Friedersen/Foerster/Rohde*, Erl. 2 zu § 208 LVwG), z. B. bei einer Gefahr für das menschliche Leben und die menschliche Gesundheit (vgl. *Schoch*, S. 670). Zu denken ist hier an die Fälle, in denen ein als gefährlich eingestufter Hund zur Gefahrenabwehr von der Ordnungsbehörde sichergestellt oder im Wege der Ersatzvornahme eingezogen werden soll. Weigert sich der Halter, den Hund herauszugeben, kann die Ordnungsbehörde unmittelbaren Zwang anwenden (vgl. Erl. 4.3.3 zu § 9) und dazu – nach richterlicher Anordnung – auch die Wohnung des Halters betreten.

3.1 Umfang des Betretungsrechtes

Macht die Ordnungsbehörde von ihrem Betretungsrecht Gebrauch, muss der Pflichtige das Betreten des Grundstücks oder der Betriebsräume als Maßnahme zur Gefahrerforschung dulden. Die **Duldungsverpflichtung** trifft nicht allein den Hundehalter. Die Ordnungsbehörde kann z. B. auch das Grundstück und die Betriebsräume des Betreuers eines Hundes (vgl. Erl. 4.2 zu § 1) betreten. Im Übrigen muss es sich bei dem betreffenden Tier nicht um einen gefährlichen Hund handeln, kann doch die Gefährlichkeit des Tieres Gegenstand der Gefahrerforschung sein.

Wohngebäude sind von dem Betretungsrecht des § 16 Abs. 2 HundeG ausgenommen. Hierunter fallen alle Räume, die zum Aufenthalt von Menschen dienen, ohne dass es auf den Verwendungszweck des Raumes ankommt, z. B. Keller, Küchen, Abstellkammern, Innenflure, einzelne möblierte Zimmer etc. Gleiches gilt für Hotels und Wohnheime sowie für Wohnwagen und Wohnschiffe, nicht aber für sonstige Fahrzeuge (vgl. *Foerster/Friedersen/Rohde*, Erl. 1 zu § 208 LVwG).

Betriebsräume dürfen von der Ordnungsbehörde nur während der Betriebszeiten betreten werden. Die **Betriebszeiten** umfassen die normalen Öffnungs-, Büro- oder Arbeitszeiten. Sie sind nicht auf die eventuell kürzeren „Publikumsstunden“ beschränkt (vgl. BayObLG, Beschl. vom 12.6.1992 = NVwZ 1992 S. 1127, 1128).

§ 16 Abs. 2 HundeG trägt der Rechtsprechung des BVerfG zu Art. 13 Abs. 1 GG Rechnung. Danach sind Eingriffe in das Grundrecht auf die Unverletzlichkeit der Wohnung nur aufgrund eines Gesetzes zur Verhütung dringender Gefahren für die öffentliche Sicherheit und Ordnung zulässig. Dies betrifft insbesondere Räume, in denen sich das private Leben abspielt, aber nicht gleichermaßen befriedete Grundstücke sowie Arbeits-, Betriebs- und Geschäftsräume, die grundsätzlich auch dem Schutz des Art. 13 Abs. 1 GG unterfallen. Vor diesem Hintergrund können Betriebsräume während der Betriebszeiten betreten werden, wenn das Betreten einem erlaubten Zweck dient, für dessen Erreichen erforderlich ist und das Gesetz Zweck, Gegenstand und Umfang des Betretungsrechts erkennen lässt (vgl. *Stabno*, Erl. zu § 12 Abs. 3 NHundG; BVerfG, Urt. vom 17.2.1998 = DVBl 1998 S. 393, 397). Das durch § 13 Abs. 5 HundeG beschränkte Grundrecht wird gemäß Art. 19 Abs. 1 Satz 2 GG zitiert.

3.2 Vollzug des Betretungsrechtes

Die mit dem Betretungsrecht einhergehende Duldungsverpflichtung sollte **als Verwaltungsakt angeordnet** werden. Die Betretung des Grundstücks oder der Betriebsräume stellt einen erheblichen Grundrechtseingriff (vgl. Erl. 3.1) dar. Es kann hierin nicht lediglich eine unselbständige Verfahrenshandlung gesehen werden, zumal der Rechtsschutz des Betroffenen dadurch in unzumutbarer Weise beschnitten werden würde. Als unselbständige Verfahrenshandlung wäre die Rechtmäßigkeit der Betretung erst zusammen mit dem Verwaltungsakt zu überprüfen, auf den das Verfahren abzielt, z. B. mit einer Untersagungsverfügung. Dann wäre eine etwaige Rechtsverletzung bei der Betretung des Grundstücks oder der Betriebsräume aber nicht mehr ungeschehen zu machen (vgl. Erl. 3; auch Erl. 5 zu § 3; BVerwG, Urt. vom 28.11.1969 = NJW 1970 S. 1989, 1989 f.).

Die Anordnung der Betretung stellt einen belastenden Verwaltungsakt dar. Ihr muss daher regelmäßig eine **Anhörung** des Pflichtigen (z. B. des Halters oder des Betreuers) vorausgehen. In der Vollzugspraxis sollte die Anhörung dazu genutzt werden, mit dem Pflichtigen einen Betretungstermin zu vereinbaren, so dass auf eine Anordnung verzichtet werden kann.

Falls die Ordnungsbehörde ein Grundstück oder Betriebsräume nicht lediglich zur Gefahrerforschung, sondern zur Abwehr einer konkreten Gefahr zu betreten beabsichtigt, sollte die sofortige Vollziehung der Betretung angeordnet werden (§ 80 Abs. 2 Nr. 4 VwGO). Das besondere Vollzugsinteresse besteht dann in der Gefahrenabwehr, die über die Gefahrerforschung als Zweck des § 16 Abs. 2 HundeG hinausgeht (vgl. Erl. 4.2 zu § 9). Für den Fall der Nichtbefolgung sollte ein Zwangsmittel angedroht werden. Einzig geeignetes Zwangsmittel dürfte dabei regelmäßig der unmittelbare Zwang (vgl. § 239 LVwG) sein (vgl. Erl. 4.3 zu § 9). Die Ausübung unmittelbaren Zwangs ist Vollzugsbeamten vorbehalten (vgl. § 252 LVwG). Im Falle einer gegenwärtigen Gefahr (vgl. Erl. 2.1.2.1 zu § 19) kann die Betretung des Grundstücks oder der Betriebsräume auch unangemeldet im Wege des sofortigen Vollzuges ohne vorherigen Verwaltungsakt erfolgen (vgl. § 230 LVwG). Dabei sollte aber angesichts eines zu befürchtenden aggressiven Revierverhaltens des Hundes für eine ausreichende Eigensicherung gesorgt sein.

§ 17
Anerkennung von Entscheidungen und Bescheinigungen anderer Länder

Erlaubnisse, Sachkundebescheinigungen und Befreiungen, die von zuständigen Stellen anderer Länder erteilt wurden, sollen von der zuständigen Behörde anerkannt werden, wenn sie den durch dieses Gesetz gestellten Anforderungen im Wesentlichen entsprechen.

Erläuterungen

Erlaubnisse, Sachkundebescheinigungen und Befreiungen anderer Bundesländer sollen von den schleswig-holsteinischen Ordnungsbehörden anerkannt werden. Voraussetzung dafür ist, dass die betreffenden Verwaltungsentscheidungen den im Hundegesetz gestellten Anforderungen im Wesentlichen entsprechen.

§ 17 HundeG trägt dem Umstand Rechnung, dass die landesrechtlichen Vorschriften zum (Gefahr-)Hunderecht weitgehend harmonisiert sind. Dies gilt zumindest für die Voraussetzungen, die z. B. an die Erteilung von Erlaubnissen oder Befreiungen gestellt werden. Auswärtige Verwaltungsentscheidungen können daher im Regelfall ohne weitere Prüfung übernommen werden. Dies entlastet die betroffenen Hundehalter. Sie haben die für die Erteilung der Verwaltungsentscheidung erforderlichen Nachweise nicht nochmals zu erbringen.

Hingegen weniger weit fortgeschritten ist die **Harmonisierung des (Gefahr-)Hunderechts** der Länder im Hinblick auf die Kriterien, wonach ein Hund als gefährlich einzustufen ist. So sind z. B. nach niedersächsischem und thüringischem Recht keine Rasselisten vorgesehen, wohingegen in Bayern neben Hunden der Rassen Pitbull-Terrier, American Staffordshire Terrier sowie Staffordshire Bullterrier auch Hunde der weniger verbreiteten Rassen Tosa Inu und Bandog als gefährlich gelten (§ 1 Abs. 1 BayGefHVO).

Voraussetzung für die Anerkennung nach § 17 HundeG ist, dass die Verwaltungsentscheidung des anderen Bundeslandes den im Hundegesetz gestellten Anforderungen im Wesentlichen entspricht. Dazu muss die betreffende Verwaltungsentscheidung überhaupt im schleswig-holsteinischen Hundegesetz vorgesehen sein. Dies ist nicht der Fall bei

- einer **Befreiung von der Anleinpflicht** für einen gefährlichen Hund (vgl. § 4 Abs. 6 HVO BW, § 5 Abs. 3 LHundG NRW).
  Anders als bei der Maulkorbpflicht ist eine Befreiung von der Anleinpflicht nach § 14 Abs. 4 Satz 3 HundeG nicht möglich (vgl. Erl. 4 zu § 14). Sofern die Befreiung von der Anleinpflicht auch die Befreiung von der Maulkorbpflicht umfasst, ist lediglich letztere anerkennungsfähig.
- einer ***behördlich* erteilten Sachkundebescheinigung** (vgl. § 6 Abs. 3 HundeG BE, § 5 Abs. 1 HundehVO M-V, § 6 Abs. 2 LHundG NRW, § 4 Abs. 7 DVO SächsGefHundG i. V. m. § 8 SächsGefHundG):
  § 4 HundeG sieht die Erteilung ordnungsbehördlicher Sachkundebescheinigungen nicht vor. Eine derartige Bescheinigung eines anderen Landes ist gleichwohl geeignet, die Sachkunde des Antragstellers zu belegen. Da § 4 HundeG keinerlei Anforderungen an die Art und Form des Sachkundenachweises stellt, bedarf es hierzu aber keiner formalen Anerkennung nach § 17 HundeG. Es genügt die formlose Berücksichtigung der Bescheinigung im Rahmen des Erlaubnisverfahrens (vgl. Erl. 1 zu § 4). Gesonderte Verwaltungsgebühren (s. u.) fallen dafür nicht an.

Anerkennungsfähig sind hingegen:

- Erlaubnisse zum Halten eines gefährlichen Hundes
- Befreiungen von der Maulkorbpflicht und
- Bescheinigungen über die Berechtigung zum Führen eines gefährlichen Hundes im Auftrag des Halters.

Außerdem können die Ergebnisse von Wesensprüfungen von der Ordnungsbehörde herangezogen werden.

Im zweiten Schritt ist zu prüfen, ob die anerkennungsfähigen Verwaltungsentscheidungen den im Hundegesetz gestellten Anforderungen im Wesentlichen entsprechen. Dabei ist Folgendes zu beachten:

- Erlaubnisse zum Halten eines gefährlichen Hundes:
  Die Haltung gefährlicher Hunde ist in allen Bundesländern, mit Ausnahme von Berlin, erlaubnispflichtig. In Sachsen-Anhalt muss eine Erlaubnis nicht für die Haltung jedes gefährlichen Hundes eingeholt werden, sondern nur für solche, die aufgrund ihres Verhaltens als gefährlich eingestuft wurden. Die Voraussetzungen für die Erteilung der **Haltererlaubnis** ähneln denen des § 10 Abs. 1 HundeG. So werden die Zuverlässigkeit, persönliche Eignung und Sachkunde des Halters vorausgesetzt. Ferner wird im Regelfall verlangt, dass der Hund unveränderlich gekennzeichnet und haftpflichtversichert ist, wobei die Mindestversicherungssummen aber uneinheitlich sind.
  Sofern eine Haftpflichtversicherung nicht besteht, sollte die Anerkennung der Erlaubnis von deren nachträglichem Abschluss abhängig gemacht werden (vgl. *Haurand*, Erl. 2 zu § 14 LHundG NRW). Dies kommt z. B. bei Erlaubnissen aus Baden-Württemberg und Bayern in Betracht, da dort eine Haftpflichtversicherung nicht bzw. nicht in jedem Fall gefordert wird (vgl. § 3 Abs. 2 HVO BW und Art. 37 Abs. 2 Satz 2 LStVG). An einer Versicherung kann es auch bei Erlaubnissen aus Mecklenburg-Vorpommern fehlen. In Mecklenburg-Vorpommern ist die vormals bestehende Versicherungspflicht (vgl. § 4 Abs. 2 Nr. 4 HundehVO M-V a. F.) für nichtig erklärt worden. Sie wurde als nicht hinreichend bestimmt erachtet, da in der Verordnung eine Mindestversicherungssumme nicht festgesetzt war (vgl. OVG Greifswald, Urt. vom 6.4.2001 = NordÖR 2001 S. 317, 318). Der Verordnungsgeber hat seither keine Regelung über die Versicherungspflicht getroffen.
- Befreiungen von der Maulkorbpflicht:
  Eine **Befreiung von der Maulkorbpflicht** ist lediglich in Bremen, Hamburg, Nordrhein-Westfalen und Rheinland-Pfalz vorgesehen. Sie ist dort z. T. mit der Befreiung von der Anleinpflicht verbunden, wobei jene unbeachtet bleiben muss (s. o.). In Sachsen-Anhalt gilt die Maulkorbpflicht für gefährliche Hunde zunächst für die Zeit ab der Antragsstellung zur Erlaubnis der Hundehaltung. Die Behörde entscheidet dann im Einzelfall unter Bezugnahme der Gutachten Sachverständiger, ob sie gem. § 6 Abs. 3 HundeG LSA Auflagen wie Leinen- oder Maulkorbzwang in die Erlaubnis aufnimmt (vgl. *Postel*, S. 101).
  Eine Befreiung von der Maulkorbpflicht kann in Schleswig-Holstein nur dann anerkannt werden, wenn die Sozialverträglichkeit des gefährlichen Hundes in einem Wesenstest nachgewiesen worden ist (vgl. § 14 Abs. 4 Satz 3 HundeG). Dies ist bei Befreiungen aus Bremen (vgl. § 2 Abs. 3 HundHG BRE), Hamburg (vgl. § 14 Abs. 1 HmbHundeG) und Nordrhein-Westfalen (vgl. § 5 Abs. 3 Satz 1 LHundG NRW) der Fall. Befreiungen aus Rheinland-Pfalz (vgl. § 5 Abs. 5 LHundG RhPf) setzen keinen Wesenstest voraus. Gleiches gilt für etwaige Ausnahmen von der Maulkorbpflicht aufgrund medizinischer Indikation gem. § 20 Abs. 2 HundeG BE. Sie sind daher nicht anzuerkennen. Die Befreiung von der Maulkorbpflicht kann ferner nicht für Hunde erteilt werden, die einen Menschen gebissen haben, ohne dass dies zur Verteidigung anlässlich einer strafbaren Handlung oder aus dem elementaren Selbsterhaltungstrieb des Hundes geschah (vgl. § 14 Abs. 4 Satz 3, § 7 Abs. 1 Nr. 1 HundeG).
- Bescheinigungen über die Berechtigung zum Führen eines gefährlichen Hundes im Auftrag des Halters:
  Eine **Bescheinigungen über die Berechtigung zum Führen eines gefährlichen Hundes** im Auftrag des Halters ist nach niedersächsischem Recht (vgl. § 14 Abs. 1 Satz 2 NHundG) und in Sachsen-Anhalt (vgl. § 11 Abs. 4 HundeG LSA) vorgesehen. Die dortigen Anforderungen entsprechen denen des § 14 Abs. 6 HundeG.

Danach ergibt sich in der Länderübersicht folgendes Bild

	Erlaubnis	**Befreiung von der Maulkorbpflicht**	**Berechtigung zum Führen eines gefährlichen Hundes**
Baden-Württemberg	§ 3 HVO BW	keine	keine
Bayern	Art. 37 LStVG	Keine landeseinheitliche Regelung	Keine landeseinheitliche Regelung
Berlin	§ 5 HundeG BE	keine	keine
Brandenburg	§ 10 HundehV Bbg	keine	keine
Bremen	§ 3 HundeHG BRE	§ 2 Abs. 3 HundeHG BRE	keine
Hamburg	§ 14 HmbHundeG	§ 18 Abs. 1 HmbHundeG	keine
Hessen	§ 1 Absatz 3 HundeVO He	keine	keine
Mecklenburg-Vorpommern	§ 4 HundehVO M-V	keine	keine
Niedersachsen	§ 8 NHundG	keine	§ 14 Abs. 1 Satz 2 NHundG
Nordrhein-Westfalen	§ 4 LHundG NRW	§ 5 Abs. 3 LHundG NRW	keine
Rheinland-Pfalz	§ 3 LHundG RhPf	§ 5 Abs. 5 LHundG RhPf	keine
Saarland	§§ 2 und 6 HundeVO SL	Keine	keine
Sachsen	§ 5 SächsGefHundG	keine	Keine
Sachsen-Anhalt	§ 4 Abs. 2 HundeG LSA	keine	§ 11 Abs. 4 HundeG LSA
Thüringen	§ 4 ThürTierGefG	keine	keine

Bei § 17 HundeG handelt es sich um eine **Sollregelung**. D. h., die Verwaltungsentscheidungen der anderen Länder sind im Regelfall anzuerkennen, wenn sie den im Hundegesetz gestellten Anforderungen im Wesentlichen entsprechen. Eine Versagung der Anerkennung kommt nur dann in Betracht, wenn der Ordnungsbehörde Tatsachen bekannt sind, aufgrund derer der betreffende Verwaltungsakt nach hiesigem Recht nicht zu erteilen wäre. So ist z. B. die Anerkennung einer Erlaubnis abzulehnen, wenn der Halter infolge wiederholter Verstöße gegen das Hundegesetz als unzuverlässig gilt (vgl. Erl. 2.5 zu § 11), zumal in diesem Fall selbst eine bestehende Erlaubnis widerrufen werden müsste (vgl. Erl. 5 zu § 10).

Allein das **Alter der Verwaltungsentscheidung** rechtfertigt die Versagung der Anerkennung nicht, werden doch auch schleswig-holsteinische Verwaltungsakte nicht regelmäßig überprüft (vgl. *Haurand*, Erl. 1 zu § 14 LHundG NRW). Das Alter einer Verwaltungsentscheidung kann allerdings dann problematisch sein, wenn die der Entscheidung zugrunde liegenden Rechtsgrundlagen inzwischen veraltet sind. In diesem Fall sollte sich die Ordnungsbehörde mit der für die Verwaltungsentscheidung zuständigen Stelle in Verbindung setzten, um zu prüfen, ob die Voraussetzungen für eine Anerkennung bereits nach dem vormaligem Recht vorlagen. Die Fachaufsicht (vgl. Erl. zu § 2) kann hierbei behilflich sein.

Die Anerkennung stellt einen **Verwaltungsakt** dar. Sie bewirkt, dass die Verwaltungsentscheidung eines anderen Landes in Schleswig-Holstein gilt, als sei sie aufgrund des hiesigen Landesrechtes ergangen. Um die Anerkennungsentscheidung für Dritte, z. B. die Polizei nachvollziehbar zu machen, sollte sie in einer Form erfolgen, die in dem Gemeinde- oder Amtsbezirk für die betreffende Zulassung oder Bescheinigung üblich ist (vgl. Erl. 3 zu § 14 und 5.2 zu § 14). Dabei ist es zweckmäßig, auf die der Anerkennung zugrunde liegende Verwaltungsentscheidung hinzuweisen. Im Falle einer Haltererlaubnis kann dies z. B. auf der Vorderseite des Ausweises unter dem Tenor *(„Herr Mustermann ist berechtigt, den auf der Rückseite bezeichneten Hund zu halten")* durch den Zusatz *„Anerkennung der Erlaubnis nach § 4 LHundG NRW, Az. XYZ vom 4. Mai 2016"* geschehen.

Für die Anerkennung ist eine **Verwaltungsgebühr** in Höhe von 20 Euro vorgesehen (vgl. Tarifstelle 27.6.5 AllgGebT).

§ 18
Ausnahmen vom Anwendungsbereich

Dieses Gesetz gilt mit Ausnahme von § 3 Absatz 1 und §§ 5 und 6 nicht für Diensthunde von Behörden, Hunde des Such- und Rettungsdienstes sowie des Katastrophenschutzes, Blindenführhunde, Behindertenbegleithunde, Assistenz- und Therapiehunde, Herdengebrauchshunde und Jagdhunde jeweils im Rahmen ihres bestimmungsgemäßen Einsatzes und ihrer Ausbildung.

VwV-HundeG

Abschnitt 18

Zu § 18 – Ausnahmen vom Anwendungsbereich

Die in § 18 genannten Hunde sind aufgrund ihrer besonderen Verwendung weitgehend von der Anwendung des HundeG ausgenommen. Dies gilt allerdings nur, solange sie bestimmungsgemäß eingesetzt werden. Werden diese privilegierten Hunde außerhalb des bestimmungsgemäßen Einsatzes gefahrhunderechtlich auffällig, ist ihr Verhalten durch die Ordnungsbehörde entsprechend zu beurteilen. Das gilt insbesondere auch für Jagdhunde, die außerhalb ihres bestimmungsgemäßen Einsatzes andere Tiere unkontrolliert hetzen bzw. jagen (vergleiche § 7 Abs. 1 Nr. 4). Das unkontrollierte Hetzen, das vom Halter nicht zu verhindern ist, macht dabei den Unterschied zu einem gegebenenfalls kontrollierten Hetzen oder Reißen im Rahmen des bestimmungsgemäßen Gebrauchs als Jagdhund aus (vergleiche hierzu Urteil des OVG NRW vom 16. Dezember 1998; – 5 A 6112/96 –).

„Hunde des Such- und Rettungsdienstes" meint die für diese Zwecke speziell ausgebildeten Hunde anerkannter öffentlicher Such- und Rettungsdienste. An die Ausbildung sind dabei die gleichen Anforderungen zu stellen wie bei Diensthunden von Behörden.

Da keine gesetzlichen Regelungen zur Ausbildung von Assistenz- und Behindertenbegleithunden bestehen, sollte ein entsprechender Hund zumindest eine dem Blindenhund gleichwertige Ausbildung durchlaufen haben; dies wäre durch die Halterin oder den Halter nachzuweisen.

Im Bereich Gesundheitsversorgung wird derzeit geprüft, welche rechtlichen Voraussetzungen Assistenzhunde erfüllen müssen, um den Anforderungen an das Hilfsmittelverzeichnis hinsichtlich festzuschreibender Eigenschaften, indikations- oder einsatzbezogener Qualitätsanforderungen sowie dem medizinischen Nutzen gerecht zu werden. Nach der Rechtsprechung des Bundessozialgerichts erfordert im Hinblick auf § 33 Abs. 1 SGB V ein Versorgungsanspruch für Versicherte in der Gesetzlichen Krankenversicherung auf ein Hilfsmittel, dass die Auswirkungen der Behinderungen durch das Hilfsmittel nicht nur in einem bestimmten Lebensbereich, sondern im gesamten täglichen Leben beseitigt oder gemildert werden und damit das gesamte Grundbedürfnis des täglichen Lebens treffen.

Hilfsmittel nach § 33 SGB V sollen dazu beitragen, den Erfolg der Krankenbehandlung zu sichern, einer drohenden Behinderung vorzubeugen oder eine Behinderung auszugleichen. Diesbezüglich besteht bereits eine abstrakte Regelung, unter die – neben dem Blindenhund – auch ein Assistenzhund fallen könnte. Weiterhin ist das Hilfsmittelverzeichnis – im rechtlichen Sinn – nicht bindend. Insofern kann bereits heute auch aus medizinischen Gründen ein Hilfsmittel verschrieben werden, das nicht im Hilfsmittelverzeichnis aufgeführt ist, aber die in § 33 i. V. m § 139 SGB V beschriebenen Anforderungen erfüllt und den Ausfall körperlicher Funktionen nicht nur in einem geringen Umfang ausgleicht.

Erläuterungen

Die in § 18 HundeG genannten Hunde sind aufgrund ihrer besonderen Verwendung weitgehend vom Hundegesetz ausgenommen. Diese Privilegierung soll sicherstellen, dass die Tiere bestimmungsgemäß eingesetzt und ausgebildet werden können. Das Privileg ist als

Ausnahmeregelung eng auszulegen. So kann es z. B. nicht auch Wachhunde von Bewachungsunternehmen umfassen, zumal jene mit den von ausgebildeten Hundeführern betreuten polizeilichen Diensthunden nicht vergleichbar sind (vgl. VGH Kassel, Urt. vom 29.8.2001 = NVwZ-RR 2002 S. 650, 656 f.).

Im Rahmen des bestimmungsgemäßen Einsatzes und der Ausbildung haben die Halter der nach § 18 HundeG privilegierten Hunde lediglich die generelle Nichtstörungspflicht des § 3 Abs. 1 HundeG (vgl. Erl. 2 zu § 3), die allgemeine Sorgfaltspflicht bei der Überlassung eines Hundes (vgl. Erl. 3 zu § 3) sowie die Kennzeichnungs- (vgl. Erl. zu § 5) und Haftpflichtversicherungspflicht (vgl. Erl. 1 zu § 6) zu beachten. Die übrigen Vorschriften des HundeG, insbesondere die allgemeine **Anleinpflicht** (vgl. Erl. 5 zu § 3) und die **Mitnahmeverbote** (vgl. Erl. 6 zu § 3) finden keine Anwendung. Sofern Anleinpflichten oder Mitnahmeverbote auf örtlichen Gefahrenabwehrverordnungen beruhen, sind dort regelmäßig entsprechende Ausnahmen vorgesehen (vgl. Erl. 3 zu § 19). Den sonstigen spezialgesetzlichen Anleinpflichten und Mitnahmeverboten, z. B. § 34 Abs. 4 LNatSchG, § 70 Abs. 1 Satz 2 Nr. 8 LWG und § 24 Abs. 2 Nr. 3 LJagdG (vgl. Erl. 6 zu § 2), fehlt es hingegen an einer Privilegierung bestimmter Hunde. Dies gilt auch für die **Anleinpflicht in Wäldern** (vgl. § 17 Abs. 3 Nr. 3 LWaldG), die jedoch als Regelung zum forstrechtlichen Gemeingebrauch die Rechte des Waldeigentümers unberührt lässt. D. h. die Anleinpflicht in Wäldern trifft nicht den Jagdberechtigten, sei es der Eigentümer des Waldes, sei es ein vom Eigentümer beauftragter Jäger. § 17 Abs. 3 Nr. 3 LWaldG steht somit dem bestimmungsgemäßen Einsatz und der Ausbildung von Jagdhunden nicht entgegen.

Außerhalb des bestimmungsgemäßen Einsatzes und der Ausbildung sind die Vorschriften des HundeG auch auf die nach § 18 HundeG privilegierten Hunde anzuwenden (vgl. LT-Drs. 15/3471 S. 49). So ist z. B. ein Behindertenbegleithund in einer Fußgängerzone an die Leine zu nehmen, wenn das Tier lediglich von einem Angehörigen des Behinderten ausgeführt wird (vgl. *Haurand*, Erl. 2 zu § 17 LHundG NRW). Auch hat der Halter eines als gefährlich geltenden Jagdhundes nach der Jagd oder der Ausbildung des Tieres sämtliche gefahrhunderechtlichen Verhaltenspflichten zu beachten, insbesondere die Anlein- und Maulkorbpflicht des § 14 (vgl. Erl. 4 und 5 zu § 14).

Die Ausnahmeregelung des § 18 HundeG beschränkt jedoch nicht nur den Anwendungsbereich gefahrhunderechtlicher Verhaltenspflichten. Das Privileg hat ferner zur Folge, dass die betreffenden Tiere im Rahmen des bestimmungsgemäßen Einsatzes und der Ausbildung nicht als gefährlich eingestuft werden können. Dies ist von besonderer Bedeutung für die Diensthunde der Behörden, z. B. für Polizeihunde sowie für Jagdhunde. Im Hinblick auf die Jagdhunde wies die Gesetzesbegründung der sehr ähnlichen Vorgängerregelung in § 15 GefHG a. F. ausdrücklich darauf hin, dass im Rahmen der Jagdausübung das Erlegen der Beute mit zu den Aufgaben dieser Hunde gehört (vgl. LT-Drs. 15/3471 S. 49).

Außerhalb des bestimmungsgemäßen Einsatzes kann es hingegen zur **Einstufung der Gefährlichkeit** kommen, z. B. wenn ein Jagdhund Schafe reißt (vgl. Erl. 2.4 zu § 7), nicht aber, wenn dies versehentlich im Rahmen der Ausbildung des Hundes geschieht. Die Ausbildung des Hundes umfasst auch die anschließende Prüfung (vgl. LT-Drs. 15/3471 S. 49), z. B. die Brauchbarkeitsprüfung nach der Landesverordnung über die Anerkennung von Jagdhunden vom 23.6.1983 (GVOBl. Sch.-H. S. 208, ber. S. 356).

Die Haltung eines gefährlichen Hundes ist erlaubnispflichtig (vgl. Erl. 1 zu § 8). Dies gilt auch für die nach § 18 HundeG privilegierten Hunde. Zwar umfasst die Ausnahmeregelung grundsätzlich auch die **Erlaubnispflicht** des § 8 Abs. 1 HundeG. Anders als z. B. bei den Verhaltenspflichten des § 14 HundeG ist eine Unterscheidung zwischen dem bestimmungs- und nicht bestimmungsgemäßen Einsatzes des Tieres im Hinblick auf die Erlaubnispflicht jedoch unzweckmäßig. Die Erlaubnis betrifft das Halterverhältnis schlechthin, wobei sich jenes immer auch auf Zeiträume erstreckt, in denen der Hund nicht bestimmungsgemäß eingesetzt oder ausgebildet wird. § 18 HundeG ist hier in der für Ausnahmeregelungen gebotenen restriktiven Art und Weise auszulegen.

Die enge Auslegung der Vorschrift ist auch im Hinblick auf die Belange der Gefahrenabwehr geboten. Die Verwendung eines Hundes lässt nämlich nicht in jedem Fall auf die Eignung des Halters schließen. Hierzu sei wiederum das Beispiel des als gefährlich geltenden Jagdhundes angeführt: Zwar entsprechen die Anforderungen der Jägerprüfung im Hinblick auf die Zuverlässigkeit, persönliche Eignung und Sachkunde im Wesentlichen denen der gefahrhunderechtlichen Erlaubnis. Ein Jagdhund kann aber auch von einer Person gehalten werden, die nicht Inhaber eines Jagdscheins ist oder der dessen Erteilung versagt wurde. Gleichwohl kommt dann ein zeitweiser bestimmungsgemäßer Einsatz des Tieres durch einen Dritten in Betracht. Dieser Umstand rechtfertigt jedoch nicht die Befreiung des ggf. ungeeigneten Halters von der Erlaubnispflicht.

Gegenüber der Vorgängerregelung des § 15 GefHG a. F. sind in der abschließenden Aufzählung der für ihren bestimmungsgemäßen Einsatz und ihrer Ausbildung vom Anwendungsbereich des Gesetzes ausgenommenen Hunde Assistenz- und Therapiehunde mit aufgenommen worden, die wie Blindenführhunde oder Behindertenbegleithunde wichtige Funktionen bei der Begleitung oder Behandlung von Menschen mit Behinderung, alten oder kranken Personen wahrnehmen. Eine genaue Abgrenzung beispielsweise zwischen Behindertenbegleithunden und Assistenzhunden erübrigt sich künftig vor dem Hintergrund der Aufnahme dieser Hundegruppe in die Ausnahmeregelung des § 18 HundeG. Die Erweiterung um Assistenz- und Therapiehunde ist unter dem Aspekt des Gleichbehandlungsgebots aus Art. 3 Abs. 1 GG sehr zu begrüßen, da diese zunehmend Verbreitung erfahren, von Sinn und Zweck der Ausnahmeregelung erfasst sein sollten, eine teleologische Erstreckung des Anwendungsbereichs von § 18 HundeG sich aber aufgrund des Umstands, dass Ausnahmebestimmungen (zumal im Gefahrenabwehrrecht) restriktiv auszulegen sind, verbietet.Zwar existieren keine Legaldefinitionen für Assistenz- und Therapiehunde, jedoch sind zur Gruppe der Assistenzhunde mindestens auch in einem mit behördlichen Diensthunden vergleichbaren Standard ausgebildete Behindertenbegleithunde, Diabeteswarnhunde und Epilepsiewarnhunde zu zählen (vgl. BR-Drs. 742/16). Es wird erwogen, auch für diese „sonstigen" Assistenzhunde bundeseinheitliche Qualitätsstandards zu schaffen, um sie in das Hilfsmittelverzeichnis aus § 139 Abs. 1 SGB V aufzunehmen und damit als Hilfsmittel gem. § 33 SGB V anzuerkennen. Bisher ist im Hilfsmittelverzeichnis nur der Blindenführhund aufgeführt (vgl. VG Münster, Urt. vom 5.7.2018 – 5 K 3011/16 –, zit. n. juris, dort Rn. 48, Nr. 18 VwV-HundeG).

§ 19
Sonstige Maßnahmen zur Gefahrenabwehr

(1) Unbeschadet der Vorschriften dieses Gesetzes können die zuständigen Behörden nach Maßgabe des Landesverwaltungsgesetzes die im Einzelfall notwendigen Maßnahmen treffen, um eine von einem Hund ausgehende Gefahr für die öffentliche Sicherheit abzuwehren.

(2) Die Befugnis der nach § 175 Absatz 1 des Landesverwaltungsgesetzes zuständigen Behörden, zur Abwehr abstrakter von Hunden ausgehender Gefahren weitergehende Regelungen in Verordnungen über die öffentliche Sicherheit zu erlassen, bleibt unberührt.

VwV-HundeG

Abschnitt 19

Zu § 19 – Sonstige Maßnahmen zur Gefahrenabwehr

Das HundeG lässt die Vorschriften zur allgemeinen Gefahrenabwehr unberührt. Das bedeutet, dass die Ordnungsbehörde zur Gefahrenabwehr – nachrangig zum H – auf die Generalklausel der §§ 174, 176 LVwG und auf die Standardbefugnisse, insbesondere zur Sicherstellung, Verwahrung, Verwertung und Vernichtung (§ 210 ff. LVwG), zurückgreifen kann. Als Gefahrenabwehrmaßnahmen kommen u. a.

a) die Untersagung der Hundehaltung, z. B. bei Verstößen gegen das HundeG, insbesondere dann, wenn ein gefährlicher Hund ohne die erforderliche Erlaubnis gehalten wird,

b) die Sicherstellung des Hundes, wenn von dem Tier eine gegenwärtige Gefahr ausgeht, sowie

c) als „ultima ratio", nach tierärztlicher Begutachtung, die Tötung des Hundes, wenn die gegenwärtige Gefahr nicht auf andere Weise abgewehrt werden kann, ohne dass dem Tier dadurch – infolge artwidriger Haltung – Leid zugefügt wird (vergleiche OVG Münster, Beschluss vom 31. Oktober 2000 = DÖV 2001, S. 302, 302 ff.; OVG Schleswig Beschluss vom 30. Oktober 2000 = NordÖR 2000, S. 522, 522 ff.),

in Betracht. In jedem Fall sollte die Abgabe des Hundes an eine geeignete Person oder Stelle (Tierheim oder Tierschutzverein) angestrebt werden.

Erläuterungen

Übersicht

2.2.2 Auswahlermessen
3. Verordnungen zur Gefahrenabwehr

1. Sonstige Maßnahmen zur Gefahrenabwehr

Nachrangig zu den Befugnissen des HundeG oder anderer Spezialgesetze kann die Ordnungsbehörde notwendige Maßnahmen zur Gefahrenabwehr treffen (§ 174 LVwG), sei es durch Anordnungen (vgl. Erl. 2), sei es durch Verordnungen (vgl. Erl. 3). Rechtsgrundlage hierfür ist die gefahrenabwehrrechtliche Generalklausel aus §§ 174, 176 LVwG (vgl. *Klindt*, S. 576).

§ 19 HundeG gibt insoweit den Inhalt des § 173 LVwG wieder (vgl. LT-Drs. 15/3471 S. 50). Die Vorschrift ist deklaratorischer Natur. Sie stellt – anders als z. B. § 12 Abs. 1 LHundG NRW (vgl. OVG Münster, Beschl. vom 25.3.2003 – 5 B 328/03 – zit. n. juris, dort Rn. 5 f.; *Kutsch*, S. 87) – keine eigenständige, gefahrhunderechtliche Generalklausel dar. Die §§ 174 ff. LVwG werden durch § 19 HundeG nicht verdrängt (vgl. **a. A.** *Stabno*, Erl. 1 zu § 13 Abs. 1 NHundG). Daraus folgt, dass sich die Zuständigkeit für die auf die gefahrenabwehrrechtliche Generalklausel zu stützenden Verfügungen nicht nach § 2 HundeG, sondern nach dem allgemeinen Verwaltungsrecht richtet (vgl. Erl. zu § 2).

2. Anordnungen zur Gefahrenabwehr

Anordnungen zur Gefahrenabwehr greifen in die Rechte und Rechtsgüter des Betroffenen ein. Bei der Abwehr der von Hunden ausgehenden Gefahren sind z. B. das Eigentumsrecht (Art. 14 Abs. 1 GG) und die allgemeine Handlungsfreiheit (Art. 2 Abs. 1 GG) der Hundehalter und -führer sowie die Berufsausübungsfreiheit (Art. 12 Abs. 1 GG) der Hundezüchter und -ausbilder betroffen. Gemäß des Gesetzesvorbehalts (§ 72 Satz 2 LVwG) bedürfen diese Eingriffe einer Befugnis, d. h. einer gesetzlichen Ermächtigung (vgl. Erl. 2; *Schoch*, S. 396; *Kingreen/Poscher*, § 2 Rn. 43). Die auf die Befugnisse zu stützenden Maßnahmen sind regelmäßig im pflichtgemäßen Ermessen anzuordnen (vgl. Erl. 2.2). Wird die Anordnung von dem Pflichtigen nicht befolgt, kann sie im Wege des Verwaltungszwangs durchgesetzt werden (vgl. Erl. 4.3 zu § 9).

2.1 Befugnisse

Beabsichtigt die Ordnungsbehörde eine Maßnahme anzuordnen, so muss eine Befugnisnorm den Eingriff ausdrücklich vorsehen. Es genügt nicht, dass die anzuordnende Verhaltenspflicht in Form von gesetzlichen Ge- oder Verboten gefordert wird, auch dann nicht, wenn jene bußgeld- oder strafbewehrt sind. Auch kann die Ordnungsbehörde ihre Anordnung nicht auf eine bloße Aufgabenzuweisung, z. B. auf die des § 19 Satz 1 HundeG stützen (vgl. *Götz/Geis*, § 7 Rn. 5 ff.; *Schoch*, S. 485 f. und 396; auch Erl. zu § 16).

Bei der **Auswahl der Ermächtigungsgrundlage** haben spezialgesetzliche Befugnisse, z. B. aus dem HundeG oder aus dem TierSchG Vorrang (vgl. § 173 Abs. 2, Erl. 2.1.1). Für einige immer wiederkehrende, typische Maßnahmen, die sich teilweise als schwerwiegende Eingriffe in die Freiheitssphäre des Einzelnen darstellen, sind im LVwG spezielle Eingriffsermächtigungen, sog. Standardbefugnisse vorgesehen (vgl. Erl. 2.1.2). Die Standardbefugnisse sind als allgemeinere Ermächtigungen nachrangig zu den spezialgesetzlichen Befugnissen zu betätigen. Ist die notwendige Maßnahme zur Gefahrenabwehr weder auf eine spezialgesetzliche Befugnis, noch auf eine Standardbefugnis zu stützen, kommt ein Rückgriff auf die gefahrenabwehrrechtliche Generalklausel in Betracht (vgl. *Schoch*, S. 483, 479 und 217). Die Generalklausel setzt eine Gefahr für die öffentliche Sicherheit voraus. Jene ist zumindest dann gegeben, wenn die Rechtsordnung verletzt ist oder verletzt zu werden droht, weil gegen eine spezialgesetzliche Verhaltenspflicht verstoßen wird oder ein Rechtsverstoß zu befürchten ist (vgl. Erl. 2.1.3). Nachrangig dazu kann die gefahrenabwehrrechtliche Generalklausel auch dann betätigt werden, wenn andere Schutzgüter der öffentlichen Sicherheit, z. B. das menschliche Leben oder die menschliche Gesundheit bedroht sind, ohne dass die Rechtsordnung verletzt ist oder verletzt zu werden droht (vgl. Erl. 2.1.4; *Götz/Geis*, § 8 Rn. 6 ff.).

Ein Rückgriff auf eine nachrangige Befugnis, z. B. auf die gefahrenabwehrrechtliche Generalklausel ist aber nur dann möglich, wenn sie nicht der **Sperrwirkung** einer spezielleren Ermächtigung unterfällt. Sperrwirkung bedeutet, dass die speziellere Ermächtigung die Anwendung nachrangiger Befugnisse in ihrem Geltungsbereich ausschließt: Liegen die Tatbestandsvoraussetzungen der spezielleren Ermächtigung nicht vor, kann die Maßnahme nicht (ersatzweise) auf die nachrangige Befugnis gestützt werden. Hierzu ein Beispiel: Die Sicherstellung setzt eine gegenwärtige Gefahr für die öffentliche Sicherheit voraus, § 210 Abs. 1 Nr. 1 LVwG (vgl. Erl. 2.2.1). Geht von einem Hund lediglich eine konkrete, nicht aber eine gegenwärtige Gefahr aus, kann das Tier dem Halter grundsätzlich nicht zwangsweise entzogen werden. Die zwangsweise Einziehung kann – obgleich eine konkrete Gefahr besteht – auch nicht aufgrund der gefahrenabwehrrechtlichen Generalklausel verfügt werden, da jene insoweit von der Sperrwirkung der Sicherstellung erfasst wird. Die Sperrwirkung trägt dem Umstand Rechnung, dass die in den spezialgesetzlichen Befugnissen und Standardbefugnissen vorgesehenen Maßnahmen an bestimmte, die damit verbundenen Grundrechtseingriffe rechtfertigende Voraussetzungen geknüpft worden sind. Diese Hürde soll nicht durch die Auswahl einer „gefälligeren" Befugnis umgangen werden können, die geringere Voraussetzungen an den Eingriff stellt (vgl. *Knemeyer*, Rn. 149).

Die Sperrwirkung setzt allerdings voraus, dass die betreffende Befugnis die Materie abschließend regelt. Ob es sich bei der Befugnis um eine abschließende Regelung handelt, ist im Wege der Auslegung zu ermitteln. Zurück zum Beispiel: Kann der Hund mangels einer gegenwärtigen Gefahr zwar nicht sichergestellt werden, so bedeutet dies nicht, dass der Ordnungsbehörde die Hände gebunden sind. Sie kann die Haltung des Hundes untersagen und dessen Abgabe an eine geeignete Person anordnen, z. B. zur Durchsetzung der gefahrhunderechtlichen Erlaubnispflicht (vgl. Beispiel zu Erl. 4.1 zu § 9). Rechtsgrundlage der Untersagungs- und Abgabeverfügung ist die gefahrenabwehrrechtliche Generalklausel (vgl. Erl. 2.1.3). Die Generalklausel unterfällt insoweit nicht der Sperrwirkung der Standardbefugnis, da die Untersagungs- und Abgabeverfügung – anders als die Sicherstellung – nicht auf die zwangsweise Wegnahme des Tieres abzielt. Gefordert wird lediglich, dass der Pflichtige die von der Haltung des Hundes ausgehende Gefahr durch die Abgabe des Tieres an einen geeigneten Halter beseitigt. Es ist somit ein Bereich betroffen, der nicht von der Standardbefugnis zur Sicherstellung erfasst wird (vgl. *Kingreen/Poscher*, § 3 Rn. 25 ff.). Zwar kann die Untersagungs- und Abgabeverfügung in letzter Konsequenz zur zwangsweisen Einziehung des Hundes führen, nämlich dann, wenn der Hundehalter die Abgabe seines Tieres verweigert und die Verfügung im Wege des Verwaltungszwangs durchgesetzt wird. Dies ist aber beim Erlass der Untersagungs- und Abgabeverfügung nicht beabsichtigt (vgl. Erl. 4.3 zu § 9).

Die Sperrwirkung erstreckt sich nicht nur auf den Tatbestand, sondern auch auf die Rechtsfolge, so dass beim Vorliegen der Tatbestandsvoraussetzungen grundsätzlich nicht eine andere als die in der Befugnis vorgesehene Maßnahme ergriffen werden kann. Allerdings können zur Wahrung des Verhältnismäßigkeitsgrundsatzes mildere, gleich geeignete Mittel angeordnet werden (sog. Minus-Maßnahmen), auch wenn diese in nachrangigen Ermächtigungsgrundlagen vorgesehen sind, die eigentlich der Sperrwirkung unterfallen. Die Befugnis wird dazu auf der Rechtsfolgenseite ergänzt. Die betreffende Maßnahme kann dann auf die Befugnis gestützt werden, obwohl sie dort nicht explizit vorgesehen ist. Die durch die Befugnis verdrängte Ermächtigungsgrundlage für die Maßnahme wird nicht betätigt (vgl. Erl. 5.1 zu § 4; BVerwG, Urt. vom 8.9.1981 = NJW 1982 S. 1008, 1008 f.).

Minus-Maßnahmen kamen z. B. im Hinblick auf § 5 der (vor-)vormaligen GefHVO in Betracht. Die spezialgesetzliche Befugnis sah als Maßnahmen die Untersagung der Hundehaltung sowie die Einziehung und Tötung des Tieres vor. Hierfür mussten Tatsachen die Annahme rechtfertigten, dass von der Haltung des gefährlichen Hundes eine Gefahr für das Leben oder die Gesundheit von Menschen oder Tieren ausgeht. Gemäß § 5 Satz 2 GefHVO a. F. war diese Gefahr insbesondere dann anzunehmen, wenn

- ein gefährlicher Hund von einer ungeeigneten Person gehalten wurde,
- der Hundehalter ohne die vormals nach § 6 GefHVO a. F. erforderliche Erlaubnis Hunde mit dem Ziel einer gesteigerten Aggressivität und Gefährlichkeit ausgebildet hat (vgl. Erl. 9 zu § 3) oder
- der Hundehalter den nach der GefHVO a. F. zu beachtenden Verhaltenspflichten oder ordnungsbehördlichen Anordnungen und Auflagen nicht nachkam.

Bei der Untersagung der Hundehaltung sowie der Einziehung und Tötung des Tieres handelt es sich um schwerwiegende Eingriffe in die Rechte des Hundehalters. Dem Rechnung tragend haben die Ordnungsbehörden nicht jeglichen Verstoß gegen eine Verhaltenspflicht der GefHVO a. F., z. B. gegen die Anleinpflicht in einer Fußgängerzone (vgl. Erl. 5.2.1 zu § 3) zum Anlass genommen, um die Hundehaltung zu unterbinden. Zunächst wurde geprüft, ob die Gefahr durch ein milderes, gleich geeignetes Mittel abzuwehren, z. B. indem die Einhaltung der verletzten Verhaltenspflicht angeordnet wurde. Obgleich diese Rechtsfolge in § 5 Satz 1 GefHVO a. F. nicht vorgesehen war, konnte sie als Minus-Maßnahme ergehen (vgl. auch § 7 GefHuVO NW a. F., wobei die Rechtsprechung unter Bezugnahme auf einen eindeutigen Hinweis in der dazu erlassenen Verwaltungsvorschrift davon ausging, dass es sich bei der dortigen Befugnis zur Untersagung der Hundehaltung nicht um eine abschließende Regelung handelte, d. h. die gefahrenabwehrrechtliche Generalklausel nicht verdrängt wurde; OVG Münster, Beschl. vom 16.6.1999 = NWVBl. 2000 S. 30, 30 und Beschl. vom 6.3.1997 = NVwZ 1997 S. 806, 807).

§ 5 GefHVO a. F. wurde bereits nicht in das vormalige GefHG a. F. übernommen. Die Ordnungsbehörden werden hierdurch aber nicht eingeschränkt. Die vormalige Befugnis zur Untersagung der Hundehaltung, der Einziehung oder Tötung des Hundes ist vollumfänglich von der gefahrenabwehrrechtlichen Generalklausel abgedeckt. Das Problem der Sperrwirkung ist insoweit entfallen. Dadurch wurde die Rechtsanwendung vereinfacht.

2.1.1 Spezialgesetzliche Befugnisse

Das HundeG sieht lediglich in § 16 Abs. 2 HundeG eine Befugnis vor, nämlich zur **Betretung von Grundstücken und Betriebsräumen**. Die Standardbefugnis zum Durchsuchen von Räumen (§ 208 LVwG) wird insoweit im Wege der Spezialität verdrängt (vgl. Erl. 3 zu § 16). Zuständig zum Erlass der Betretungsanordnung ist der Bürgermeister oder der Amtsvorsteher als örtliche Ordnungsbehörde, in dessen Bezirk der Hund gehalten wird (vgl. Erl. zu § 2). Die zahlreichen Ge- und Verbote des HundeG, z. B. die Anlein- und Maulkorbpflicht des § 14 HundeG stellen keine Befugnisse dar. Sie bedürfen zu ihrer Durchsetzung einer Anordnung aufgrund der gefahrenabwehrrechtlichen Generalklausel (vgl. Erl. 2.1).

Befugnischarakter hat auch die **allgemeine Auskunftspflicht**, insbesondere in ihrer Konkretisierung als Anordnung zur tierärztlichen Begutachtung eines Hundes (vgl. Erl. 5 zu § 7), zur Beibringung eines fachärztlichen bzw. fachpsychologischen Gutachtens (vgl. Erl. 6 zu § 11) oder zur Vorlage einer Sachkundebescheinigung (vgl. Erl. 2 zu § 4). Hierzu wird aber kein Verwaltungsakt erlassen. Das ordnungsbehördliche Auskunftsersuchen stellt lediglich eine unselbständige Verfahrenshandlung dar (vgl. Erl. 2 zu § 16).

Spezialgesetzliche Befugnisse bestehen überdies im **Tierschutzrecht**, z. B. in

- § 16a TierSchG. Danach können zur Abwehr von Verstößen gegen das TierSchG, z. B. bei der artwidrigen Haltung eines Hundes (vgl. § 2 TierSchG) die erforderlichen Maßnahmen getroffen werden (vgl. § 16a Nr. 1 TierSchG). Dabei kommt bei erheblichen Verstößen auch die behördliche Einziehung des Hundes, dessen Unterbringung in einem Tierheim und ggf. die Veräußerung oder Tötung des Tieres in Betracht (vgl. § 16a Nr. 2 TierSchG). Im Wiederholungsfall kann die Haltung von Hunden untersagt werden (vgl. § 16a Nr. 3 TierSchG).

- § 11b Abs. 3 TierSchG. Die Vorschrift ermächtigt zur Unfruchtbarmachung von Wirbeltieren, wenn damit gerechnet werden muss, dass deren Nachkommen Störungen oder Veränderungen nach § 11b Abs. 1 und 2 TierSchG zeigen, z. B. erblich bedingte Verhaltensstörungen oder erblich bedingte Aggressionssteigerungen (vgl. § 11b Abs. 2 lit. a TierSchG).
- § 11 Abs. 7 TierSchG. Dort ist vorgesehen, dass ein Betrieb zur Zucht und Ausbildung von Hunden, der ohne die dafür erforderliche Erlaubnis geführt wird (vgl. § 11 Abs. 1 Nr. 2 und 2 lit. b TierSchG), untersagt und durch Schließung der Betriebs- und Geschäftsräume verhindert werden kann.

2.1.2 Standardbefugnisse

Standardbefugnisse ermächtigen die Ordnungsbehörde und die Polizei im Bereich der nicht spezialgesetzlich geregelten Gefahrenabwehr zu bestimmten Maßnahmen zur Abwehr bestimmter Gefahren, sog. Standardmaßnahmen (vgl. Erl. 2.1). Sie konkretisieren die gefahrenabwehrrechtliche Generalklausel. Zur Abwehr von Gefahren, die von Hunden ausgehen, kommen als Standardmaßnahmen insbesondere die Sicherstellung (vgl. Erl. 2.1.2.1) und im Nachgang dazu die amtliche Verwahrung (vgl. Erl. 2.1.2.2) sowie ggf. die „Vernichtung", d. h. die Einschläferung des Hundes (vgl. Erl. 2.1.2.3) in Betracht. Letztere finden auch für den Fall Anwendung, da ein Hund im Wege einer Ersatzvornahme behördlich eingezogen worden ist. Der Hund gilt insoweit als Sache, wobei die Ordnungsbehörde und die Polizei die Verantwortung des Menschen für das Tier zu berücksichtigen haben (vgl. § 246 LVwG). Im Übrigen können Standardbefugnisse im Hinblick auf die Gefahrerforschung bedeutsam sein, z. B. die Vorladung (vgl. § 199 LVwG; Erl. 3 zu § 1) sowie das Betreten und Durchsuchen von Räumen (vgl. §§ 208 f. LVwG; Erl. 3 zu § 16).

2.1.2.1 Sicherstellung

Die Sicherstellung umfasst die Entziehung der tatsächlichen Gewalt über eine Sache und die Begründung neuer tatsächlicher Gewalt über sie durch die Ordnungsbehörde oder die Polizei (vgl. *Kingreen/Poscher*, § 18 Rn. 1). Andere sollen von der Einwirkungsmöglichkeit auf die Sache ausgeschlossen werden. Eine Sicherstellung liegt nicht vor, wenn das Besitzrecht nicht zwangsweise beschränkt werden soll, z. B. wenn die Ordnungsbehörde oder die Polizei einen entlaufenden Hund aufgreift und vorläufig zur Gefahrenabwehr einzieht. Handelt es sich hierbei doch um eine Maßnahme, die auch im Interesse des Hundehalters erfolgt (vgl. Erl. 2.2; VGH Kassel, Urt. vom 22.11.1994 =NJW 1995 S. 2123, 2124; **a. A.** *Foerster/Friedersen/Rohde*, Erl. 1 zu § 210 LVwG). Die Sicherstellung ist ferner zu unterscheiden von der Beschlagnahme (vgl. § 111b Abs. 1 StPO bzw. § 53 Abs. 2 OWiG) und der Einziehung nach § 74 StGB. Die Beschlagnahme eines Hundes kann zu Beweiszwecken im Straf- oder Bußgeldverfahren erfolgen. Die Einziehung des Hundes nach § 74 StGB kommt in Betracht, wenn eine Straftat mithilfe des Tieres begangen worden ist, z. B. bei einer Nötigung oder Erpressung (vgl. *Hölscheidt*, S. 3).

Voraussetzung für die Anordnung der Sicherstellung eines Hundes ist, dass von dem Tier eine **gegenwärtige Gefahr** für die öffentliche Sicherheit ausgeht (vgl. § 210 Abs. 1 Nr. 1 LVwG; auch Erl. 2 zu § 1). Eine gegenwärtige Gefahr meint eine Sachlage, bei der das schädigende Ereignis bereits begonnen hat oder unmittelbar oder in allernächster Zeit mit an Sicherheit grenzender Wahrscheinlichkeit bevorsteht (vgl. *Schoch*, S. 670). Die gegenwärtige Gefahr kann dabei von dem Tier an sich, z. B. von einem bissigen Hund (vgl. Erl. 3.2) ausgehen, von dem Verhalten des Hundehalters aber auch wenn jemand einen als gefährlich eingestuften Hund ohne die dafür erforderliche Erlaubnis hält und die materiellen Voraussetzungen zur Haltung des Hundes nicht vorliegen (vgl. *Kingreen/Poscher*, § 18 Rn. 8; vgl. OVG Münster Beschl. vom 30.10.2012 – 5 B 669/12 = openJur 2012, 130106).

Beispiel: Der gehorsame Hund

Eine offenbar alkoholisierte Person hetzt ihren Dobermann in einer belebten Fußgängerzone auf Passanten. Das Tier zeigt sich gehorsam und springt die Passanten in gefahrdrohender Weise an. Hierin ist eine gegenwärtige Gefahr für das Leben und die Gesundheit der Passanten zu sehen, sodass die Polizei den Dobermann sicherstellt.

Die Anordnung zur Sicherstellung ergeht als Verwaltungsakt zur Gefahrenabwehr durch die Ordnungsbehörde oder durch die Polizei. Angesichts der gegenwärtigen Gefahr ist die Anordnung **sofort vollziehbar** (vgl. § 229 Abs. 2 Nr. 1 LVwG). Die Sicherstellung kann aber auch ohne Verwaltungsakt im Wege des sofortigen Vollzuges erfolgen (vgl. § 230 LVwG; *Foerster/Friedersen/Rohde*, Erl. 3 zu § 210 LVwG). Einer gesonderten Anordnung der sofortigen Vollziehung nach § 80 Abs. 2 Nr. 4 VwGO (vgl. Erl. 4.2 zu § 9) bedarf es jedenfalls nicht. Hinsichtlich der Durchführung der Sicherstellung und der Abwälzung der Kosten auf den Pflichtigen wird auf die Ausführungen zur Einziehung eines Hundes im Wege der Ersatzvornahme verwiesen (vgl. Erl. 4.3.2 zu § 9).

Die Sicherstellung ist eine **vorübergehende Maßnahme**. Sie soll nicht länger als drei Tage andauern (vgl. § 210 Abs. 3 LVwG). Angesichts der Befristung der Sicherstellung sollte die Ordnungsbehörde unverzüglich prüfen, ob die gegenwärtige Gefahr lediglich von dem Verhalten des Halters oder von dem Hund an sich ausgeht. Besteht die gegenwärtige Gefahr in einem übersteigerten Aggressionsverhalten des Hundes, muss das Tier dauerhaft verwahrt werden (vgl. Erl. 2.1.2.2). Hierzu bedarf es einer Anordnung nach § 210 Abs. 3 Satz 2 LVwG.

2.1.2.2 Amtliche Verwahrung

Infolge der Sicherstellung wird der gefährliche Hund amtlich verwahrt (vgl. § 211 Abs. 4, § 212 LVwG). Gleiches gilt für die Einziehung des Tieres im Wege der Ersatzvornahme (vgl. *Foerster/Friedersen/Rohde*, Erl. 1 zu § 211 LVwG). Um eine artgerechte Unterbringung, Pflege und Ernährung des Hundes zu gewährleisten (vgl. § 2 TierSchG), sollte das Tier in einem Tierheim untergebracht werden. Die Kosten hierfür trägt zunächst die Ordnungsbehörde bzw. die Polizei. Sie können gemäß § 17 Abs. 1 Nr. 8 VVKO auf den Pflichtigen abgewälzt werden (vgl. Erl. 4.3.2 zu § 9, wobei im Falle der Sicherstellung § 249 LVwG gemäß § 227a LVwG entsprechend anzuwenden ist).

Sofern sich das Tierheim weigert, den Hund unterzubringen, kann die Einrichtung als Nichtstörer (vgl. § 220 LVwG) dazu verpflichtet werden. Dies setzt aber voraus, dass dort noch hinreichend Platz für eine sichere und artgerechte Unterbringung des Tieres zur Verfügung steht (vgl. *Haurand*, Erl. 7 zu § 12 LHundG NRW). Das Tierheim ist als Nichtstörer nach § 221 LVwG zu entschädigen. Dabei kann die Behörde auf den Pflichtigen zurückgreifen (vgl. § 224 Abs. 2 LVwG).

2.1.2.3 Einschläferung

Die Einschläferung eines amtlich verwahrten Hundes (vgl. Erl. 2.1.2.2) kann im Wege der „Vernichtung" i. S. von § 213 Abs. 1 Nr. 1, Abs. 4 LVwG erfolgen. Für eine Vernichtung des Hundes müssen die Voraussetzungen für dessen „Verwertung" vorliegen: Die Aufbewahrung des Tieres muss mit unverhältnismäßig hohen Kosten, erheblichen Schwierigkeiten oder Gefahren für die öffentliche Sicherheit verbunden sein. Wird ein Hund verwahrt, weil er als gefährlich gilt, wird dessen Verwertung, d. h. Veräußerung an einen geeigneten Halter erschwert und oftmals nicht möglich sein. In Ausnahmefällen kommt dann als „ultima ratio" die Tötung des Hundes in Betracht, wobei die Ordnungsbehörde und die Polizei die Verantwortung des Menschen für das Tier zu berücksichtigen haben (vgl. § 246 LVwG; *Gebel*, S. 313; VG Arnsberg, Beschl. vom 3.5.2018 – 8 L 489/18 –, zit. n. juris, dort Rn. 13 ff.; VG Düsseldorf, Beschl. vom 4.8.2015 – 18 L 2369/ 15 –, zit. n. juris, dort Rn. 8). Sofern die Tötung des Tieres vornehmlich tierschutzrechtlichen Belangen dient (vgl. Erl. 1 zu § 1 und

2.1.3), ist zu prüfen, ob die Maßnahme auf die spezialgesetzliche Befugnis des § 16a Nr. 2 TierSchG zu stützen ist (vgl. Erl. 2.1.1).

Die Tötung des Hundes setzt einen **vernünftigen Grund** nach § 1 Satz 2 TierSchG voraus. Dieser kann in der Gefahrenabwehr oder in der Vermeidung von Tierleid gesehen werden. Ob im Einzelfall ein vernünftiger Grund zur Tötung des Tieres vorliegt, vermag die Ordnungsbehörde – mangels des dafür erforderlichen kynologischen Sachverstandes – in der Regel nicht fachkundig zu beurteilen. In diesem Fall sollte der Rat eines Tierarztes eingeholt werden.

Eine Einschläferung kommt insbesondere dann in Betracht, wenn der Tierarzt feststellt, dass die Gefahr, die von dem Tier ausgeht, nicht auf andere Weise abgewehrt werden kann, ohne dass dem Hund dadurch – infolge artwidriger Haltung – Leid zugefügt wird. Das die Einschläferung rechtfertigende **Tierleid** muss erheblich sein. Es muss eine gewichtige Beeinträchtigung des tierischen Wohlbefindens erreichen. Leiden werden durch der Wesensart des Tieres zuwiderlaufende, instinktwidrige und von dem Tier gegenüber seinem Selbst- oder Arterhaltungstrieb als lebensfeindlich empfundene Einwirkungen und durch Beeinträchtigung seines Wohlbefindens verursacht, die in Verhaltensstörungen und Verhaltensanomalien ihren Ausdruck finden. Erhebliche Leiden stellen danach die dauernde Entbehrung angeborener Verhaltensbedürfnisse dar. Sie sind mehr als schlichtes Unbehagen oder ein bloßer Zustand der Belastung (vgl. VG Frankfurt a. M., Urt. vom 23.5.2001 = NVwZ 2001 S. 1320, 1321 f.). Ein erhebliches Tierleid dürfte beispielsweise dann gegeben sein, wenn absehbar ist, dass ein Hund lebenslang unter gesteigerten Sicherheitsvorkehrungen zu verwahren ist und infolgedessen wegen des fehlenden Auslaufs eine artgerechte Haltung nicht mehr möglich sein wird (vgl. OVG Münster, Beschl. vom 31.10.2000 = DÖV 2001 S. 302, 302 f.; OVG Schleswig, Beschl. vom 30.10.2000 = NordÖR 2000 S. 522, 522 f.; *Caspar*, S. 1589; OVG Münster, Beschl. vom 16.11.2015 – 5 B 925/15 = BeckRS 2015, 55244). In diesem Zusammenhang ist anzumerken, dass Hunde in der Regel eine enge Bindung zum Halter zeigen. Wird diese infolge der Verwahrung gekappt, können Aggressionssteigerungen beim Tier auftreten, so dass sich ihm Menschen nicht mehr gefahrlos nähern können (vgl. *Feddersen-Petersen* 1996b).

Die erforderliche Tötung ist von einer sachkundigen Person unter Vermeidung von Schmerzen durchzuführen (vgl. § 4 Abs. 1 TierSchG). In Betracht kommt hier wiederum der Tierarzt.

An einem vernünftigen Grund i. S. von § 1 Abs. 2 TierSchG fehlt es, wenn die Tötung des Hundes – angesichts der erheblichen **Unterbringungskosten** (vgl. Erl. 4.3.2 zu § 9) – lediglich zur Vermeidung finanzieller Belastungen erfolgen soll (vgl. *Haurand*, Erl. 7 zu § 12 LHundG NRW). Wer ein Tier ohne einen vernünftigen Grund tötet, kann mit einer Freiheitsstrafe bis zu drei Jahren oder mit Geldstrafe bestraft werden (vgl. § 17 Nr. 1 TierSchG). Dies gilt auch für den Halter, z. B. wenn jener seinen als gefährlich eingestuften Hund wegen der dadurch gestiegenen Tierhaltungskosten einschläfern lassen will. Ein vernünftiger Grund zum Einschläfern eines Hundes besteht auch nicht darin, dass dem Halter die Erlaubnis zur Haltung seines Tieres nicht erteilt worden ist. In diesem Fall hat er den Hund an einen geeigneten Halter oder an ein Tierheim abzugeben (vgl. Erl. 4.1 zu § 9).

Die Tötung des Hundes ist von dessen Eigentümer im Rahmen der Sozialbindung des Eigentums hinzunehmen. Es gilt hier der Grundsatz, dass Sachen, von denen eine erhebliche Gefahr ausgeht, dem Eigentümer ohne Entschädigung entzogen oder vernichtet werden können (vgl. BVerfG, Beschl. vom 17.11.1966 = BVerfGE 20, 351, 361; *Caspar*, S. 1587 m. w. N.).

2.1.3 Durchsetzung von spezialgesetzlichen Verhaltenspflichten

Zur Durchsetzung eines gesetzlichen Ge- oder Verbots kann die gefahrenabwehrrechtliche Generalklausel herangezogen werden (vgl. Erl. 2). Dazu muss eine Gefahr für die öffentliche Sicherheit vorliegen (vgl. Erl. 2 zu § 1). Dies ist zumindest dann der Fall, wenn gegen das betreffende Ge- oder Verbot verstoßen worden ist oder ein solcher Verstoß droht und auf diese Weise die Rechtsordnung als Schutzgut der öffentlichen Sicherheit gestört oder gefährdet ist (vgl. OVG Münster, Beschl. vom 16.6.1999 = NWVBl. 2000 S. 30, 31; *Schoch*, S. 485 f. und 572; *Förster/Friedersen/Rohde*, Erl. 2 zu § 176 LVwG). Eine vorsorgliche Anordnung von Verhaltenspflichten ist hingegen unzulässig.

Im Hinblick auf das **HundeG** kommt eine Anordnung zur Gefahrenabwehr bei tatsächlichen oder zu befürchtenden Verstößen gegen

- die allgemeine Sorgfaltspflicht bei der Überlassung eines Hundes (vgl. Erl. 3 zu § 3),
- die allgemeine Anleinpflicht (vgl. Erl. 5 zu § 3),
- die Mitnahmeverbote (vgl. Erl. 6 zu § 3),
- die allgemeine Halsband- und Kennzeichnungspflicht (vgl. Erl. 8 zu § 3; Erl. zu 5),
- das Aggressionsausbildungsverbot (vgl. Erl. 9 zu § 3),
- das Gebot zur Beseitigung von Verunreinigungen durch den Hund (vgl. Erl. 10 zu § 3),
- die Erlaubnispflicht zur Haltung eines gefährlichen Hundes (vgl. Erl. 1 zu § 8),
- die Sicherungspflicht auf dem Grundstück bei der Haltung eines gefährlichen Hundes (vgl. Erl. 2 zu § 14),
- die Sorgfaltspflicht bei der Überlassung eines gefährlichen Hundes (vgl. Erl. 3 zu § 14),
- die besondere Anleinpflicht für einen gefährlichen Hund (vgl. Erl. 4 zu § 14),
- die Maulkorbpflicht für einen gefährlichen Hund (vgl. Erl. 5 zu § 14) sowie
- das Aggressionszuchtverbot (vgl. Erl. zu § 15)

in Betracht.

Neben dem HundeG sehen auch **andere Gesetze** Verhaltenspflichten vor, die in Bezug auf den Umgang mit Hunden von Bedeutung sein können, z. B.

- § 2 TierSchG zur tiergerechten Betreuung und Haltung eines Hundes.
- § 3 Nr. 8 TierSchG, wonach es verboten ist, ein Tier auf ein anderes Tier zu hetzen (z. B. bei Hundekämpfen), soweit dies nicht die Grundsätze weidgerechter Jagdausübung erfordern.
- § 3 Nr. 8a lit. a und b TierSchG. Die Vorschrift verbietet, ein Tier zu einem derartig aggressiven Verhalten auszubilden oder abzurichten, dass dieses Verhalten a) bei ihm selbst zu Schmerzen, Leiden oder Schäden führt oder b) im Rahmen jeglichen artgemäßen Kontaktes mit Artgenossen bei ihm selbst oder einem Artgenossen zu Schmerzen oder vermeidbaren Leiden oder Schäden führt.
- § 11b Abs. 2 TierSchG. Das sog. Qualzuchtverbot untersagt die Zucht von Wirbeltieren, wenn damit gerechnet werden muss, dass bei den Nachkommen a) mit Leiden verbundene erblich bedingte Verhaltensstörungen oder erblich bedingte Aggressionssteigerungen auftreten oder b) jeder artgemäße Kontakt mit Artgenossen bei ihnen selbst oder einem Artgenossen zu Schmerzen oder vermeidbaren Leiden oder Schäden führt oder c) deren Haltung nur unter Bedingungen möglich ist, die bei ihnen zu Schmerzen oder vermeidbaren Leiden oder Schäden führen.
- die Vorschriften der TierSch-HundVO über das Halten und Züchten von Hunden.
- § 28 Abs. 1 Satz 1 StVO, wonach Haustiere, die den Verkehr gefährden können, von der Straße fern zu halten sind. Dies bedeutet allerdings nicht, dass die Mitnahme von Hunden auf Straßen verboten ist. Auch besteht dort keine generelle Anleinpflicht für die Tiere. Gut abgerichtete Hunde, die auf Zuruf gehorchen, dürfen auf Straßen mit mäßigem Verkehr auch unangeleint geführt werden (vgl. VwV-StVO, II. zu § 28 Abs. 1). Die erforderliche Einwirkungsmöglichkeit auf das Tier ist jedoch nur gegeben, solange sich

der Hund im Blickfeld des Hundeführers befindet. Höhere Anforderungen an die Verkehrssicherheit können sich aus dem in der Vergangenheit gezeigten Verhalten des Tieres ergeben, z. B. dann, wenn der Hund zu Beißereien neigt (vgl. *Burmann/Heß/Hühnermann/Jahnke*, § 28 StVO Rn. 4).

- § 46 StrWG. Danach hat derjenige, der eine öffentliche Straße über das übliche Maß verunreinigt, die Verunreinigung ohne Aufforderung und ohne schuldhafte Verzögerung zu beseitigen. Zur öffentlichen Straße gehört auch der Gehweg (vgl. § 2 Abs. 2 Nr. 1 StrWG). Über das übliche Maß ist eine Straße zumindest durch Hundekot verunreinigt. Hier greift aber vorrangig die Regelung des § 3 Abs. 7 HundeG.
- § 15 Abs. 2 KrW-/AbfG zur ordnungsgemäßen Beseitigung von Hundekot als Abfall (vgl. OLG Düsseldorf, Beschl. vom 1.3.1991 = NVwZ-RR 1991 S. 340, 341 ff.; **a. A.** OLG Celle, Beschl. vom 18.8.1978 = NJW 1979 S. 227, 227).
- § 117 OWiG, wonach ordnungswidrig handelt, wer ohne berechtigten Anlass oder in einem unzulässigen oder nach den Umständen vermeidbaren Ausmaß Lärm erregt, der geeignet ist, die Allgemeinheit oder die Nachbarschaft erheblich zu belästigen und die Gesundheit eines anderen zu schädigen, z. B. der Halter oder Betreuer eines Hundes, der das Tier übermäßig bellen oder heulen lässt (vgl. *Göhler*, § 117 OWiG Rn. 9; VGH München, Urt. vom 1.12.1988 – 21 B 88.01683 –; VG Stade, Urt. vom 3.8.1989 – 1 A 188/88 –; auch VGH Mannheim, Urt. vom 28.11.1995 = NVwZ-RR 1996 S. 578, 578 f.; OLG Düsseldorf, Beschl. vom. 6.6.1990 = NJW 1990 S. 3160, 3160; OLG Düsseldorf, Beschl. vom 28.7.1988 = NVwZ 1989 S. 94, 94).

  Beispiel: Hundelärm im Krankenhaus

  A ist Halter eines Spitzes. Das Tier wird in unmittelbarer Nachbarschaft zu einem Krankenhaus gehalten. Der Hund ist in einer Hundehütte auf dem zur Straße gewandten Teil des Grundstücks untergebracht. Das Tier schlägt jedes Mal an, wenn sich eine Person dem Anwesen nähert. Das andauernde Bellen zu Tag- und Nachtzeiten ist auch im Krankenhaus deutlich hörbar und beeinträchtigt die Nachtruhe der Patienten erheblich.
  Die Ordnungsbehörde verfügt daraufhin, dass A die Hundehütte in den rückwärtigen Teil seines Grundstücks zu versetzen hat. Auf diese Weise soll gewährleistet werden, dass der Hund die Passanten nicht bemerkt und infolgedessen nicht mehr anschlägt.

- § 121 OWiG zum sicheren Halten gefährlicher Tiere. Danach ist es verboten, ein bösartiges Tier sich frei umherbewegen zu lassen. Ferner muss der für die Beaufsichtigung des Tieres Verantwortliche die nötigen Vorsichtsmaßnahmen treffen, um Schäden durch das Tier zu verhüten. Als bösartig i. S. von § 121 OWiG wird ein Tier angesehen, bei dem nach seiner besonderen Veranlagung die Gefahr einer Verletzung oder Beschädigung besteht. Dies ist nicht nur bei bissigen Hunden (vgl. Erl. 2.1 zu § 7) der Fall, sondern auch bei großen Hunden, die die Eigenart haben, Menschen anzuspringen, ohne sie verletzen zu wollen (vgl. Erl. 2.2 zu § 7; *Göhler*, § 121 OWiG Rn. 6; *Stabno*, Erl. 1 zu § 121 OWiG; *Hölscheidt*, S. 3). In der Neigung eines Hundes, sich unmotiviert loszureißen und frei umherzulaufen, ist hingegen keine Bösartigkeit zu sehen (vgl. *Hamann 1989*, S. 211). Fraglich ist, wie es sich mit Hunden verhält, die nach dem HundeG als gefährlich gelten. In der Vollzugspraxis wird dieser Frage wenig Bedeutung zukommen, da die durch § 121 OWiG implizierten Verhaltenspflichten insoweit regelmäßig durch die spezielleren Vorschriften des HundeG (vgl. Sicherungspflicht sowie Anlein- und Maulkorbpflicht, Erl. 2, 4 und 5 zu § 14) verdrängt werden (vgl. *Schoch*, S. 479).
- Körperverletzungs- oder Tötungsdelikte (§§ 222 ff. StGB), die aber ebenfalls im Hinblick auf die dort implizierten Sorgfaltspflichten regelmäßig von den spezielleren Bestimmungen des HundeG verdrängt werden (vgl. *Hölscheidt*, S. 2 f.).

Hinzukommen **spezialgesetzliche Anleinpflichten und Mitnahmeverbote**. Es wird insoweit auch auf die Erl. 5 und 6 zu § 3 verwiesen.

Im Einzelfall können die Voraussetzungen für ein Einschreiten aufgrund verschiedener spezialgesetzlicher Befugnisse (vgl. Erl. 2.1.1) bzw. zur Durchsetzung von Verhaltenspflichten verschiedener Spezialgesetze gleichzeitig vorliegen, z. B. im Hinblick auf das Aggressionsausbildungsverbot (vgl. Erl. 9 zu § 3) und das Aggressionszuchtverbot (vgl. Erl. zu § 15). Die Maßnahme ist dann auf diejenige Vorschrift zu stützen, deren Schutzzweck vorrangig betroffen ist (vgl. Erl. 1 zu § 1).

2.1.4 Anwendung der Generalklausel zur Abwehr sonstiger Gefahren

Kann eine notwendige Maßnahme zur Abwehr einer Gefahr für die öffentliche Sicherheit nicht auf eine spezialgesetzliche Befugnis oder eine Standardbefugnis gestützt werden (vgl. Erl. 2.1.1 f.) und kommt auch die Durchsetzung einer spezialgesetzlichen Verhaltenspflicht im Wege der gefahrenabwehrrechtlichen Generalklausel nicht in Betracht (vgl. Erl. 2.1.3), kann die Ordnungsbehörde eine **selbständige Verfügung** erlassen. Rechtsgrundlage hierfür ist die gefahrenabwehrrechtliche Generalklausel §§ 174, 176 LVwG. Es handelt sich hierbei um den Ausnahmefall, da der Umgang mit Hunden bereits durch eine Vielzahl spezialgesetzlicher Verhaltenspflichten geregelt ist. Gleichwohl sind Einzelfälle denkbar, bei denen die gefahrenabwehrrechtliche Generalklausel nicht lediglich zum Vollzug von Normen heranzuziehen ist. Es wird insoweit auf die Ausführungen

- zur generellen Nichtstörungspflicht (vgl. Erl. 2 zu § 3: Gegenüber einem Hundehalter kann angeordnet werden, dass er sein Tier nicht unbeaufsichtigt laufen lässt, wenn davon eine konkrete Gefahr ausgeht),
- zur allgemeinen Sorgfaltspflicht bei der Überlassung eines Hundes (vgl. Erl. 3 zu § 3: Ist ein Hundehalter – unter Berücksichtigung der Eigenschaften seines Hundes – nicht geeignet, sein Tier sicher zu halten und zu führen, kann ihm dessen Haltung untersagt und die Abgabe des Hundes angeordnet werden),
- zur tierärztlichen Begutachtung eines Hundes (vgl. Beispiel zu Erl. 5 zu § 7: Bestehen Anhaltspunkte dafür, dass ein Hund aufgrund seiner Eigenschaften als gefährlich einzustufen ist, können aufgrund einer situativ begründeten Gefahr, z. B. bei einem zu niedrigen Zaun, Schutzvorkehrungen auf dem Grundstück des Hundehalters angeordnet werden) und
- zum Nachweis der Sozialverträglichkeit eines Hundes (vgl. Beispiel zu Erl. 5 zu § 13: Geht von Hunden eine Gefahr aus, wenn sie im Rudel geführt werden, kann angeordnet werden, dass die Tiere einzeln auszuführen sind; vgl. auch VG Braunschweig, Beschl. vom 7.8.1986 = NJW 1987 S. 1099, 1099)

verwiesen.

Selbstständige Verfügungen kommen immer dann in Betracht, wenn die **generelle Nichtstörungspflicht** nachrangig zu den spezielleren Verhaltenspflichten des HundeG durchzusetzen wäre. Da die generelle Nichtstörungspflicht nicht hinreichend bestimmt ist und infolgedessen nicht vollzogen werden kann, ergehen die notwendigen Anordnungen in den betreffenden Fällen unmittelbar aufgrund der gefahrenabwehrrechtlichen Generalklausel, d. h. ohne die ergänzende Herbeiziehung des § 3 Abs. 1 Satz 1 (vgl. Erl. 2 zu § 3).

2.2 Ermessen

Maßnahmen zur Gefahrenabwehr sind im pflichtgemäßen Ermessen anzuordnen. Dabei hat die Behörde zunächst zu prüfen, ob überhaupt ein Einschreiten geboten ist (Opportunitätsermessen; vgl. Erl. 2.2.1), um danach eine verhältnismäßige Maßnahme und dessen Adressaten zu bestimmen (Auswahlermessen; vgl. Erl. 2.2.2).

2.2.1 Opportunitätsermessen

Das Opportunitätsermessen gestattet der Ordnungsbehörde und der Polizei – angesichts begrenzter personeller und sachlicher Mittel – in Bagatellfällen von einem Einschreiten ganz oder vorübergehend abzusehen. Zu denken ist hier an Fälle, da infolge eines Gesetzesverstoßes zwar die Rechtsordnung verletzt, die Schwelle der tolerierbaren Schädlichkeit aber noch nicht überschritten ist (vgl. *Schoch*, S. 755). Solche Bagatellfälle sind insbesondere im Hinblick auf unschädliche Verstöße gegen die allgemeine Anleinpflicht vorstellbar (vgl. Beispiel zu Erl. 5 zu § 3).

Jedenfalls muss bei der Durchsetzung der Verhaltenspflichten des HundeG (vgl. Erl. 2.1.3) das durch die gefahrenabwehrrechtliche Generalklausel eingeräumte Ermessen erkannt und ausgeübt sowie die Entscheidung begründet werden (vgl. § 109 LVwG). Dabei sind die Ermessenserwägungen darzulegen. Es genügt nicht, den Adressaten der Verfügung lediglich auf das gesetzliche Ge- oder Verbot, gegen das verstoßen wurde, zu verweisen.

Die Schwelle der tolerierbaren Schädlichkeit ist überschritten, wenn Individualrechtsgüter, wie z. B. das menschliche Leben oder die menschliche Gesundheit, aber auch das Eigentum bedroht sind oder die Rechtsverstöße fortgesetzt bzw. systematisch erfolgen, so dass der gesetzestreue Bürger das Nachsehen hat. Im Einzelfall können die Schutzgüter der öffentlichen Sicherheit derart erheblich bedroht sein, dass nur ein Einschreiten in Betracht kommt. Das Ermessen ist dann auf Null reduziert, d. h. ein Nichteinschreiten wäre ermessensfehlerhaft und damit rechtswidrig. Dies ist insbesondere dann der Fall, wenn eine erhebliche Gefahr droht (vgl. Erl. 3 zu § 16), d. h. nicht nur gegen ein gesetzliches Ge- oder Verbot verstoßen wird, sondern überdies ein bedeutsames Rechtsgut (z. B. Leben, Gesundheit oder wesentliche Vermögenswerte) gefährdet ist (vgl. *Schoch*, S. 755 ff.). Es wird insoweit auf das Beispiel zu Erl. 4.3.2 zu § 9 verwiesen. Ist das Ermessen auf Null reduziert, besteht ein Anspruch auf das behördliche Einschreiten. Eine ermessenfehlerhafte Untätigkeit kann dann Schadensersatzansprüche aus Amtshaftung begründen (vgl. § 839 BGB, Art. 34 GG).

2.2.2 Auswahlermessen

Beim Auswahlermessen muss über das „Wie" der Gefahrenabwehr entscheiden werden. Die Maßnahme muss gemäß dem Grundsatz der Verhältnismäßigkeit geeignet, erforderlich und angemessen sein. Bei Verstößen gegen Ge- und Verbote reicht es mitunter aus, dass zunächst die gesetzlich geforderte Verhaltensweise angeordnet wird, z. B. bei der Anlein- und Maulkorbpflicht. Voraussetzung dafür ist aber, dass die Anordnung hinreichend bestimmt ist, d. h. dass dem Pflichtigen klar ist, welches Tun oder Unterlassen von ihm gefordert wird. So genügt es z. B. nicht, dem Halter eines gefährlichen Hundes aufzugeben, dass er sein Tier gemäß § 14 Abs. 1 HundeG sicher auf seinem Grundstück zu verwahren hat. Es bedarf hier einer weitergehenden Konkretisierung der Anordnung (vgl. Erl. 2 zu § 14). Kann die Gefahr durch die Anordnung bzw. Konkretisierung der gesetzlichen Verhaltenspflicht nicht wirksam beseitigt werden, können weitergehende Maßnahmen verfügt werden, wie z. B. die Untersagung der Hundehaltung und die Abgabe des Tieres an einen geeigneten Halter (vgl. Erl. 4.1 zu § 9). Eine Untersagungs- und Abgabeverfügung kommt insbesondere dann in Betracht, wenn ein gefährlicher Hund ohne die dafür erforderliche Erlaubnis gehalten wird. Bei Maßnahmen, die die körperliche Integrität des Tieres verletzen, z. B. die Unfruchtbarmachung (vgl. Erl. 4 zu § 15) oder – als „ultima ratio" – die Einschläferung des Hundes haben die Behörden die Verantwortung des Menschen für das Tier zu berücksichtigen, wobei insbesondere den Vorschriften des TierSchG Rechnung zu tragen ist (vgl. Erl. 2.1.2.3).

Im Rahmen des Auswahlermessens muss zudem der Adressat der Anordnung bestimmt werden (Störerauswahl). Dabei ist nach dem Effektivitätsprinzip derjenige auszuwählen, durch den die Gefahrenbeseitigung am wirksamsten, d. h. am schnellsten, verlässlichsten und gründlichsten erfolgt (vgl. *Kingreen/Poscher*, § 9 Rn. 89). Bei Verstößen gegen Verhaltenspflichten des HundeG ist dies in der Regel unproblematisch, weil zunächst der Verhaltensstörer (vgl. § 218 LVwG), d. h. derjenige, der gegen das Gesetz verstößt, die höchste Gewähr dafür bietet, dass die Störung der Rechtsordnung beseitigt wird. Dies kann der Halter, aber auch der Betreuer oder der Führer des Hundes sein. Sofern Maßnahmen zu treffen sind, die in das Besitz- oder Eigentumsrecht am Hund eingreifen (z. B. eine Verfügung zur Abgabe oder Sicherstellung des Tieres), kann dessen Halter oder der Eigentümer als Zustandsstörer heranzuziehen sein (vgl. *Hamann 1989*, S. 216).

3. Verordnungen zur Gefahrenabwehr

§ 175 LVwG ermächtigt die Ordnungsbehörden zur Abwehr abstrakter Gefahren für die öffentliche Sicherheit, Verordnungen zu erlassen. Hierbei sind die §§ 53 ff. LVwG zu beachten. Danach darf eine Verordnung insbesondere keine Bestimmungen enthalten, die mit höherrangigem Recht in Widerspruch stehen (vgl. § 57 Abs. 1 LVwG). Die Ordnungsbehörden sind somit nicht befugt, Verhaltenspflichten nach dem HundeG im Verordnungswege einzuschränken.

Der Erlass der Verordnung setzt eine **abstrakte Gefahr** voraus. Ein bloßer Gefahrenverdacht reicht nicht aus. Es muss nach allgemeiner Lebenserfahrung oder den Erkenntnissen fachkundiger Stellen mit hinreichender Wahrscheinlichkeit absehbar sein, dass ein Sachverhalt typischerweise zum Eintritt einer „konkreten" Gefahr führt. Eine vorsorgliche Verordnung von Verhaltenspflichten ist unzulässig. Als solche ist auch eine Regelung anzusehen, die an die Hunderasse anknüpft (vgl. Erl. 2 zu § 1).

Vor diesem Hintergrund kommen Verordnungen regelmäßig zur **Erweiterung der allgemeinen Pflichten** des HundeG in Betracht, z. B. im Hinblick auf die Anleinpflicht (vgl. Erl. 5 zu § 3). Anlass dafür können besondere Umstände vor Ort sein, die eine abstrakte Gefahrenlage begründen. Zu denken ist hier an Bereiche, in denen die Größe der zur Verfügung stehenden Verkehrsfläche derart gering ist, dass von unangeleint geführten Hunden typischerweise eine Gefahr ausgeht, z. B. auf schmalen Bürgersteigen in Altstädten. Werden Hunde dort unangeleint geführt, kann es entgegenkommenden Passanten auf dem Bürgersteig an der erforderlichen Fläche fehlen, um den Tieren auszuweichen. In diesem Fall steht zu befürchten, dass schreckhafte Menschen auf die Straße ausweichen und infolgedessen Straßenverkehrsgefährdungen verursachen. Die zu verordnende Anleinpflicht darf allerdings nicht vornehmlich verkehrsordnungsrechtliche Ziele verfolgen, da sie andernfalls mit dem Straßenverkehrsrecht kollidieren und gegen Bundesrecht verstoßen würde (vgl. BGH, Beschl. vom 18.4.1991 = NJW 1991 S. 1691, 1691 f. m. w. N.).

Beispiel: Stadtverordnung über die Anleinpflicht von Hunden im Bereich der Musterstädter Innenstadt vom 25.11.2019

Aufgrund des § 175 des Allgemeinen Verwaltungsgesetzes für das Land Schleswig-Holstein (LVwG) in der Fassung der Bekanntmachung vom 2.6.1992 (GVOBl. Schl.-H. S. 243, ber. S. 534), zuletzt geändert durch Gesetz vom 13.2.2019 (GVOBl. Schl.-H. S. 42) wird mit Genehmigung des Innenministeriums des Landes Schleswig-Holstein vom 7.12.2019 für den Bezirk der Stadt Musterstadt verordnet:

§ 1

Anleinzwang

(1) Hunde sind auf öffentlichen Straßen, Wegen, Plätzen und Anlagen im Innenstadtbereich mit Ausnahme besonders ausgewiesener Hundeauslaufgebiete anzuleinen. Der Innenstadtbereich wird wie folgt begrenzt: …

(2) Die Grenzen des Innenstadtbereichs sind in dem anliegenden Übersichtsplan gekennzeichnet.

§ 2

Ausnahmen

§ 1 Abs. 1 gilt nicht für Diensthunde von Behörden, Hunde des Such- und Rettungsdienstes sowie des Katastrophenschutzes, Blindenführhunde, Behindertenbegleit-

hunde, Assistenz- und Therapiehunde im Rahmen ihres bestimmungsgemäßen Einsatzes und ihrer Ausbildung.

§ 3

Ordnungswidrigkeiten

(1) Ordnungswidrig im Sinne des § 175 Abs. 3 LVwG handelt, wer vorsätzlich oder fahrlässig entgegen § 1 Abs. 1 der Verordnung einen Hund auf öffentlichen Straßen, Wegen, Plätzen oder Anlagen im Innenstadtbereich nicht anleint.

(2) Die Ordnungswidrigkeit kann mit einer Geldbuße bis zu 1 000 Euro geahndet werden.

§ 4

Geltungsdauer

(1) Die Verordnung tritt am Tage nach ihrer Verkündung in Kraft.

(2) Die Geltungsdauer der Verordnung beträgt gemäß § 65 Abs. 1 S. 2 LVwG fünf Jahre.

Musterstadt, den 25. November 2019
Der Bürgermeister als Ordnungsbehörde

Die in der Verordnung der Stadt Musterstadt verfügte Anleinpflicht erstreckt sich auch auf Bereiche, für die bereits eine gesetzliche Anleinpflicht besteht, z. B. auf Fußgängerzonen und Haupteinkaufsbereiche. Die Verordnung wiederholt insoweit Regelungen des HundeG, was aber unschädlich ist, zumal eine ausdrückliche Ausnahme der betreffenden Bereiche geeignet wäre, den Bürger zu verwirren. In diesem Zusammenhang ist anzumerken, dass die Ordnungsbehörde auch eine Verordnung erlassen kann, um den örtlichen Geltungsbereich bestehender Anleinpflichten klarzustellen. Dies kommt insbesondere im Hinblick auf § 3 Abs. 2 Satz 1 Nr. 1 Alt. 3 HundeG in Betracht, wonach Hunde in innerörtlichen Bereichen, Straßen und Plätzen anzuleinen sind, die einen vergleichbaren Publikumsverkehr aufweisen wie Fußgängerzonen und Haupteinkaufsbereiche (vgl. Erl. 5.2.1 f. zu § 3).

Die Verordnung muss – unter Verhältnismäßigkeitsgesichtspunkten – dem Bewegungsbedürfnis der Tiere Rechnung tragen. Eine flächendeckende Anleinpflicht ist unzulässig, zumal eine abstrakte Gefahr für das gesamte Gemeinde- oder Amtsgebiet nur schwer zu begründen sein dürfte. Im Übrigen sollten die nach § 18 HundeG **privilegierten Hunde** (vgl. Erl. zu § 18) von den Regelungen der Verordnung ausgenommen werden (vgl. *Jahn*, S. 751).

Die in der Verordnung vorgesehenen Verhaltenspflichten können auch saisonal begrenzt werden. Dies kommt für **Fremdenverkehrsgemeinden** in Betracht, z. B. bei der Anordnung einer Anleinpflicht auf einer Kurpromenade, wenn die der Anleinpflicht zugrunde liegende abstrakte Gefahrenlage in den Herbst- und Wintermonaten nicht besteht (vgl. OVG Lüneburg, Urt. vom 8.2.1990 = NVwZ 1991 S. 693, 693 f.).

Die Ge- und Verbote der Verordnung sollten bußgeldbewehrt werden. Der dabei vorzusehende **Bußgeldrahmen** bemisst sich nach § 17 Abs. 1 OWiG (vgl. *Klindt*, S. 576). Der dortige Höchstsatz von 1 000 Euro darf nur überschritten werden, wenn ein Gesetz dies bestimmt (vgl. auch Erl. 5 zu § 20). Dies ist im Hinblick auf Verordnungen nach § 175 LVwG nicht der Fall.

Die Abwehr der von Hunden ausgehenden Gefahren kann nicht im Wege einer kommunalen **Satzung** geregelt werden. Die Gefahrenabwehr ist keine Selbstverwaltungsaufgabe, sondern eine staatliche Aufgabe. Jene ist in der Form zu erfüllen, die die Rechtsordnung dafür vorsieht. Dies ist gemäß § 175 LVwG die Verordnung. Satzungen können allenfalls mittelbar der Gefahrenabwehr dienen (*Hölscheidt*, S. 8).

Die Verordnungen bedurften nach § 17 GefHVO a. F. der Zustimmung des Innenministeriums. Dieses Erfordernis war bereits in § 17 Abs. 2 GefHG a. F. weggefallen. Gleichwohl ist der für alle Verordnungen geltende Genehmigungsvorbehalt des § 55 Abs. 4 LVwG zu beachten.

§ 20
Ordnungswidrigkeiten

(1) Ordnungswidrig handelt, wer vorsätzlich oder fahrlässig

1. entgegen § 3 Absatz 1 Satz 1 einen Hund nicht so hält oder führt, dass von diesem keine Gefahr für die öffentliche Sicherheit ausgeht,
2. entgegen § 3 Absatz 1 Satz 2 einer Person überlässt, die nicht die Gewähr dafür bietet, den Hund sicher im Sinne des § 3 Absatz 1 Satz 1 zu führen,
3. entgegen § 3 Absatz 2 einen Hund nicht an der Leine führt,
4. entgegen § 3 Absatz 3 einen Hund mitnimmt oder dort laufen lässt,
5. entgegen § 3 Absatz 5 einem Hund ein Halsband, eine Halskette oder eine vergleichbare Anleinvorrichtung mit der vorgeschriebenen Kennzeichnung nicht anlegt,
6. entgegen § 3 Absatz 6 Satz 1 einen Hund ausbildet,
7. entgegen § 3 Absatz 7 Satz 1 eine Verunreinigung nicht entsorgt,
8. gegen die Kennzeichnungspflicht nach § 5 verstößt,
9. entgegen § 8 Absatz 1 einen gefährlichen Hund ohne die erforderliche Erlaubnis hält,
10. entgegen § 9 Absatz 1 Satz 3 die Bescheinigung über die Antragstellung nicht mitführt oder vorzeigt,
11. entgegen § 9 Absatz 1 Satz 4 eine Mitteilungspflicht nicht erfüllt,
12. gegen die Versicherungspflicht nach § 10 Absatz 1 Nummer 3 verstößt,
13. gegen eine Auflage nach § 10 Absatz 4 verstößt,
14. entgegen § 14 Absatz 1 einen gefährlichen Hund nicht so hält, dass er ein ausbruchssicheres Grundstück nicht gegen den Willen der Hundehalterin oder des Hundehalters verlassen kann,
15. einen gefährlichen Hund entgegen § 14 Absatz 2 durch eine Person führen lässt, die keine Bescheinigung nach § 14 Absatz 6 Satz 1 besitzt,
16. entgegen § 14 Absatz 3 Satz 1 einen gefährlichen Hund nicht angeleint oder nicht an einer geeigneten Leine führt,
17. entgegen § 14 Absatz 3 Satz 2 oder Absatz 4 Satz 1 einem gefährlichen Hund keinen das Beißen verhindernden Maulkorb anlegt,
18. entgegen § 14 Absatz 5 die Erlaubnis oder die Befreiung nicht mitführt oder vorzeigt,
19. entgegen § 14 Absatz 6 Satz 2 eine Bescheinigung, Erlaubnis oder Befreiung nicht besitzt oder diese nicht mitführt oder vorzeigt,
20. entgegen § 15 Absatz 1 Hunde züchtet,
21. entgegen § 15 Absatz 2 nicht sicherstellt, dass eine Verpaarung eines Hundes, der nach § 15 Absatz 1 nicht zur Zucht eingesetzt werden darf, nicht erfolgt.

(2) Die Ordnungswidrigkeit kann mit einer Geldbuße bis zu 10 000 Euro geahndet werden.

(3) Verwaltungsbehörde im Sinne des § 6 Absatz 1 Nummer 1 des Gesetzes über Ordnungswidrigkeiten ist die zuständige Behörde nach § 2.

VwV-HundeG

Abschnitt 20

Zu § 20 – Ordnungswidrigkeiten

Soweit nicht die Bedeutung und Vorwerfbarkeit der Ordnungswidrigkeit oder die wirtschaftlichen Verhältnisse des Täters in besonderer Weise zu berücksichtigen sind, kann in der Verwaltungspraxis auf den in der Anlage zu Ziffer 42 wiedergegebenen Bußgeldkatalog zurückgegriffen werden.

Die im Katalog ausgewiesenen Verwarnungs- bzw. Bußgelder sind Regel- und Rahmensätze, die sich an den Merkmalen des § 17 Abs. 3 OWiG orientieren unter Berücksichtigung von einer durchschnittlichen Bedeutung der Ordnungswidrigkeit, einem durchschnittlichem Vorwurf, der den Täter trifft (fahrlässiges Handeln nach § 17 Abs. 2 OWiG), und durchschnittlichen wirtschaftlichen Verhältnissen. Ist eine Ordnungswidrigkeit als geringfügig zu beurteilen, kann von der Durchführung eines Bußgeldverfahrens abgesehen und eine Verwarnung erteilt werden (§ 56 Abs. 1 OWiG). Dabei soll ein Verwarnungsgeld erhoben werden, wenn die Verwarnung ohne Verwarnungsgeld unzureichend ist (§ 56 Abs. 2 OWiG). Bei „atypischen" Sachverhalten kann von den Regelsätzen abgewichen werden.

Erläuterungen

Übersicht

1. Ordnungswidrigkeiten
2. Abgrenzung zur Gefahrenabwehr
3. Zuständigkeit
4. Ermittlungsverfahren
5. Höhe des Bußgeldes
6. Ordnungswidrigkeiten außerhalb des HundeG

1. Ordnungswidrigkeiten

Alle wesentlichen Verhaltenspflichten des HundeG sind bußgeldbewehrt. D. h. Verstöße dagegen können als Ordnungswidrigkeiten verfolgt und geahndet werden. Eine Ordnungswidrigkeit ist eine

- rechtswidrige und
- vorwerfbare
- Handlung,

die den Tatbestand eines Gesetzes verwirklicht, das die Ahndung mit einer Geldbuße zulässt (vgl. § 1 OWiG). Dabei muss der Tatbestand hinreichend bestimmt sein (vgl. § 3 OWiG). Für den Bürger muss deutlich sein, welches Tun oder Unterlassen (vgl. § 8 OWiG) mit einem Bußgeld geahndet werden kann (vgl. Erl. 2 zu § 3).

Unter einer **Handlung** ist jedes willensgetragene Verhalten eines Menschen zu verstehen. Eine juristische Person kann somit nicht Täter einer Ordnungswidrigkeit sein (vgl. *Göhler*, vor § 1 OWiG Rn. 11, 31). Gleichwohl kann ein Bußgeld gegen den gesetzlichen Vertreter der juristischen Person verhängt werden. Wird z. B. ein gefährlicher Hund von einer GmbH ohne die dafür erforderliche Erlaubnis gehalten (vgl. Erl. 3 zu § 10), kann die Ordnungswidrigkeit geahndet werden, indem das Bußgeld gegen den Geschäftsführer der GmbH festgesetzt wird (vgl. § 9 Abs. 1 Nr. 1 OWiG).

Rechtswidrig ist die Handlung, wenn sie im Widerspruch zur Rechtsordnung steht. Hierfür genügt es, dass der Tatbestand der Ordnungswidrigkeit erfüllt ist und keine Rechtfertigungsgründe wie z. B. Notwehr vorliegen. Notwehr ist die Verteidigung, die erforderlich ist, um einen gegenwärtigen Angriff von sich oder einem anderen abzuwehren (vgl. § 15 OWiG). Notwehr kann z. B. dann gegeben sein, wenn ein Halter seinen Hund auffordert, zur Verteidigung anlässlich einer strafbaren Handlung einen Menschen anzugreifen (vgl. Erl. 2.1 zu § 7).

Vorwerfbar ist die Handlung, wenn der Tatbestand der Ordnungswidrigkeit vorsätzlich oder fahrlässig erfüllt worden ist. Vorsatz liegt vor, wenn die Handlung mit dem Wissen um deren Rechtswidrigkeit und willentlich begangen worden ist (direkter Vorsatz). Vorsätzlich handelt auch, wer zwar nicht weiß, dass er Unrecht begeht, aber es für möglich hält und dies billigend in Kauf nimmt (bedingter Vorsatz). Vorsatz ist nicht gegeben, wenn zum Zeitpunkt der Tat ein Irrtum vorlag (vgl. § 11 OWiG). Trotz des Irrtums kann dem Halter Fahrlässigkeit vorzuwerfen sein. Fahrlässig handelt, wer bewusst oder unbewusst die nach den Umständen und seinen persönlichen Verhältnissen notwendige Sorgfalt außer Acht gelassen hat und daher nicht voraussieht, dass es dadurch zur Verwirklichung des Bußgeldtatbestandes kommt. Grundsätzlich kann nur vorsätzliches Handeln als Ordnungswidrigkeit geahndet werden. § 20 Abs. 1 HundeG sieht aber vor, dass die dort aufgeführten Ordnungswidrigkeiten auch dann geahndet werden können, wenn sie fahrlässig begangen worden sind (vgl. § 10 OWiG; auch Erl. 5).

Zuständig für die Verfolgung und Ahndung von Ordnungswidrigkeiten ist die Ordnungsbehörde als Verwaltungsbehörde i. S. des OWiG (vgl. Erl. 3). Sie ermittelt den Sachverhalt und ahndet die Ordnungswidrigkeit im pflichtgemäßen Ermessen durch ein Bußgeld oder erteilt eine Verwarnung (vgl. Erl. 4). Die Höhe des Bußgeldes bemisst sich nach der Bedeutung der Tat und deren Vorwerfbarkeit (vgl. Erl. 5). Als Sanktionsmaßnahme ist das Bußgeld von den präventiven Maßnahmen der Gefahrenabwehr, insbesondere von dem Zwangsgeld zu unterscheiden (vgl. Erl. 2).

2. Abgrenzung zur Gefahrenabwehr

Mit der Festsetzung von Bußgeldern werden zurückliegende Rechtsverstöße geahndet. Im Unterschied zur Gefahrenabwehr steht dabei nicht die Prävention (vgl. Erl. 1 zu § 1), sondern die Sanktion im Vordergrund. Von dem Bußgeld sind daher Zwangsmaßnahmen zur Durchsetzung gefahrenabwehrrechtlicher Anordnungen zu unterscheiden wie z. B. das Zwangsgeld (vgl. Erl. 4.3.1 zu § 9). Jene dienen der Durchsetzung einer angeordneten Verhaltenspflicht, die verletzt wurde bzw. verletzt zu werden droht. Die Androhung und Festsetzung von Zwangsmaßnahmen soll das künftige Verhalten des Störers steuern. Anders als das Bußgeld stellt sie keine Bestrafung dar. Gleichwohl können neben der Androhung und Festsetzung von Zwangsmaßnahmen die bereits erfolgten Rechtsverstöße mit einem Bußgeld geahndet werden. Eine „Doppelbestrafung" ist hierin – aufgrund der unterschiedlichen Zielsetzung – nicht zu sehen (vgl. *Kalkschmidt/Lütje*, Rn. 238 f.).

3. Zuständigkeit

Sachlich zuständig für die Verfolgung und Ahndung der Ordnungswidrigkeiten nach dem HundeG sind grundsätzlich die Bürgermeister der amtsfreien Gemeinden und die Amtsvorsteher als örtliche Ordnungsbehörde (Verwaltungsbehörde; vgl. § 35 OWiG). § 20 Abs. 3 HundeG verweist dazu auf § 2 HundeG. Es soll dadurch sichergestellt werden, dass präventive und repressive Maßnahmen, d. h. die Gefahrenabwehr und die Verfolgung sowie Ahndung der dabei entdeckten Ordnungswidrigkeiten in einer Hand liegen (vgl. LT-Drs. 15/3471 S. 53).

Der im Hinblick auf die Verweisung maßgebliche Wortlaut des § 2 HundeG differenziert nicht ausdrücklich zwischen der sachlichen und örtlichen Zuständigkeit. Da die Verweisung des § 20 Abs. 3 auf § 36 Abs. 1 Nr. 1 OWiG Bezug nimmt, kann hier nur die dort geregelte sachliche Zuständigkeit der Verwaltungsbehörde gemeint sein. Eine Regelung der örtlichen Zuständigkeit, d. h. eine Beschränkung auf die Ordnungsbehörde des Haltungsortes (vgl. Erl. zu § 2), wird durch § 20 Abs. 3 HundeG nicht getroffen (vgl. *Haurand*,

Erl. 6 zu § 20 LHundG NRW). Hierfür fehlt es an einer besonderen Vorschrift über die örtliche Zuständigkeit (vgl. *Göhler*, § 37 OWiG Rn. 12 f.). Die örtliche Zuständigkeit der Verwaltungsbehörde richtet sich daher nach § 37 OWiG.

Örtlich zuständige Verwaltungsbehörde ist gemäß § 37 Abs. 1 OWiG diejenige Behörde, in deren Bezirk

- die Ordnungswidrigkeit begangen oder entdeckt worden ist oder
- der Betroffene zur Zeit der Einleitung des Bußgeldverfahrens seinen Wohnsitz hat. Ist der Betroffene ohne Wohnsitz, so wird die Zuständigkeit auch durch den gewöhnlichen Aufenthaltsort bestimmt (vgl. § 37 Abs. 3 OWiG).

Sind mehrere Behörden örtlich und sachlich zuständig, z. B. die Ordnungsbehörde, in deren Bezirk die Ordnungswidrigkeit begangen oder entdeckt worden ist, sowie die Ordnungsbehörde am Wohnsitz des Halters, so gebührt der Vorzug derjenigen Behörde,

- die wegen der Tat den Betroffenen zuerst vernommen hat,
- ihn durch die Polizei zuerst hat vernehmen lassen oder
- der die Akten von der Polizei nach der Vernehmung zuerst übersandt worden sind (vgl. § 39 Abs. 1 Satz 1 OWiG).

Dies dürfte regelmäßig die Ordnungsbehörde am Begehungs- oder Entdeckungsort sein. Danach kann im Beispiel zu Erl. zu § 2 die Ordnungsbehörde des Urlaubsortes die dort begangene Ordnungswidrigkeit verfolgen und ahnden. Dies ist in Anbetracht der immer noch uneinheitlichen Regelungen der Länder zum (Gefahr-)Hunderecht zweckmäßig (vgl. Erl. zu § 17, zumal die landesrechtlich geregelten Ordnungswidrigkeiten grundsätzlich nur im Geltungsbereich des jeweiligen Landesrechtes verfolgt und geahndet werden können (vgl. *Göhler*, § 5 OWiG Rn. 13).

Abweichend von der Regelung des § 20 Abs. 3 HundeG kann die **Staatsanwaltschaft** die Verfolgung der Ordnungswidrigkeit an sich ziehen, wenn damit eine Straftat zusammenhängt, z. B. eine Körperverletzung (vgl. § 223 StGB) oder Sachbeschädigung (vgl. 303 StGB). Voraussetzung dafür ist allerdings, dass ein Bußgeldbescheid noch nicht erlassen worden ist (vgl. § 42 OWiG).

4. Ermittlungsverfahren

Zur Verfolgung der Ordnungswidrigkeit hat die Verwaltungsbehörde (vgl. Erl. 3) den Sachverhalt selbständig und eigenverantwortlich zu ermitteln. Dies kann auch durch die Polizei erfolgen (vgl. § 51 Abs. 1 OWiG), ohne dass diese dadurch zur zuständigen Verwaltungsbehörde wird (vgl. Erl. 3).

Nach § 46 Abs. 2 OWiG hat die Verwaltungsbehörde bzw. die Polizei im Bußgeldverfahren grundsätzlich dieselben Rechte wie die Staatsanwaltschaft. Anders als im strafrechtlichen Ermittlungsverfahren steht die Verfolgung von Ordnungswidrigkeiten im pflichtgemäßen Ermessen der Verwaltungsbehörde (vgl. § 47 Abs. 1 OWiG). Hierbei kommt das **Opportunitätsprinzip** zum Zuge. Danach kann von der Verhängung eines Bußgeldes abgesehen werden, wenn der Unrechtsgehalt des Ordnungsverstoßes so gering und eine Gefährdung so entfernt ist, dass eine Ahndung nicht mehr angemessen oder jedenfalls nicht mehr notwendig erscheint (vgl. *Göhler*, § 47 OWiG Rn. 2). Dies gilt insbesondere für Bagatellverstöße, zumal dann, wenn diese lediglich als schlichte Rechtsverstöße die öffentliche Sicherheit stören, z. B. tolerable Verstöße gegen die allgemeine Anleinpflicht (vgl. Erl. 2.2.1 zu § 19).

Die Verwaltungsbehörde ist nicht nur für die Verfolgung, sondern auch für die Ahnung der Ordnungswidrigkeit zuständig. Jene umfasst die Befugnis, den ermittelten Sachverhalt zu bewerten und ggf. ein Bußgeld zu verhängen oder eine Verwarnung zu erteilen (vgl. §§ 56, 65 f. OWiG). Sofern die Verwaltungsbehörde Anhaltspunkte für eine Straftat sieht, gibt sie die Sache an die Staatsanwaltschaft ab (vgl. Erl. 3; § 41 Abs. 1 OWiG). Vor dem Erlass eines Bußgeldbescheides ist der Betroffene anzuhören (vgl. § 55 OWiG). Der Bußgeldbescheid muss den Anforderungen des § 66 OWiG genügen.

Verletzt dieselbe Handlung mehrere Gesetze, nach denen sie als Ordnungswidrigkeit geahndet werden kann **(ungleichartige Tateinheit)**, so wird nur ein einziges Bußgeld festgesetzt. Dies gilt auch für den Fall, in dem dieselbe Handlung ein Gesetz mehrmals verletzt, d. h. durch eine Handlung der Tatbestand ein und derselben Bußgeldnorm mehrfach verwirklicht wird (gleichartige Tateinheit; vgl. *Göhler*, vor § 19 OWiG Rn. 29). Bei der ungleichartigen Tateinheit wird das Bußgeld nach dem Gesetz bestimmt, dass die höchste Geldbuße androht.

> *Beispiel: Der doppelt ordnungswidrig geführte Hund*
>
> *A führt seinen als gefährlich eingestuften Dackel unangeleint im Wald aus. Er verstößt damit gegen die Anleinpflicht des § 14 Abs. 3 HundeG für gefährliche Hunde sowie gegen die Anleinpflicht in Wäldern (vgl. § 17 Abs. 2 Nr. LWaldG). Während für den forstrechtlichen Verstoß lediglich ein Bußgeld in Höhe von bis zu 2 500 Euro festgesetzt werden kann (vgl. § 38 Abs. 2 Nr. 5 lit. c, Abs. 5 Nr. 2 LWaldG), sieht § 29 Abs. 1 Nr. 16, Abs. 2 HundeG ein Bußgeld in Höhe von bis zu 10 000 Euro vor. Die Ordnungswidrigkeit ist nach dem „strengeren" HundeG zu ahnden.*

5. Höhe des Bußgeldes

Gemäß § 17 Abs. 1 OWiG beträgt das Bußgeld mindestens fünf Euro und, wenn das Gesetz nichts anderes bestimmt, höchstens 1 000 Euro. § 20 Abs. 2 HundeG erweitert diesen Rahmen auf bis zu 10 000 Euro. Damit soll der Verwaltungsbehörde die Möglichkeit eröffnet werden, im Einzelfall ein der Schwere der festgestellten Ordnungswidrigkeit angemessenes Bußgeld zu verhängen (vgl. LT-Drs. 15/3471 S. 52). Der Bußgeldkatalog zum HundeG findet sich in Anlage IV zur VwV-HundeG. Darin finden sich Bußgelder in der Spanne von 25 EUR bis 5 000 EUR. Im Falle der fahrlässigen Begehung der Ordnungswidrigkeit (vgl. Erl. 1), kann dieser Höchstsatz allerdings nur zur Hälfte ausgeschöpft werden (vgl. § 18 Abs. 2 OWiG).

Grundlagen für die Zumessung des Bußgeldes sind

- die Bedeutung der Ordnungswidrigkeit und
- der Vorwurf, der den Täter trifft.

Bei nicht lediglich geringfügigen Ordnungswidrigkeiten können auch die wirtschaftlichen Verhältnisse des Täters berücksichtigt werden (vgl. § 17 Abs. 3 OWiG).

Hinsichtlich der **Bedeutung der Ordnungswidrigkeit** ist die Schwere der Rechtsverletzung maßgeblich. Dabei ist nicht nur die Höhe des Schadens, sondern auch das Ausmaß der eingetretenen Gefährdung oder Beeinträchtigung der geschützten Rechtsgüter, insbesondere auch deren Auswirkung auf Dritte zu berücksichtigen (vgl. *Kalkschmidt/Lütje*, Rn. 252). So kann für den Fall, dass ein Hund gem. § 3 Abs. 6 Satz 1 Hunde G mit dem Ziel gesteigerter Aggressivität oder Gefährlichkeit ausgebildet wird, durchaus ein Bußgeld von bis zu 5 000 EUR verhängt werden. Gleiches gilt für einen Verstoß gegen das Aggressionszuchtverbot aus § 15 Abs. 1 HundeG. In Anbetracht der Gefahren, die von Hunden mit gesteigerter Aggressivität ausgehen, scheinen diese Bußgelder angebracht. Für die Nichtentfernung einer Verunreinigung durch den Hund werden immerhin mindestens 50 EUR Bußgeld erhoben.

Der **Vorwurf**, der den Täter trifft, bemisst sich in erster Linie nach der Bedeutung der Ordnungswidrigkeit. Da bei der Bemessung des Bußgeldes solche Kriterien außer Acht bleiben müssen, die vom Gesetzgeber geregelt worden sind bzw. zu regeln gewesen wären, kann es bei der Vorwerfbarkeit des Verhaltens des Täters insbesondere nicht darauf ankommen, ob die Tat vorsätzlich oder fahrlässig begangen worden ist (vgl. § 18 Abs. 2 OWiG; *Göhler*, § 17 OWiG Rn. 17). Es können aber besondere Umstände in der Person des Täters berücksichtigt werden, wie z. B. besonders raffiniertes Vorgehen, verwerfliche Ziele, leichtfertiges Verhalten, verständliche Beweggründe oder eine verminderte Einsichtsfähigkeit (vgl. *Kalkschmidt/Lütje*, Rn. 252). Verstößt z. B. ein Halter wiederholt gegen die Pflichten des HundeG, kann auch hierin ein Grund für eine höhere Bemessung des Bußgeldes gesehen werden (vgl. *Göhler*, § 17 OWiG Rn. 18).

Die **wirtschaftlichen Verhältnisse des Täters** sind nur dann bei der Bemessung des Bußgeldes zu berücksichtigen, wenn es sich nicht lediglich um eine geringfügige Ordnungswidrigkeit handelt. Geringfügig ist eine Ordnungswidrigkeit, wenn sie nach ihrer Bedeutung und Vorwerfbarkeit mit einem Bußgeld von bis zu 35 Euro zu ahnden wäre. In diesem Fall kommt die Festsetzung eines Verwarngeldes in Betracht. Verwarnungen können auch ohne Verwarngeld erteilt werden (vgl. § 56 Abs. 1 OWiG).

6. Ordnungswidrigkeiten außerhalb des HundeG

Beim Halten und Führen von Hunden sind neben den Verhaltenspflichten des HundeG auch die Ge- und Verbote anderer Gesetze zu beachten. Diese sind in der Regel bußgeldbewehrt:

- **Tierschutzrecht**: Ordnungswidrig handelt, wer vorsätzlich oder fahrlässig einem Wirbeltier, das er hält, betreut oder zu betreuen hat, ohne vernünftigen Grund erhebliche Schmerzen, Leiden oder Schäden zufügt (vgl. § 18 Abs. 1 Nr. 1 TierSchG). Gleiches gilt für denjenigen, der gegen die Maßgaben der TierSch-HundVO (vgl. § 12 TierSch-HundVO, § 18 Abs. 1 Nr. 3 TierSchG) oder gegen ein Verbot des § 3 TierSchG verstößt (vgl. § 18 Abs. 1 Nr. 4 TierSchG). Danach sind z. B. Hundekämpfe und Aggressionsausbildungen untersagt (vgl. Erl. 2.1.3 zu § 17). Bußgeldbewehrt ist auch das Qualzuchtverbot des § 11b Abs. 2 TierSchG (vgl. § 18 Abs. 1 Nr. 22 TierSchG). Die Ordnungswidrigkeiten können mit einem Bußgeld von bis zu 25 000 Euro geahndet werden (vgl. § 18 Abs. 3 TierSchG).
- **Straßenverkehrsrecht**: Ordnungswidrig handelt, wer vorsätzlich oder fahrlässig gegen § 28 Abs. 1 StVO verstößt, wonach Haustiere, die den Verkehr gefährden können, von der Straße fern zu halten sind (vgl. Erl. 2.1.3 zu § 19; § 49 Abs. 2 Nr. 3 StVO, § 24 StVG). Das Bußgeld kann in einer Höhe von bis zu 1 000 Euro festgesetzt werden (vgl. § 17 Abs. 1 OWiG; *Burmann/Heß/Hühnermann/Jahnke*, § 24 StVG Rn. 8).
- **Straßen- und Wegerecht**: Ordnungswidrig handelt, wer vorsätzlich oder fahrlässig eine von ihm verursachte Verunreinigung einer öffentlichen Straße entgegen § 46 StrWG nicht beseitigt (vgl. § 56 Abs. 1 Nr. 9 StrWG). Dies gilt auch für Verunreinigungen durch Hundekot (vgl. Erl. 2.1.3 zu § 19). Das Bußgeld kann bis zu 511 Euro betragen (vgl. § 56 Abs. 1 StrWG).
- **Abfallrecht**: Ordnungswidrig handelt, wer vorsätzlich oder fahrlässig entgegen § 27 Abs. 1 Satz 1 KrW-/AbfG Abfälle, z. B. Hundekot, nicht ordnungsgemäß beseitigt (vgl. Erl. 2.1.3 zu § 17; § 61 Abs. 1 Nr. 2 KrW-/AbfG). Die Ordnungswidrigkeit kann mit einem Bußgeld in Höhe von bis zu 50 000 Euro geahndet werden (vgl. § 61 Abs. 3 KrW-/AbfG).
- **Forstrecht**: Ordnungswidrig handelt, wer vorsätzlich oder fahrlässig Hunde entgegen § 17 Abs. 2 Nr. 3 LWaldG unangeleint im Wald ausführt (vgl. § 38 Abs. 2 Nr. 5 lit. c LWaldG; Erl. 2.5). Das Bußgeld kann in Höhe von bis zu 2 500 Euro festgesetzt werden (vgl. § 38 Abs. 5 Nr. 2 LWaldG).
- **Wasserrecht**: Ordnungswidrig handelt, wer vorsätzlich oder fahrlässig entgegen § 70 Abs. 1 Satz 2 Nr. 8 LWG auf einem Deich nicht angeleinte Hunde mitführt (vgl. § 144 Abs. 1 Nr. 14 lit. h LWG; auch Erl. 6 zu § 2). Das Bußgeld kann bis zu 50 000 Euro betragen (vgl. § 144 Abs. 3 LWG).
- **Jagdrecht**: Ordnungswidrig handelt, wer vorsätzlich oder fahrlässig entgegen § 24 Abs. 2 Nr. 3 LJagdG in Wildschutzgebieten Hunde nicht an der Leine führt (vgl. § 37 Abs. 1 Nr. 20 LJagdG; Erl. 6 zu § 2). Als Bußgeld sind bis zu 5 000 Euro vorgesehen (vgl. § 37 Abs. 2 LJagdG).

- **Allgemeines Ordnungswidrigkeitenrecht**: Ordnungswidrig handelt, wer ohne berechtigten Anlass oder in einem unzulässigen oder nach den Umständen vermeidbaren Ausmaß Lärm erregt, der geeignet ist, die Allgemeinheit oder die Nachbarschaft erheblich zu belästigen oder die Gesundheit eines anderen zu schädigen. Zu denken ist hier auch an Hundelärm (vgl. Erl. 2.1.3 zu § 19). Die Ordnungswidrigkeit kann mit einem Bußgeld in Höhe von bis zu 1 000 Euro belegt werden (vgl. § 117 Abs. 1 OWiG). Gleiches gilt für denjenigen, der ein bösartiges Tier sich frei umherbewegen lässt oder als Verantwortlicher für die Beaufsichtigung eines solchen Tieres es unterlässt, die nötigen Vorsichtsmaßnahmen zu treffen, um Schäden durch das Tier zu verhüten (vgl. § 121 OWiG).

Im Hinblick auf § 121 OWiG ist fraglich, ob die bundesrechtliche Regelung Raum für landesrechtliche Bußgeldtatbestände lässt, soweit dort entsprechende Verletzungen der Aufsichtspflicht beim Halten, Betreuen und Führen gefährlicher Hunde bußgeldbewehrt sind (vgl. § 20 Abs. 1 Nr. 1, 2, 14 bis 17 HundeG; *Stabno*, Erl. zu § 14 Abs. 1 NHundG). Bedeutsam ist dies im Hinblick auf die Höhe des festzusetzenden Bußgeldes: Verdrängt die konkurrierende Gesetzgebung des Bundes (vgl. Art. 74 Nr. 1 GG) hier das Landesrecht, wäre – im Falle der ungleichartigen Tateinheit – nicht ein Bußgeld nach § 20 HundeG in Höhe von bis zu 10 000 Euro, sondern wegen des Verstoßes gegen § 121 OWiG lediglich in Höhe von bis zu 1 000 Euro zu verhängen (vgl. Erl. 4; § 17 Abs. 1 OWiG).

§ 21
Übergangsregelungen

(1) Ist ein Hund, der vor dem 1. Januar 2016 durch einen Transponder, der nicht den Anforderungen des § 5 Satz 2 entspricht, mit einer Kennnummer gekennzeichnet worden, so ist eine neuerliche Kennzeichnung nicht erforderlich.

(2) Erlaubnisse zum Halten eines gefährlichen Hundes nach § 3 Absatz 1 des Schleswig-Holsteinischen Gesetzes zur Vorbeugung und Abwehr der von Hunden ausgehenden Gefahren von 28. Januar 2005 (GVOBl. S. 51) gelten als Erlaubnisse nach § 8 fort.

(3) Eine Einstufung eines Hundes als gefährlich aufgrund von § 3 Absatz 2 des Schleswig-Holsteinischen Gesetzes zur Vorbeugung und Abwehr der von Hunden ausgehenden Gefahren vom 28. Januar 2005 (GVOBl. S. 51) ist durch die zuständige Behörde zu widerrufen, wenn die Einstufung ausschließlich aufgrund der Rassezugehörigkeit des Hundes erfolgte.

(4) Zulassungen von Personen und Stellen für die Durchführung eines Wesenstests nach § 11 des Gesetzes zur Vorbeugung und Abwehr der von Hunden ausgehenden Gefahren vom 28. Januar 2005 (GOVBl. S. 51) gelten als Zulassungen nach § 13 fort.

VwV-HundeG

Abschnitt 21

Zu § 21 – Übergangsregelungen

21.3 *Widerruf der Einstufung durch die Behörde*

Hunde der Rasseliste nach altem Recht gelten nach Inkrafttreten des HundeG ab 1. Januar 2016 nicht mehr als gefährlich, wenn Sie nachweislich nur aufgrund ihrer Rasse eingestuft wurden und keine verhaltensbedingten Einstufungsgründe vorgelegen haben. Die zuständige Behörde hat die Einstufung zu prüfen und gegebenenfalls aufzuheben.

Nach dem GefHG war die Gefährlichkeit eines „Listenhundes" gesetzlich geregelt. Dazu bedurfte es keines feststellenden Verwaltungsaktes. In den Fällen, in denen der Hund nur aufgrund seiner Rassezugehörigkeit gesetzlich als gefährlich anzusehen war, haben die Ordnungsbehörden nur Haltungserlaubnisse ausgestellt. Daher ist ein Widerruf der Gefährlichkeitseinstufung im formalen Sinne von § 117 LVwG nicht erforderlich.

Um der in § 21 Abs. 3 geforderten aktiven Mitteilung der betroffenen Hundehalterinnen und Hundehalter nachzukommen, wäre es denkbar, dass die zuständige Behörde die erteilten Erlaubnisse einzieht. Auch ein generelles Schreiben an betroffene Hundehalterinnen oder Hundehalter würde der Informationspflicht der zuständigen Behörden genügen.

Die Kommunen sind aufgefordert, aufgrund der neuen Rechtslage ihre Hundesteuer-Satzungen hinsichtlich der Erhebung einer erhöhten Hundesteuer für vormalige Listenhunde zu überprüfen. Zudem ist von den Ordnungsbehörden zu prüfen, welche Einstufungen aufgrund von § 3 Abs. 2 GefHG zum 1. Januar 2016 zu widerrufen sind.

Abschnitt 22

Befristung

Diese Verwaltungsvorschrift tritt am Tag nach ihrer Veröffentlichung in Kraft und ist auf fünf Jahre befristet. Gleichzeitig wird die Verwaltungsvorschrift zum Gefahrhundegesetz des Landes Schleswig-Holstein vom 9. Oktober 2009 (Amtsbl. Schl.-H. S. 1100)) aufgehoben.*

Erläuterungen

Übersicht

1. Fortgeltung von Kennzeichnungen, Erlaubnissen und Zulassungen
2. Widerruf von Einstufungen aufgrund der Rassezugehörigkeit

1. Fortgeltung von Kennzeichnungen, Erlaubnissen und Zulassungen

In § 21 HundeG werden Übergangsregelungen getroffen, die die Übergangszeit vom GefHG a. F. zum HundeG praktikabel und verhältnismäßig gestalten sollen. Zum einen ist gem. § 21 Abs. 1 HundeG nicht erforderlich, dass ein Transponder zur Kennzeichnung eines Hundes, der vor dem Inkrafttreten des Änderungsgesetzes am 1.1.2016 gesetzt wurde, durch einen neuen Transponder nach § 5 HundeG ersetzt wird. Es ist also gemäß § 21 Abs. 1 HundeG zulässig, einen Hund mit einem Transponder zu halten, der nicht in der Codestruktur und dem Informationsgehalt dem aktuellen Stand der Technik entspricht (vgl. Erl. 3 zu § 5), wenn dieser vor dem 1.1.2016 eingesetzt wurde. Es wäre unverhältnismäßig, von einem Hundehalter ein Ersetzen des entsprechenden Transponders zu verlangen, zumal auch ältere Modelle in der Lage sind, einen Hund eindeutig zuzuordnen.

Auch **Erlaubnisse** zur Haltung eines gefährlichen Hundes, die nach dem GefHG vom 28.1.2005 (GVOBl. S. 51) erteilt worden sind, gelten gem. § 21 Abs. 2 HundeG fort. Auch hier wäre es unverhältnismäßig, dem Halter aufzuerlegen, eine erneute Erlaubnis zu beantragen, zumal sich auch die Erlaubnisvoraussetzungen (vgl. Erl. 1 zu § 10) nicht grundlegend geändert haben.

Schließlich gelten auch die **Zulassungen** von Personen und Stellen für die Durchführung eines Wesenstests nach § 11 GefHG a. F. fort, § 21 Abs. 4 HundeG. Wie in den vorher genannten Fällen wäre es auch hier unverhältnismäßig, die erneute Zulassung von den Personen und Stellen zu verlangen, insbesondere da die Zulassung mit der Erhebung einer Gebühr verbunden ist. Überdies sind auch in diesem Zusammenhang die Zulassungsvoraussetzungen nicht abgeändert worden (vgl. Erl. zu § 13).

2. Widerruf von Einstufungen aufgrund der Rassezugehörigkeit

Wurde ein Hund unter Geltung des GefHG vom 28.1.2005 (GVOBl. S. 51) nachweislich nur aufgrund seiner Rasse und nicht aufgrund von Verhaltensweisen als gefährlich eingestuft, hat die Behörde den feststellenden Verwaltungsakt gem. § 21 Abs. 3 HundeG zu widerrufen. Es handelt sich dabei um eine **gebundene Entscheidung** der Behörde, die, wenn sie nach der Prüfung der einst ergangenen Einstufung zu dem Ergebnis kommt, dass diese nur aufgrund der Rassezugehörigkeit erfolgte, kein Ermessen bzgl. des Widerrufs des Bescheides hat. § 21 Abs. 3 HundeG setzt im Gegensatz zu § 7 Abs. 4 HundeG nicht das erfolgreiche Ablegen eines Wesenstests nach § 13 HundeG voraus (vgl. Erl. 6 zu § 7). Dies hat der Gesetzgeber aus tier- und artenschutzrechtlicher Sicht nicht für erforderlich gehalten (vgl. Umdruck 18/4200 S. 50 f.). Die Rasselisten werden damit konsequent abgeschafft und die mit ihnen einhergehende Regelvermutung nachträglich gänzlich aufgegeben. Liegen allerdings im Einzelfall konkrete Anhaltspunkte für ein Verhalten i. S. d. § 7 Abs. 1 HundeG vor, hat die Behörde im Zuge des Widerrufs der nach § 3 Abs. 2 GefHG a. F. erfolgten Einstufung eine Gefährlichkeitseinstufung nach neuem Recht zu prüfen. Sowohl der Widerruf als auch die Prüfung einer erneuten Gefährlichkeitseinstufung haben von Amts wegen zu erfolgen. Die Regelung des § 21 Abs. 3 HundeG ist spezieller als § 7 Abs. 4 HundeG. Betroffene Halter haben einen Anspruch auf den Erlass eines Widerrufsbescheides nach § 21 Abs. 3 HundeG. Die Herbeiführung der Rechtsfolge des § 7 Abs. 4 HundeG liegt dagegen im Ermessen der Behörde.

Widerruft die Behörde trotz Vorliegen der Voraussetzungen des § 21 Abs. 3 HundeG nicht, so kann der betroffene Halter den Widerruf im Wege der Verpflichtungsklage gem. § 42

Abs. 1 Alt. 2 bzw. 3 VwGO je nach Sachverhalt in Gestalt der Untätigkeits- oder Versagungsgegenklage gerichtlich durchsetzen (letzteres soweit er den Widerruf beantragt hatte und dieser abgelehnt wurde).Die Kommunen sind außerdem aufgefordert, zu überprüfen, ob ihre Hundesteuersatzungen sich noch auf etwaige Rasselisten beziehen (vgl. Tz. 21.3 VwV-HundeG). Seit der Änderung des § 3 Abs. 6 KAG darf die Höhe des Hundesteuersatzes nicht mehr von der Zugehörigkeit des Hundes zu einer bestimmten Rasse abhängig gemacht werden.

Anlagen zur VwV-HundeG

Anlage 1
zu § 7 Abs. 1

Statistik über gefährliche Hunde

der Gemeinde/ des Amtes/ der Stadt/ des Kreises ____________________

für das Jahr _____ (Stichtag 31. Dezember)

Hunderasse	Tatbestand des § 7 Abs. 1				Vermerk	Erlaubnis-verfahren	Wesenstest	
	Nr. 1	Nr. 2	Nr. 3	Nr. 4			durchgeführt	bestanden

Anmerkungen:

§ 7 Abs. 1 Nr. 1: Hunde, die einen Menschen gebissen haben, sofern dies nicht zur Verteidigung anlässlich einer strafbaren Handlung oder aus dem elementaren Selbsterhaltungstrieb des Hundes geschah

§ 7 Abs. 1 Nr. 2: Hunde, die außerhalb des befriedeten Besitztums der Hundehalterin oder des Hundehalters wiederholt in gefahrdrohender Weise Menschen angesprungen haben oder ein anderes aggressives Verhalten gezeigt haben, das nicht dem elementaren Selbsterhaltungstrieb des Hundes entspringt

§ 7 Abs. 1 Nr. 3: Hunde, die ein anderes Tier durch Biss geschädigt haben, ohne selbst angegriffen worden zu sein, oder die einen anderen Hund trotz dessen erkennbarer artüblicher Unterwerfungsgestik gebissen haben

§ 7 Abs. 1 Nr. 4: Hunde, die durch ihr Verhalten gezeigt haben, dass sie unkontrolliert andere Tiere hetzen oder reißen

Vermerk: Fälle des § 7 Abs. 1 Nr.1 sind gesondert aufzuführen, sofern das Opfer Verletzungen aufweist. Der Grad der Schädigung zu vermerken („leichte Verletzung", „schwere Verletzung", „Todesfall"). Wenn Kinder (d. h. Personen bis zur Vollendung des 14. Lebensjahres) verletzt worden sind, ist der Vermerk um den Zusatz („Kind") zu ergänzen.

Erlaubnisverfahren: es ist zu vermerken, ob das Erlaubnisverfahren abgeschlossen oder noch laufend ist. Außerdem ist zu vermerken, wenn die Erlaubnis versagt wurde, der Hund abgegeben wurde oder verstorben ist.

Anlage 2
zu § 8

Ordnungsbehörde

Erforderliche Antragsunterlagen:
- Personalausweis oder Reisepass
- Behördenführungszeugnis (bei Meldebehörde zu beantragen)
- ggf. Sachkundebescheinigung
- tierärztliche Bescheinigung über die Kennzeichnung des Hundes durch einen Mikrochip
- Versicherungsnachweis (Hundehaftpflichtversicherung)

Antrag auf Erteilung einer Erlaubnis zum Halten eines gefährlichen Hundes (§ 8 Abs. 1 HundeG)

Hiermit beantrage ich

Familienname, ggf. Geburtsname | Vorname | Geburtsdatum

Anschrift (Straße, Hausnummer, PLZ, Ort)

die Erlaubnis zur Haltung des nachstehend beschriebenen Hundes.

Angaben zum Hund:

Ruf- bzw. Zuchtname | Hunderasse bzw. Ergebnis der phänologischen Zuordnung

Chipnummer | Alter | Geschlecht | Größe (Schulterhöhe)/Gewicht

Registrierungsstelle

Fellfarbe | Besondere Kennzeichen

Ort, Datum | Unterschrift des Antragstellers

Die Ordnungsbehörde ist zur Vorsorge und Abwehr von Gefahren für die öffentliche Sicherheit gemäß § 16 Abs. 1 in Verbindung mit § 8 Abs. 1 Hundegesetz berechtigt, die o. g. personenbezogenen Daten zur Erteilung einer Erlaubnis zum Haltern eines gefährlichen Hundes zu erheben und weiterzuverarbeiten. Eine Nichtbeantwortung kann die Versagung der Erlaubnis zur Folge haben. Sie können Auskunft über die zu ihrer Person gespeicherten Daten verlangen (§ 198 Abs. 1 Landesverwaltungsgesetz). Die Polizeibehörden sind berechtigt, die Daten einzusehen.

Für die Ordnungsbehörde:

Der Eingang des Antrages wird zur Vorlage gem. § 9 Abs. 1 Satz 3 HundeG bestätigt.

Ort, Datum | Unterschrift

Erlaubnis zum Halten eines gefährlichen Hundes nach § 8 Abs. 1 HundeG

(Vorderseite)

Erlaubnis zum Halten eines gefährlichen Hundes nach § 8 Abs. 1 HundeG

Herr/ Frau ______________________

Geboren am ______________________

wohnhaft in ______________________

ist berechtigt, den auf der Rückseite bezeichneten Hund zu halten.

______________ Ort

______________ Datum

Dienst-siegel

______________ Behörde

______________ Unterschrift

(Rückseite)

______________ Ruf- bzw. Zuchtname

______________ Hunderasse

______________ Chipnummer

______________ Fellfarbe

______________ Alter Geschlecht

______________ Größe/ Gewicht

Nebenbestimmungen:

Bescheinigung zum Führen eines gefährlichen Hundes nach § 14 Abs. 6 HundeG

(Vorderseite)

Berechtigung zum Führen eines gefährlichen Hundes nach § 14 Abs. 6 HundeG

Herr/ Frau ______________________________

geboren am ______________________________

wohnhaft in ______________________________

ist berechtigt, die auf der Rückseite bezeichneten Hunde zu führen.

______________________ Ort ______________________ Datum

Dienst-siegel

______________________ Behörde

______________________ Unterschrift

(Rückseite)

Ruf- bzw. Zuchtname	Chipnummer
Ruf- bzw. Zuchtname	Chipnummer
Ruf- bzw. Zuchtname	Chipnummer
Ruf- bzw. Zuchtname	Chipnummer

Anlage 3
zu § 13 Abs. 2

Als gleichwertig anerkannte Wesenstests anderer Länder

1. Baden-Württemberg: Verhaltensprüfung nach Nummer 1.4 der Verwaltungsvorschriften des Innenministeriums und des Ministeriums für Ernährung und Ländlichen Raum zur Polizeiverordnung des Innenministeriums und des Ministeriums Ländlicher Raum über das Halten gefährlicher Hunde vom 15. Dezember 2003 (GABl. S. 166).
2. Bayern: Negativzeugnis nach § 1 Abs. 2 der Verordnung über Hunde mit gesteigerter Aggressivität und Gefährlichkeit vom 10. Juli 1992 (GVBl. S. 268), zuletzt geändert durch Verordnung vom 4. September 2002 (GVBl. 513).
3. Berlin: Nachweis nach § 5 Abs. 2 Nr. 3 des Gesetzes über das Halten und Führen von Hunden in Berlin vom 29. September 2004 (GVBl. S. 424).
4. Brandenburg: Negativzeugnis nach § 8 Abs. 3 der Hundehalterverordnung vom 16. Juni 2004 (GVBl. S. 458).
5. Bremen: Wesenstest nach § 2 Abs. 3 des Bremer Gesetzes über das Halten und Führen von Hunden vom 2. Oktober 2001 (GBl. S. 331), in der Fassung vom 20. Dezember 2005 (GBl. S. 635).
6. Hamburg: Wesenstest nach § 5 des Hundegesetzes vom 26. Januar 2006 (HamGVBl. S. 37) zuletzt geändert durch Gesetz vom 4. Dezember 2012 (HamGVBl. S. 510, 519).
7. Hessen: Wesensprüfung nach § 7 der Gefahrenabwehrverordnung über das Halten und Führen von Hunden vom 22. Januar 2003 (GVBl. I S. 54), zuletzt geändert durch Verordnung vom 12. November 2013 (GVBl. S. 640).
8. Mecklenburg-Vorpommern: Wesensprüfung von Hunden nach § 2 Abs. 3 Satz 2 der Hundehalterverordnung vom 4. Juli 2000 (GVOBl. M-V S. 295).
9. Niedersachsen: Niedersächsischer Wesenstest, herausgegeben vom Niedersächsischen Ministerium für den ländlichen Raum, Ernährung, Landwirtschaft und Verbraucherschutz, 3. Auflage, März 2003.
10. Nordrhein-Westfalen: Verhaltensprüfung nach § 3 der Ordnungsbehördlichen Verordnung zur Durchführung des Landeshundegesetzes NRW vom 19. Dezember 2003 (GVBl. S. 85) zuletzt geändert durch Verordnung vom 21. Oktober 2014 (GVBl. S. 679.
11. Saarland: Wesenstest nach Nummer 2.9 der Verwaltungsvorschriften zu § 6 Abs. 1 der Polizeiverordnung über den Schutz der Bevölkerung vor gefährlichen Hunden im Saarland vom 26. Juli 2000 in der Fassung vom 2. April 2004 (Amtsbl. S. 795).
12. Sachsen: Wesensanalyse nach § 1 Abs. 2 der Verordnung des Sächsischen Staatsministeriums des Inneren zur Durchführung des Gesetzes zum Schutz der Bevölkerung vor gefährlichen Hunden vom 1. November 2000 (SachsGVBl. S. 467), in der Fassung vom 3. Mai 2003.
13. Sachsen-Anhalt: Wesenstest nach § 10 des Gesetzes zur Vorsorge gegen die von Hunden ausgehenden Gefahren vom 23. Januar 2009 (GVBl. LSA 2009, S. 22), zuletzt geändert durch Artikel 1 des Gesetzes vom 27. Oktober 2015 (GVBl. LSA S. 560).
14. Thüringen: Wesenstest nach § 2 Abs. 1 Thüringer Verordnung über die Prüfungsstandards und die Durchführung des Wesenstests (Thüringer Wesenstestverordnung – ThürWesenstestVO –) vom 19. Januar 2012 (GVBl.2012, 72), zuletzt geändert durch Artikel 28 der Verordnung vom 8. August 2013 (GVBl. S. 208, 246)

Anlage 4
zu § 20

Bußgeldkatalog zum Hundegesetz

Bußgeldpflichtig ist, wer

1	entgegen § 3 Absatz 1 Sat 1 einen Hund nicht so hält oder führt, dass von diesem keine Gefahr für die öffentliche Sicherheit ausgeht,	100 bis 500 €
2	entgegen § 3 Absatz 1 Satz 2 seinen Hund einer Person überlässt, die nicht die Gewähr dafür bietet, den Hund sicher im Sinne des § 3 Absatz 1 Satz 1 zu führen,	100 bis 500 €
3	entgegen § 3 Absatz 2 einen Hund nicht an der Leine führt,	50 bis 200 €
4	entgegen § 3 Absatz 3 einen Hund mitnimmt oder dort laufen lässt,	200 bis 500 €
5	entgegen § 3 Absatz 5 einem Hund ein Halsband, eine Halskette oder eine vergleichbare Anleinvorrichtung mit der vorgeschriebenen Kennzeichnung nicht anlegt,	50 bis 200 €
6	entgegen § 3 Absatz 6 Satz 1 einen Hund ausbildet,	1 000 bis 5 000 €
7	entgegen § 3 Absatz 7 eine Verunreinigung nicht entfernt,	50 bis 100 €
8	gegen die Kennzeichnungspflicht nach § 5 verstößt,	50 bis 200 €
9	entgegen § 8 Abs. 1 einen gefährlichen Hund ohne die erforderliche Erlaubnis hält,	250 bis 1 000 €
10	entgegen § 9 Absatz 1 Satz 3 die Bescheinigung über die Antragstellung nicht mitführt oder vorzeigt,	25 bis 100 €
11	entgegen § 9 Absatz 1 Satz 4 eine Mitteilungspflicht nicht erfüllt,	100 bis 200 €
12	gegen die Versicherungspflicht nach § 10 Absatz 1 Nummer 3 verstößt,	100 bis 500 €
13	gegen eine Auflage nach § 10 Absatz 4 verstößt,	200 bis 500 €
14	entgegen § 14 Absatz 1 einen gefährlichen Hund nicht so hält, dass er ein ausbruchssicheres Grundstück nicht gegen den Willen der Hundehalterin oder des Hundehalters verlassen kann,	300 bis 1 000 €
15	einen gefährlichen Hund entgegen § 14 Absatz 2 durch eine Person führen lässt, die keine Bescheinigung nach § 14 Absatz 6 Satz 1 besitzt,	150 bis 500 €
16	entgegen § 14 Absatz 3 Satz 1 einen gefährlichen Hund nicht angeleint oder nicht an einer geeigneten Leine führt,	200 bis 600 €
17	entgegen § 14 Absatz 3 Satz 2 oder Absatz 4 Satz 1 einem gefährlichen Hund keinen das Beißen verhindernden Maulkorb anlegt,	300 bis 700 €
18	entgegen § 14 Absatz 5 die Erlaubnis oder die Befreiung nicht mitführt oder vorzeigt,	25 bis 100 €
19	entgegen § 14 Absatz 6 Satz 2 eine Bescheinigung, Erlaubnis oder Befreiung nicht besitzt oder diese nicht mitführt oder vorzeigt,	25 bis 100 €
20	entgegen § 15 Absatz 1 Hunde züchtet,	1 000 bis 5 000 €
21	entgegen § 15 Absatz 2 nicht sicherstellt, dass eine Verpaarung eines Hundes, der nach § 15 Absatz 1 nicht zur Zucht eingesetzt werden darf, nicht erfolgt.	500 bis 2 500 €

Stichwortverzeichnis

Die Zahlen verweisen auf den jeweiligen Paragrafen (halbfett)
und die Gliederungsnummer (mager).

A

B

V

W

Z